JN438329

바람처럼 구름처럼

바람처럼 구름처럼

院村 이휴재

나는 그대 곁 스쳐 지나가는
한 줄기 꽃바람 실바람이고
파란 하늘 두둥실 떠 흐르다
사라지는 한 점 구름이다.

매서운 칼바람 고추바람도 아니고
그대 쓸쓸한 외로움에 갇히는 소슬바람 더 아닌
나는 그대에게 한 줄기 꽃바람 실바람이다.

봄을 피우는 봉오리 조심스레 스쳐 가는
흔들리는 실버들 가지에도 미안해하는
지나가는 한 줄기 꽃바람 실바람이고

천둥 번개 감추고 찌푸린 얼굴 소낙비구름 아닌
넓은 바다 유유히 흘러가는 한 점 뭉게구름이다.
하늘 바다 한가로이 노닐다 때가 되면
살며시 사위어지는 한 점 흰 구름이다.

바람처럼 구름처럼

이 휴 재 수필집

나는 그대 곁 스쳐 지나가는 한 줄기 꽃바람 실바람이고
파란 하늘 두둥실 떠 흐르다 사라지는 한 점 구름이다

추억 그리고 사유의 순간들

도서출판 천우

● 졸저(拙著)를 상재하면서

다듬어지지 않은 글들을 모아 책으로 낸다는 것이 한편 부끄럽고 한편 주제넘은 일 같기도 했습니다. 그러나 부끄러운 글이지만 제게는 소중한 사람들에 대한 생각과 또 그들과 함께한 간직하고 싶은 추억들이 담겨 있어서 부끄러움을 무릅쓰고 발간하게 되었습니다. 세상에 영원한 것이 없고, 우리의 삶 또한 그 수명이 유한하여 초로(草露)와 같은 인생이라고도 하고, 바람처럼 지나가고, 뜬구름과 같이 짧은 순간에 사위어버리는 것이 인생이라고도 합니다. 35년이 넘는 직장생활을 하다가 퇴직을 하고 보니 좋은 시절을 스스로 만들어놓은 틀 속에 갇혀 지냈다는 생각이 들었습니다. 직장을 마감하고 집으로 돌아오면서 해방감을 느끼기도 했고, 스스로 만들었던 그 틀을 벗어버리는 일탈을 꿈꾸기도 하였습니다.

한순간 일어났다 부는 바람에 밀리며 유유히 흘러가다 아무도 눈치채지 못하는 사이 슬며시 사위어지는 뜬구름과도 같은 것이 인생일진대, 얼마가 될지 모르는 여생은 바람처럼 구름처럼 그렇게 살고 싶다는 생각을 하였지요. 가족들과도 가끔은 여행을 하고, 자주 만나지 못했던 친구들과 산에도 오르다 보니 참으로 소중했던 사람들을 직장에 충실해야 한다는 강박관념에 사로잡혀 소홀히 대해왔던 긴긴날들을 뉘우치게 되었습니다. 가족과 친구들과의 관계가 얼마나 소중한 것인가를 뒤늦게야 깨달았지요. 그 이후 수시로 소중한 사람들과 함께했던 순간들의 기록을 제 개인 블로그(雲中風月)에 그때 그때 올려놓았던 것들을 이 책에 모았습니다. 그래서 이 글들은 거의 대부분이 제 나이 60대 이후부터 쓴 글들입니다.

제 나이 일흔을 넘어서면서 가끔 저의 개인 블로그에 올렸던 글들을 읽어보다가 "청춘은 희망에 살고, 늙은이는 추억에 산다"라고 한 누군가의 말에 공감하기도 했습니다. 잘 쓴 글이 아니더라도 그 글 속에는 소중한 사람들과의 아름다운 추억이 살아 있었습니다. 글 속에 실명으로 나오는 소중한 친구들의 따뜻한 정이 없었으면 보잘것없는 글이나마 쓰이지 않았을 것입니다.

모든 고마운 친구들에게 이 책을 드리며 늘 감사하는 마음으로 살겠습니다. 이 글들을 정리하여 책으로 만들기까지 용기를 주시고, 물심양면으로 큰 힘을 실어주신 제 형님과 동생들에게 또한 감사의 말씀을 드립니다. 그리고 늘 곁에서 남편의 건강을 지켜주고 있는 아내와 먼 외국에서도 항상 응원해주고 있는 사랑하는 딸과 아들에게도 고맙다는 말을 전하고 싶습니다. 끝으로 책을 만들어주신 도서출판 천우의 김천우 이사장님과 윤지훈 사무총장님 그리고 편집부 기자님들에게도 심심한 감사의 말씀을 드립니다.

2018년 관악드림타운에서

院村 이휴재

차례

제1부 · 추억 그리고 사유의 순간들

어머니 내 마음의 영원한 고향 __ 13
독서 권면(讀書 勸勉) __ 17
신선한 가을바람을 타고 온 반가운 편지 __ 19
오상(五常)의 덕목 __ 23
만족을 알고 멈출 줄 아는 사람 __ 26
화유중개일 인무갱소년(花有重開日 人無更少年) __ 29
주례사 __ 31

제2부 · 살아 있는 땅의 기록 | 국내 여행기

부안기행(扶安紀行) __ 37

장충단(奬忠壇) __ 47

흥원(興園) 탐방기 __ 51

부여(扶餘), 부소산성(扶蘇山城) __ 54

민들레 캐러 갔다가 __ 59

부암동 산책 1 __ 62

부암동 산책 2 __ 66

맨발로 넘은 문경새재(聞慶鳥嶺) __ 71

실학기행 2016 __ 76

차례

제3부 · 운무 속 숨바꼭질하는 산봉우리 | 산행기

가을 산악회 소식 __ 99
역사의 땅 강화도 민족의 성지 마니산 __ 101
임꺽정과 설인귀의 전설이 있는 감악산 __ 108
화악산 중봉 __ 112
아차산 __ 116
한계령, 점봉산 __ 121
치악산 비로봉 __ 128
백운봉 __ 132
월악산 __ 136
설악산 공룡능선 __ 141
운악산 __ 145
중미산 __ 148
철마산, 주금산 __ 152
지리산 1 __ 157
선운산 __ 170
한라산 1 __ 174
장암산, 태청산 __ 178
지리산 2 __ 183
청계산, 형제봉, 부용산 __ 186
태백산 __ 190
광덕산 __ 193
오대산 __ 198
지리산 3 __ 201
눈보라 속의 지리산 __ 203
성제봉 1 __ 210
한라산 2 __ 217
소백산 __ 221
성제봉 2 __ 226
두타산 "너 자신을 알라!" __ 230

제4부 · 바람처럼 구름처럼 | 외국 여행기

태평양을 건너 북미로 __ 235

가까우면서도 먼 나라 일본 __ 286

가을날의 시드니 __ 296

유럽 한 바퀴 __ 303

두 번째 타는 파리행 비행기 __ 359

스위스 국경지대와 프랑스 __ 387

여행지에서 보낸 편지 __ 427

알자스 지방 둘러보기 __ 457

50년 늦게 떠난 중국 수학여행기 __ 466

불교의 나라 태국 __ 478

에스파냐(España) 탐색기 __ 486

제1부

추억 그리고 사유의 순간들

백 년도 채우지 못하는 인생
천 년을 걱정하네

제1부 추억 그리고 사유의 순간들

어머니 내 마음의 영원한 고향 __ 13

독서 권면(讀書 勸勉) __ 17

신선한 가을바람을 타고 온 반가운 편지 __ 19

오상(五常)의 덕목 __ 23

만족을 알고 멈출 줄 아는 사람 __ 26

화유중개일 인무갱소년(花有重開日 人無更少年) __ 29

주례사 __ 31

어머니 내 마음의 영원한 고향

1991년 3월 27일(음력 2월 12일) 나는 어머니를 여의었다. 그리고 얼마쯤 지난 어느 봄날, 홀로 계시는 아버지를 뵈러 고향을 찾았다. 고향 마을은 이미 비워지다시피 해서 적막하기 그지없었다. 늦은 밤 허전한 마음으로 집을 나와 홀로 마을길을 거닐었다. 아마 음력으로 보름을 갓 넘긴 때였으리라. 마을 사과밭에는 사과 꽃이 만발하였고, 그 흰 사과 꽃에서 달빛이 보석처럼 빛나고 있는데, 앞산에서는 소쩍새가 애잔한 울음을 그칠 줄 모르고 있었다.

이제 머지않아 나는 고향마저 잃게 될 것이고, 내 고향은 옛 모습 모두 사라져버리고 전혀 새로운 모습으로 변할 것이다. 어머니를 여읜 슬픔에 더해 고향까지 잃게 될 아픔이 나를 더욱 서글프게 했었다. 어머니가 계시지 않는 고향은 상상할 수도 없었는데….

그 어렵던 시절, 우리 팔 남매 올곧게 키우시면서 이웃들에게도 유난히 정겨우셨던 어머니. 어머니는 내 마음의 영원한 고향이고, 고향 또한 내 어머니인데, 그 봄밤 앞산에서 울어대는 소쩍새의 애잔한 울음은 허허로운 마음을 대신하고 있었다.

고향

능금 꽃 흰 떨기에 달빛이 부서지고
허물어진 돌담 위 옛꿈도 서러운데
소쩍새 울음소리에 고향도 따라 운다.

지혜 없던 시절에는 무지개 쫓느라고
모시고 섬길 일들 모두 뒤로 미룬 것이
때늦은 후회는 애통으로 저려오네.

태청(太靑)은 그 자리에 예 그대로 의젓하고
장암산(藏巖山) 흐른 물도 앞내에 여전한데
정겹던 터전 그리운 얼굴은 꿈에서나 찾으리.

내가 늘 남보다 행복한 사람이라고 생각하며 살아온 것은 다른 사람보다 크게 성공을 했다거나, 남들이 부러워할 만큼 좋은 직장을 가져서도 아니고, 또 돈을 많이 모아서 좋은 곳에 잘 쓸 수 있어서는 더더욱 아니었다.

언제든지 시간을 내서 쉬 찾아갈 수 있는 고향 가까운 곳으로 직장을 옮겼고, 또 그곳엔 언제나 건강하신 모습으로 늘 반겨주시는 부모님이 계셨기 때문이었다. 누구인들 고향에 부모님 살아계시는 사람들이 없지 않겠지만, 그들이 다 나처럼 그것을 행복의 조건이라고 생각하는지는 모를 일이다.

어느 봄날이었다. 세상살이에 지치고 힘들어 갑자기 혼자 고향을 찾았는데 사립문은 물론 방문까지도 열린 채, 두 분 모두 출타하신 집, 손질이 잘된 화단에는 갖가지 꽃이 예쁘게 피어 있고 꿀벌 소리만 잉잉거리는데, 깨끗하게 닦여진 마루에는 햇볕이 가득했다. 나는 나를 힘들게 했던 모든 것을 잊어버리고 혼자서 마루에 누워 행복을 만끽하던 때가 있었다.

어린 시절의 친구들은 다 도시로 떠나버린 고향이지만, 그래도 수없이 오르내리던 태청산(太靑山), 장암산(藏巖山)이 변함없이 옛날처럼 그대로 나를 반겨주었었다. 봄이면 풀 냄새 향기롭던 들길, 여름밤 풀벌레 소리 요란하던 팽나무거리의 개울에서 멱 감기 할 때는 그 총총한 별들이 한꺼번에 쏟아질 것만 같던 추억, 오곡이 무르익어 황금들판을 자랑하던 가을엔 사이다 빈 병 들고 메뚜기 잡으러 논둑길을 누비던 일, 그리고 눈보라 속을 달리던 십 리 길 등하굣길의 그 겨울의 추억은 그때의 친구들을 내 회상 속에 불러 주곤 했었는데, 이젠 그 고향이 없어지게 되었고, 어머님 세상을 떠나신 지 벌써 몇 주가 지났다.

이제 머지않아 고향 집은 헐리어 병사들의 숙사(宿舍)가 세워지게 될 것이고, 내가 땀 흘리며 일하던 논밭은 연병장이 될 것이다. 광주(光州)에 있던 육군교육사령부(陸軍敎育司令部)가 하필 내 고향에 터를 잡아 옮기게 되어서 우리는 어쩔 수 없는 실향민의 운명에 처해졌고, 평생을 고향에서만 살아오신 어머님은 그 실향의 아픔을 이기시지 못하시고 삭막한 도시에서 살아가실 것에 대한 걱정에 마음의 병이 되어 갑자기 세상을 떠나셨다.

고향 주변의 땅값은 약삭빠른 서울의 투기꾼들이 몇 배씩 올려놓아서 보상받은 금액으로는 근방에서는 도저히 대토를 잡을 수도 없어서 이제 마을 사람들은 뿔뿔이 헤어져 도시로 나가거나 먼 타관에 이주하여 살아야 한다는 소식을 접하신 후에도 어머님은 늘 "나는 고향에서 죽어 고향 사람들에 운구되어 선영하에 묻히는 것이 소원이었는데 이 무슨 날벼락이냐"며 걱정하시더니 말씀처럼 병석에 한 번 누워 보시지도 않으시고, 할아버님 제수를 준비하시려고 숙모님과 함께 시장에 다녀오시다가 갑자기 가셨으니 자식들의 그 애통함을 어디에 견줄 수 있을까?

그러니 나는 실향 때문에 갑자기 행복을 한꺼번에 잃어버린 사람이 되었다. 평소에 잘 웃으며 살던 내게서 어머님의 별세와 실향은 웃음을 앗아가 버렸다. 어쩌다 친구들이 우스갯소리를 해도 웃음이 나오지 않는다. 사람이 갑자기 그렇게 변해버렸느냐는 소리를 듣기도 하면서….

그 후 나는 꿈길에서라도 뵙고 싶은 어머님을 꼭 한번 뵈었는데, 내가 고향에 가는데 어머님이 집 앞에서 나를 기다리고 계셨다. 꿈속에서도 나는 "우리 어머님이 돌아가셨는데?" 하는 생각으로 어머님께 "어머님이 가 계신 곳은 어떻습디까?" 하고 여쭈어보았다. 어머님 대답은 "여기보다 훨씬 더 좋더라"라고 하셨는데, 그 후 아무리 꿈에서라도 뵙고 싶어도 고향 집은 가끔 옛날 그대로 꿈에 보이는데 어머님은 그 후 전혀 뵈올 수가 없어 애달픈 마음 그지없다.

평소 효도다운 효도 한 번 못 해 드린 데다 남들 다하는 칠순 잔치도 못 해 드린 것이 이렇게 가슴 아프게 후회로 남는다. 불효부모사후회(不孝父母死後悔)라는 주자의 가르침이 더욱 내 마음을 아프게 한다. 이제 나에게 고향은 꿈속에서라도 보고 싶은 이미니이고, 어머니는 영원한 내 마음의 고향이다.

● 2017년 월간 『문학세계』 신인문학상 수필 부문 당선작

독서 권면(讀書 勸勉)

권오분 수필가의 제비꽃 편지

우리 세대는 농경사회에서 유년 시대를 보냈고, 청소년 시대를 산업화의 사회에서 그리고 장년 시대를 정보화사회에서 보내고 있다. 그동안 해방 이후의 혼란과 6 · 25 전쟁의 참화도 겪었고 4 · 19 혁명과 5 · 18 민주화운동 등 민주화의 거센 격랑도 몸으로 겪으면서 헤쳐 나왔다.

그야말로 산전수전을 다 겪었다. 급속한 시대의 변화에 따라 자연스럽게 사람들은 도시로 도시로 집중하게 되었고, 그에 따른 극심한 경쟁의 소용돌이 속에 휩싸여, 저마다 갖고 있던 인간 본연의 순수함을 언제인지도 모르게 잃어버리고, 오염된 환경에 적응되어지면서 대부분의 사람들이 자신도 모르는 사이 스스로 원하지 않았던 이기적이고 질투심 많은 그야말로 인간성을 상실한 영악스러운 사람으로 변해 버리지 않았을까?

그래서 혹자는 우리의 세대를 상실의 세대라고 말하기도 한다. 환경보전과 인간성의 회복이 어느 시대 어느 세대엔들 필요치 않았을까마는, 이렇게 험난한 세월을 겪어온 우리에게 더 절실하게 요구되는 것 같다. 그래서 지금 많은 사람들이 종교와 문학과 철학과 예술의 필요성을 인식하고 또 자연환경의 보존을 더 절실하게 요구하고 있는 것 같다.

얼마 전 나는 친구가 선물한 수필집 한 권을 읽고 두 번 놀랐다. 첫 번째는 우리 세대에도 아직 이런 사람이 있구나 하는 안도와 반가움. 그리고 두 번째는 작가를 이렇게 순진하고 마음 넉넉한 부자로 만들어준 그녀의 남편이 바로 나의 고교 동창이라는 사실이다.

아무리 자연이 훼손되고 오염되었다 하지만 그래도 아직 어느 곳엔가는 청정지역이 남아 있듯이 작가야말로 이 혼탁한 세상에서 천진난만할 정도로 순수함을 잃지 않고, 맑은 마음으로 살아가는 흔치 않은 사람이라는 걸 읽을 수 있었고, 그녀 주변의 많은 사람들이 비슷한 사람들이 아니겠느냐 하는 생각을 했다.

작가 권오분 씨는 한국자생식물보존회, 숲과문화연구회, 한국식물연구회 등의 회원으로 그동안의 연구 활동과 일상의 삶 속에서 만나는 너무나 정겹도록 아름다운 인간관계를 꽃과 연계하여 모은 글들을 그녀의 두 번째 수필집 『제비꽃 편지』로 엮었다. 잊고 있었던 우리의 순수함을 찾고 싶은 동문들의 일독을 권한다.

● 2007년 1월 19일
고교 동문 홈페이지에 올렸던 글

신선한 가을바람을 타고 온 반가운 편지

유난히 무덥던 여름, 국지적인 호우로 재난을 몰고 다니던 장마도 여기저기에 아픈 생채기를 남기고 지나갔습니다. 아침저녁 시원한 바람이 지쳐 있던 우리 몸을 위무라도 하듯이 부드럽게 스쳐 갑니다. 이제는 가을입니다. 좋은 가을 햇볕이 여름내 땀 흘린 사람들의 주름살을 알찬 결실의 기쁨으로 조금이라도 펴지게 했으면 좋겠습니다.

편지함을 열어보니 오랜만에 반가운 이야기가 '경제 노트'에 실려 와서 전해드리고 싶어 여기 올립니다. '노블레스 오블리주'를 실천하고 있는 세계에서 두 번째로 돈이 많은 한 사람의 이야기이군요. 워런 버핏 버크셔 해서웨이 회장의 이야기입니다. 이 사람이 자선사업을 하기 위하여 자기 전 재산의 85%를 기부했다는 신선한 이야기가 가을을 알리는 시원한 바람보다도 더 나를 기분 좋게 해서 여기 소개합니다.

버핏이 자기 재산의 85%인 370억 달러를 기부한 것보다 더 놀라운 것은 그 돈의 대부분을 자신의 재단이 아닌 남의 재단에 기부했다는 것입니다. 선행을 하면서도 최소한 명예욕까지 버린 것이지요. 기부금 370억 달러 중 310억 달러를 게이츠 재단에 기부하고, 단 60억 달러만 자신이 만든 가족 명의의 4개 자선재단에 기부를 했다는군요.

그 이유를 버핏은 “오랜 친구로서 그들의 자선활동을 지켜보다 열정과 에너지에 탄복을 했다. 내 가족이 운영하는 자선재단을 확대하기보다 게이츠 재단에 기부하는 것이 더 현명하다고 생각했다”고 말했다고 합니다. 자기가 인도한 자선사업가 게이츠에 대한 믿음이 이런 결정을 하게 했다는 것이지요. 참으로 아름다운 이야기가 아닙니까?

1991년 이후 서로 존경하고 신뢰하는 절친한 친구가 되어, 자신보다 20년 이상 젊은 그러나 재산이 자기보다 더 많은 세계 제일의 부자 빌 게이츠를 자선사업의 길로 인도한 사람은 바로 워런 버핏이라고 합니다. 그는 게이츠에게 세계의 빈곤 문제를 분석한 세계은행 보고서를 읽어보라고 권했고, 그 후 게이츠는 후진국에 대한 자선에 눈을 뜨게 되었다고 합니다.

빌 게이츠가 만든 ‘빌&멜린다 게이츠 재단의 자산 291억 달러(29조 원)와 버핏이 기부할 310억 달러(31조 원)를 합하면 60조 원이 넘는 기금이지만 앞으로 100조 원 이상으로 커질 것으로 전망한다고 하는군요. 세계 부자 순위 1위와 2위가 힘을 합해 운영하는 세계 최대 규모의 자선 사업이니 기대가 큽니다. 더구나 게이츠는 2008년에는 마이크로소프트사를 은퇴하고 게이츠 재단에서 자선사업에 주력하겠다고 선언을 했으니 사업의 천재가 인류의 복지를 위하여 펼칠 미래가 기대됩니다.

버핏은 자수성가한 인물로 지금은 세계 두 번째 부자가 되었습니다. 그는 식료품 가겟집의 아들로 태어나서 오로지 자신의 힘으로 50여 년 만에 40조 원이 넘는 부를 일구어냈습니다. 그러나 그는 절약이 생활에 배어 있는 부자라고 합니다. 세계에서 두 번째로 돈이 많은 부자인데도, 그의 생활은 검소한 일반인들의 모습과 비슷하다고 합니다. 1958년 고향에서 31,500달러(3,600만 원 상당)를 주고 산 집에서 계속 살고 있으며, 20달러짜리 스테이크 하우스를 즐겨 찾는다고 합니다. 오래된 중고 자동차를 직접 몰고 다니고, 12달러짜리 이발소에서 머리를 깎고, 집 근처 편의점에 들러 신문을 사곤

한다고 합니다.

이런 버핏의 좌우명은 무엇일까요? 그는 작년 말 비즈니스 2.0이라는 미국의 한 잡지가 인생의 철학, 좌우명, 성공의 비결(The secrets of their success)에 대해 묻자 이렇게 답했다고 합니다.

"There Can't Be Two Yous." "우리의 인생은 한 번뿐." 버핏의 말대로, '지금의 나' 와 또 다른 나는 존재하지 않습니다. "비록 지금은 이렇게 살고 있지만, 언젠가는 나도 새롭게 태어날 거야"라고 막연히 생각만 해서는 의미가 없다는 얘기입니다. 버핏의 좌우명을 마음속에 새기고 살아간다면, 전처럼 평상시처럼 안이하게 지낼 수는 없을 것 같습니다.

'노블레스 오블리주' 를 실천한 버핏은 자식 교육도 남다릅니다. 그는 항상 "자식들에게 너무 많은 유산을 남겨주는 건 독이 된다"고 말해 왔습니다. 평생 아무것도 하지 않아도 될 정도로 많이 물려주면 자녀의 성취감을 빼앗기 때문에 '독' 이 된다는 것. 부자인 부모를 만났다는 이유로 평생 공짜 식권(Food Stamp)을 받는 일은 반사회적일 수 있으며, 자녀들에게 해가 된다는 생각입니다.

수지(52세), 하워드(51세), 피터(48세). 이런 교육을 받고 자란 버핏의 세 자녀들은 그래서인지 아버지의 기부 결정을 전폭적으로 지지하고 있다고 합니다. 버핏은 이들이 어렸을 때부터 많은 재산을 물려주지 않을 것이라고 말해 왔기 때문에, 애초에 큰 유산을 기대하지 않았다는 것입니다.

세 자녀의 어린 시절은 평범했다고 합니다. 이들을 인터뷰했던 뉴욕타임스에 따르면, 큰딸인 수지는 어렸을 때 밤마다 아버지가 요람을 흔들어주며 〈무지개 너머 어딘가에〉라는 노래를 불러줬다고 기억했답니다. 대학에서 가정경제학을 전공했던 수지는 졸업 직전 월급 525달러의 사무직에 취업한다며 학업을 포기했다고 합니다.

100만 평 규모의 농장을 소유하고 있는 하워드는 빈민 생활을 주로 찍는 사진작가로도 활동하고 있고, 피터는 뉴 에이지 음악가라고 합니다. 이 세 자녀는 현재 각자 사회복지재단을 운영하고 있답니다. 뉴욕타임스는 이들이 아동 조기 교육, 안전하게 마실 수 있는 물, 북미 원주민 지원 활동에 초점을 맞출 것이라고 보도했습니다.

버핏의 기부금을 운영할 빌 게이츠도 가족들 몫으로 남길 1,000만 달러를 빼곤 나머지 재산을 모두 사회에 환원할 것이라고 여러 번 공언해왔습니다. 1,000만 달러면 우리 돈으로 약 96억 원, 큰돈임에 틀림없지만, '재벌' 수준은 아닙니다. 게다가 게이츠의 재산 500억 달러의 5천분의 1에 불과합니다. 1백분의 1도 아니고 5천분의 1입니다. 자신이 모은 재산 5,000중 1만 자녀에게 물려주고 나머지 4,999를 기부하겠다는 의미이지요. 친구를 보면 그를 알 수 있다고 하더니, '유유상종' 인 셈입니다.

"돈을 제대로 쓰는 것은 돈을 버는 것보다 훨씬 어렵다. 재산을 사회에 환원키로 한 것은 돈을 제대로 쓰기 위해서다. 나는 매우 운이 좋아 많은 재산을 모을 수 있었다. 재산을 기부하기로 결정한 것은 이 같은 행운을 다른 사람들과 함께 나누기 위해서이다." 자선기금으로 37조 원을 내놓은 약정식을 하면서 버핏은 이렇게 말했습니다. 옆에서는 그의 오랜 친구 빌 게이츠가 지켜보고 있었습니다.

* 대부분의 본문 내용은 예병일의 '경제노트'에서 발췌하여 필자가 편집한 글입니다. 우리나라의 경제적 지도층에 있는 분들이 이들의 '노블레스 오블리주' 정신을 본받았으면 하는 마음으로 이 글을 올립니다.

● 2007년 9월 12일

오상(五常)의 덕목

유학(儒學)은 주(周)나라 후기, 곧 춘추전국시대(春秋戰國時代) 기존의 사회제도가 무너져 정치적으로나 사회적으로 매우 혼란했던 시기에 공자(孔子, BC 551~BC 479)에 의하여 비롯된 학문임은 주지의 사실이다. 당시에는 사회지도층의 횡포가 극심했을 뿐 아니라 각 제후 국가들은 자국의 이익을 추구하기 위해 영일(寧日) 없는 전쟁을 이어가고 있었다. 이럴 때, 백성들의 생활은 극도로 궁핍해졌고, 개인의 도덕은 상실될 수밖에 없었다.

이러한 시기에 노(魯)나라에서 태어난 공자는 '아침에 도(道)를 들으면 저녁에 죽어도 좋다'는 구도(求道)의 신념을 가지고 도덕성회복을 자신의 시대적 사명(使命)으로 삼아 천하를 두루 돌아다니며 자신의 신념을 펼쳤다. 그는 올바른 사회를 이룩하기 위하여 인간이 본래 타고난 내면적 도덕성인 인(仁)의 회복을 강조하고 누구나 어진 사람 즉, 인자(仁者)가 될 것을 주장하였다.

그 후 공자의 사상은 맹자(孟子, BC 371~BC 289)에 의해서 계승 발전되었다. 맹자는 인간은 본래 착한 성품을 지니고 태어난다고 보고, 그러한 인간의 마음을 불인지심(不忍之心, 어떤 일을 차마 하지 못하는 마음)이라 하였다. 이러한 인간의 선천적 타고난 착한 4가지 마음을 사단(四端)이라 하여 사덕(四德)의 단서가 된다고 하였다. 측은지심(惻隱之心)은 불쌍히 여기는 마음이고, 수오지심(羞惡之心)은 불의를 부끄러워하고 미워하는 마음이며, 사양지심(辭讓之心)은 서로 양보하고 공경하는 마음, 시비지심(是非之心)은 옳고 그름을 판단하는 지혜로운 마음이라 하여 이것은 사덕(四德) 즉 인(仁), 의(義), 예(禮), 지(智)의 단서가 된다고 본 것이다.

그 후 한(漢)의 무제(武帝, BC 140~BC 87) 때 재상이었던 동중서(董仲舒, BC 179~BC 104)는 맹자의 인(仁), 의(義), 예(禮), 지(智)에 신(信)의 덕목을 더하여 사람이 항상 지켜야 할 오상(五常)을 말했다. 그 후 오상은 오륜과 함께 유교윤리의 근본을 이루는 바탕이 되었다. 즉 공자는 여러 덕목을 포함하는 최고의 덕(德)으로 인(仁)을 들었고, 맹자는 인(仁), 의(義)를 강조하고 여기에 예(禮), 지(智)를 더한 사덕(四德) 사단(四端)을 주장하며 성선설(性善說)을 전개하였는데, 동중서는 5행 사상에 의거하여 여기에 신(信)을 더한 것이다.

동중서는 5행 사상에 의한 오상(五常)에서

동쪽 방향의 인(仁)은 치우치세 사랑하거나 치우치게 미워하지 않음을,

서쪽 방향의 의(義)는 모두가 옳다거나 모두가 그르다고 평하지 않으며,

남쪽 방향의 예(禮)는 너무 뻣뻣하거나 편의에 따른다는 평을 받지 않으며,

북쪽 방향의 지(智)는 방자히 총명을 뽐낸다는 평을 듣지 않으며,

정중 방향의 신(信)은 함부로 낭비하고 욕심을 부린다는 평을 받지 않음이라고 가르쳤다.

과학문명이 고도로 발달된 풍요의 21세기를 사는 오늘의 현상은 어떤가? 문명의 발달과 경제적인 부(富)는 춘추전국시대(春秋戰國時代)

보다는 더 이루었을지 모르지만, 도덕불감증(道德不感症)에 걸려 정신적인 퇴폐(頹廢)는 그때나 같지 않을까 하는 생각이 든다. 세상이 너무 어지럽다. 옛날의 현자들이 지금은 왜 나타나지 않을까? 사명감을 가진 위대한 현자가 다시 나타나서 공자, 맹자, 그리고 동중서가 펼쳤던 도덕성회복운동을 다시 일으켜야 한다. 도덕의 해이(解弛)와 퇴폐한 정신문화가 만연된 사회는 결국 무너지고 만다. 동서양을 막론하고 수많은 나라들이 그렇게 명멸해갔다고 역사는 말해주고 있다. 2천 년 전이나 오늘에도 그러한 원칙은 똑같이 적용될 것이다.

우리는 519년의 왕업을 이어온 왕실의 후예로서의 자긍심을 갖고 조상님들께서 물려주신 찬란한 역사문화와 전통을 오롯이 보전, 발전, 계승시키기 위하여 노력해야 할 것이다. 스스로 인(仁), 의(義), 예(禮), 지(智), 신(信)의 오상을 생활 속에서 실천하여 혼탁해진 이 사회의 정신문화를 개조하는 데 앞장서야 할 것이다.

● 2016년 9월 8일
전주이씨(全州李氏) 대동종약원보(大同宗約院報)인 『이화(李花)』에 게재된 글

만족을 알고 멈출 줄 아는 사람

지족불욕 지지불태(知足不辱 知止不殆) '만족을 알면 욕을 당하지 않고, 멈출 줄 알면 위태롭지 않다'는 노자(老子)의 가르침에 있는 말이다. 지금으로부터 3,000여 년 전에 오늘을 사는 우리에게 남겨준 이 가르침은 노자가 살던 시대의 사람들에게도, 최첨단 과학이 발달한 현대의 사람들에게도 다 같이 적용되는 교훈임을 생각할 때, 인간의 욕심은 3,000년 전에 살던 사람들도 지금의 사람들과 마찬가지였던 모양이다. 또 2,000년 전에 예수도 "욕심이 잉태한즉 죄를 낳고 죄가 장성한즉 사망을 낳느니라"라고 가르쳤다. 동서고금을 막론하고 욕심이 지나치면 굴욕과 위태로움이 따른다는 것을 일깨워주는 진리의 가르침이다.

요즘 고위 공직 후보자들의 청문회를 통해서, 뉴스 매체의 보도를 통해 적나라하게 노출되는 공직자나 정치인들, 지방자치단체장들의 비리를 듣게 될 때마다 생각나는 교훈들이다. 평범한 사람들은 알면서도 실천하지 못하는 것이 성현들의 가르침인지는 모르지만, 우리가 대하는 그들이 평범하지 않은 훌륭한 목민관들이었기를 바랐던 마음에 늘 상처를 받는 것은 누구의 잘못일까?

한때 의리의 액션 영화배우로 많은 사람들의 사랑을 받기도 했고, 그 후 수도권의 서민들 밀집 지역에서 그들의 든든한 대변자가 되어 영화배우 시절의 인기 못지않은 인기 정치인으로 오랫동안 의정활동을 하던 분이 다시 행정가로 지방자치단체장이 되어 세인의 관심을 받게 되어서 학창시절부터 그분의 팬이었던 나는 그분의 경이로운 변신에 늘 찬사를 보내곤 했었다.

그런데 웬 날벼락인가? 그 지방자치단체의 호화청사 건립이 언론의 도마 위에 오르고, 부정에 관련되어 검찰의 조사를 받게 되고, 여타 지방자치단체의 장들과 몇몇 의원들까지도 같은 이유로 조사를 받게 된다는 소식과, 이런 이유로 지방자치제도의 폐지까지 거론하는 사람들이 있어 문제의 심각성을 느끼게 된다.

이렇듯 각 지방자치단체의 경쟁적인 호화청사 건립은 많은 사람들이 생각하는 것처럼 엄청난 부채를 껴안으면서도 다음 선거를 위해 전시효과를 노리거나, 공사 발주를 통해 횡행하는 비리에 연루될 수도 있겠으나, 모두가 다 그렇다고 볼 수는 없을 것이다. 우리는 가끔 선량한 사람들도 억울한 마녀사냥식 재판에 희생당하는 사례들도 보아 왔다. 그러한 희생자를 만드는 것 또한, 호가호위(狐假虎威)하는 사악한 부류의 인간들이 탐욕을 버리지 못하기 때문이다.

나는 1995년에 실시된 우리 지방자치제도는 우리나라의 민주주의가 정착되어가는 첫 단계라고 보았다. 왜냐하면 지방자치제도는 지방의 정치와 행정을 그 지방 주민들 스스로 자기들의 대표자를 통해 자율적으로 처리해 나가도록 하는, 국가의 주인이 국민이고 국가와 그 권력은 국민으로부터 나온다는 민주주의의 근본적 원리로부터 나온 제도이기 때문이다. 그리고 이러한 민주주의의 발전이 국민들에게 주인의식을 고취시켜, 그 단결된 힘이 국가발전에 크게 기여했다고 생각한다.

이러한 민주제도가 몇몇 잘못된 사람들의 멈출 줄 모르는 욕심과 만족할 줄 모르는 탐욕 때문에 그 의의가 훼손되고 평가 절하된다는 것은 얼마나 슬픈 일이겠는가? 제발 고위 공직자들, 국회의원들, 지방자치단체장들, 그리고 지방자치단체 의원들과 호가호위(狐假虎威)하는 양반들께서는 가슴속에 지족불욕 지지불태(知足不辱 知止不殆)의 가르침을 깊이 새겨서 작게는 가정에서 자식들에게 부끄러운 아버지가 되지 말고, 나아가 이 나라 민주주의의 발전을 저해하고, 일류국가로의 도약을 가로막는 사람이 되지 않기를 바란다.

● 2010년 11월 28일 10시 3분
솔바람 속에서

화유중개일 인무갱소년
(花有重開日 人無更少年)

꽃은 거듭 피는 날이 있으나 사람에게는 다시 소년이 오지 않는다고 옛 시인은 노래하였다. 젊었던 시절에는 별 무관심했던 말이었지만, 나이 들어가면서 깊이 느껴지는 교훈으로 받아들여진다. 늦었다고 생각할 때가 가장 빠른 때라고도 한다. 나이 들었다고 시간을 허송할 수는 없다. 마음만 먹고 실천하지 못했던 것들을 정리하고 계획을 세워 하나씩 실행에 옮겨야겠다.

경치 좋은 산수 간에 집을 짓고 사는 사람은 스스로를 강산풍월주인(江山風月主人)이라고 자부한다. 나는 그런 곳에서는 살지 못하고, 지금 사는 곳이 인구 천만이 넘는 서울의 성냥갑 같은 아파트 단지이지만, 비교적 조경이 잘된 아파트로 이사와 산 지도 십 년이 넘었다. 사시절(四時節) 아파트의 창(窓)을 통해 들어오는 계절의 변화를 가끔씩은 놀라면서 바라기도 한다.

봄철이면 엷은 녹색과 고운 꽃들이 내 눈을 즐겁게 하였고, 여름에는 짙은 푸름으로 한껏 더위를 잊을 수 있게 하였는가 하면 가을엔 형형색색의 단풍을 멀리 가지 않고도 즐길 수 있어서 좋았다. 또 겨울 함박눈을 뒤집어쓰고 서 있는 꽁꽁 얼어붙은 나무들이 봄엔 어김없이 잎을 피우고, 전에 피운 똑같은 색깔의 꽃을 다시 피우는 것을 보면서 그 신비스러움에서 인생을 보기도 하면서 이 모든 것들을 아무에게서도 방해받지 않는 나의 자유재산이려니 생각하니 행복하다.

옛 시인은 아마도 이런 느낌을 만물정관개자득(萬物靜觀皆自得, 만물을 고요히 보고 있으니 다 나의 소유다) 사시가흥여인동(四時佳興與人同, 사시의 아름다운 흥을 남과 더불어 같이한다)라고 표현했을 것이다. 자기의 아름다운 소유물, 흥, 기쁨을 다른 사람과 같이 즐긴다는 것은 그 흥과 즐거움이 훨씬 배가되는 것이기에 우리는 나이가 들수록 반드시 좋은 친구가 있어야 한다.

계사년(癸巳年) 한 해도 얼마 남겨지지 않은 오늘, 초겨울 비가 추적추적 내리고 있는 아침, 버릇처럼 창밖을 내다본다. 간밤에 떨어진 포도(鋪道) 위의 수북한 낙엽이 비에 젖고 있다. 고운 단풍이 퇴색하여 비에 젖는 모습은 쓸쓸함의 대상만이 아니다. 신록의 아름다움과 녹음으로, 또는 단풍의 예쁜 빛깔로 자기가 해야 할 임무를 충실히 마치고, 이제 흙으로 돌아가 새로운 잎을 피우려는 나무의 거름이 되기 위한 과정이다. 참으로 위대한 생애를 마치려는 거룩한 희생의 순간으로 볼 일이다.

그러한 눈으로 낙엽을 보는 사람들은 인생의 겨울을 맞이하는 우리의 남겨진 계절이 결코 쓸쓸하거나 외롭다는 생각만 하지는 않을 것이다. 후회와 회한으로 남은 인생을 보내기에는 너무나 아까운 시간이다. 소년의 시절이 다시 오지 않는 것에 대한 아쉬움을 갖지 않아도 된다. 수천 년 이어온 인간의 역사도 식물의 역사와 마찬가지이다. 단지 식물은 대개 일 년 만에 꽃을 다시 피우지만, 우리 인간은 그 순환기가 조금 늦을 뿐, 우리도 역시 부토가 되고 다시 피어나는 잎과 꽃[後孫]의 색깔을 더욱 아름답게 할 낙엽으로 돌아간다. 그렇게 생각하면 우리의 죽음 또한 슬프다는 생각보다 오히려 아름다운 것일 수도 있다. 인무갱소년(人無更少年)이란 말, 더 멀리 생각하면 잘못된 것이 아닐까? 생각해 본다.

● 2013년 11월 25일

주례사

신대용(申大容) 군과 담연(談燕) 양의 결혼을 축하합니다. 오늘 이 자리에서 양가의 어른을 모시고 많은 하객들의 축복을 받으며 새로운 가정을 이루게 되는 두 분의 결혼을 진심으로 축하합니다. 그리고 멀리 중국(中國)의 감숙성(甘肅省)에서 오신 담화겸(談華謙) 선생님과 진설군(陳雪群) 여사님께 특별한 축하의 말씀을 드립니다. 금지옥엽 같은 오늘의 신부를 대한민국의 며느리로 보내주시기 위하여 오셨습니다. 대한민국 국민을 대신하여 하객 여러분들께서 큰 박수로 치하해주시기 바랍니다. 감사합니다.

서울에서 태어나 명문 숭실대학교에서 산업공학을 전공한 신랑 신대용 군이나, 중국의 감숙성에서 태어나 사천사범대학교 대학원에서 심미학을 전공한 신부 담연 양이 모두 전통 있는 좋은 가문에서 훌륭한 가정교육을 받으며 성장했기 때문에 다른 사람들보다 더 행복하고 모범적인 결혼생활을 해나가리라 믿습니다. 그래서 저는 주례를 하는 사람의 입장에서라기보다는 신랑 아버지의 한 친구로서 새로운 출발을 하는 신랑과 신부에게 아버지의 심정으로 축복의 말씀과 아울러 몇 마디 당부의 말씀을 드리고자 합니다.

신랑과 신부는 특별히 서로를 배려하고 많이 참는 삶을 살았으면 합니다. 신랑과 신부는 성장 과정은 물론이거니와 문화와 전통이 많이 다른 환경에서 살아왔습니다. 때문에 서로의 생활습관이나 가치관이 다를 수도 있을 것입니다.

결혼은 개성이 서로 다른 두 사람이 조화를 이루며 더 훌륭한 하나를 이루는 것입니다. 그러나 지금까지 서로 다른 나라에서 살아온 두 사람이 조화를 이루며 하나가 된다는 것이 그렇게 쉬운 일만은 아닐 것입니다.

그렇지만 신랑이 다년간의 중국 유학생활과 직장생활을 통해 그 다른 문화전통과 생활습관을 다른 사람들보다는 더 많이 이해하고 있으며, 신부 또한 사랑하는 신랑의 나라에 대하여 더 이해하고 익히기 위하여 짧지 않은 기간 동안 많은 노력을 해 왔다는 사실은 이들이 하나가 되는 데 큰 보탬이 될 것이라 생각합니다.

그럼에도 불구하고 저는 신랑에게 한 가지 더 당부합니다. 바야흐로 지금은 글로벌시대라고는 하지만 신부는 오직 신랑 한 사람과의 사랑을 이루기 위하여 낳아서 키워주시고 지금까지 가르쳐주신 부모님과 사랑하는 형제자매들은 물론 정든 고향과 조국을 떠나 물도 설고 산도 선 머나먼 만 리 이국에 왔습니다.

앞으로 같이 살아갈 동안, 물론 곁에 사랑하는 신랑과 친정 부모님처럼 아끼고 보살펴주실 시부모님이 계시기는 하지만 그래도 떠나온 친정 부모님 생각이 다른 사람들보다 더 간절할 것입니다. 이러한 신부를 위하여 신랑은 더 많은 배려를 해야 합니다. 먼 길이지만 자주 사랑하는 아내와 처가에 가서 처가 식구들과 좋은 시간을 보내시기 바랍니다. 그리고 수시로 처가에 전화를 드려서 아내가 외롭지 않게 해주시고 언제나 따뜻한 말로 사랑을 느끼게 하기 바랍니다.

그리고 늘 아내를 칭찬해주시기 바랍니다. 칭찬은 기쁨을 주고 사랑을 주고 의욕과 용기를 줍니다. 칭찬은 코끼리도 춤추게 한다는 말이 있지 않습니까?

그러나 아내가 혹여 작은 실수를 했을 때 무심코 한마디 던지는 핀잔의 말은 큰 상처를 줄 수도 있습니다. 사랑하는 아내를 위하여 이 점 더욱 명심하여 늘 배려하는 마음을 잊지 마시기 바랍니다.

이제 신부에게 당부합니다. 신부 또한 문화와 생활습관이 많이 다른 타국에서의 생활에 적응하기 위하여 지금까지 많은 노력을 해왔지만 더욱 노력할 것은 먼저 말을 빨리 배워야 합니다. 쉬운 의사소통은 할 수 있을지라도 말 때문에 빚어지는 실수를 범하지 않기 위하여서는 많은 시간과 노력이 필요할 것입니다.

그리고 앞으로 태어날 아기들의 교육은 물론이거니와 새로운 조국에서의 사회생활을 위해서도 가장 시급한 일입니다. 또 신랑은 물론이지만 시부모님과 형제, 친척들의 사랑을 얻기 위하여 노력하시기 바랍니다. 다른 사람들로부터 사랑을 받기 위하여서는 먼저 사랑을 베풀어야 합니다. 많은 노력이 필요할 것입니다.

우리말에 '미움도 귀여움도 저 할 나름이다' 는 말이 있습니다. 내가 사랑하는 신랑의 부모님께 효도하는 것은 나를 낳아주신 부모님께 효도하는 지름길입니다. 부디 가족 친척들은 물론이거니와 이웃들의 많은 사랑을 받는 새댁이 되기를 바랍니다.

이제 신랑과 신부 모두에게 당부합니다. 행복한 삶을 위하여 서로 오래 참는 삶이 되기를 당부합니다. 인생을 긴 마라톤 경주에 비교하기도 합니다만 저는 등산을 좋아하기 때문에 인생을 등산에 비유하기를 좋아합니다. 우리가 살아가는 길에는 아름다운 꽃이 피어 있고 푸른 숲이 우거진 평탄한 길도 있지만, 숨차게 올라가야 할 가파른 언덕길도 있는가 하면, 최고의 정상에서 발아래 펼쳐지는 시원한 전망을 내려다보는 순간도 있고, 이내 조심스럽게 내리막길을 내려와야 할 때도 있습니다.

앞날이 결코 꿈같은 세월만 이어지지 않는다는 것을 생각해야 한다는 이야기입니다. 불가에서는 인생을 생로병사의 고해(苦海)라고도 합니다. 또 이 세상을 사바세계(娑婆世界)라고도 합니다. 즉, 참고 견디어가야 하는 세계라는 것입니다. 유가(儒家)의 가르침에도 '백인당중유태화(百忍堂中有泰和)' 라는 말도 있지 않습니까? 많이 참는 집에 큰 평화가 있다는 말씀입니다. 기독교에서도 사랑은 오래 참는 것이라고 했습니다. 이와 같이 불교에서나 유교에서나 기독교에서나 참는 것을 인생을 성공적으로 살아가는 데 필요한 큰 덕목으로 가르칩니다. 마음에 새겨두시기 바랍니다.

지금 두 사람은 인생의 1/3쯤 살아왔고 나머지 2/3를 희로애락(喜勞愛樂)을 같이하며 서로가 서로의 버팀목이 되며 살아가야 합니다. 신랑과 신부는 다 같이 최고의 교육을 받은 지성인들입니다. 그리고 앞날이 창창한 젊은이들입니다. 부디 착안원대(着眼遠大) 하고 착수비근(着手卑近) 하시기 바랍니다. 이는 신랑의 아버님께서 신랑과 신부에게 오늘 꼭 해주고 싶어 하는 말씀인 것을 알기 때문에 제가 대신합니다.

부디 큰 포부를 갖고 조급해하지 말고 멀리 바라보며 그러나 늘 가까운 곳에서부터 시작하는 현명한 생활인이 되기를 바랍니다. 두 사람의 결혼을 다시 한번 축하하며 앞으로 같이 살아갈 60년 이상에 부디 행복한 생활이 이어지기를 빕니다.

● **2009년 4월 18일**
주례 이휴재

제2부

국내 여행기

살아 있는 땅의 기록

선인들의 흔적을
찾아 떠나는 길에는
오늘의 우리에게 제시해주는
그분들의 준엄한 목소리가
들리는 듯하다.
올바르게 살았던 분들이나
그렇지 못했던 분들까지도

제2부 살아 있는 땅의 기록 | 국내 여행기

부안기행(扶安紀行) __ 37

장충단(奬忠壇) __ 47

흥원(興園) 탐방기 __ 51

부여(扶餘), 부소산성(扶蘇山城) __ 54

민들레 캐러 갔다가 __ 59

부암동 산책 1 __ 62

부암동 산책 2 __ 66

맨발로 넘은 문경새재(聞慶鳥嶺) __ 71

실학기행 2016 __ 76

부안기행(扶安紀行)

2008년 11월 12일~14일

가을에 접어들면서부터 이 가을을 다 보내기 전에, 하루나 이틀쯤 집을 떠나, 산사에서 지내보고 싶은 생각에, 좋은 친구와 함께 용대리에서 시작하여 백담사를 거쳐 내설악의 단풍을 카메라에 담기도 하면서 하룻밤을 봉정암에서 보내고 대청봉을 올랐다가, 설악동으로 내려오는 코스의 산행을 계획했었지만, 어쩌다 그만 때를 놓쳐 버리고 말았다.

그런데, 다행스럽게도 만추의 자연 속에 나를 맡겨 볼 기회가 다시 온 것이다. 미국에 살던 친구가 부안(扶安)에 있는 그의 고향 방문을 위해 귀국하였고, 11월 20일까지 머무르다 다시 미국으로 돌아갈 테니, 그 사이 음력 보름을 전후하여 시간을 내서 월명암에 같이 오르자는 연락이 왔다. 부랴부랴 가볍게 짐을 챙겨, 집을 나선 것은 입동도 지난 11월 12일(음력 10월 보름) 새벽 5시 50분, 버스와 전철을 갈아타고, 강남 고속버스터미널에 도착하여 6시 50분에 출발하는 부안행 버스를 탈 수가 있어서 나는 설악산은 아니지만, 대신 능가산(稜伽山)을 향하게 되었다.

차 안에서의 무료한 시간을 메우기 위하여 아이들이 읽던 책 중에서 빌 맥키벤(Bill McKibben)이 쓴 『자연의 종말』을 골랐다. 읽으면서 자연 속으로 사색 여행을 떠나는 오늘의 내 목적에 잘 맞다는 생각이 들었다. 어디쯤 지났을까 문득 창밖을 내다보니 이미 가을걷이를 마친 텅 빈 논과, 한창 잎을 떨구어내면서 겨울의 동면을 준비하고 있는 야산의 활엽수들에서 계절의 쓸쓸함과 더불어 무언가 내가 해야 할 일을 다 하지 못한 것 같은 허전함을 동시에 느끼게 된다. 가끔씩 졸기도 하면서 책을 읽다 보니 9시 50분에 생각보다 빨리 차가 부안 버스터미널에 도착했다. 2년 전에도 잠시 귀국했을 때 나를 초청해 주었던 관선헌(觀仙軒)의 친구가 마중을 나왔다.

친구와 함께 처음 들른 곳이 청구원. 신석정 시인의 고택은 2년 전에 들렀을 때 시인 탄생 백 주년을 맞아 보수를 하고 있었던 것을 보았는데, 어떻게 바뀌었을까 하고 다시 들렀다. 허술한 주변 울타리나 철을 넘기고 있는 코스모스가 가득 채워진 정원은 고치기 전 그대로였고, 흙벽을 다시 바른 위에 도배를 새로 한 몸채의 방 안과 새로 지은 현대식 화장실 외엔 그대로인 듯하다. 사진을 몇 장 찍고, 다시 가까운 곳에 있는 매창공원으로 발길을 돌렸다.

매창뜸은 매창공원을 이르는 말이다. 매창의 묘가 이곳에서 발견된 것을 보면 옛날에는 이곳이 부안에서 꽤나 떨어진 숲속이었을 테지만, 지금은 시가지가 이곳까지 확장되어 바로 옆에 부안 교육청이 있고 주변에 아파트가 들어서 있다. 깨끗하고 아름답게 조성하여 관리된 이곳에는 매창의 묘와 그녀가 남긴 시들과 그녀가 그토록 사랑했던 유희경, 10년 동안 우정을 이어갔던 허균의 시는 물론이고, 그녀를 기리던 많은 후세 사람들의 시가 잘 다듬어진 돌에 새겨져 있고, 또 한 사람의 예인 이중선의 무덤도 잘 관리되어 있는 것을 보면 이곳 부안 사람들은 그녀들의 시와 노래를 사랑할 뿐 아니라 그들을 이 지방의 대단한 자부심으로 여기고 있는 듯하다.

우리는 다시 외변산의 아름다운 30번 국도를 달려 변산반도를 한 바퀴 도는 동안 바다 위에 떠 있는 듯한 하섬을 내려다보는 도로변에 차를 세우고 새만금방조제를 멀리 바라보며 시원한 바닷바람에 가슴을 씻어내기도 하고, 느긋하게 적벽강, 채석강의 절경을 감상하고, 점심으로 격포의 한 식당에서 이곳의 별미인 오죽을 먹었다. 채석강 바닷물이 식당 창 밑에서 철석거리는 이 식당은 오죽으로 유명한 곳인데, 갑오징어의 먹물을 넣어서 끓인 까만 죽의 맛이 일품이었다.

점심을 마치고 늦가을답지 않게 따뜻한 날씨에 채석강의 시원한 바람이 좋아서 우리는 방파제를 따라 걸으며 사진을 몇 장 찍고는 왔던 길을 되돌아가 지서삼거리에서 내변산을 관통하는 도로를 따라 달리다가 몇 번이고 차를 세워놓고 저물어가는 가을 풍경들을 카메라에 담았다.

오후 2시 30분쯤 우리는 능가산(稜伽山) 아래의 내소사(來蘇寺) 경내에 있는 지장암(地藏庵)에 들렀다. 일지(逸智) 스님이 반갑게 맞아주셨다. 관선헌 주인 부부가 오래된 불교 신도이기도 하지만, 일지 스님과 친구 부부는 좋은 것이 있으면 서로 권하고, 좋은 차(茶)가 있으면 가끔 관선헌(觀仙軒)과 지장암(地藏庵)을 내왕하면서 다도(茶道)를 같이 즐길 정도로 가까운 사이라고 한다. 그날도 스님은 우리에게 좋은 다과(茶果)를 대접해 주셨다. 지장암 뜰에 있는 감나무에서 따 손수 깎아서 썰어 말린 감 과자를 그릇 위에 예쁜 꽃잎을 놓고 그 위에 올려 내놓고, 영주의 한 신도가 보냈다는 맛있는 사과를 깎으시고, 심지어 볶은 은행과 찐쌀(오례쌀)까지 맛있다며 내놓으신다. 연신 차를 따르며 권하시는 스님께 담백한 차의 향이 좋아서 무슨 차인지를 물었더니 겨우살이 차라며 항암작용은 물론 정신을 맑게 해주는 효과가 있다는 설명까지 해주신다. 나는 이 차의 향이 어쩌면 일지 스님의 자애로운 마음까지 녹아 우러나 있지 않았을까 하는 생각을 하면서 차를 마셨다.

내소사의 전나무 숲길을 지나면 작은 개울 건너에 해안(海眼) 대종사(大宗師)의 부도와 부도비(浮屠碑), 행적비가 세워져 있는데, 가까이 가서 둘러보고 사진이라도 담아오고 싶었지만 그러지 못하고 그냥 지나치면서 어디에선가 그 스님에 관한 글을 읽은 기억이 떠올랐다. 스님은 이곳에서 8·15 해방을 전후하여 많은 제자 스님들을 배출하였는데, 그 후 1974년에 스님이 입적하기 전 제자들에게 절대로 흔적을 남기지 말라고 유언을 하셨지만, 제자들이 스님의 유언을 따르지 않고 부도를 남겼다는 이야기와 그 부도비의 전면에 해안범부지비(海眼凡夫之碑) 즉 '평범한 남자 해안의 비' 라고 적고 뒷면에 생사어시 시무생사(生死於是 是無生死) 즉 '삶과 죽음이 여기에서 나왔으나 여기에는 삶과 죽음이 없다' 고 탄허(呑虛) 스님이 그 비문을 적었다는 이야기다. 아마도 해안(海眼) 스님의 철학을 가장 잘 이해할 수 있었기에 탄허 스님이 그런 비문을 적었으리라는 생각을 하게 된다.

해안 스님은 이런 시도 남기신 분이다.

멋진 사람

해안 스님

고요한 달밤에 거문고를 안고 오는 벗이나
단소를 손에 쥐고 오는 친구가 있다면
구태여 줄을 골라 곡조를 아니 들어도 좋다
맑은 새벽에 외로이 앉아 향(香)을 사르고
산창(山窓)으로 스며드는 솔바람을 듣는 사람이라면
구태여 불경을 아니 외워도 좋다
봄 다 가는 날 떨어지는 꽃을 조문하고
귀촉도 울음을 귀에 담는 사람이라면
구태여 시(詩)를 쓰는 시인(詩人)이 아니더라도 좋다
아침 일찍 세수한 물로 화분을 적시며
난초 잎에 손질할 줄 아는 사람이라면
구태여 그림을 그리는 화가가 아니라도 좋다

구름을 찾아가다가 바람을 베게 하고
바위에 한가히 잠든 스님을 보거든
아예 도(道)라는 속된 말을 묻지 않아도 좋다
야점사양(野店斜陽)에 길 가다가 술을 사는 사람을 만나거든
어디로 가는 나그네인가 다정히 인사하고
아예 가고 오는 세상 시름일랑 묻지 않아도 좋다

저녁 시간이 다 되어 우리는 안주인이 없는 관선헌으로 돌아왔다. 친구 부인은 치과 치료를 받기 위해 서울에 머무르고 있어서 우리는 음식점에서 매식으로 끼니를 해결하기로 하고, 간단히 몸을 씻고 곰소 시장에 있는 유명한 식당 '우리 장모 집'을 찾았다. 외관상 아주 허름한 식당 안으로 들어가니 손님은 아무도 없고, 여든이 넘은 할머니 한 분이 우리를 맞았다. 격식을 갖출 손님은 이곳으로 안내하기가 좀 그렇다고 말하는 친구는 음식을 먹어보면 누구나 다시 찾게 된다고 은근히 자랑을 했다. 한쪽 벽에 할머니가 모 방송국의 맛 대결 프로그램에 출연하여 이겼을 때 진행자들과 찍었던 사진, 유명 연예인들과 정치인이 이 식당을 다녀가면서 남긴 서명을 훈장처럼 붙여놓았다. 할머니 혼자서 준비하여 차려준 식사는 듣던 그대로 모든 반찬이 맛깔스럽고 입에 맞았다. 특히 작은 게로 담근 게젓이 얼마나 맛이 좋던지 밥을 한 공기 더 주문하면서 무슨 게로 담근 젓이냐고 물으니 뻑게라고 일러주셨다. 뻑게라는 이름이 이곳 사투리인지는 몰라도 아무튼 맛이 놀라웠다.

식사를 마치고 관선헌에 돌아오니, 소나무와 대나무가 어우러져 울타리를 이루고 있는 동쪽 언덕에 벌써 보름달이 밝게 떠올라 있었다. 우리는 앞뜰 잔디밭을 서성이며 내려다보이는 언덕 아래로 밀려오는 조수(潮水) 위에서 잔물결 따라 춤추고 있는 달빛을 감상하는 즐거움을 꽤나 긴 시간 동안 같이했다.

다음 날 아침 역시 곰소 시장에 있는 식당 '우리 장모 집' 에서 훌륭한 6천 원짜리 젓갈 백반으로 조반을 마치고, 10시 30분쯤 내소사에서 1.5㎞쯤 떨어진 원암 통제소에 차를 세워두고 산행을 시작했다. 가파르지 않은 소나무 숲길을 따라 30분쯤 오르니 관음봉과 직소폭포로 가는 삼거리인 재백이 고개에 다다른다. 잠시 땀을 식히며 쉬고 있는데, 주말이 아닌데도 단체산행을 하는 수십 명의 등산객들이 남여치 쪽에서 월명암과 직소폭포를 지나오는 듯, 우리를 지나쳐 관음봉 쪽 길을 택해서 올라간다. 아마도 그들은 관음봉과 신선봉을 거쳐 내소사로 하산할 모양이다.

지장암의 일지 스님을 통해 어제 월명암의 주지 스님으로부터 오늘 밤을 월명암에서 보낼 수 있도록 승낙을 받은 우리는 직소폭포를 향해서 평지 같은 순탄한 산길을 따라 천천히 내려간다. 12시가 조금 지나 또 다른 무리의 젊은 남녀 등산객들이 직소폭포에서 우리를 지나쳐 간다. 아마도 어떤 회사의 등반 대회이거나 대학의 동아리 모임의 등반이 아닌가 싶었지만, 주중에 이렇게 많은 젊은이들이 산행을 하고 있다는 것이 어쩌면 우리 현실의 어두운 단면(주중에 놀고 있는 사람이 너무 많은)이 아닌가 하는 걱정도 되었다.

지나친 가을 가뭄 때문인지 직소폭포에서는 물이 떨어지지 않는다. 내변산의 명소로 꼽히는 이곳 직소폭포와 이어 연결되는 분옥담 그리고 선녀탕에 맑은 물이 철철 넘쳐나지 않음이 못내 아쉬워 갈증이 더하는 것 같았다. 준비해간 과일을 깎아 갈증을 해소하고, 다시 길을 재촉하여 자연보호헌장 탑이 있는 곳으로 가다가 봉래구곡 앞에 있는 절반 정도도 물이 채워지지 않은 저수지를 보면서도 물이 풍족하지 못한 자연을 보는 것 자체도 이렇게 삭막하지만, 여러 가지 이유로 자연이 파괴되고, 환경의 변화로 인한 지구 전체에 물 부족이 심각해진다면 그야말로 '자연의 종말' 이 오지 않을까 하는 생각을 했다.

자연보호헌장 탑이 있는 곳에서 월명암으로 올라가는 길은 아주

가파르다. 땀을 흘리며 한참을 올라가 중턱쯤에서 쉬면서 내려다보이는 실상사지와 바라보는 건너편의 관음봉, 신선봉 그리고 봉래구곡의 모습은 가히 절경이다. 아직 지지 않은 단풍이 붉은색과 노란색 그리고 푸른 색깔의 어울림으로 빼어난 능선과 계곡의 아름다움을 더해주고 있어서 사진을 여러 장 찍었다. 다시 땀을 흘리며 올라가다 보니 오후 1시가 넘었다. 길옆 아늑한 곳에 자리를 잡고 준비해간 점심을 먹었다. 점심이래야 떡과 빵, 그리고 과일이 전부지만 그래도 배부르게 먹고 푹신푹신한 낙엽 위에서 배낭을 베고 누워 한참을 쉬었다.

오후 3시 가까이 되어 월명암에 도착하여 주지 스님을 찾으니 스님은 출타 중이시라고 하여 공양 보살에게 우리의 이야기를 하니, 주지 스님으로부터 말씀을 들은 듯 공양 보살의 도우미인 듯한 젊은 여신도를 시켜, 우리를 거처할 방으로 안내하게 하고 사용할 샤워실과 화장실까지 친절하게 가르쳐주고, 저녁 공양 시간과 아침 공양 시간을 알려주며 공양 시간을 꼭 지켜야 한다고 당부를 한다.

월명암은 지금부터 1300여 년 전 신라 문무왕 11년에 세계불교 3대 거사로 숭앙받는 부설거사(浮雪居士)가 창건하여, 수많은 선승(仙僧)과 대덕(大德)을 배출한 곳으로 근대에도 용성, 서옹, 고암, 해안, 탄허, 향봉, 월인 등 고승들이 수도했던 곳이라고 하며, 그 풍광 또한 천하제일이라고 하는 둥그런 월출, 칠선 바다에 떨어지는 찬란한 일몰, 무릉도원으로 끝없이 펼쳐지는 아침의 운해(雲海) 그리고 발아래 솟아 있는 수많은 군봉(群峰)들이 해동제일(海東第一)의 선경강산(仙景江山)이라고 소개하고 있다.

배당받은 방에 배낭을 내려놓고, 저녁 공양 시간까지 여유가 있어 우리는 낙조대와 쌍선봉에 다녀오려고 절을 나섰는데, 발목까지 파묻히는 낙엽을 헤치며 천천히 낙조대에 오르니, 아직 일몰 시간까지는 너무 오래 기다려야 할 것 같은데다가, 칠선 바다 쪽에 구름이 잔뜩 끼어 있어서 기대했던 황홀한 일몰은 볼 수가 없을 것 같고, 쌍선봉에 다녀오려니, 저녁 5시의 공양 시간을 맞추자면 시간이 모자랄 듯하여, 낙조대에서 시간을 보내다가 아쉽지만 그냥 내려왔다. 객실 앞에 임시로 지은 샤워실에는 아마도 객승(客僧)들을 위한 것인지 세탁기도 비치되어 있고, 따뜻한 물도 나오는 생각보다 훌륭한 시설이 갖추어져 있었다. 따뜻한 물로 샤워를 하고 나니 몸이 가뿐해졌다.

5시 저녁 공양 시간, 선방에서 수도하고 있는 일곱 분의 스님들이 공양하는 방은 우리가 공양하는 방과 다른 방이다. 우리 두 사람은 공양보살과 보살을 돕고 있는 젊은 여신도와 같은 방에서 공양을 했다. 스님들이 공양을 마치고 각자의 그릇을 가지고 나와서 개수대에 놓고 나가서 우리도 그렇게 하면서 감사하게 잘 먹었다고 인사를 하고 나왔다.

불가(佛家)에서 음식 공양할 때는 일체 말을 하지 않으며, 자기의 자리와 차례를 지켜야 하고, 수저 소리를 내거나 음식 먹는 소리를 내지 않으며, 앉은 자세는 반가부좌가 좋으며, 고개는 반듯이 하고 눈은 자기의 발우를 벗어나지 않는 것이 좋고, 자기가 먹던 음식은 남기지 않고, 그릇은 자기가 깨끗이 씻어 제자리에 놓으라고 가르친다. 서양에서는 많은 이야기를 즐겁게 하면서 식사를 하는데 이와는 사뭇 다르다.

또 불가의 공양 시에는 일정한 의식이 있으며 이때는 오관상념게(五觀想念偈)를 행하는데,

1. **계공다소 양피래처(計功多小 量彼來處)** 즉 이 한 그릇의 음식이 내 앞에 오기까지 무수한 노력과 공을 베풀어주신 분들에게 감사를 드립니다.
2. **촌기덕행 전결응공(村己德行 全缺應功)** 나 스스로 지난 일을 생각하건대 이 음식을 받는 것이 부끄럽지 않은가를 생각해봅니다.
3. **방심이과 탐등위종(防心離過 貪等爲宗)** 마음을 다스려 지나친

욕심을 버리고 평등한 마음가짐으로 이 공양을 들겠습니다.

4. **정사양약 위요형고(正思良藥 爲療形枯)** 보다 좋은 일을 하기 위한 약으로 생각하고 다만 이 육신을 지탱하기 위해 이 공양을 들겠습니다.
5. **위성도업 응수차식(爲成道業 應受此食)** 부처님의 제자로서 바른 일 보람찬 일을 하기 위한 활력소로써 이 공양을 들겠습니다.

그러나 스님들이나 일반 신도들이 얼마나 이런 의식을 따르고 있는지는 그들을 자주 접해보지 않은 내가 잘 알 수는 없다. 서양에서도 테이블 매너는 그 사람의 교양의 척도처럼 보이듯이, 우리는 각자의 종교와 전통에 따라 우리의 식탁 예의를 나름대로 잘 지키는 것이 좋을 것 같다.

저녁 공양을 마치고 6시가 조금 지나, 만월의 음력 보름을 하루 지났지만, 그런대로 둥그런 월출을 볼 수 있을 것을 기대하면서 준비한 매실주 한 병을 들고 밖으로 나왔으나, 갑자기 구름이 달을 가리고 말았다. 2년 전부터 월명암의 밝은 월출을 보면서 술잔을 주고받는 낭만을 기다려 왔었는데… 우리는 어둠 속에서 구름이 걷히기를 기다리고 있을 때 갑자기 저녁 범종이 울리기 시작한다. 나는 혹시 타종한 스님이 지나다가 술병을 볼까 미안한 생각이 들어 술병을 점퍼 주머니에 가만히 감추었다.

밝은 달을 보는 대신 우리는 울려 퍼지는 범종 소리를 들으며, 이 소리가 진실로 삼라만상의 살아 있는 모든 생물과 지옥의 중생들까지도 제도하고, 번뇌와 고통에서 벗어나게 해줄 수 있기를 바랐다. 서른세 번의 저녁 범종 소리가 끝날 때쯤, 바람이 구름을 살짝이 밀어내 달을 우리에게 보여주었다 감추었다 하는 사이 우리는 매실주 한 병을 다 비우고 방으로 돌아와 이야기를 하다가 8시가 조금 지나 일찍 잠이 들었다.

잠에서 깨어 창문이 환한 것을 보고 문을 열고 밖으로 나오니, 초저녁의 구름은 다 어디로 사라졌는지 중천의 달이 대낮처럼 밝다. 들어와 시간을 보니 아직 12시도 되지 않았다. 자고 있는 친구에게 달이 무척 밝은데 잠만 자고 있을 거냐고 물었지만 일어나지를 않는다. 혼자서 다시 밖에 나와 말 그대로 고요가 겨운 절 마당을 서성이다 들어왔으나 다시 잠이 들지를 않는다.

누워 있었지만 잠은 오지 않고, 나를 찾는 시간을 가지려고 해도 마음의 정리가 되지 않아 이리저리 뒤척이고 있으니 친구도 잠이 깬 모양이다. 우리는 다시 인간과 종교에 대하여 긴 이야기를 하다가 새벽 3시가 되어갈 때쯤 친구는 세수를 하고 새벽예불에 참여하기 위하여 법당으로 간다. 뒤이어 나도 세수를 하고 방 안을 깨끗이 청소한 후, 법당에서 들려오는 스님의 목탁과 독경 소리를 들으며, 나름대로 참선의 자세로 가부좌를 틀고 앉아 단전호흡을 하며 한참 동안 무념 상태를 유지해 보다가, 절에 와서 절의 법도를 따르지 않고, 평소 집에서처럼 자기식의 마음 닦음을 고집하려면 왜 여기까지 왔는가 하는 생각에서 스스로 웃음이 나왔다. 다음 템플스테이 할 기회가 있으면 제대로 불가의 가르침을 배워 자신을 비우는 참선을 해 보고 싶었다.

한참 후에 돌아온 친구는 법당에서 스님을 따라 108배를 하며, 머지않아 출산할 딸의 순산만을 빌었다고 한다. 기원 대상의 제일순위는 항상 자식의 평안과 행복, 그것이 부모의 마음이다.

아침 공양을 6시에 마치고, 하룻밤의 편한 쉼과 두 끼니의 공양에 감사를 표하고, 우리는 왔던 길을 되짚어 하산길에 오르니 다른 때의 산행보다 몸과 마음이 가벼워진 느낌이다. 월명암에 무엇을 털어놓고 온 것은 아닌 것 같은데… 가을이 지나가고 있는 산에는 겨울을 맞을 채비를 하고 있다. 겨울은 옷을 벗은 나무들에게도 낙엽에 덮여 있는 대지에게도 죽음의 계절이 아니라 새로운 봄을 준비하는 인내의 시간이 될 것이다.

장충단(奬忠壇)

2009년 5월 16일

"안개 낀 장충단 공원 누구를 찾아왔나
낙엽송 고목을 말없이 쓸어안고 울고만 있을까
지난날 이 자리에 새긴 그 이름 뚜렷이 남은 이 글씨
다시 한번 어루만지며 돌아서는 장충단 공원"

지금도 어쩌다 친구들과 어울린 술자리가 끝나고 뒤풀이로 노래방에라도 가게 되면 나의 18번지는 단연코 배호가 부른 이 〈안개 낀 장충단 공원〉이다. 1960년대 요절한 가수 배호는 이 노래로 대중들의 인기를 한 몸에 받았었다.

나중에는 이 노래 덕분에 대중들의 구미에 맞는 남녀 간의 사랑 이야기를 같은 제목으로 하여 영화를 만들어 흥행하기도 했었다. 그러나 이 노랫말에 함축되어 있는 우리의 슬픈 역사를 알고 이 노래를 부르는 사람들이 얼마나 될까?

행여 누가 이 글을 읽고 장충단 공원에 가는 사람이 있다면, 명성황후를 지키려다 순사했던 당시의 사람들과 그들의 영혼을 위로하기 위하여 세웠던 사전(祠殿)마저 지켜지지 못했던 슬픈 우리의 역사를 한 번쯤 생각해보고, 지금은 그 위치마저 잊히고 있는 장충단비라도 찾아가 〈안개 낀 장충단 공원〉을 애절하게 불렀던 요절한 가수 배호를 기억해주기 바라는 마음으로 백과사전에 기록되어 있는 장충단 공원과 이경직, 홍계훈의 약사를 여기 소개한다.

예로부터 경치가 좋기로 유명했던 이 계곡에는 조선 영조 중엽 이래 도성 남쪽을 수비하던 어영청의 분소인 남소영(南小營)이 있었고, 근처에는 남소문(南小門)이 있었다. 1895년 을미사변으로 명성황후 민씨가 살해된 후 5년 뒤인 1900년 9월 고종(高宗)은 이곳에 사전(祠殿) 1동과 부속 건물 두 채를 건립하고 장충단을 꾸며, 을미사변으로 순사한 궁내부대신 이경직과 연대장 홍계훈을 비롯한 호위 장졸들의 영혼을 위하여 매년 봄 · 가을에 제사를 드렸다.

그러나 1910년 8월 일제에 의해 장충단은 폐사되고, 1920년대 후반부터는 민족정신을 말살하려는 그들의 의도에 따라 장충단 공원이라 하여, 벚꽃 수천 그루를 심고 놀이터 · 연못 · 산책로 · 광장 · 교량 등의 시설을 설치하는 한편, 상하이 사변 때 전사한 일본군의 동상을 비롯해 이토 히로부미(伊藤博文)의 보제사(菩提寺)인 박문사 등을 건립했다. 박문사의 건물은 경복궁의 예원전 및 부속 건물을 이축한 것이고 입구의 문은 옛 경희궁의 흥화문을 옮겨 세운 것이었다.

8 · 15 해방 직후 이것들은 즉시 철거되었고, 여러 가지 공원 시설물들이 들어서게 되었다. 6 · 25 전쟁으로 장충단 사전과 부속 건물은 완전히 소실되고, 장충단비(서울특별시 유형문화재 제1호)가 남아 있을 뿐이다. 현재 그 자리에는 신라 호텔의 일부와 한때 국빈전용의 숙소였던 영빈관이 있다.

비의 전면에 새겨진 '장충단(奬忠壇)' 이라는 글자는 순종이 황태자일 때 쓴 글씨이고, 뒷면에는 민영환이 쓴 143자의 문장이 새겨져 있다. 1959년 청계천 복개공사로 이전한 수표교가 근 15년간 공원의 초입에 있었으나, 지금은 세종대왕기념관에 보존되어 있다.

이경직(1841년(헌종 7) 충북 청주~1895년(고종 32)). 한말의 문신. 본관은 한산(韓山). 자는 위양(威穰), 호는 신부(莘夫). 아버지는 참판 선보(善溥)이다. 1876년(고종 13) 동몽교관(童蒙教官)이 되고, 1885년 문과에 급제했다.

그 뒤 홍문관부수찬 · 참의내무부사(參議內務府事) 등을 거쳐 1892년 전라도관찰사가 되었다. 그해 12월 전라도 삼례역(參禮驛)에 모인 동학교도들이 교조 최제우(崔濟愚)의 신원(伸寃)을 요구하고, 동학도에 대한 침탈을 금지해달라는 소장을 제출하자 동학은 이단이므로 계속 금압할 것이며, 교도들에 대한 지방관리의 침학만은 금단하겠다고 약속하여 동학교도들을 해산시켰다.

이듬해 동학교도 40여 명이 과거 응시를 가장하여 서울로 올라가 경복궁 광화문 앞에 엎드려 고종에게 직접 교조신원을 요구한 사건이 일어나자, 교도들의 상경을 미리 막지 못했다 하여 파면되었다. 1895년 궁내부대신이 되었다. 그해 8월 20일 일본공사 미우라 고로(三浦梧樓)가 일본군인과 낭인집단을 동원, 궁궐로 난입해 민비를 학살한 을미사변 때 왕비의 침전인 옥호루(玉壺樓)에서 난입하는 폭도들을 막다가 총탄을 맞고, 고종이 보는 앞에서 이들의 칼에 찔려 죽었다. 1897년 대광보국숭록대부의 직계, 1899년에는 의정부 의정(議政)이 추증되었다. 시호는 충숙(忠肅)이다.

홍계훈(洪啓薰, ?~1895년)은 조선 후기의 무장으로 1895년 음력 8월 20일(양력 10월 8일 새벽 5시 50분) 을미사변 때 일본군을 막다가 장렬하게 죽었다. 초명은 재희(在熙), 본관은 남양(南陽)이다. 신원은 확실치 않으나, 미천한 신분이었다. 무예청 별감으로 관직을 시작한 그는 1882년 8월에 일어난 임오군란 당시 명성황후 민씨를 업고 피신시킨 공으로 출세하였다. 1884년 장위영 영관(領官)을 지냈다. 그해 동학란이 일어나자 양호초토사(兩湖招討使)로 출전하여 전주를 탈환하고 그 공으로 훈련대장이 되었다. 을미사변 때

광화문 앞에서 일본군의 침입을 저지하다가 죽었는데 다만 『고종실록』에서는 광화문 밖에서, 『한국통사』에서는 궁궐 안에서, 『대한계년사』에서는 궁궐 안에서 칼을 맞고 죽었다고 하였다. 또 『매천야록』에서는 총을 맞고 쓰러진 뒤 며칠 뒤에 죽었다고 되어 있다.

이사벨라 버드 비숍은 『한국과 그 이웃 나라들』에서 일본 장교의 칼에 피습한 뒤 여덟 발의 총탄을 맞아 치명상을 입었다고 썼다. 그는 을미사변 때 조선의 왕비 명성황후 민씨를 지키다가 죽은 궁내부대신 이경직과 더불어 1900년 장충단에 제향 되었다.

황현은 『매천야록』에서 홍계훈을 "졸병에서 일어나 높은 지위에까지 올랐는데, 인품이 염결(廉潔)하고 근신(勤愼)했다."라고 호평했다.

흥원(興園) 탐방기

2011년 8월 5일

긴 장마가 잠시 멈칫하는 사이 무더위가 한창 기승을 부리던 8월 초, 종묘 사직대제 및 능 제향 전승교육 수료자들 몇 사람과 함께 경기도 남양주시 마석에 있는 흥선대원군의 흥원(興園)을 탐방하게 되었다.

흥선대원군은 1898년 광무 2년 2월 경기도 고양군 공덕리(현 서울 마포구 공덕 4동)의 운현궁 별장인 '아소당'에서 세상을 떠났고, 그 두 달 전에 세상을 떠나 '아소당' 뒤뜰에 묻힌 부인 여흥부대부인 민씨와 나란히 묻혔었다. 그 후 1907년 융희 원년 순종 황제가 대원왕(大院王)으로 추봉(追封)하고, 헌의(獻懿)의 시호(諡號)를 올려 흥선헌의대원왕(興宣獻懿大院王)이 되었다.

이에 왕의 예로써 장례하라는 명을 내렸고, 따라서 흥원의 천봉은 1907년 융희(隆熙) 원년 11월 10일에 시작돼 1908년 융희 2년 2월 1일에 경기도 파주군 운천면 대덕동에 천장(遷葬) 완료되었다.

다시 사정에 의해 1966년 6월 16일 현 위치로 천장 되었다고 기록되어 있다. 승합차로 마석까지 달려 마석 전철역 부근에서 흥원을 안내하는 표지판을 발견하고 좁은 길을 이리저리 돌아 원소(園所) 입구에 어렵사리 차를 세우고, 한적한 산길을 따라 올라가니 장마에 파손된 길을 보수하는 장비가 작업을 하다 쉬는지 기사도 없이 홀로 세워져 있었다.

금년 장마는 유난히도 오래 계속되었고, 또 국지적으로 폭우를 쏟아부은 곳이 많아서 그 피해가 극심했었는데, 이곳도 예외는 아니었던 모양이다. 폭우에 휩쓸려 개울로 변해버린 길을 따라 조심조심 10여 분을 더 올라가니 원소 입구에 비각도 없이 덩그러니 세워져 있는 신도비(神道碑)가 쓸쓸히 우리를 맞아 주었다.

육중한 귀부(龜趺) 위에 올려진 신도비의 비면(碑面)에는 아마도 6·25 전쟁 중에 총상을 입었음 직한 험한 흔적들을 남기고 있었다. 신도비를 살펴보고 홍원 표지석과 안내문을 지나 원역(園域)으로 올라가 간소하게 준비해간 주과포혜(酒果脯醯)를 상석 위에 진설하고 다 같이 참배한 후, 원역 관리가 소홀하다는 이야기를 하면서 우리는 신도비 옆의 나무 그늘에 모여 앉아 제수를 안주로 음복을 하고 흥선대원군의 파란만장했던 생애를 되돌아보는 기회를 가졌다.

60년이 넘도록 이어진 척신(戚臣) 세도가들의 탐학(貪虐)과 거기 동조하던 일부 유림들의 가렴주구(苛斂誅求)를 척결하고, 그들의 착취에 허덕이는 힘없는 백성들을 구제하여, 쓰러져 가는 왕조를 다시 일으켜 세워 땅에 떨어진 왕실의 권위를 되찾으려 했던, 정조대왕 이후 또 다른 큰 개혁을 이루어 부국강병을 꿈꾸었던 풍운의 정치가, 그러나 그의 의지와는 상관없이 새로운 척신들의 발호를 막지 못한, 절반의 성공과 절반의 실패를 안고, 아직도 이루고자 했던 그 많은 꿈도, 영욕의 69년 생애도 쓸쓸히 마감해야 했던 것을 우리는 다만 기울어져 가는 국운의 탓으로 돌려야 할까?

서원의 철폐나 세제의 정비, 법전편찬과 삼정의 개혁, 그리고 그 엄청난 비용을 조달해가면서 왕조의 상징인 경복궁을 중건한 것은 그가 아니면 그 누가 할 수 있었을까? 당시의 상황으로 그 누구도 감히 생각조차 할 수 없었던 대개혁이었다.

이제 대원군 사후 112년이 지났다. 동서의 고금을 막론하고 언제나 개혁의 대상자들은 목숨을 걸고 개혁을 반대한다. 그래서 개혁이 성공하기가 어렵다. 그러나 용기 있는 개혁주의자들에 의하여 역사는 점진적으로라도 발전하고 있다고 생각한다.

역사는 승자의 기록이라고 하지만, 양식이 있는 사가들이라면 긍정적이거나 부정적인 면을 객관적인 입장에서 정당하게 평가할 것이다. 쇠퇴해진 국력 때문에 열강들의 침략 대상이 되었던 참담했던 대원군 사후 근세사를 생각하면서 흥원 건너편에 있는 대원군의 가족묘를 둘러보고 다시 귀경길에 올랐다.

부여(扶餘), 부소산성(扶蘇山城)

2010년 8월 25일

"새들이 예서제서 지저귀는 숲 사이를 이리 구불 저리 구불 부소산에 올랐다. 한적하고 깊숙한 맛이 어딘지 모르게 백제의 옛 향기를 품은 듯하여 부소산성 남은 자취를 돌아볼 때는 돌 한 개 기왓장 한쪽에도 반가운 마음 한이 없었다. 산마루 영일대(迎日臺)를 지나 군창(軍倉)터를 찾으니 창고는 보이지 않고 타다 남은 군량미가 한 알 두 알 손끝에 집히는데 색은 비록 검지만 모양은 그대로 있어 백제(百濟)의 한(恨)을 말하고 남는다."

이 글은 1955년도 초등학교 6학년 국어 교과서에 '고적을 찾아서'라는 제목으로 실렸던 기행문 부여(扶餘) 편의 첫 부분이다. 부여의 이름만 들어도 떠오르는 대목이다. 그때 담임선생님께서 수학여행을 부여로 가게 되었으니 이 기행문을 6학년 모두(전체 졸업생이 23명이었다) 외우도록 하셨었다. 글쓴이가 누구였는지 그때도 몰랐었고 지금도 알 수 없지만, 감수성이 예민한 열세 살 초등학교 6학년 어린이들이 외우기 쉽도록 쓴 명문이었던 것 같다.

나는 노령산맥의 끝자락인 태청산과 장암산 아래 산골 마을(지금

상무대가 들어가 있는)에서 어린 시절을 보냈다. 그곳이 산골 마을이어서 6 · 25 전쟁의 참상을 도시나 평야 지역에 살던 아이들보다 상대적으로 더 심하게 겪었다. 초등학교에 막 입학했던 그 시절, 살던 집은 아직도 소탕되지 않고 산속에 숨어 있는 빨치산(파르티잔 : 유고슬라비아의 Partizan에서 유래) 잔당들의 잠자리가 될 것을 막기 위해 경찰들에 의해 불태워지고, 추수한 곡식과 김장해놓은 김치까지도 그들의 식량이 될 것을 염려하여 주민들의 의사와는 전혀 상관없이 지게꾼이라고 불리던 동원된 노무자들의 지게에 지워 지서(支署)로 가져가 버렸었다. 수복 후 다시 학교에 다닐 무렵, 어른들 키의 두세 길 높이의 대나무 울타리로 둘러싸인 그 지서 앞을 나는 눈을 흘기면서 지나다녔다.

전쟁이 끝나고 지방 공비들이 소탕된 지 몇 년이 지났어도 집 없는 설움과 배고픈 설움을 다른 사람들보다 더 오래 겪을 수밖에 없었다. 그런 상황이어서 2박 3일 정도 소요되는 여행에서 먹을 식량을 준비하고(그때는 여관에서 쌀을 받고 재워주고 먹여주기도 했었다), 교통비를 현금으로 챙겨야 하는 수학여행을 가지 못한 친구들이 많았고, 나도 그편에 속했었다. 그러나 직접 발로 밟아보지는 못한 곳이었지만, 그 기행문을 외우면서 마치 내가 그 길을 지나듯 눈에 선했던 곳이 바로 부여였다.

며칠 전 고향이 부여인 친구와 산행을 하다가 문득 그 시절 생각이 나서 부여에 얽힌 나의 지난 얘기를 하였는데, 어제 잠자리에 들면서 불현듯이 부여에 가고 싶은 생각이 들어 일어나자마자 등산복 차림으로 집을 나섰다. 차 시간을 기다려서 전철과 버스를 갈아타고 부여에 도착하니 오전 11시가 넘었다.

버스터미널 옆 기사식당의 입에 맞는 반찬이 옛날 고향에서 어머니가 만들어주시던 음식 그 맛이다. 브런치를 마치고 도로 표지판을 따라 부소산성 쪽으로 걸어가다 보니, 큰길 중앙 로터리에 성왕의 동상이 세워져 있다. 동상의 사진을 찍고, 부소산 문을 찾아가는 데는 10여 분밖에 소요되지 않았다. 해발 106m의 부소산은 부여읍에서 보면 산이라기보다 작은 언덕에 있는 공원처럼 보였다.

부소산 문 안쪽 담장을 따라 심어 놓은 키 큰 수수가 고개를 숙이고 있는 것을 보니 계절은 벌써 가을의 시작을 알리고 있다. 작은 광장을 지나 숲길을 따라 올라가니 세월 따라 환경도 달라졌는가? 옛날의 지저귀던 새소리는 들리지 않고 대신 요란한 매미 소리가 더위를 잊게 한다.

부소산 문을 지나 먼저 찾은 곳이 삼충사(三忠祠)다. 기울어져 가는 백제의 멸망을 막기 위해 목숨을 바쳐 충성했던 성충, 흥수, 계백 등 세 분의 영정과 위패를 모신 사당이다. 길 입구는 초입부터 박석(薄石)을 깔아 고풍스럽게 잘 다듬어놓았다. 삼충사 외삼문(外三門) 밖에서 전경사진을 찍고 내삼문(內三門)을 지나 본당 계단에 올라 머리를 숙이니, 의자왕 앞에서 충언을 하는 성충과 흥수의 모습, 가족을 자기 손으로 먼저 보내고 최후의 결전을 위해 이미 목숨을 나라에 바치기로 결의한 5천 명 결사대와 함께 황산벌로 향하는 계백 장군의 비장한 모습이 눈에 선하다.

영일루(迎日樓)로 가는 길은 숲 그늘로 이어지지만, 바람 한 점 없는 무더위가 연신 이마에 땀을 흐르게 한다. 왕과 귀족들이 계룡산 연천봉에 떠오르는 해를 맞이하며 하루의 일과를 계획했다는 영일루. 누각 안에 '삼가 공경하면서 뜨는 해를 맞이한다.' 는 뜻을 지닌 '인빈출일(寅賓出日)' 을 쓴 현판이 걸려 있는데, 필자가 언뜻 알아보기 어려운 조병호 선생의 작품이라고 한다.

영일루에서 가까운 곳 군창터에 가니 철재 울타리 안으로 잔디가 푸르고 그 위에 주춧돌이 몇 개 남겨져 있었으며, 큰 소나무 몇 그루가 터를 지키고 있을 뿐, 1915년에 발견되었다던 불에 탄 쌀은 볼 수가 없었다. 수혈 병영 지를 지나 반월루(半月樓)에 오르니 서쪽에 백마강이 흐르고 남쪽으로 부여읍이 한눈에 들어온다. 1972년에 지었다는 누각의 현판에는 이 지역 출신 유명 정치인의 이름이 있는 것을 보니 그분도 글씨를 잘 썼던 모양이다.

1929년에 '부풍시사'라는 모임에서 건립했다는 백화정(百花亭)은 절개를 지키기 위하여 낙화암에서 꽃잎처럼 떨어져 죽은 3천 궁녀들의 넋을 기리기 위한 곳이다. 백화정 옆에는 당시 궁녀들의 모습을 지켜봤을 것 같은 해묵은 소나무 한 그루가 바위틈에 뿌리를 내리고 청청한 기상으로 서 있다. 정자에 오르니 백마강의 푸른 물은 볼 수가 없고, 누런 흙탕물과 공사 중인 장비와 여기저기 쌓여 있는 모래더미가 눈에 들어올 뿐이다. 환경을 파괴하게 될지? 개선하게 될지? 아직 우리가 알 수 없는 이른바 4대강 개발이 여기서도 진행 중이다.

낙화암 절벽 아래의 백마강 나루터 옆에 있는 고란사(皐蘭寺)로 내려가는 길은 가팔라서 벽돌로 포장된 평탄한 넓은 길은 끝나고 돌계단의 급경사 내리막길이 시작된다. 고란사에 내려가 절 뒤에 있는 그 유명한 고란정(皐蘭井)의 시원한 물로 갈증을 달래니 이마에 흐르던 땀이 식은 듯 시원해진다.

선착장 옆의 조룡대를 그냥 지나쳐 다시 계단을 올라 부소산에서 제일 높은 106m 산정상에 세워진 사자루(泗沘樓)에 올랐다. 더위 때문인지 오고 가는 사람이 전혀 없고, 다만 백마강을 스쳐 지나온 미풍이 곁을 슬며시 지나갈 뿐이다. 이 사자루는 1919년 임천 관아의 문루였던 개산루(皆山樓)를 옮겨 지었다고 한다.

현판의 글씨는 영친왕의 형님인 의친왕 이강(李堈) 공이 썼고, 누각 안에는 누각을 설명하는 글과, 백제의 한(限)을 담은 옛 시인들의 한시(漢詩)도 걸려 있었다. 땀을 식히며 누각 안에 걸려 있는 옛 시인들의 시를 보면서 문득 인류 역사의 주인공으로 흥망성쇠(興亡盛衰)의 원인과 결과를 만들어간 수많은 사람들의 이름이 뇌리를 스치고 지나간다. 몇천 년이 지나도 인류가 남아 있는 한 그들의 공(功)과, 과(過)는 지워지지 않고 남을 것이라는 생각을 하면서 궁녀사(宮女祠)를 찾아 발길을 옮긴다.

궁녀사는 서기 660년 신라와 당나라의 연합군에게 사비성이 함락될 때 적군에게 붙잡혀 몸을 더럽히지 않으려고 낙화암에서 꽃처럼 몸을 날려 죽은 3천 궁녀들의 충절을 기리기 위해 1965년에 세운 사당이다. 사당 앞 길가에 울타리처럼 심어진 무궁화 꽃나무 아래 떨어진 흰 꽃송이들은 그날의 궁녀들의 넋이런가 애잔하기만 하다. 열린 삼문으로 들어가니 사당 문도 열려 있는데 선녀 같은 세 사람의 궁녀들 영정이 정면에 있고, 그 앞에 촛대와 향로가 마련되어 있었지만, 화재의 위험을 감안하여 촛불과 향을 피우지 않고 그냥 나왔다.

부소산성을 내려와 시내 외곽으로 옮겼다는 박물관을 찾아 걸어가다가 뜻밖에 정림사지(定林寺址)를 만났다. 사적 제301호로 지정된 곳이다. 1942년 발굴조사 때 강당지에서 '태평8년무진정림사대장당초(太平八年戊辰定林寺大藏當草)' 라는 명문이 새겨진 기와가 발견되어 중건 당시 절 이름이 정림사였고, 1028년(현종 19)에 중건되었음이 밝혀졌다고 한다. 지금도 복원은 되지 않고 있지만, 우리의 역사와 전통문화를 보존한다는 차원에서도 정확한 자료를 바탕으로 복원이 이루어지기를 바란다. 현재 절터에는 정림사지 5층 석탑(국보 제9호)과 정림사지석불좌상(보물 제108호)이 남아 있다는데, 들어가 살피지는 못하고 지나면서 5층 석탑 사진만 찍고 박물관을 찾아 발길을 돌렸다.

민들레 캐러 갔다가

2011년 5월 17일

며칠 전 친구가 바람도 쐴 겸, 부부 동반으로 충북 음성에 있는 '음성동요학교'에 다녀오자는 얘기가 있었다. '음성동요학교'에 대해서는 처음 들어보는 얘기였지만, 가는 길에 그곳에 지천으로 널려 있는 민들레를 좀 채취해다가 발효음료를 만들어 마시자는 얘기가 내 호기심을 더 자극했었다. 민들레는 한방(韓方)에서 포공영(蒲公英)이라고 하여 여러 가지 약효가 있는 것으로 알려져 있기 때문이었다.

5월 17일 아침 아내와 함께 전철을 타고 잠실까지 가서 승용차를 운전하고 나와 기다리던 친구 부부를 만나 8시 40분쯤 서울을 출발하여 오전 10시가 조금 지나서 "고추 먹고 맴맴 담배 먹고 맴맴" 하는 전래동요의 발상지인 충북 음성군 생극면 생리의 폐교된 오생초등학교 자리에 세운 '음성동요학교'에 도착했다.

운동장 끝에 차를 세우고 나오니, 이 학교의 교사로 재직하고 있는 전현민 선생님이 우리를 맞아주었다. 전 선생님은 나와 같이 간 내 친구와 자주 만나는 지인이어서 이번에도 내 친구를 초대한 것인데 내가 거기 동행한 것이다.

제약회사에서 신약개발을 연구하던 그분은 회사를 그만두고 자연 속에서 토종 산야초를 원료로 생약과 음료수를 개발하기 위해 10년째 연구하고 있다며 우리에게도 자기가 개발한 음료수를 권했다. 학교 교무실을 그대로 사무실로 개조하여 사용하고 있는 듯한데 역시 사무실 분위기는 학교의 교무실 같은 느낌이다.

차를 마시며 학교의 설립목적과 운영에 관한 설명을 듣고, 그의 안내로 그가 10년 동안 꾸준히 연구하고 실험한 엄청난 기록 노트가 가득 꽂혀 있는 연구실의 책장과 실험하고 개발한 약품들의 샘플들과 실험기구들을 둘러보고 민속자료실, 동요박물관, 그리고 자연학습실과 체험학습을 오는 학생들을 위한 취사 시설과 잠자리 시설까지 돌아보는 동안, 그가 하는 설명과 해설을 통해 그곳에 있는 분들의 삶이 얼마나 순수하고, 진실하며 자연환경을 보존하고, 모든 인간이 진실한 본성을 찾아가게 하려는 아름다운 마음까지 느낄 수 있었다.

시간 가는 줄 모르며 설명을 듣고, 학교의 학습자료를 둘러보는 동안, 민들레를 캐려던 것도, 벌써 점심시간이 지나버린 것도 몰랐다. 민들레는 철이 늦은 듯하니 채취하는 것을 내년으로 미루고 점심은 신선한 무공해 채소만을 사용하는 쌈밥집으로 안내하겠다는 것이다.

점심 후에는 기왕 여기까지 왔으니 역사 공부나 하고 가라며 이곳에서 가까이에 있는 양촌 권근 선생과 그의 아들 권제 그리고 손자 권람까지 삼대 묘소가 있는 생극면 방축리에 들렀다 가라고 권하며 이 학교에서 제작한 '아가를 위한 인성 태교 음악' CD와 본인이 개발한 피부미용을 위한 화장수를 한 병씩 선물로 안겨줬다.

신선한 채소에 우렁이 된장 쌈밥은 환상적이라고 표현해야 할 것 같았다. 모두들 배불리 먹고 나와서 전 선생님과 헤어져 우리는 방축리에 있는 양촌 삼대 묘소를 찾았다. 오늘따라 카메라를 들고 나오지 못한 것이 못내 아쉬웠다.

입구에 관리실을 지으려는지 공사 중이다. 제실 앞에 차를 세우고 묘소를 향해 가는데 한 아주머니가 나와서 어디서 온 사람들이냐고 묻는다. 서울에서 온 사람들인데 이 묘소의 주인들이 너무도 유명한 분들이기에 참배하고 가려고 들렀다고 하니 잘 다녀오란다.

양촌 권근 선생의 둘째 아드님이 권제 선생, 권제 선생의 둘째 아드님이 권람인데, 세 분의 묘가 위에서부터 차례로 조성되어 있고, 세 분의 비각과 신도비는 묘소의 좌측 산기슭에 역시 차례대로 세워져 있었다. 묘소에서 내려와 제실은 문이 닫혀 있어 들어가 보지 못하고 그 앞에 세워진 양촌 선생의 시를 새겨 놓은 탑을 보면서 역시 카메라를 가져오지 못한 것을 또 아쉬워했다. 제실 옆 종손이 살던 집에 들어가 보니 사람은 살지 않고 행사 때만 문중 회의실로 사용하는 듯 조용하다.

민들레는 캐지 못했지만 대신 역사라도 캐 보려고 한국역대인물 종합정보에서 500년도 훨씬 전에 살았던 분들의 삶을 다시 캐 보았다.

부암동 산책 1

서울미술관, 석파정(石坡亭)

2013년 9월 21일

서울특별시 종로구 부암동 산 16-1번지, 지금은 서울미술관이 그 자리를 차지하고 있지만, 옛날부터 권력과 부를 가진 사람들의 별장이 있었던 경치가 수려한 곳이다. 멀리 북쪽에 북한산의 위용이 이곳을 지켜보고 있고, 백악산(북악)의 드높은 봉우리가 바로 눈앞에 솟아 있는 인왕산 자락에 위치한 이곳을 찾은 것은 그 옛날 흥선대원군이 이곳 사랑채에서 난을 치며 개혁의 의지를 불사르던 모습을 상상하면서 석파정의 정취를 느껴보기 위해서였다.

갈월동 숙대 입구에서 갈아탄 시내버스가 경복궁을 지나 효자동과 청운동을 거쳐 자하문 터널을 막 통과한 정류장에서 내리니, 바로 건너편에 서울미술관이 보인다. 오늘은 미술관을 관람하기 위해서 온 것은 아니지만, 석파정(石坡亭)은 미술관을 관람한 사람들만 들어갈 수 있도록 미술관 3층에서 들어갈 수 있는 문만 개방되어 있고, 삼계동이라는 현판을 부착한 석파정의 정문은 굳게 잠겨 있었다.

미술관 전시실에는 마침 박찬호 특별전 〈The Hero 우리 모두가 영웅이다〉가 전시되고 있었고, 제2전시실에는 우직한 소걸음으로 천 리를 간다는 의미를 지닌 '우보천리(牛步千里)' 라는 제목으로 유명화가들의 작품이 전시되고 있었다.

석파정만 관람하려고 왔는데, 미술관 입장료 1만 원을 내야만 석파정에 들어갈 수 있게 되어 있어서 의외였지만, 박찬호 특별전과 유명 화가들의 작품을 직접 볼 수 있어서 입장료가 아깝지 않겠다는 생각이 들었다.

바로 매표하려고 하니 전시실 개관이 오전 11시부터여서 아직 입장권을 발매하지 않는다고 했다. 20여 분의 남는 시간을 활용하기 위해 다시 미술관 밖으로 나왔다.

미술관 옆 담벼락에 연세대학교의 '이승만 연구원' 이라는 작은 안내판이 있어, 대학교가 이렇게 한 인물을 연구하기 위하여 연구원을 두고 있구나 하는 생각을 하면서 표시된 길을 따라 약 100m쯤 올라가니 일반 주택 같은 건물 대문에 간판이 부착되어 있고, 문은 잠겨 있어서 곁에 있는 초인종을 누르고 관람이 가능한지 물으니 일반인에게 관람이 허용되지 않는다고 한다.

아마도 개인이 자기의 재산을 학교에 기증하면서 연구원을 발족시켜 달라고 의뢰하여 생긴 것이 아닌가 하는 생각이 들었지만 사실 여부를 확인하지는 못했다.

다시 미술관으로 내려와 입장권을 사서 먼저 박찬호 특별전을 관람하고, 근대 우리나라의 화단을 대표하던 나혜석 화가의 〈풍경〉, 도상봉 화가의 〈비진도의 여름〉, 이인성 화가의 〈남산병원 수술실〉, 박수근 화가의 〈우물가〉, 이중섭 화가의 〈황소〉, 장욱진 화가의 〈가족〉, 천경자 화가의 〈탱고가 흐르는 황혼〉, 임직순 화가의 〈화실〉, 이대원 화가의 〈못〉, 박고석 화가의 〈중계마을〉 그리고 유영국 화가의 〈산〉 등 많은 유명한 작품들이 제2전시실에서 전시되고 있었지만, 이 작품들의 사진 촬영이 금지되어 있어서 사진을 남기지 못한 아쉬움을 남기고 석파정으로 들어가는 3층의 작은 문을 통해 석파정으로 들어갔다.

석파정 자리에는 원래 숙종 때의 문신 조정만(趙正萬, 1654년~1739년)이 소운암(巢蕓庵)이라는 별당을 짓고 살았었고, 그 뒤 철종 때 영의정을 지낸 안동 김씨 세도가의 김흥근(金興根, 1796년~1870년)이 별장을 지어 삼계동(三溪洞)이라 이름 지어 집 뒤 바위에까지 삼계동이라는 글자를 새겨놓았다.

그러나 그 후 권력을 잡은 흥선대원군이 이 정자가 탐이 나서 사고자 했으나 김흥근 대감이 팔지 않겠다고 거절했다는 것이다. 이에 흥선대원군이 꾀를 내어 그러면 하루만 빌려달라고 했다는 것이다. 새로운 권력자에게 그것까지 거절할 수가 없어서 허락을 했는데, 흥선대원군은 아드님인 어리신 고종임금을 모시고 와서 하룻밤을 유하게 되었다. 당시의 관습으로는 임금님이 단 하루라도 유한 곳은 백성이 소유할 수가 없어서 바로 임금님의 것이 되었고, 어리신 임금님은 아버지인 흥선대원군에게 하사하는 형식을 취했다고 한다.

이렇게 60년 동안이나 권력과 부를 독점하며 위세를 부리던 세도가문의 김흥근 대감이 울며 겨자 먹기 식으로 아까운 정자를 새로운 권력자인 흥선대원군에게 빼앗기다시피 넘겨주고 말았다는 이야기는 널리 알려진 바이지만, 그러한 일들은 옛날 왕조시대에만 있었던 일이 아니라는 생각이 들었다.

흥선대원군이 이 정자를 인수한 후 앞 뒷산이 모두 바위여서 '석파(石坡)'란 이름을 붙였으며, 자기의 호까지 스스로 석파라 했기 때문에 그가 이곳 사랑채에서 그린 난이 석파란이라는 이름이 붙게 되었고, 그 값이 불우했던 파락호 시기에 그린 난 값에 비해 엄청나게 고가로 뛰었다는 이야기도 널리 알려진 바이다.

뜰 안의 소나무와 바위산, 사랑채 앞으로 인왕산의 계곡에서부터 흘러내리는 시냇물과 어우러진 주위 풍경이 풍운의 정치가요 뛰어난 예술적 감각을 지닌 흥선대원군이 과연 욕심을 냈을 만한 곳이라는 생각이 든다. 그러나 이곳도 그의 사후 소유권이 잠시 후손들에게 세습되었지만, 6 · 25 전쟁 직후에는 고아원, 병원 등으로 쓰이다가 민간인에게 팔려 주인이 자주 바뀌었고, 지금은 서울미술관을 세운 약품 회사 회장의 소유가 되었다고 한다.

6 · 25 전쟁 직후 이 정자가 콜롬비아 고아원으로 쓰일 때, 사랑채가 멸실 위기에 처하게 되었는데, 서예가 素筌 손재형(孫在馨) 선생이 지금의 홍지동으로 이전하여 '석파랑' 이라는 이름으로 다른 장소에 살아남게 되었다고 한다. 지금의 사랑채는 서울미술관을 세운 소유주가 새로 복원한 건물이며 원래의 석파정이 한옥 7개 동이었지만 지금의 석파정은 4개 동이 남아 있다.

시도 유형문화재 26호로 지정되어 있는 석파정, 나는 정자의 뒤 숲길을 걸으면서 작은 거인 흥선대원군이 이루어낸 엄청난 개혁의 성공과 실패가 모두 인간의 한계가 아닌가 하는 생각을 했다.

죽음을 앞두고 봉작된 흥선헌의대원왕(興宣獻懿大院王)의 명복을 빌면서 나는 다른 날의 또 다른 부암동 산책을 계획한다.

부암동 산책 2

석파랑(石坡廊), 무계정사(武溪精舍)터,
憑虛 현진건(玄鎭健) 집터, 磻溪 윤웅렬(尹雄烈) 별장

2013년 10월 5일

부암동(付岩洞)

부암동(付岩洞)은 서울특별시 종로구에 있는 동이다. 원래는 무계동(武溪洞), 백석동(白石洞), 부암동(付岩洞), 삼계동(三溪洞) 등 자연부락으로 이루어진 지역이었고, 최근의 부암동은 행정동과 법정동의 이름이 같으며 행정동으로는 부암동과 신영동, 홍지동으로 이루어져 있다. 북쪽으로는 신영동과 홍지동에 접해 있으며, 동쪽으로는 삼청동, 남쪽으로는 청운동과 옥인동, 그리고 서쪽으로는 홍제동과 접하고 있다. 과거 이 지역에는 높이 약 2m의 바위가 있었는데, 이 바위에는 자신의 나이만큼 돌을 문지르면 손을 떼는 순간 바위에 돌이 붙고, 아들을 얻는다는 전설이 있었다. '부암동' 이라는 지명은 이 바위가 '부침바위[付岩]' 라고 불렸던 데에서 유래했다.

지난번 석파정 답사에 이어 다시 부암동을 산책하기로 한 것은, 이곳이 북한산과 인왕산, 그리고 북악산 사이의 세검정 골짜기 가까이에 자리하여 그 경관이 아름다울 뿐 아니라 오래전부터 우리나라를 대표할 만한 이름난 문화 예술가들의 발자취가 남아 있는 곳이고,

사색하기 좋은 이런 가을날에 혼자서 산책하기에는 정말 좋은 곳이라는 생각이 들었기 때문이다.

1958년에 서예가 素荃 손재형(孫在馨) 선생이 석파정의 여러 건물 중에서 사랑채 1동을 지금의 홍지동으로 옮겨 지었다는 사실은 알았지만, 그날 옮겨 지어진 석파정 별채 석파랑(石坡廊)을 다음에 꼭 답사하겠다고 생각했었는데, 나선 길에 오늘은 석파랑 외에도 세종대왕의 셋째 아들이며 조선 초기의 명필가로, 그가 꾼 꿈을 안견으로 하여금 그 유명한 〈몽유도원도〉를 그리게 했으며, 그가 꿈에 보았던 곳을 찾아 별장을 지었다는 안평대군의 무계정사(武溪精舍)터와 한국 근대 사실주의 단편의 기수이며, 『빈처』, 『운수 좋은 날』의 작가로 〈동아일보〉에 연재한 소설 무영탑을 그곳에서 집필했다는 憑虛 현진건(玄鎭健, 1940년~1943년)의 집터, 그리고 개화파 지식인 윤치호(1865년~1945년)의 아버지인 磻溪 윤웅렬(尹雄烈, 1840년~1911년)의 별장 등을 함께 둘러볼 계획이다. 춘원 이광수의 별장터와, 윤동주 시인의 문학관과 시인의 언덕이라는 이름의 청운공원은 다음에 산책해 볼 생각이다.

세검정을 지나 버스에서 내려, 길가에 있는 탕춘대지(蕩春臺址)의 표석과 세검정 정자의 모습을 사진에 담고, 5분쯤 걸어 내려오니 석파랑의 모습이 눈에 들어왔다.

석파랑(石坡廊)

'석파랑(石坡廊)' 이라는 간판을 단 대문 안으로 들어가니, 1898년 고종황제가 황제국을 선포한 기념으로 경복궁에 세웠던 만세문이 이 집의 정원에 와서 이곳에 들어오는 사람을 맞고 있었다.

그리고 순종황제의 계비인 순정효황후 윤씨의 옥인동 생가를 옮겨 지은 건물이 안채로 자리하고 있는가 하면 석파정에서 옮겨온 대원군의 별장 사랑채는 가파른 바위 언덕 높은 곳에 자리 잡고 있었다. 또 철종 때의 안동 김씨 세도가였던 영의정 김좌근의 소실이었던 라합(羅閤—羅蛤)의 집을 옮겨다 지은, 안채보다도 규모가 훨씬 큰 집은 지금은 정원의 담장을 사이에 두고 석파랑과 별도의 구역에 있었다.

素筌 손재형(孫在馨) 선생이 처음 이 별장을 조성할 때에는 이 집들이 같은 담장 안에 있었지만, 1981년 그의 별세 후 소유권이 다른 사람에게 넘어갈 때, 레스토랑 '석파랑'과 라합의 집을 옮겨 지은 '살림집'의 주인이 각각 분리되었다고 한다.

안으로 들어가 종업원에게 오늘은 레스토랑의 손님으로 온 것이 아니라, 우리의 전통문화유적을 답사하기 위해서 둘러보고 사진을 촬영하겠다고 양해를 구했더니, 정중한 태도의 종업원이 기꺼이 승낙하며 조용조용한 말씨로 건물 소개와 건물들의 내력까지 자세히 설명하여 준다. 마치 어느 지체 높은 사대부가의 안뜰에 들어온 듯 생각되어 이곳이 음식만 파는 레스토랑이 아니라는 생각까지 들어서 마음이 흐뭇했다. 정원에는 150년이 넘었다는 키다란 감나무에 주렁주렁 감이 익어가고 있어 풍성한 가을의 정취까지 물씬 풍겼다.

사진을 찍으면서 석파랑 구석구석을 한 바퀴 둘러보고, 석파정 쪽 길을 따라 버스 세 정거장 거리를 산책하면서 부암동 주민센터까지 갔다. 길을 묻고 싶어, 마침 토요일인데도 주민센터의 문이 열려 있어서 당직인 듯한 직원에게 길을 물어 무계정사터를 찾아 옆 골목길로 들어섰다.

🌐 무계정사(武溪精舍)터, 憑虛 현진건(玄鎭健) 집터

넓지 않은 경사진 골목길을 올라가니, 길가에 현진건 집터의 표지석이 있다. 풀이 무성한 빈터에 들어가니 언덕에서 물방울 떨어지는 소리가 나고 우물이 보인다. 우물 위에 파란 플라스틱 바가지가 있고, 우물에는 맑은 물이 넘쳐흐른다. 물을 한 바가지 떠서 마셨는데, 나중에 마을 노인이 들어와서 물을 마시지 말라고 한다. 옛날 마시던 물이었을 것이고, 지금도 샘 위쪽에는 바로 인왕산이어서 오염될 소지가 없을 듯한데, 음용수로 부적합하니 마시지 말라는 얘기다. 그러나 이미 마셨으니 배탈이 날 일은 차후 문제이니 어쩔 도리가 없다. 수량이 풍부한 우물 앞 공터에는 누군가 볏논을 만들어 몇 포기 벼를 심어 놓았다.

공터 뒤쪽에 축대를 쌓아 높인 터에 오래된 전통 한옥이 한 채 있는데, 입구의 대문은 잠겨 있고, 안내문에는 자세한 설명 없이 문화재와는 관계없는 건물이라고만 적혀 있다. 무계정사터와 현진건의 집터가 같은 장소에 있는 것을 보니, 아마도 안평대군의 무계정사터에 빙허가 집을 짓고 살았던 모양이다. 샘 앞에는 커다란 마로니에 나무 두 그루가 있고, 그 아래 누군가 낡은 의자를 가져다 놓고 머물렀던 흔적이 있어 나도 그 의자에 앉아 휴식을 취하며 여기에 살았던 사람들을 생각하니 혼자서 마음이 울적해진다.

임금의 아들로 문무를 겸비한 안평대군 이용은 모든 사람들의 관심의 중심에 서 있었고, 흑룡지지라는 이 터에 호화로운 별장을 짓고 살면서 그의 꿈을 그린 〈몽유도원도〉 같은 아름답고 화려한 세상을 펼쳐보고 싶었겠지만, 35세의 젊은 나이에 계유정난에 의해 죽임을 당하고 말았다. 그가 꿈속에서 화려한 도원을 거닐었던 것은 자신의 죽음을 예시한 것이었지만, 이를 깨닫지 못했다고 말하는 사람도 있지만, 그 〈몽유도원도〉가 남아 있어 후세에도 그의 삶을 이야기하게 하고 있다.

빙허(憑虛) 또한 염상섭, 김동인과 함께 근대 우리 문단에서 사실주의 문학을 개척한 선구자였지만, 그의 시대는 일제의 핍박에 우리 민족이 시달리던 시기였다. 백조의 동인으로 『빈처』, 『운수 좋은 날』, 『무영탑』, 『술 권하는 사회』, 『B 사감과 러브레터』 등 많은 작품을 남겼지만, 민족 작가로서 일제에 탄압받다가 43세라는 아까운 나이에 그렇게 바라던 민족 해방을 2년 남겨놓고 세상을 떠났으니 인간의 삶과 영화가 허무하다는 생각을 하면서 다시 磻溪 윤웅렬(尹雄烈)의 별장을 찾아 나섰다.

磻溪 윤웅렬(尹雄烈) 별장

무계정사터를 나와 같은 골목의 언덕길을 올라가 인왕산 바위 봉우리가 올려다보이는 곳에서 磻溪 윤웅렬의 별장 표지판을 발견했다. 이 별장은 주인이 여러 번 바뀌다가 1970년대에 서울특별시에서 매입하여 1977년 3월 17일 '부암동 윤웅열 대감가' 라는 이름으로 서울특별시 민속자료 제12호로 등록되었다고 한다.

근현대사를 통해 우리나라에서 가장 이름을 떨친 명문가 중의 한 집안이 바로 해평 윤씨 집안이다. 평양의 대성학교를 설립한 계몽운동가 윤치호의 부친인 磻溪 윤웅렬과 동생인 윤영렬의 가문은 멀리 조선 선조 때 영의정을 지낸 윤두수의 후손으로 순정효황후는 물론, 윤보선 전 대통령, 윤치영 전 서울시장, 윤일선 전 서울대 총장 등이 이 집안에서 배출된 인물들이다. 그러나 명문가 출신들이 일제 때 친일한 사람들이 많았던 것처럼 이 집안 후손들도 순정효황후의 백부 윤덕영을 필두로 그런 불명예스러운 후손이 많았던 것도 사실이다. 대문이 잠겨 있어서 집 담장 밖 주변을 돌아보면서 사진만 몇 컷 찍고 돌아올 수밖에 없었다.

맨발로 넘은 문경새재(聞慶鳥嶺)

2016년 10월 14일

황금 들판에 오곡이 무르익어가는 천고마비의 계절 가을이다. 한창 노랑과 붉은색으로 곱게 물들어가는 산이나 들에 나가면 그 예쁜 색깔과 은은한 계절의 향기가 메말라가는 내 감성을 일깨워주어서 좋다. 푸르던 잎들이 시간의 흐름에 따라 이렇게 아름다운 색깔로 변하듯, 우리네 인간도 그렇게 아름다움을 나타내며 늙어갔으면 이 세상이 얼마나 아름다워질까? 가을은 여름에 구슬땀을 흘리며 일한 사람들에게는 풍요로운 결실의 계절이지만, 그렇지 않은 사람들에게도 비록 형태는 없지만 무언가 마음을 살찌울 수 있는 수확을 할 수 있는 사색의 계절이기도 하다.

여름에 땀 흘린 일이 없었으니 나는 이 가을에 무엇을 거둘 것인가를 생각하던 차에 엊그제 좋아하는 친구로부터 함께 새재(鳥嶺) 옛길을 맨발로 넘어보자는 전화가 왔었다. "개방적이던 사람도 늙으면 폐쇄적이기 쉽고, 진보적인 사람도 늙으면 타산적이기 쉽다"는 말이 요즘은 나에게 해당되는 말이 아닌가 스스로 놀라는 경우가 많았는데, 이 친구는 나와 다르게 늘 한결같다. 사람은 나이가 젊어도 마음은 늙은이가 있고, 반대로 나이가 들어도 마음이 젊은이가 있는데, 이 친구는 후자에 속하는 편이어서 많은 친구들이 호감을 갖는다.

조령 옛길에는 굽이굽이 선인들의 애환이 서려 있고, 옛 선비들의 정감 있는 시(詩)가 아름다운 자연 속에서 되살아나는 곳이기도 하고, 민족의 수난과 비애가 함께 남아 있는 곳이기도 하여 전에도 몇 차례 걸었던 곳이라며 아주 천천히 걸으면서 많은 것들을 느끼기에 알맞은 곳이라고 한다. 두 집 부부가 같이 걷기에 아주 좋은 곳이니 함께 가자고 하여 10월 14일에 함께 떠나기로 쾌히 약속했었다.

아침 10시 주차장에 차를 세우고, 영화 촬영 세트장을 둘러보고 곧바로 제1관문인 주흘관을 시작으로 제2관문인 조곡관을 거쳐 제3관문인 조령관까지 6.5㎞를 신발을 벗어들고 맨발로 걷는다. 지금의 새재 고갯길은 조령 옛길에 비하면 아주 훌륭한 산책길로 다듬어져 있다. 노폭이 8m쯤은 될 듯한데, 노면에는 부드러운 흙을 깔아 잘 다져놓아서 맨발로 걷기에도 불편함이 없도록 잘 정리되어 있었다. 잘 자란 가로수가 걷는 이들에게 시원한 그늘을 만들어주고, 이어지는 노변의 인공 수로에는 맑은 물이 계속 흐르게 해놓았다. 주흘산(1,075m), 영봉(1,106m), 부봉(917m), 마패봉(925m), 깃대봉(812.5m), 그리고 조령산(1,026m) 등 높은 봉우리들이 둘러 있는 사이를 넘어가는 이 길은 수량이 풍부한 계곡의 물소리도 시원하지만, 노변에 만들어진 수로를 따라 흘러내리는 물소리가 산속의 청량감을 더해준다. 맨발 트레킹을 마치고 주흘관과 조령관 밖에 마련된 세족장(洗足場)에 발을 담그니 발의 피로까지 깨끗하게 씻어지는 듯하다.

조령 옛길은 철도가 없던 시절에는 영남에서 한양으로 가는 교통의 요지였다. 영남과 일부 호남의 선비들이 청운의 꿈을 안고 한양으로 올라가 과거를 보기 위해 넘던 과거 길이었고, 장원급제 한 사람들이 금의환향하던 길이기도 했는가 하면, 상인들이 물자를 나르던 상업 도로이기도 했으며, 군사적으로도 아주 중요한 요충지였다.

그래서 이 길에는 지친 사람들이 쉬어갈 수 있는 주막도 있었고, 정자도 있었고, 동화원, 신혜원, 조령원 등 공익시설도 있었다고 한다. 뿐만 아니라, 신임 경상감사가 부임하게 되면 업무를 인수인계하던 교귀정이라는 정자도 이 길가에 있었다고 한다. 그리고 이 길을 지났던 수많은 선비들은 어김없이 그들의 특별한 경험을 시(詩)로 남겼다. 우리는 비록 후세에 전해질 좋은 시를 남기지는 못할지라도 군데군데 쉼터에서 산채를 안주 삼아 막걸리 한두 잔으로 마른 목을 축이며 여유롭게 가을의 정취에 빠져들었다.

이 길을 지나면서 많은 선비들이 지었던 시를 돌에 새겨 남겼는데, 그중에 퇴계(退溪), 율곡(栗谷) 그리고 다산(茶山) 선생의 시를 여기 옮겨본다.

雉鳴角角水潺潺　산 꿩 꾹꾹, 시냇물 졸졸
細雨春風匹馬還　봄비 맞으며 필마로 돌아오네.
路上逢人猶喜色　낯선 사람 만나서도 반가운 것은
語音知是自鄉關　그 말씨 정녕코 내 고향 사람일세.

— 退溪 이황(李滉), 「숙조령(宿鳥嶺) 새재에서 묵다」

登登涉險政斜暉　험한 길 벗어나니 해가 이우는데
小店依山汲路微　산자락 주점은 길조차 가물가물
谷鳥避風尋樾去　산새는 바람 피해 숲으로 찾아 들고
邨童踏雪拾樵歸　아이는 눈 밟으며 나무 지고 돌아간다.
羸驂伏櫪啖枯草　야윈 말은 구유에서 마른 풀 씹고
倦僕燃松熨冷衣　피곤한 마부는 솟불에 차가운 옷을 다리네

夜久不眠羣籟靜　잠 못 드는 긴 밤 적막도 깊은데
漸看霜月透柴扉　싸늘한 달빛만 사립문을 비추네.

— 栗谷 이이(李珥)

嶺路崎山虛苦不窮　새재의 험한 산길 끝이 없는 길
危橋側棧細相通　벼랑길 오솔길로 겨우겨우 지나가네
長風馬立松聲裏　차가운 바람은 솔숲을 흔드는데
盡日行人石氣中　길손들 종일토록 돌길을 오가네
幽澗結氷厓共白　시내도 언덕도 하얗게 얼었는데
老藤經雪葉猶紅　눈 덮인 칡덩굴엔 마른 잎 붙어 있네
到頭正出林界　마침내 똑바로 새재를 벗어나니
西望京華月似弓　서울 쪽 하늘엔 초승달이 걸렸네

— 茶山 정약용(丁若鏞)

이 길은 본래 양반이 다녔던 옛 고개와 보부상들이 다녔던 큰 고개 · 작은 고개, 평민들이 다녔던 가장 험준한 하늘고개 등 4개의 고개가 있었다. 현재 이 길은 이화령에서 수안보로 통하는 국도가 뚫린 후 사적지로 바뀌었다. 이 고개를 이루는 산릉은 남북으로 뻗어 있으며, 동쪽 산곡의 조령천을 따라 나 있는 옛길에 1708년(숙종 34) 남북 8㎞를 돌로 쌓고 길 중간에 조령 제1 · 2 · 3관문을 세웠다. 이 관문들은 영남에서 한양으로 가는 길로서 박달나무 숲으로 둘러싸여 있다. 제1관문은 주흘관(主屹關)으로 현재에도 옛 모습을 볼 수 있다. 제2관문은 조곡관(鳥谷關)으로 양쪽 절벽이 깎아지른 듯 솟아 있으며, 지금은 문루가 없어진 채 관문만 남아 있다. 제3관문은 조령관(鳥嶺關)이다. 숙종 때 북적을 막기 위해 조령 산성을 쌓았으며, 여러 차례의 전란으로 육축(陸築)만 남은 채 불타버렸다. 1976년 복원되어 사적 제147호로 지정 · 보호하고 있다.

문경새재는 영남과 기호 지방을 연결하는 대표적인 옛길이었다. 선비들이 장원급제를 꿈꾸며 과거를 보러 한양으로 넘나들던 길로, 문경(聞慶)이라는 이름과 옛 지명인 문희(聞喜)에서 드러나듯 '경사로운 소식, 기쁜 소식을 듣게 된다'는 의미도 과거 길과 관련이 있다. 이러한 연유로 문경새재는 급제를 바라는 많은 선비들이 좋아했던 고갯길이었다. 그래서 영남은 물론 호남의 선비들까지 굳이 먼 길을 돌아 이 길을 택하기도 했다.

『택리지』에도 "조선 선비의 반이 영남에서 배출되었다"라는 구절이 있음을 볼 때 참으로 수많은 선비와 길손들이 이곳을 왕래하였음을 헤아릴 수 있다.

다시 주차장에 돌아오니 오후 4시가 넘어 귀경길을 서둘렀다.

실학기행 2016

2016년 8월 25일~27일

출발

다산연구소가 주최한 '실학기행 2016' 행사에 참가하게 되었다. 올해로 11번째 계속되는 '실학기행'에 수년 전부터 참가하고자 신청했었지만, 번번이 신청이 늦어져 참가하지 못하다가 금년에는 발표하는 날 바로 신청하여 참가할 수 있는 행운을 얻었다.

연구소의 박석무 이사장님을 비롯한 김태희 소장, 권행완 연구위원, 김대희 교육팀장, 김금초 간사, 전민해 오리서원 총무간사, 그리고 수원화성연구소 이달호 소장과, 임원. 경제연구소 정명현 소장을 포함한 주최 측 8명과 전 현직 대학교수 11명, 일반 직장 퇴직자들 4명, 남편들과 함께 참가한 주부 4명, 언론인 2명, 박물관 학예사, 인문학을 연구하는 학자, 번역가, 작가, 출판기획사, 예술인, 영화감독, 기업가, 전문 경영인 등 14명을 합한 총 43명이 2박 3일의 일정으로 함께 떠나게 되었다. 8월 25일 아침 7시 30분, 동서울 종합터미널 앞에 대기하고 있던 버스에 올라 '실학기행 2016'의 가슴 설레는 길을 출발한다. 계속되는 8월의 늦더위가 오늘도 여전하리라는 예보를 듣고 집을 나섰지만, 아침부터 낮 더위를 예감할 수 있게 한다.

남양주 다산 유적지

8시 30분 실학박물관과 다산 생가가 있는 남양주시 조안면 능내리에 있는 옛 마재(馬峴)마을에 도착하여 2009년에 개관하였다는 실학박물관의 강당에 들어가 여행 일정표와 여행할 곳의 유적에 대한 해설이 실려 있는 자료집과 박석무 이사장님이 편역하신 『유배지에서 보낸 편지』 한 권씩을 선물로 받았다. 이어서 박석무 이사장님으로부터 "겨울 시내를 건너듯 신중하게 하고(與兮 若冬川), 사방을 누려워하듯 경계하라(猶兮 若畏四隣)"는 노자(老子)의 말을 빌려, '여유당(與猶堂)' 이라는 당호를 지었다는 설명과 함께 유배지에서 돌아와 이곳에서 살았던 18년간의 모습을 느끼게 하는 설명을 듣는다.

이곳은 다산의 5대조부터 자리를 잡고 살았던 곳이며, 다산 선생께서 이곳에서 태어났고, 이곳에서 세상을 떠났고, 또 이 집 뒷산에 묻힌 이야기로부터 그 후 1925년 대홍수 때는 마을 전체가 물에 떠내려갔었고, 1975년에 다시 복원한 이야기까지 세세한 설명을 들었다. 홍수로 모든 것들이 급류에 떠내려가고 있을 때, 다산의 저작을 보관하던 궤짝도 떠내려가고 있었는데, 마을 사람들이 모두 자기 집 물건보다 먼저 다산의 유저 궤짝을 구하기 위하여 급류에 뛰어들어 새끼줄로 궤짝을 묶어 끌어냈다는 감동적인 이야기를 들었을 때, 만일 그들의 용기 있는 행동이 없었더라면, 그 이후에야 출판된 500권의 명저를 오늘날 우리가 대할 수 있었을까 하는 아찔한 생각이 떠올랐다. 당시 마재마을 사람들이야말로 무엇이 정말로 소중한 것이었던가를 알고 행동했던 것에 감사하지 않을 수 없었다.

이어서 2층에 전시되어 있는 다산의 유물들을 관람하고, 여유당 뒤 언덕에 부인 홍 씨와 합장되어 있는 선생의 묘소에 참배 후 여유당에서 기념촬영을 하고 다시 버스에 올라 수원 화성의 행궁을 향한 시간은 9시 30분이다.

🌐 수원 화성

10시 40분쯤 화성행궁에 도착하였다. 이달호 수원화성연구소 소장으로부터 화성의 역사에 대한 자세한 해설을 듣고, 낙남헌 앞에서 기념사진을 촬영한다. 행궁을 돌아 나와 근처의 식당에서 갈비탕으로 점심을 먹고, 가까운 방화수류정(訪花隨柳亭)에 오르니 시원한 바람이 더위를 잊게 한다. 수원 화성은 정조의 효심이 축성의 근본이 되었을 뿐만 아니라 당쟁의 근절과 강력한 왕도 정치의 실현을 위한 원대한 정치적 포부가 담긴 정치 구상의 중심지로 지어진 것이며, 수도 남쪽의 국방 요새로 활용하기 위한 것이었다. 규장각 문신이었던 다산이 동 · 서양의 기술서를 참고하여 만든 '성화주략' 을 지침서로 하여, 재상을 지낸 영중추부사 채제공의 총괄 아래 조심태의 지휘로 1794년 1월에 착공에 들어가 1796년 9월에 완공하였다. 축성 때 거중기, 녹로 등 새로운 기계를 특수하게 고안 · 사용하여 장대한 석재 등을 옮기며 쌓는 데 이용하였다. 수원 화성 축성과 함께 부속 시설물로 화성 행궁, 중포사, 내포사, 사직단 등 많은 시설물을 건립하였으나 전란으로 소멸되고, 현재 화성 행궁의 일부인 낙남헌만 원형 그대로 남아 있고 다른 건물들은 모두 후에 복원된 건물들이다.

파손되거나 소실된 시설물들은 원형대로 복원할 수 있었던 것은 축성 직후 발간된 『화성성역의궤』에 의거하여 대부분 축성 당시 모습대로 보수 · 복원하여 현재에 이르고 있다. 축성 당시의 성곽이 거의 원형대로 보존되어 있을 뿐 아니라, 북수문(화홍문)을 통해 흐르던 수원천이 현재에도 그대로 흐르고 있고, 팔달문과 장안문, 화성 행궁과 창룡문을 잇는 가로망이 현재에도 도시 내부 가로망 구성의 주요 골격을 유지하고 있는 등 200여 년 전 성의 골격이 그대로 현존하고 있다.

축성의 동기가 군사적 목적보다는 정치 · 경제적 측면과 부모에 대한 효심으로 성곽 자체가 효 사상이라는 동양의 철학을 담고 있어 문화적 가치 외에 정신적, 철학적 가치를 가지는 성이다. 또한, 중국이나 일본 등지에서 찾아볼 수 없는 평산성의 형태로 군사적 방어 기능과 상업적 기능을 함께 보유하고 있고, 시설의 기능이 과학적이고 합리적이며, 실용적인 구조로 되어 있는 동양 성곽의 백미라 할 수 있다.

성의 구조를 보면, 자연 지세를 이용해 바깥쪽 성벽을 돌로 쌓아 올리고, 안쪽은 차츰 작은 돌로 채우고 흙으로 덮어 다지는 축성술로 자연과 조화를 이루는 성곽을 만들었다. 또한, 실학사상의 영향으로 거중기의 발명, 목재와 벽돌, 석재를 혼용하여 조화를 이룬 축성 방법 등은 동양 성곽 축성술의 결정체로서 희대의 수작이라 할 수 있다. 특히, 당대 학자들이 충분한 연구와 치밀한 계획에 의해 동서양 축성술을 집약하여 축성하였기 때문에 그 건축사적 의의가 매우 크다.

축성 후 발간된 『화성성역의궤』에는 축성 계획, 제도, 법식뿐 아니라 동원된 인력의 인적 사항, 재료의 출처 및 용도, 예산 및 임금 계산, 시공 기계, 재료 가공법, 공사 일지 등이 상세히 기록되어 있어 성곽 축성 등 건축사에 큰 발자취를 남기고 있을 뿐만 아니라 그 기록으로서의 역사적 가치가 큰 것으로 평가되고 있다.

현재 수원 화성은 사적 제3호로 지정 관리되고 있으며, 소장 문화재로 팔달문(보물 제402호), 화서문(보물 제403호), 장안문, 공심돈 등이 있다. 수원 화성은 1997년 12월 유네스코 세계문화유산으로 등록되었다.

🌐 안산 성호기념관 및 묘소

화성의 방화수류정(訪花隨柳亭)을 한 바퀴 돌아 다시 버스에 올라 안산으로 향한다. 50분가량을 달려 오후 1시 40분쯤 버스에서 내리니, 바로 도로에서 묘소로 올라가는 돌계단이 있다. 안산 공업단지가 조성되면서 도시계획을 세울 때, 성호(星湖) 선생의 묘소가 도로 계획에 포함되었던 것을 전국의 수많은 유림들이 도로계획의 변경을 요청하여 현재의 도롯가 묘소에서 50여m 밖으로 지나도록 기본설계를 변경하였다고 한다. 우리 일행은 모두 묘소 앞에서 경건한 마음으로 참배를 하고, 채제공이 쓴 묘갈명에 대한 설명을 박석무 이사장으로부터 듣고, 도로 건너에 있는 성호기념관을 돌아본다.

채제공이 쓴 묘갈명에 가로되

> 抱道而莫能致澤 一世不幸
>
> 도(道)를 안고서도 혜택을 끼치지 못했으니 한 세대의 불행이로다.
>
> 著書而亦足嘉惠 百世之幸
>
> 책을 저술해 아름다운 혜택이 넉넉했으니 백세의 다행이로다.
>
> 天之意無乃在是歟 一世短而百世永
>
> 하늘의 뜻은 아마도 거기에 있었지 않을까 한 세대야 짧지만 백세는 길도다.
>
> 銘先生而勉吾黨 盍與讀先生書
>
> 선생의 명문을 지으며 우리 후학들에게 권면하노니 왜 선생의 저서를 읽지 않으려 하니
>
> 傳統由己而由人乎
>
> 학통을 전해 가는 일 자기가 해야지 남이 해줄 것인가?

선생은 1681년에 나서 1763년까지 82세를 사셨다. 본관은 여주이고 좌찬성을 지낸 이상의(李尙毅)의 증손이고, 조부는 지평을 지낸 이지안(李志安)이며, 아버지는 좌찬성을 지낸 이하진이다. 반계의 외조부 이지완(李志完)은 성호(星湖)의 종조부이므로 반계는 성호(星湖)의 내 6촌 형이 된다. 그러나 1673년에 반계가 타계했기 때문에 1681년에 태어난 성호는 생전에 반계를 본 적이 없다.

숙종 31년(1705년) 중광과에 합격하였으나 그의 형 이잠(李潛)이 당쟁에 희생된 후 관직을 버리고 학문 연구와 교육에 전념하였으며,

미수 허목과 아버지 이하진, 磻溪 유형원 등을 사숙하였고 이후 학문적으로 일가를 이루어 근기남인 최대의 학파인 성호학파를 형성하였다. 그의 제자로는 안정복, 윤동규, 신후담, 이중환 등을 배출하였다. 그의 학통이 채제공, 정약용, 이가환, 이현일 등으로 이어졌다.

아버지 이하진은 예송 논쟁 당시 윤휴, 허목, 윤선도, 홍우원의 견해를 지지했고, 성호가 태어날 무렵 경신대출척으로 유배생활 중이었다. 아버지의 유배지인 평안도 운산에서 태어났으며, 생후 1년 만에 아버지가 사망하고, 어머니가 선대가 살던 경기도 안산의 첨싱리로 귀향하게 된다.

그는 22세 연상의 아버지 같고 스승 같은 형 이잠(李潛)에게서 글을 배우기 시작하였다. 그의 가계는 비록 당쟁으로 피해를 입긴 했지만, 집안에 대대로 내려온 수천 권에 달하는 책만은 보존되었다(여기에는 부친 이하진이 1678년에 사신으로 중국에 갔을 때에 구해온 것도 있었다). 이익이 실학에 눈뜨게 된 것은 정치적으로 세력을 잃고 농촌에 은거하면서 백성들의 실상을 목격하는 한편으로 이들 선대로부터 물려받은 장서를 섭렵한 것도 중요한 요인이 되었다는 분석이 있다.

1706년 형이자 스승이었던 이잠이 당쟁의 여파로 희생된 후 그는 벼슬의 뜻을 버리고 평생을 첨성리에 칩거하였다. 성호(星湖)라는 호수가 있어서 그의 호도 여기에 연유된 것이며, 그의 저택은 성호장(星湖莊)이라 불리게 되었다. 그는 자신의 조상들에게서 대대로 물려받은 토지와 노비, 사령(使令)과 기승(騎乘)을 이어가지고, 재야의 선비로서 일평생 은둔생활을 할 수 있었다. 직접 농사도 지었고, 후학을 양성하면서 100권의 서적을 집필하면서 제자들에게도 직접 농사지을 것을 권고한다.

역사학자들은 실학의 양대 산맥으로 남인 계열이었던 반계, 성호, 다산을 중농학파로 분류하고, 노론계열이었던 박지원, 박제가 등 북학파들을 중상주의로 분류하였다. 토지개혁을 중심으로 국가 및 사회를 개혁해야 한다고 한 이들 중농학파(中農學派)들은 경자유전

(耕者有田)을 원칙으로 주장하였다.

반계는 모든 농민에게 나라에 부세(賦稅)를 납부하고도 먹고살 수 있는 최소한의 토지 면적인 1경(一頃 : 40두락)을 나누어주자는 균전론(均田論)을, 성호는 좀 더 급진적인 방법으로 토지겸병(대토지 소유)을 제한하고자 했다. 일체의 매매행위를 금지한 일정 면적의 토지 곧 영업전(永業田)을 백성들에게 나누어주고, 영업전 이외의 토지는 자유롭게 매매하도록 하자는 한전론(限田論)을 주장하였고, 다산은 '경자유전(耕者有田)'을 즉시 시행하자는 보다 더 혁신적인 방안이었다.

반계와 성호는 비록 경자유전의 원칙을 이상으로 삼았지만, 농민 이외에 양반 사대부들도 신분과 관직에 따라 토지를 소유할 수 있거나 영업 전 이외의 토지를 소유 · 매매할 수 있도록 했지만, 다산은 농사를 짓는 사람은 토지를 갖고, 그렇지 않은 사람은 토지를 소유하지 못하도록 해야 한다고 해서 다소의 차이는 있지만 '경자유전(耕者有田)'의 원칙은 모두 같다고 할 수 있다.

성호는 '사농합일(士農合一)'은 곧 '선비는 농사로써 생계를 유지해야 한다'는 주장이었고, 그는 자신의 이론을 직접 실천하였다. 그는 농사를 지었기에 그의 학문은 주로 농사와 관련된 연구서도 있었다. 또한 그의 견해 중에는 간척사업을 활발히 하여 농토를 늘리자는 의견도 존재한다. 그의 대표적 저서인 성호사설(星湖僿說)을 제자 안정복이 출간한다.

부안 반계 유적지

오후 3시 반이 넘은 시각에 성호기념관을 나와 다시 버스에 오른다. 부안의 우반동에 있는 반계 유적지를 찾아간다. 우리는 부안으로 가는 버스에서 생각하지 못했던 귀한 선물을 받게 되었다. '실학기행 2016'에 함께 참여하게 된 다산의 7대 종부가 밤잠을 못 자면서 정성껏 마련한 선물은 쿠키와 젤리, 그리고 사탕 등 부안까지 가는 동안 버스 안에서 먹을 수 있는 간식이었지만, 예쁘게 포장한 선물을 그냥 뜯기가 아까울 정도였다.

오후 5시 30분, 우리 일행을 태운 버스는 부안군 보안면 우동리에 있는 반계서당 아래에 근래에 조성한 작은 주차장에 도착하였다. 산 중턱에 있는 반계서당까지 올라가 박석무 이사장님의 반계의 생애와 사상에 대한 강의를 듣고 유적지를 돌아본다. 필자는 개인적으로 2006년과 2013년 두 차례 이곳에 왔었는데, 올 때마다 반계 유직지는 조금씩 변하고 있었다.

2013년에 왔을 때는 이 좁다란 주차장도 없었다. 2006년에 없던 '實事求是' 네 글자를 커다란 묵석에 새겨서 입구에 세워놓았었고, 좁은 진입로가 넓혀져 바닥에 박석까지 깔아놓았는가 하면, 서당 앞에 정자까지 새로 세워져 있었다. 오늘은 진입로의 절반 정도를 목판 길로 만들어 놓았는데, 별로 편하지도 않았고, 좋아 보이지도 않다. 다만 서당 안과 밖에 있는 우물은 아직도 변함없이 그대로 맑은 물은 솟고 있었지만, 관리가 되지 않아 이끼 낀 수면에 개구리가 뛰어다닌다. 이 유적지에서 반계 당시의 것이 지금까지 그대로 남아 있는 것은 오직 이 우물뿐인데, 탐방객들이 마실 수 있게 관리가 되어 있었으면 하는 아쉬움이 남는다.

또 부안군에서는 반계가 살았던 옛 집터를 찾아 매입하여 유허지에 공원을 조성할 계획이라고 한다. 옛 집터에는 반계의 유허비가 세워져 있다. 농촌의 석양, 들 가운데에 서니 벌써 가을을 느낄 수 있다. 성호의 묘소를 참배하던 낮에 그렇게 덥던 날씨에 비하면 산들바람이 성큼 가을을 데려온 느낌이다. 산과 들, 그리고 바다가 인접해 있는 우동리는 옛날부터 사람이 살 만한 십승지로 꼽혔다고 한다.

가까운 주변의 산에 푸른 솔이 아름답다고 누군가 말하니, 부안에는 고려시대부터 궁궐을 지을 때 사용할 재목으로 소나무를 보호하고 있었는데, 그 유명한 시인 정지상이 한때 그 소나무를 지킬 관리로 파견된 일도 있었으며, 그때 그가 부안을 노래하면서 '雲末天低老松多'라는 시어를 남기기도 했다는 이야기를 박석무 이사장께서 들려주신다.

우반동은 세종 때 우의정을 지낸 반계의 8대조 유관(柳寬)의 사패지다. 반계의 조상들이 황무지였던 땅을 개간하여 옥토를 만들어 상당 부분을 부안 김씨에게 팔았다는 매매계약서가 부안 김씨 문중에 보관되어 있던 것을 최근에 발굴하여 반계의 집안 내력을 연구하는 데 도움을 주고 있다고 한다.

반계의 집안은 뒤에 남인(南人)으로 돌아서지만 광해군 시기에는 북인계열이었다. 2세 때 아버지 유흠(1596년~1623년)은 당색으로는 북인 대북계열로 인조반정(1623년) 직후 유몽인의 옥사에 연좌되어 광해군 복위를 꾀했다는 누명을 쓰고 감옥에서 28세의 젊은 나이로 자결하였다(일설에는 서인에 의해 옥중 장살되었다는 설도 있다).

아버지 유흠이 의문의 죽음을 당한 뒤 외숙부 이원진(성호의 5촌 당숙)과 고모부 김세렴(김효원의 손자)에 의해 양육되었으며, 그들의 문하에서 평생 학문에 전념하게 되었다. 반계의 연보를 지은 안정복은 그의 연보에서 "당쟁이 횡행할 때에 태어나서 세상을 등지고 스스로 저술하기를 즐기셨다"고 하여, 반계가 실학자로서의 길을 걷게 된 데는 당쟁이 큰 원인이 되었음을 증언한다.

반계는 1653년(효종 4) 큰 뜻을 품고 전라도 부안에 옮겨 경독(耕讀)하는 한편 저작에 힘쓰고 이상적 세상을 건설하려는 이념에 몰두하였다. 그는 부안으로 갈 때 각종 서적과 전적(典籍) 1만여 권을 가지고 갔다.

부안에 도착하여 「도부안(到扶安)」이라는 시 한 수를 읊는다.

> 세상 피해 남국으로 내려왔소/ 바닷가 곁에서 몸소 농사지으려고
> 창문 열면 어부들 노랫소리 좋을씨고/ 베개 베고 누우면 노 젓는

소리 들리네

포구는 모두 큰 바다로 통했는데/ 먼 산은 절반이나 구름에 잠겼네

모래 위 갈매기 놀라지 않고 날지 않으니/ 저들과 어울려 함께 하며 살아야겠네.

이후 부안군 우반동 변산의 산자락에 '반계서당'을 짓고 성리학과 실학 사상 연구와 농업, 학문 연구와 제자 양성 등에 전념하면서 동시에 32세에서 49세까지 『반계수록』을 저술하였다. 35세에는 『여지지(輿地志)』라는 지리책을 저술했고, 36세에는 본격적으로 호남지방 일대를 두루 여행하면서 각 곳의 풍토와 물산을 모두 살폈다. 37세 무렵에는 정동직(鄭東稷)·배상유(裵尙瑜) 등 친구들과 성리학에 대한 심도 깊은 학문토론을 계속하면서 자신의 철학적 기반을 다지기도 했다. 38세에 또 다시 호남지방 여행길에 올라 한 달이 넘는 긴 여행을 했다. 39세에는 딸을 시집보내기 위해 서울에 왔고, 40세에는 또 다시 영남지방 답사에 나섰다.

그는 병자호란에 국왕이 청나라에 항복하고 삼전도비를 세운 그 치욕을 견디지 못하여 늘 괴로운 심정을 이기지 못했다. 41세 되던 해 한성부에 올라와 외가인 정동에 머무르면서 나라를 다시 일으킬 방략인 『중흥위략(中興偉略)』이란 책을 저술하기 시작했다. 끝내 완성은 보지 못했으나 그의 뜻은 매우 컸다고 한다. 이후 그는 북벌에 대한 구체적인 방안을 세워 조정에 건의하였지만 모두 받아들여지지 않았다.

그래서 청에 대한 복수를 하려고 준마를 기르며 말을 타고 하루에 300리를 달리는 기마연습을 했고, 좋은 활과 조총을 마련했으며 집안의 종들이나 마을 사람들에게 군사훈련을 시켜 200여 명의 군민들을 단련시켰다는 것이다. 그는 현종에게 존주대의의 실현을 위해 북벌을 추진해야 함을 상소했으나 그의 상소는 받아들여지지 않았다.

그는 이상촌이 될 토지를 마련하여 마을을 형성하고 군사 훈련을 하는 한편 중국현지에 사람을 보내 중국의 정세를 알아보기도 하였다.

무예에도 능했던 그는 직접 병사들을 훈련시키기도 했다. 1665년(현종 7년) 학행(學行)으로 천거되었으나 사양하였다. 1666년 다시 학행으로 천거되었으나 사퇴하였다. 1668년(현종 9) 스승인 허목이 현종에게 유형원이 국왕을 보좌할 재주(王佐之才)를 가진 인재라며 발탁을 건의하였다. 그러나 서인들은 그의 이론이 괴이하다며 반대하였다. 그해에 다시 윤휴가 유형원은 경세의 재능을 가진 식견 있는 선비라며 추천하였으나 사양하고 관직에 나가지 않았다.

1670년(현종 12년) 『반계수록(磻溪隧錄)』을 완성한다. 그가 저작한 『반계수록(磻溪隧錄)』 스물여섯 권에는 그의 사상과 이념, 이상 국가 건설의 구성이 실려 있으며, 1779년(영조 46) 영조의 특명으로 간행되었다. 경제(經濟)의 실학(實學)에 연구가 깊어 당시 이름이 뛰어났다. 생전 그의 학문에 관심을 준 인물은 절친한 친구였던 배상유(裵尙瑜)와 스승 허목, 선배였던 윤휴, 윤선도와 서인으로는 영의정을 지낸 잠곡 김육이 있었다. 그의 사상은 후에 서인 이사명과 이이명, 소론의 윤증과 박세채, 노론의 홍계희 등 소수의 지식인들이 관심을 갖고 높이 샀고, 영조 때에 이르러 재조명되기 시작하였다. 그의 사상은 양득중, 이익, 안정복, 신후담, 정약용 등을 통해 계승되었다.

1673년(현종 15년) 음력 3월 19일 향년 52세의 나이로 사망하였다. 그의 스승 중 한 사람이자 외조부 이지안의 동문이던 허목과 논객 백호 윤휴는 그의 이른 죽음을 애석해하였다.

경기도 용인군 백암면 석천리(현 경기도 용인시 처인구 백암면 석천리) 산 28-1에 있는 아버지 유흠 내외의 묘소 옆에 안장되었다. 사후 부안 동림서원(東林書院) 등에 배향되었다. 1674년 그의 문인 제자들이 그의 저서 『반계수록』을 조정에 바쳤으나 주목받지 못했다. 1678년 그의 절친한 친구였던 참봉(參奉) 배상유가 그의 『반계수록』의 내용을 언급하며 이를 숙종에게 바쳤지만 역시 외면당하였다.

생전 그의 얼굴을 본 적 없는 6촌 동생 이익과 그의 수제자인 안정복이 후일 그의 저서를 탐독하였고, 서인 내에서도 이이명, 홍계희 등은 그의 학문에 각별한 관심을 갖고 임금에게 경세제민의 비법이라며 소개하기도 했다. 후에 1753년 유일로써 증직으로 증(贈) 통훈대부 사헌부집의(通訓大夫司憲府執義) 겸 세자시강원진선(世子侍講院進善)에 추증(追贈)되었다. 1793년(정조 17년) 12월 16일 정조의 특명으로 다시 증(贈) 이조참판(吏曺參判) 성균관제주(成均館祭酒)에 가증(加贈)되었다.

날이 어두워질 무렵 젓갈이 맛있다는 곰소의 한 식당에서 저녁 식사를 하면서 달콤한 오디막걸리를 한 잔 곁들이니, 남양주의 여유당(與猶堂)을 거쳐, 수원의 화성행궁, 안산의 성호 유적지를 지나 부안의 반계서당까지의 강행군에 의한 피로가 싹 가시는 것 같다. 저녁 식사를 마치고 우리는 손암 유적지를 가기 위해 어두워진 서해안고속도로를 달려 목포의 신안비치호텔에 도착한 것은 오후 9시가 지날 무렵이었다.

巽庵 정약전(丁若銓)과 勉庵 최익현(崔益鉉) 유배지

이틀째 되는 26일 아침 6시 30분부터 한 시간 동안 조반을 마치고 목포 여객터미널로 이동하여 흑산도로 가는 쾌속선에 승선한다. 8시 10분에 출항한 쾌속선은 흑산도까지 1시간 50분이면 도착한단다. 215년 전 1801년 손암이 유배 갈 당시는 보름이 걸리던 뱃길이었다고 한다. 당시의 흑산도는 쌀과 소금이 생산되지 않는 곳으로 오지 중에서도 오지여서 제주와 이곳은 중죄인들만이 귀양 가는 유배지였다고 한다.

우리가 탄 이 쾌속선도 흑산도에 도착하기 전 일렁이는 파도에 심하게 요동치는 바람에 일행 중에서도 뱃멀미하는 사람들이 있었는데, 215년 전 작은 배를 타고 유배 가던 당시의 사정은 어떠했을까 짐작할 수 있었다. 유배생활 13년쯤 되었을 때, 다산의 유배가 풀릴 것

갇다는 소식을 듣고, 동생이 당신을 만나러 오면서 겪어야 할 고생과 위험을 생각하여 정들었던 흑산도의 사리(沙里) 사람들의 만류를 달래고 강진에서 좀 더 가까운 소 흑산도라고 하는 우이도로 옮겼다는 이야기를 듣고 그들의 형제애에 눈시울이 뜨거워졌다.

그러나 안타깝게도 다산의 해배는 이루어지지 않았고, 손암은 2년 후에 그렇게도 그리던 아우를 보지 못하고 우이도에서 타계하고 만다. 함께 귀양길을 떠나 나주(羅州)에서 강진과 흑산도로 가는 갈림길까지는 서로를 위로하며 함께 왔으나, 이제 헤어질 수밖에 없는 나주 땅 밤남정(栗亭) 삼거리에서 다산은 율정별(栗亭別)이라는 이별시를 썼다. 살아서 다시 만날 것을 기약했지만, 그것이 이승에서의 마지막 이별이 될 줄이야 누가 알았을까? 후에 다산은 귀양이 풀려 홀로 돌아가던 귀향길에 그 주막에 들러 한없이 울었다고 한다.

여기 형 손암과의 이별을 안타까워한 다산의 이별시 「밤남정 이별」을 옮긴다.

밤남정 이별(栗亭別)

초가 주점 새벽 등불 깜박깜박 꺼지려는데
일어나 샛별 보니 이별할 일 참담하네
두 눈만 말똥말똥 둘 다 말이 없이
애써 목청 다듬으나 오열이 되고 마네
흑산도 아득한 곳 바다와 하늘뿐인데
그대는 어찌하여 그 속으로 가시나요
고래 이빨 산과도 같아
배를 삼켰다 다시 뿜어낸다네
지네 크기가 쥐엄나무 같고
독사는 다래덩굴처럼 엉켜 있다네

내가 장기현에 있을 때에는
낮이나 밤이나 강진현 바라보며
날개 활짝 펴고 푸른 바다 가로질러
바다 가운데서 우리 형님 보렸더니
지금 나는 높이높이 교목에 올랐으나
마치 고운 진주 사라진 빈 상자만 산 것 같네
또 마치 바보스런 애가
망령스럽게 무지개를 붙잡으려는 것 같네
서쪽 언덕 바로 앞에
아침 무지개를 분명히 보지만
애가 쫓아가면 무지개는 더욱 멀어져
또 저 서쪽 언덕 쫓아가도 다시 서쪽이라네

오전 10시가 조금 지나 흑산도에 닿았다. 쾌속선에서 내려 버스에 올라 흑산도 일주의 관광에 나선다. 구불구불 산길을 돌아 산 정상에 오르니 산 정상 아래에 '흑산도 아가씨' 노래비가 세워져 있다. 걸어서 정상에 오르니 사방이 한눈에 들어온다.

흑산도 일주도로는 착공 후 27년 만에 완공된 도로라고 한다. 찔끔찔끔 예산을 지원한 탓이라고 한다. 서남쪽으로 내려가는 굽이마다 작은 어촌들이 있다. 양식어업을 하는 마을도 있고, 양식어업이 적합하지 않은 어촌에서는 험한 파도와 싸우며 고깃배를 이용한 어업에 종사한다고 한다.

사리(沙里)에 세워진 흑산도 유배인 도표에 의하면, 조선시대 이곳 흑산도에 유배되어 온 사람은 1693년부터 1898년 사이에 총 37명이나 된다. 그러나 '실학기행 2016'의 순례 계획에는 巽庵 정약전(丁若銓)과 勉庵 최익현(崔益鉉)의 유적지만 포함되어 있다.

사리(沙里)는 흑산도에서도 서남쪽 끝부분에 있는 외진 곳이다. 손암(巽庵)은 아우 다산이 유배에서 풀려나 자신을 만나러 올 때,

고생을 덜어주기 위하여 우이도로 옮겨가기까지 이곳에서 13년 유배생활을 하면서 이곳에 사촌서당(沙村書堂)이라 불리는 복성재(復性齋)를 세워 학생들을 가르치고 저술에 몰두하였다. 바로 그 유명한 자산어보(玆山魚譜)의 산실이 복성재라고 한다. '자산어보'는 '현산어보'로 읽는 것이 옳다는 주장이 있기도 하다. 손암은 우이도로 옮긴 2년 후 세상을 뜬다.

다산은 '黑山'의 어감이 무섭고 좋지 않다 하여 '玆山'이라 바꾸어 썼는데, 그 발음을 '자산'이라 불렀는지 아니면 '현산'이라 불렀는지는 알 수 없는 일이다. '사촌서당'의 현판은 다산이 썼는데, '茶山 정용서(丁鏞書)'로 되어 있는 것은 형제간에 행렬 자인 '若' 자는 쓰지 않았던 것이 당시의 관습이었기 때문이 아닌가 생각된다.

사리(沙里)의 복성재(復性齋)를 나와 버스를 타고 일주도로를 따라 勉庵 최익현(崔益鉉) 선생의 유적지가 있는 천촌리에 닿았다. 선생이 거주했던 곳으로 추정되는 곳에 유적비를 세워놓았고, 선생이 지장암이라는 바위에 직접 썼다는 '기봉강산 홍무일월(箕封江山 洪武日月)'이라는 글씨가 선명하게 남아 있다.

선생은 1876년(고종 13)에 이곳으로 유배를 오셨다. 일본과의 통상이 논의되고 있을 때 선생은 도끼를 둘러메고 광화문에 나아가 왜적을 멀리하지 않으려면 차라리 자신의 목을 베라며 조약 체결의 불가를 역설하였다. 이른바 '오불가척화의소(五不可斥和議疏)'이다. 이로 말미암아 선생은 3년 동안의 흑산도 유배생활을 하신 것이며 처음에는 '진리'라는 곳에 자리를 잡고 '일신당(日新堂)'이라는 서당을 열고 후학을 가르쳤다고 하는데, 현재 건물은 남아 있지 않고 그 위치만 전한다. '일신당' 터 앞에는 샘이 하나 남아 있는데, 마을 사람들은 '서당 샘'이라고 부르고 있다고 한다.

면암 유적지를 순방한 후 흑산 비치호텔에서 방 배정을 받는다. 방은 목포의 신안비치호텔에서와 마찬가지로 2인 1실인데 김해영 선생과 같은 방을 배정받아 짐을 내려놓고 내려와 중식을 마친 후,

자산어보에 관한 특강이 있었다. 임원경제연구소의 정명현 소장의 특강이다. 그는 특강에서 "자산어보는 자산(흑산도의 별칭) 근해에 서식하는 어류를 비롯하여 해양생물을 모두 포괄한 역사상 최초의 수산학, 해양생물학 백과사전이다"라고 말했다. 기존의 어보는 모두 어류만을 연구 대상으로 삼았는데, '자산어보'는 바다에 서식하는 모든 생물체를 망라했는데, 총 226종이나 된다는 것이다.

이어서 손암의 유저와 유품을 전시하고 있는 자산 문화관을 관람하고, 약 1시간 30분이 소요되는 흑산도 선상 일주를 위하여 유람선에 승선한다.

아침 목포에서 쾌속선을 타고 오는 뱃길은 꽤나 먼 바다를 건너느라 약간의 파도가 일어서 뱃멀미하는 사람들도 있었지만, 흑산도를 가까이 일주하는 유람선이야 잔잔한 바다 위를 가볍게 미끄러지듯 느리게 항해한다. 푸른 바다와 기암괴석을 보는 눈이 도심의 빌딩 숲만 보던 피로를 시원하게 풀어주고, 유람선 해설사의 구성진 목소리가 귀를 편하게 해주고, 작은 섬들, 잔잔한 바다, 얼굴을 스치고 지나가는 시원한 바닷바람이 또한 서울의 찜통더위 속에서 견디어 낸 열대야의 고통이 언제였느냐 싶게 한다.

흑산도에 왔으니 석식은 '흑산 홍어'를 먹지 않을 수 없다. 홍어와 돼지고기 수육, 그리고 묵은 김치를 함께 얹어 먹는 '홍어 삼합'에 막걸리 한잔이 제격인데, 우리가 먹은 홍어의 맛이 기대했던 것에는 못 미쳤다.

🌐 강진 사의재(四宜齋)와 다산초당(茶山艸堂)

밤부터 아침까지 이슬비가 내리더니 대지를 식혀놓은 듯 기온이 내려서 더위를 잊게 한다. 호텔에서 조반으로 제공한 전복죽이 일품이었다. 목포로 돌아가는 쾌속선이 9시에 출항한다. 오전 11시에 목포에서 다시 버스에 올라 강진을 향해 달려 12시쯤 도착하였다.

다산의 강진 최초 유배지인 사의재(四宜齋)를 탐방하기 전에 시내의 '은행나무 식당'에서 점심을 먹는다. 모두들 음식 맛에 감탄하고, 깔끔하면서도 넉넉한 식단을 준비한 주최 측에 고마움을 표한다.

점심을 맛있게 먹고 걸어서 다산이 강진에 최초로 유배 와서 살던 곳을 찾아간다. 다산의 처음 8개월간의 유배지는 포항의 장기였다가 강진으로 유배지가 바뀌었을 때, 처음엔 이곳 사람들의 박해가 심했지만, 동문 밖 주막집 할머니의 따뜻한 배려로 그 주막집에 방 한 칸을 얻어 다산초당으로 옮기기까지 4년 동안 기거하며 제자들에게 글을 가르쳤던 곳이 지금의 사의재이다.

사의재기(四宜齋記)

정약용

사의재라는 것은 내가 강진에 귀양 가실 때 거처하던 집이다.

생각은 마땅히 담백해야 하니 담백하지 않은 바가 있으면 그것을 빨리 맑게 해야 하고

외모는 마땅히 장엄해야 하니 장엄하지 않은 바가 있으면 그것을 빨리 단정히 해야 하고

말은 마땅히 적어야 하니 적지 않은 바가 있으면 빨리 고쳐야 하고

움직임은 마땅히 무거워야 하니 무겁지 않음이 있으면 빨리 더디게 해야 한다.

이에 그 방에 이름을 붙여 '사의재(四宜齋)'라고 한다.

마땅하다(宜)라는 것은 의롭다(義)라는 것이니 의로 제어함을 이른다.

연령이 많아짐을 생각할 때 뜻한바 학업이 무너져 버린 것이 슬퍼진다.

스스로 반성하기를 바랄 뿐이다.

강진읍에 있는 사의재를 떠나, 도암면 만덕리의 만덕산 기슭에 있는 다산초당(茶山艸堂)을 찾는다. 귤동마을 초입에서 차를 내려 숲 속의 만덕산 기슭 가파른 길을 올라간다. 여기에서 우연히 이곳에서 칩거하면서 새로운 정치를 구상하고 있다는 한 정치인을 만나게 된다. 아마도 다산의 정신을 오늘의 현실정치에 접목시키고자 하는 마음으로 여기에 와 있을지 모르겠다는 생각이 들었다.

다산초당은 원래 초가였는데 1957년에 복원하면서 기와집으로 고쳐 지었다고 한다. 추사 김정희가 썼다는 현판이 걸려 있고, 다산의 초상이 방 벽의 정면에 걸려 있다. '다산초당' 건물 외에도 다산이 기거했던 '동암', 제자들의 숙소였던 '서암'이 있고, 다산 당시에는 없었던 '천일각'이라는 정자가 있는데, 하늘 끝 한 모퉁이라는 뜻의 '천애일각(天涯一閣)'의 줄인 이름이다. 이 정자는 다산이 돌아가신 정조대왕과 흑산도에 귀양가 있는 형님이 그리울 때, 이곳에 서서 강진만을 바라보며 울적한 마음을 달래곤 하였다고 하여, 이 자리에 1975년에 정자를 세운 것이라고 한다.

건물 외에도 선생이 글씨를 바위에 직접 썼다는 '정석(丁石)바위', 선생이 직접 파서 만든 초당 뒤에 있는 샘 '약천(藥泉)', 선생이 탐진강에서 직접 돌을 주워와 만들었다는 '연지석가산(蓮池石假山)'은 초당 옆 동암으로 가는 중간에 있다. 연못과 연못 가운데에 있는 작은 섬을 만들어 멋을 부렸는데, 여기에는 대나무로 홈통을 이어 산에서 흐르는 물을 받아 잉어도 키우고, 산비탈을 일구어 밭을 만들어 직접 농사를 지을 때 그 물을 이용하기도 했다고 한다. 또 마당에 있는 널따란 반석에 불을 지펴 차를 끓여 마시던 '다조(茶竈)' 등도 선생의 손길이 남아 있는 것들이다.

다산과 혜장선사와의 우정이 만들어낸 야생 차와 동백나무 숲이 아름다운 20분 거리의 오솔길. 우리 일행은 그 길을 걸으면서 다산과 혜장선사의 우정을 생각한다.

보고 싶은 친구를 가진 기쁨과, 그런 친구를 찾아가는 즐거움을 생각한다. 비가 오는 늦은 밤에도 혜장선사는 불시에 다산을 찾아와서 시(詩)와 학문을 논하며 차를 즐겼다고 한다. 그래서 다산은 밤 깊도록 문을 열어두었다고 한다.

제자를 가르치는 보람, 친구와 학문을 논할 수 있는 기쁨, 나라의 미래를 생각하는 우국의 마음이 외롭고 불안한 유배생활을 그나마 지탱하면서 그 많은 저술활동을 할 수 있게 하지 않았을까도 생각하면서….

혜장은 해남 대둔사 출신의 학승으로, 유학에도 식견이 높았으며, 다산의 심오한 학문에 감탄하여 배움을 청했고, 다산 역시 혜장의 학식에 놀라 그를 선비로 대접했다고 한다.

백련사에 도착하여 우리는 주지 스님으로부터 좋은 차를 대접받고, 백련사의 유래와 다산과 혜장선사의 우정에 관한 이야기를 들었다. 신라시대(839년)에 창건된 백련사는 창건 당시에는 만덕사였다. 고려 후기(1211년)에 중창하면서 백련사가 되었고, 조선시대에는 8명의 큰스님을 배출하였는데, 여덟 번째 혜장선사가 다산과 교우하면서 다산에게서 경학을 배우는 한편, 차를 권유하여 다산으로 하여금 다도에 일가견을 갖게 하였다고 한다.

다시 해남의 孤山 윤선도(尹善道)의 고택 녹우당(綠雨堂)을 찾기 위해 길을 재촉한다.

해남의 녹우당(孤山 윤선도 유적지)

녹우당(綠雨堂)은 孤山 윤선도(尹善道)가 살았던 집으로 선생의 4대조 윤효정(尹孝貞)이 해남 연동에 터를 정하면서 지은 15세기 중엽의 고택이다. 효종이 사부였던 고산을 가까이 있게 하기 위하여 수원에 지어주었던 집인데, 해남으로 귀향하면서 수원 집의 일부를 뜯어 옮겨왔다.

사랑채 현판으로 걸려 있는 '녹우당(綠雨堂)' 이라는 당호는 공재

윤두서와 절친했던 이서가 쓴 것이다. 이서는 성호 이익의 이복형으로 동국진체의 원조로 불린다. 녹우당 뒷산에 비자나무숲이 있는데, 비자나무 푸른 잎이 바람에 흔들리면 마치 비가 내리는 듯한 소리를 낸다고 해서 녹우당이라 이름 지었다고 한다.

집터 위로는 고산의 4대조 어초은(漁樵隱) 윤효정(尹孝貞)의 사당과 고산의 사당이 있고, 집 앞에는 고산을 비롯한 선조들의 문적 고서 및 고화 등을 고루 갖추어 놓은 고산 유물관이 있다. 다산이 유배지에서 위대한 학문적 위업을 이룰 수 있었던 데는 외가인 해남 윤씨 감문의 도움이 컸다. 해남 윤씨 가전의 많은 서책을 열람하고, 경제적 지원을 받을 수 있었기 때문이다.

'삼개옥문적선지가(三開獄門積善之家)' 라는 말이 있는데, 이는 고산의 4대 조부인 윤효정이 흉년에 세금을 내지 못하여 옥에 갇힌 백성의 세금을 대신 내주고 석방시키는 일을 세 번이나 했다 하여 붙여진 명예이다. 500년 전부터 내려오는 조상들의 가훈을 지키며, 늘 겸손한 마음으로 조심스럽게 세상을 살아가는 생활철학을 요즘의 부자들이 배워야 할 것이다. 참으로 대단한 가문이라는 생각을 하면서 고산 유물관을 나왔다.

현재 녹우당에는 고산의 14대 종손인 윤형식 씨가 살고 있다. 미리 연락받은 윤형식 씨가 자기 집안의 내력과 녹우당에 대한 친절한 설명을 해주었다. 500년이 넘도록 명예와 부를 유지하면서 조상들의 명예를 선양할 수 있는 집안이 얼마나 될까?

🌐 '실학기행 2016' 을 마치며

2박 3일간의 '실학기행 2016' 을 주최한 다산 연구소에서는 기행을 마치고 돌아오는 버스에서 40여 명의 참가자들에게 각각 이번 기행에서 느낀 소감을 피력할 수 있는 기회를 주었다. 이번 참가자들 중에는 대학교수, 학자, 언론인, 문화 예술인들이 많았다. 그들은 나름대로 전문가적인 입장에서 현실 정치나 제도에서 변화해야 할 문제점들을 조심스럽게 발표하는 분들도 있었다. 특히 교수님들은 오늘의 교육제도를 실학자들의 교육관에 비추어 문제점들을 말하기도 했다. 또 자신이 살아온 길을 다시 돌아볼 수 있는 계기가 되었다고 말하는 분들도 있었는가 하면, 한 주부는 다산의 하피첩(霞帔帖)을 떠올린 듯 자식을 다시 키우고 싶어졌다는 말로 느낌을 함축시켰다.

부친들을 당쟁 때문에 잃고 불운한 소년 시절을 보낸 반계나 성호는 현실 참여를 거부하고, 하향하여 후학을 양성하면서 국가 개혁을 목표로 훌륭한 저술을 남겼을 뿐만 아니라 스스로 실학사상의 실천자로서의 삶을 살다 갔고, 다산과 손암 그리고 면암은 현실정치에 참여하였으나 불운하여 당쟁에 밀려 가시밭길을 걷게 되었지만, 결코 좌절하지 않고 선배 실학자들에 못지않은 공적과 실학정신을 우리에게 남겼다.

예나 지금이나 부패한 권력은 양심적인 개혁세력을 배척한다. 부패하고 무능한 정치가들 때문에 나라가 망하게 되는 경우를 역사가 말해준다. 그러나 나라가 영원히 소멸되지는 않은 까닭이 있음을 찾게 된다.

민족의 분열과 갈등, 공직자들의 부패를 보면서 위태로운 국가 장래를 걱정하면서도 희망의 불씨를 본다. "의인이 한 사람만 있어도 결코 멸망시키지 않겠다"는 성경 구절을 생각하면서 우리 사회에는 시작은 비록 작을지라도 그 끝은 창대하게 될 수많은 '의인들' 이 있다는 것을 나는 '실학기행 2016' 을 통해서 보았기 때문이다. 해산 인사와 함께 "무더운 여름에 떠났다가 시원한 가을에 돌아왔습니다"는 김태희 소장의 재미있는 멘트가 여운을 남긴다.

제3부

산행기

운무 속 숨바꼭질하는 산봉우리

崇古한 山의 Esprit는
모두 이 山頂에 集約되어 있고
象徵되어 있다.
—하여
神은 거기에 내려오고
사람은 거기 오른다.

— 신석정, 「지리산(智異山)」 서시

제3부 운무 속 숨바꼭질하는 산봉우리 | 산행기

가을 산악회 소식 __ 99

역사의 땅 강화도 민족의 성지 마니산 __ 101

임꺽정과 설인귀의 전설이 있는 감악산 __ 108

화악산 중봉 __ 112

아차산 __ 116

한계령, 점봉산 __ 121

치악산 비로봉 __ 128

백운봉 __ 132

월악산 __ 136

설악산 공룡능선 __ 141

운악산 __ 145

중미산 __ 148

철마산, 주금산 __ 152

지리산 1 __ 157

선운산 __ 170

한라산 1 __ 174

장암산, 태청산 __ 178

지리산 2 __ 183

청계산, 형제봉, 부용산 __ 186

태백산 __ 190

광덕산 __ 193

오대산 __ 198

지리산 3 __ 201

눈보라 속의 지리산 __ 203

성제봉 1 __ 210

한라산 2 __ 217

소백산 __ 221

성제봉 2 __ 226

두타산 "너 자신을 알라!" __ 230

가을 산악회 소식

2005년 9월 29일

가을입니다.
아침저녁으로 불어와
몸에 스치는 서늘한 바람
길가 코스모스의 한들거리는 모습
풀섶에서 발견하는 이름 모를 들꽃에서
혹은 아파트 베란다에 핀
노란 국화의 향기에서도
우리는 가을을 보고 또 느낍니다.
머지않아 단풍도 아름다워지겠지요.
이런 때는 문득 여행을 떠나고 싶어지겠지요?
가을이라는 계절이
인생의 가을에 서 있는 우리를 그렇게 만드는지도 모릅니다.
가까운 곳이면 어떻습니까?
한번 떠나 봅시다.
11월에 우리 산행에 계획된
소요산의 단풍은
무척이나 아름다울 것이라고들 말합니다.

11월이 되면 우리 동기동창의
동창산악회가 발족된 지 만 5년이 됩니다.
그래서 좀 의미 있는 산행이 되도록 마음을 쓰려고 합니다.
당일 코스이지만 버스도 대절하고 간소한 기념품과 음식도
다른 산행과는 다르게 준비하려고 합니다.
참가 가능한 인원을 미리 파악해야 하니
10월 2일 관악산 산행 때 신상민 총무에게
참가 여부를 알려주시고
부득이 그날 관악산에 참석하지
못하는 동문들께서는 전화로 통보해주시면 합니다.
10월 2일 9시 30분 지하철 4호선 사당역 6번 출구에서 만납시다.

역사의 땅 강화도 민족의 성지 마니산

2006년 3월 23일

4월 6일 강화도 마니산으로 정해진 동창산악회의 정기산행 현지 답사를 위해서 3월 23일 아침 8시 10분, 지하철 2호선 당산역에서 만난 구정모, 최통성, 필자 세 사람이 봄비 내리는 경인고속도로를 승용차로 달렸다.

봄 가뭄을 걱정하던 터에 내리는 이 단비가 현지답사를 오늘로 예정했던 우리에게는 적잖은 불편을, 특히 차를 운전해야 하는 구정모 회장에게는 큰 불편을 주고 있었으나, 이 땅 위에 사는 모든 생물들에게 내리는 축복이라고 생각한다면 이러한 불편쯤이야 감내할 수밖에 도리가 없는 일이 아닌가 싶었다.

40분을 달려 강화대교를 건너면서 45년쯤 전에 고등학교 시절 전등사 봄 소풍을 갈 때 우리가 탔던 버스를 배에 싣고 건너던 이야기를 하며 너무나 많이 변해버린 세상 이야기를 하다가 우리는 자신들 또한 세상만큼이나 변해 있음을 깨닫는다.

강화도는 제주도, 거제도, 진도, 남해에 이어 우리나라에서 다섯 번째로 큰 섬이라고 하지만, 지금은 제주도를 제외한 다른 섬들은 다리로 육지와 연결되어 있어서 섬이라는 생각을 할 수 없게 되었다.

강화도를 흔히들 지붕 없는 박물관, 또는 살아 있는 역사의 땅이라고 부르기도 한다. 많은 사람들이 강화도를 찾고, 민족의 성지로 불리는 마니산에 오르는 것은 그동안 잊고 살아왔던 우리 조상들의 영광과 치욕의 역사를 몸으로 느껴 봄으로써 올바른 역사인식을 통해 삶의 자세를 정립할 수 있으리라는 기대를 가졌기 때문일 것이다.

9시 10분쯤 초지대교를 건너 우측으로 초지진과 덕진진을 바라보며 광성보를 둘러보기 위하여 들렀다. 외지에서 강화도의 유적지를 보기 위해 들어오는 사람들에게 먼저 눈에 띄는 명칭이 돈대(墩臺)와 보(堡), 진(鎭)이다.

돈대 · 보 · 진은 둔전병(평시에는 경작을 하고 전시에 동원되는 병사)들이 주둔하던 군사지역이라고 한다. 돈대는 돌을 원기둥형으로 쌓아 곳곳에 총구나 포대 등을 설치하고 10명 내외의 소규모 병력이 외침을 막던 곳으로, 지금의 해안초소 정도의 의미다. 보는 돈대가 서너 개 모여 이룬 것으로 요즘 군대로 치면 중대, 진은 그 상위 개념인 대대라 보면 된다.

서기 1232년 고려의 고종 19년 몽고의 침입을 받아 수도 개경을 버리고 이곳으로 수도를 옮겨와 삼별초 군의 애국적인 활동과 성안 백성들의 충정을 합하여 외성과 내성을 쌓고, 12개의 진, 보와 53개의 돈대를 설치하여 끝까지 항거하려 하였으나 강화도를 제외한 육지에서 몽고군의 수탈과 살육의 피해가 더 이상 버틸 수 없는 지경에 이르러 마침내 1270년 고종의 아들 인종이 몽고에 항복을 함으로 고려의 수도는 38년간의 강화도 피난 시절을 마감하고, 원나라의 부마국이 된 고려의 굴욕시대가 이어지게 되었던 것이다.

고려시대의 성을 조선시대에 와서 광해군 10년(1618년)에 보수, 효종 9년(1658년)에 완성한 광성보에는 이런 돈대가 세 곳 복원돼 있다. 숙종 5년(1679년)에 만들어진 광성돈대는 사거리 700m의 홍이포 등이 설치돼 있다.

광성보 오른쪽에는 1871년 4월 23일(신미양요), 48시간 동안 미군과 사투를 벌이다 장렬하게 전사한 어재연 장군과 200명 장병들의 혼이 서려 있는 손돌목 돈대와 강화해협에 용머리처럼 쑥 내민 암반 위에 설치된 용두돈대가 있는데, 용두돈대로 가는 길목에 당시의 흰옷 입은 우리 병사들의 전사한 사진들이 전시되어 그날의 참상을 말해주고 있었다. 또한 어재연, 어재순 형제와 다른 지휘관의 전몰비가 비각 안에 세워져 있고, 전몰장병들의 무덤은 같은 묘역에 5~6기의 봉분 아래 함께 매장되어 있었다. 9시 50분 다시 전등사를 향해 광성보를 출발할 때 가끔씩 떨어지는 빗방울은 137년 전 그들의 장렬한 전사를 애도하여 흘려주는 하늘의 눈물인지도 모른다.

전등사는 단군의 세 아들이 세웠다고 하는 정족산(鼎足山) 삼랑성(三郎城) 안에 자리 잡고 있다. 절은 고구려 소수림왕 때 아도화상이 진종사(眞宗寺)를 연 데서 비롯되었다고 하며, 고려의 고종 때는 경내에 궁궐을 지었다는데, 지금은 그다지 넓지 않은 궁궐터만 남아 있다. 절 이름이 진종사에서 전등사로 바뀌게 된 것은 충렬왕의 비인 정화궁주가 불전에 옥으로 된 등잔을 올린 뒤부터 전등사(傳燈寺)란 이름으로 불렸다고 한다. 또 이 절의 경내에 정족산 사고가 있어 더 유명해졌다고 한다.

조선왕조실록을 보관하였던 사고는 초기에는 내사고(內史庫)가 춘추관에 있었고, 외사고(外史庫)는 충주, 성주, 전주에 있었으나 임진왜란 때 전주사고만 남고, 나머지는 모두 소실되어 전주의 실록을 강화도로 옮겨와 이를 복인(復印)하여 마니산에 원본을 보관케 하고, 4부의 사본을 춘추관, 태백산, 오대산 그리고 묘향산에 각각 보관하였다.

그러다가 마니산 사고는 병자호란의 피해와 효종 4년 사고각(史庫閣)의 실화사건으로 삼랑성(정족산성) 내 정족산 사고가 건립되어 옮겨져 있었는데, 병인양요 때 일부를 프랑스인들이 약탈했다가 지금 루브르박물관에 보관하고 있는 것을 우리 정부가 되찾아 오려고 얼마 전에 외교적인 노력을 한 것이 언론에 보도되기도 하였다. 나머지 부분은 일제에 의하여 이리저리 옮겨지다가 지금은 서울대학교 규장각에 보관되어 있다고 한다.

우리가 사고(史庫)를 둘러보기 위하여 대웅전 뒤로 올라가 보니, 옛날에는 잠겨 있었다고 하던 대문이 열려 있어서 안으로 들어가 보니 안에 보관된 실록이 없어서인지 보전상태가 허술하였다. 별관인 취향당(翠香堂)은 새로 짓고 있음인지 아직 완성되지 않은 듯 담장도 없이 마치 한복 입은 사람이 두루마기를 입지 않은 것처럼 어울리지 않게 서 있다.

10시 40분쯤 우리는 산행 기점으로 잡은 정수사(淨水寺)를 찾아간다. 아직도 이슬비가 그치지를 않고 있는데, 함허동천 주차장에는 대형 버스들이 많이 주차해 있는 것을 보니 오늘도 단체 등산객이 많은 모양이다. 정수사 주차장에 차를 세워두고 정수사에 들르니 빗속에도 절을 찾은 신도들이 많다.

정수사는 신라 선덕여왕 때 회정(懷正) 대사가 창건할 때 정수사(精修寺)라 했었는데 지금의 정수사(淨水寺)로 고쳐 쓰게 된 것은 무학대사의 제자인 함허대사가 세종 8년에 중창할 때 법당 서쪽에서 맑은 물이 솟아나 고쳐 부른 것이라 한다. 함허동천이라는 부근의 지명도 대사와 연관이 있다고 한다. 우리도 그 정수(淨水)를 한 종기씩 마시고 산행을 시작하였다.

11시 8분 우리가 목표로 하고 올라가는 해발 468m의 마니산은 국조 단군께서 나라를 열고 하늘에 제사를 지냈다는 참성단으로 인해 우리나라 최고의 성지로 손꼽히고 있는 것은 모두가 알고 있는 사실이다. 그러나 백두산 신단수 아래서 나라를 세우신 3년 후에 왜 이곳까지 내려오셔서 참성단을 쌓으시고 하늘에 제사를 올렸을까 하는 것에 대하여 나는 확실한 답을 얻지 못했다. 혹자는 백두산과 한라산의 한가운데 위치한 것 때문이라고도 하고, 우리나라의 어느 산보다 우주의 기를 많이 발산하는 곳이기 때문이라고도 하지만, 나는 우주의 기가 제일 많이 발산하는 것에 대하여는 알 수가 없으나 백두산과 한라산의 중앙에 위치한다는 것은 사실이며, 강화도에서 선사시대부터 많은 사람들이 살았던 흔적인, 세계문화유산으로 등록된 지석묘 등의 유적이 있음을 볼 때, 나라의 중심부에서 그중에도 인구가 많은 이곳을 택해 백성들을 종교로서 통합시키고자 하는 통치 목적이 아니었을까 하는 생각을 하면서 그곳에 오른다.

비 때문에 길이 미끄러워진 것보다도 오늘따라 등산객이 많은 것이 산행을 더디게 한다. 광성보, 전등사, 정수사 등 몇 군데의 유적지를 다녀오느라 산행을 조금 늦게 시작했기 때문인지 하산하는 사람들과 길을 양보하면서 소모한 시간이 많다. 1시간 10분 동안 쉬지 않고 올라 칠선녀교를 지나 정상에 올랐다. 참성단(塹星壇)이 있을 줄 알았는데, 여기는 마니산 정상보다는 1.4m가 더 높은 초피산(469.4m)이다. 헬기장이 있는 것은 참성단에서 행해지는 행사에 참석할 땀 흘리고 올라올 수 없는 귀하신 분들이 헬기를 타로 오기 위한 것이라고 한다.

8분을 더 가니 참성단이 있는데, 여기가 마니산의 정상 해발 468m이다. 철 울타리로 출입을 통제하고 있어 안에는 들어가지 못하고, 참성단 바로 밑에 비바람을 막아주는 병풍 같은 바위가 있어 비로소 휴식을 취할 장소를 잡았다. 우산을 펼쳐놓고 그 아래 각자 준비해 간 음식들을 꺼내놓는다. 딸기, 토마토, 포도, 배, 찐 고구마, 찹쌀 인절미, 쑥 부침개 등 우리 세 사람이 도저히 다 먹어 치울 수 없을 것 같았는데, 빗방울이 그치지 않은 속에서 30분 동안 거의 다 먹어 치운 것이다. 모두들 체력 소모가 많았던 모양이다.

오후 1시, 하산길은 단군로를 택하기로 했으나 아무래도 빗길에 미끄러울 것 같아 지루하기는 하지만 계단 길이 안전할 것 같아 그 길을 택하였다. 다음 동창산악회의 하산길은 물론 단군로가 되겠지만….

화도면 마니산 관광단지 주차장에 내려와 택시를 타고 차를 주차시켰던 정수사 주차장에 도착한 시간이 2시 40분이 지났었다. 다시 선수포구 쪽으로 차를 달려 횟집에 들어가 배가 부른데도 밴댕이회를 시켜 먹는다.

돌아오는 길에 고려 왕릉을 보기로 하고 능내리에 소재하고 있는 가릉(嘉陵)에 들렀다. 묘는 발굴하여 유리문을 통하여 내부의 석관을 볼 수 있도록 했고, 그 위에 봉분을 만들어 놓았다. 석관에는 유골이 진토가 되었음일까? 보이는 것은 흙뿐이다.

강화도에는 고려의 피난수도로써 38년을 유지하는 동안 4곳의 능이 조성되어 있다고 한다. 21대 희종의 능인 석릉, 22대 강종의 황후가 묻힌 곤릉, 23대 고종의 홍릉, 그리고 이곳 가릉은 24대 원종의 황후이며 25대 충렬왕의 모후인 순경태후의 묘이다. 다른 능에는 가본 일이 없지만, 이 가릉을 보고 조선 왕릉과 비교했을 때 너무 초라하다는 생각이 들었다. 물론 피난지에서 조성된 능이기 때문에 간소하게 조성하지 않았을까 하는 생각도 없지 않았지만 조금은 섭섭한 마음을 떨치지 못하며 비에 젖고 있는 가릉을 뒤로하고 발길을 돌렸다.

차를 세워두었던 곳까지 걸어오면서도 생각이 이어진다. 셀 수 없을 정도로 많은 외침을 받았음에도 꿋꿋하게 버티면서 세계 최초로 금속활자를 발명하고, 팔만대장경을 판각하여 서양에 그 앞선 문화를 자랑하던 동양의 작은 나라 고려가 지금 세계에 당당히 설 수 있는 'Korea'라는 우리의 국호를 물려주었던 것을 생각하면, 지금 우리는 후손들이 해야 할 일을 다하지 못하고 있는 것이 아닌가 하는 아쉬움이 남는다. 시간이 없어 들르지는 못했지만, 세계문화유산으로 지정된 팔만대장경의 판각지인 선원사지를 우리는 아직도 정확하게 찾지를 못하고 30년 가까이 엉뚱한 곳을 4차에 걸쳐 발굴하면서 엄청난 예산만 낭비하였다고 한다. 향토 사학자들의 증언에 의하면 위치가 잘못 고증되었다고 한다니 하루빨리 정확한 사적지를 찾아 복원해서 우리의 자긍심을 세계에 알려야 할 때이다.

강화도는 고려왕조뿐만 아니라 조선왕조의 여러 왕들과의 인연도 많은 곳이다. 지금 한창 텔레비전에 방영되고 있는 〈왕과 나〉에 등장하는 연산군의 유배지, 강화도령으로 알려진 철종이 농사지으며 살던 곳 또한 이곳이다. 근대에 들어서 병인양요(1866년)와 신미양요(1871년), 운요호사건(1874년)을 치르면서 급기야는 1876년 일제 식민지 역사의 첫 장을 여는 병자수호조약을 체결하기도 한 아픈 역사의 땅이라는 것도 잊지 말아야 할 것이다. 오후 6시 해 저문 경인고속도로를 찾아 강화도를 떠났다.

임꺽정과 설인귀의 전설이 있는 감악산

2006년 7월 21일

망설이던 감악산(紺岳山) 산행을 결행하기로 마음먹고 아침에 일찍 일어나 날씨부터 점검했다. 며칠 동안을 무섭게 쏟아붓던 장맛비가 어제부터 그 세력이 조금씩 약해지기는 했지만, 그래도 걱정스러운 마음에 일어나자마자 창밖을 내다보니, 오늘 아침에는 가랑비(細雨)로 변한 비가, 창밖으로 내려다보이는 아스팔트 길 위를 겨우 적실 정도로 내리고 있었다.

빗줄기가 약해진 것에 마음이 조금은 놓였지만, 아침 7시 반쯤 집을 나서면서 마음이 무거웠던 것은, 곳곳에서 수해의 참상이 심각하고, 특히 강원도 쪽에서는 이번 장마에 폭우와 산사태로, 수십 명이 목숨을 잃었고, 많은 곳에서 집과 전답이 자취도 없이 사라져버렸는가 하면 도로가 유실되고, 전기와 수도마저 끊겨 피해 주민들의 고통을 이루 말할 수가 없는 때에 나만이 한가하게 산행을 하는 것 같아 망설임이 클 수밖에 없었다.

마음속으로 오래전부터 경기 5악으로 불리는 화악산, 운악산, 감악산, 송악산, 그리고 관악산을 모두 답사해 보려고 했었다. 관악산은 이웃집 드나들 듯 자주 올랐지만, 송악산은 아직은 갈 수 있는 곳이 아니어서 언젠가는 가볼 수 있겠지 하는 희망을 갖고 있다. 오늘은 감악산이고, 운악산과 화악산은 다음 차례다.

불광동 서부버스터미널에서 파주군 적성면까지 3,600원 받는 30번 버스가 8시 5분에 출발하였다. 가늘게 내리던 비도 차츰 그치고 있었고, 라디오에서 중부지방은 오전부터 차츰 맑아지겠다는 예보다. 주중이어서인지 별로 많지 않은 승객을 태우고 한가한 도로를 천천히 달리던 버스가 1시간 30분 만에 마지리 종점에 닿았다. 다시 850원을 내고 이곳에서 의정부까지 왕래하는 25번 버스를 갈아타고 10분쯤 가다가 범륜사(梵輪寺) 입구에서 내린 것이 9시 50분쯤 되었다.

도롯가에 세워진 입간판에서 확인한 등산코스는 운계폭포, — 범륜사, — 만남의 숲에서 계곡을 따라 임꺽정봉, 장군봉을 지나 감악산 정상에서 능선을 타고 까치봉 쪽으로 내려올 생각이었다.

그러나 범륜사 입구에서 입장료 천 원을 내고 콘크리트 포장도로를 따라 올라가다 보니 폭포는 보이지 않고 10여 분 만에 범륜사가 나타났다. 운계폭포를 놓친 것이다. 큰길을 피해 계곡으로 올라가야 할 것을 모르고 넓은 길을 택한 것이 잘못이었다.

절은 규모가 별로 크지 않았다. 감악산에는 원래 감악사, 운계사, 범륜사, 운림사 등 4개의 사찰이 있었다고 하나, 모두 소실되고 1970년에 옛 운계사 터에 새로 건립한 것이 지금의 범륜사라고 한다.

규모가 별로 크지 않은 대웅전과, 강원, 요사채 등이 있고, 조선시대의 탑재들을 조립하여 근래에 조성한 삼층석탑이 있었으며, 지상에 큰 돌을 파 만들어 놓은 우물이 인상적이었다. 산속 깨끗한 우물에서 끌어왔음 직한 PVC 파이프를 연결해 큰 돌 우물에 물이 고이도록 했는데, 호스에 연결된 수도꼭지에서 떨어지는 물맛이 괜찮았다. 강원 옆 큰 느티나무 아래에는 오고 가는 나그네들을 위하여 누워서 쉬기에 알맞은 편안한 나무 의자가 고정되어 있고, 마음씨 고운 스님이 매달아 놓았는지 그네가 매달려 있어서 땀도 식힐 겸, 염치 불구하고 그 그네 위에 올라앉아 한참을 흔들거리고 있으니 몸도 마음도 시원해지는 것 같았다.

너무도 한적한 범륜사에서의 휴식을 마치고 계곡의 흐르는 물소리를 들으면서 장마에 씻겨나간 돌길을 20분쯤 따라 올라가니 만남의 숲 쉼터, 잠시 숨을 돌리고 또다시 1시간을 강행군하여 바위 봉우리인 임꺽정봉을 거쳐 장군봉에 오르니, 흐리던 날씨도 개이고 쨍쨍한 햇살 아래 남쪽으로 파주 일대가 시원하게 눈 아래 펼쳐져 보인다.

임꺽정봉 근처에 설인귀 굴이라고도 하고 혹은 임꺽정 굴이라고도 하는 굴이 있다고 하여 이리저리 찾아보다가 굴은 보지 못하고 북쪽 수십 길 단애(斷崖)를 내려다보면서 발바닥이 간질거리고 머리가 아찔한 현기증을 느끼지 않을 수 없었다. 조심스럽게 바위에 올라 앉아 땀을 식히고, 다시 감악산 정상까지 약 15분 정도 걸었다.

12시 20분 드디어 해발 675m 정상이다. 북쪽은 연천군, 동쪽은 양주시, 그리고 남서쪽은 파주군. 멀리 북쪽에 송악산이 보이고 가까이는 임진강 물줄기가 수많은 전쟁의 역사를 안고 흐른다.

정상의 북쪽 기슭에 철조망을 두르고 그 안에 군 초소에서 군인들이 경계근무를 하고 있었고, 몇몇 군인들이 철조망 밖에서 제초작업을 하고 있었다.

넓은 헬리콥터장 한쪽에 세워진 비석 하나, 이름하여 몰자비, 비뚤대왕비, 진흥왕비, 진평왕비, 설인귀비 등 불리는 이름도 많고 전설과 추측이 많아 아직도 확실한 증거를 찾지 못하고 있는 비석이다.

글자가 없는 비(碑)를 두고 오랜 세월 비바람에 닳아 없어졌다고도 말하고 원래 글자를 새기지 않았다고도 하는데 나는 그 후자가 맞는 추측이 아닌가 생각이 들었다. 왜냐하면 광개토대왕의 비에도 글자가 남아 있는데, 진흥왕의 비라면 거의 같은 시기이고, 진평왕이나 설인귀의 비라면 광개토대왕의 비보다 상당히 늦은 시기에 세워진 비의 비문인데 한 글자도 없이 지워졌다고 생각하기엔 좀 무리인 것 같다(새긴 글자의 크기와 깊이에 따라 다를 수도 있기는 하겠지만).

또 다른 자료에 의하면 신라의 김춘추가 당나라에 들어가 측천무후에게 머리를 조아려 백제 원정군을 요청하자 그녀는 설인귀를 소정방과 같이 출정하게 하여 백제를 멸망시키고 그 여세를 몰아 고구려까지 멸망시킨 공로를 신라인들이 고맙게 여겨 지금의 범륜사터에 감악사를 짓고 감악산 산신으로 삼아, 비(碑)도 세워 제사를 지내게 했는데 후일 비가 쓰러져 사람들이 방치하자 마을에 나쁜 일이 자꾸 일어나 이 비를 다시 감악산 정상에 세우니 나쁜 일이 없어졌다는 이야기도 전한다. 원래는 갓이 없던 비를 나중에 갓을 만들어 씌웠다고 한다.

정상에서 휴식을 취하며 간단한 점심을 먹는 동안 젊은 여성 등산객 5, 6명이 올라와 왁자지껄 소란스러워졌다. 까치봉 쪽 하산길을 택해 내려오는데 철조망 옆으로 산딸기가 익어 붉다. 몇 알 따서 입에 넣고 씹어보니 옛날 어린 시절 달고 맛이 있던 그 맛이 아니다. 계곡에 내려와 흐르는 물에서 세수를 하고 또 세족(洗足)을 하니 피로가 다 풀리는 것 같다.

2시가 넘어 다시 범륜사 입구에 내려와서 버스를 기다리니 차가 쉬 올 것 같지 않아 천천히 걸었다. 아무튼 설인귀가 당나라(唐)에서 태어났거나 고구려에서 태어난 당나라 장수이었던지 간에 영웅은 영웅이었던 모양이다. 지금 중국에서도 서북지방에 그의 동상을 세워놓고 서북공정이라는 프로젝트로 역사 만들기에 열을 올리고 있다고 하니 말이다. 그들의 동북공정 프로젝트에 그의 동상을 압록강 건너에 세우게 될지도 모르는 일이다. 마지리(馬智里) 버스 종점까지 걸어오면서 1시간 30분가량을 이곳의 전설과 지나간 역사를 생각해 보았다. 설마치(薛馬峙)에서 버스를 타지 않고 걸어온 것이 다행이라는 생각이 들었다. 그러나 콘크리트 빌딩들이 즐비하고 상가 건물들이 들어찬 이곳이 그 옛날 설인귀가 말을 달리며 무술을 연마한 전설 속의 현장이라는 것을 아는 현지인들이 얼마나 될까 하는 의구심을 남기고, 서울행 버스는 장마가 개인 후텁지근한 날씨에 시원하게 에어컨을 켜고 마지리를 4시 10분에 출발하였다.

화악산 중봉

2006년 8월 4일

오늘은 경기 5악 중에서 개성의 송악산을 제외하고는 마지막으로 가는 화악산이다. 그러나 화악산은 군사시설이 정상 부분 전체를 차지하고 있기 때문에 일반인 통제구역으로 되어 있어 갈 수가 없고, 산악인들이 대신 중봉(1,450m)을 주로 오른다고 하여 나도 그 길을 택했다.

아내가 마련해준 음료수와 간식을 배낭에 챙겨 넣고, 7시에 상봉터미널에 도착하니 친구가 먼저 와 있었다. 4,700원짜리 차표 두 장을 샀다. 7시 10분에 출발하는 가평행 버스에 올라 구리, 남양주, 마석을 거쳐 물안개가 자욱한 북한강 물줄기를 따라 청평을 지나고 가평에 도착한 것이 9시 10분. 다시 가평에서 북면 관청리까지 가야하는데, 하루 4회 운행하는 공용버스가 11시에 있단다. 2시간 가까이를 터미널에서 기다리자니 너무 지루할 것 같다.

시내구경이라도 하자며 가평천 강가 둑길을 따라 올라가다가, 다리 밑 그늘에서 냇물 따라 흘러가는 시원한 바람에 시간도 함께 날려보내고, 시내 쪽으로 들어오면서 시내 북쪽에 유난히 큰 산이 멀리 보이길래 몇 사람에게 산 이름을 물어보았더니 정확하게 무슨 산인지 아는 사람이 없다. 아마도 이곳 토박이들이 아니었던 모양이다.

혹시나 우리가 목표로 하고 가는 화악산이 아닌가 하여 물어본 것인데 화악산은 여기서 보이지 않는다고 했다.

터미널 바로 옆 가평경찰서와 가평읍사무소 중간에 영연방 참전비가 서 있다. 영국, 호주, 캐나다, 뉴질랜드가 6 · 25 전쟁 때 우리나라를 위해 싸우다 희생된 병사들을 기념하기 위하여 가평군민의 이름으로 세워져 있는데 각 나라의 참전자 숫자, 전사자, 부상자, 그리고 실종자의 숫자가 자세히 기록되어 있어서 다시 한번 전쟁의 참담함을 생각하게 하였다.

11시가 되어 다시 가평터미널에서 관청리까지 2,250원씩을 내고 도마리 가는 공용버스를 탔는데, 달리는 도로 밑에 흐르는 계곡의 맑은 물과 주변의 경치에 도취되어 한참을 가다가 기사에게 물어보니, 이미 관청리를 지나쳤다는 것이다. 할 수 없이 종점까지 갔다가 되돌아오는 길에 내리면서 구경은 잘했지만, 덕분에 40분 걸려 올 길을 1시간 20분 만에 도착한 셈이 되었다.

오후 7시 20분에 가평까지 가는 막차가 있다는데 시간을 계산해보니, 오늘은 1,450m의 꽤나 힘든 코스를 늦게 오르기 시작하였으니 시간이 빠듯할 듯하다.

관청리—용수폭포—큰골—급경사—잣나무—중봉의 산행 코스를 적어 들고 들머리를 찾았지만, 등산로 입구에 아무런 표지판도 없다. 길가에서 일하고 있는 농부에게 길을 물었더니, 계곡을 따라 등산로가 있는데, 계곡은 상수원 보호 구역이니 들어가지 말라는 당부를 한다.

홍수에 파괴되어 군데군데 끊긴 길을 찾아 올라가는데, 계곡에 흐르는 물이 어찌나 맑은지 실컷 마시고, 올라가면서 먹을 물을 빈 물병에 채워 넣었다. 주말이 아니어서인지, 원래 등산객들이 자주 찾지 않는 모양으로 등산로가 전혀 다듬어져 있지 않다.

늘어진 나뭇가지들을 헤쳐 가며 올라가기를 30분, 벌써 1시가 다

되어 간다. 아침을 간단히 때운 탓인지 땀을 많이 흘린 탓인지 허기진 배를 채우지 않으면 탈진할 것만 같다.

물가에 서 있는 꽤나 큰 소나무 그늘, 바위에 앉아 그 위로 흐르는 시원한 물소리를 들으면서 점심을 먹는다. 점심을 먹고 바위에 누워 흘러가는 구름을 본다.

그 옛날 이백(李白)이 「산중문답(山中問答)」이란 시를 쓴 곳도 이런 곳쯤이 아닐까 하는 생각이 들 정도이다.

산중문답(山中問答)

問余事意棲碧山　무슨 뜻으로 푸른 산에 사느냐고 묻지만
笑而不答心自閑　빙그레 웃을 뿐 대답하지 않으나 절로 한가롭네
挑花流水杳然去　복사꽃 흐르는 물에 아득히 떠가니
別有天地非人間　이곳은 별천지지 인간의 세상이 아니라네.

한가한 생각은 마음 한 자락에 접어두고, 용소폭포를 지나 다시 땀을 흘리며 잡초 우거진 숲길을 헤쳐 가며, 개울을 몇 번인가 건너, 큰골을 빠져나가니 급경사의 시작인데, 표지판에 중봉이 2㎞로 표기되어 있다.

자갈 하나 섞이지 않은 토산의 75도쯤 되는 급경사를 숨차게 올라가는데, 거무스름한 흙길은 습기가 많아서 미끄럽기가 말할 수 없다. 가다 쉬다를 반복하며 죽어라 하고 40분을 올라가니 능선에 다시 표지판이 있는데 중봉까지 2.2㎞란다. 40분간을 기진맥진하여 올라오고 보니 0.2㎞를 후퇴한 셈이 되어버렸단 말인가. 모를 일이라고 서로 의아하게 생각하면서 비교적 평탄한 능선을 따라 올라가니 중봉 정상이다.

현재 시간 4시 10분, 정상에 올라보니 누군가 표지석을 쓰러뜨려

풀섶에 던져버렸다. 왜 그랬을까 하고 내려가 훑어보니 '경기도 가평군 북면 화악리 산 228번지' '표고 1,420m'라고 적혀 있다. 지도에서는 1,450m로 표기되어 있는데 30m의 격차가 있다. 가평군청이나 관계되는 기관에서 바로잡아 다시 세워야 할 것 같다.

중봉 정상 바로 아래에도 통신시설인지 군사시설인지가 세워져 울타리가 둘러쳐 있고, 화악산 정상(1,468.3m)의 군사시설이 바로 옆으로 보인다. 그 동쪽에 있는 봉우리가 1,436m짜리 매봉(응봉)이다. 화악산, 중봉, 매봉을 합하여 삼형제봉이라 부른다고 한다.

내려갈 시간을 계산해 보니 서둘러야 할 것 같다. 15분쯤 쉬면서 남긴 간식을 먹고, 오던 길을 되짚어 내려오면서 급경사에서 친구는 말한다. 이 길을 우리가 올라왔단 말인가? 내려가면서 보니 정말 대단한 길을 올라왔다는 탄성이다. 계곡에서 간단히 세수를 하고 쉬지도 못하고 관청리에 내려오니 6시 50분이다. 철석같이 믿었던 7시 20분 버스를 기다리며 예정된 시간보다 30분을 더 기다려도 내려오는 버스가 없다. 그제서야 114에 문의하여 가평터미널에 전화를 하니 7시 20분에 올라간 마지막 버스는 종점에서 자고 내일 첫차로 내려온다는 것이다.

도리가 없어 다시 택시회사에 전화를 하니 8시가 넘어서 택시가 왔다. 가평에 도착하니 택시요금 일금 25,000원이다. 9시에 서울행 버스가 있어서 타고 상봉동에 도착한 것이 10시 40분. 아름다운 풍광에 힘든 산행을 즐거이 마쳤지만, 세밀한 준비를 하지 못한 대가로 비싼 교통요금을 지불하는 잊지 못할 추억으로 남으리라.

아차산

2006년 8월 20일

오늘은 친구의 권유로 광진구 광장동에 위치한 아차산(阿嵯山, 285m)에 오르기로 했다. 서울 시내에 위치하고 있어서, 차를 타고 지나면서 자주 바라보던 산, 마음만 먹으면 언제라도 쉽게 오를 수 있었겠지만, 한 번도 올라보지 못했던 곳이다.

워커힐 뒤쪽 광장동에서 잘 다듬어진 등산로를 따라 올라가 아차산만 돌아 내려오기는 너무 단조롭고 코스가 짧으니, 망우리 공동묘지를 둘러보고, 용마봉(348m)을 거쳐, 아차산성을 돌아 내려오는 4시간 30분 정도가 소요되는 코스를 선택하기로 했다.

상봉동 시외버스터미널에서 교문리로 넘어가는 도로를 건너 망우리 우림 시장에서 과일과 떡 등 간단히 산에서 먹을 것을 사서 배낭에 넣고, 공동묘지로 올라가는 좁은 길에 들어선 것이 9시 30분이었다. 넓은 길을 따라 20분가량 올라가니 운동시설이 잘 갖추어지고 청결하게 관리되어진 약수터가 있다. 쉬면서 수밀도 한 개씩을 먹고, 시원한 약수 한 바가지를 마시니, 그 상쾌한 맛에 다시 힘이 솟는다.

올라가면서 묘지들을 지날 때, 친구는 망우리(忘憂里)의 명칭에 대한 유래(李太祖와 東九陵에 관한)를 이야기했지만, 나는 현대적으로 억지 해석을 할 수도 있다는 얘기를 했다. 망우리라는 지명이 붙여질 당시에는 아마도 공동묘지가 있지 않았을 것이다. 그런데 망우리라는 지명이 생긴 이후에 공동묘지가 될 수 있었던 것은 근심 걱정을 떨쳐버릴 수 있는 곳이란 죽은 사람만이 가는 곳이다.

부자도 가난한 사람도 이 세상에 살아 있는 동안에는 나름대로 근심을 떨쳐버릴 수가 없는 일이니, 살아가는 동안에 갖게 되는 저마다의 근심은 모두가 기꺼이 안고 가야 한다고 말하다가, 문득 자조의 웃음을 숨길 수 없었지만, 뒤따라오는 친구는 나의 그 미묘한 마음을 읽을 수 있었을까! 나 자신이 얼마나 많은 날들을 외부로부터 오는 근심거리에 괴로워하며, 또 스스로 만든 잘못에 불면(不眠)과 회한(悔恨)으로 앙앙불락(怏怏不樂)하는 헛된 세월을 살아왔던가 하는 생각이 번뜩 들었기 때문이다. 그러나 사람마다 지나간 잘못은 뒷날의 교훈이 될 수도 있으리라.

이곳은 35년쯤 전에 한 친구의 부친을 장사 지냈던 기억은 있으되, 그 장소를 전혀 생각해낼 수가 없고, 그때 내려오면서 보았던 애국지사들과 몇몇 문인들의 묘소가 있었던 기억이 있지만, 그 장소 또한 알 수가 없다고 말했더니, 친구는 조금만 더 올라가면 기억이 날 것이라 했다.

친구의 말대로 얼마쯤 올라가니 아스팔트 포장도로가 나왔고, 좁은 등산로를 따라 산 정상에 올랐다가 내려오는 길에 다시 포장도로를 따라 용마산 쪽으로 돌아가는 길을 찾는 동안 죽산 조봉암 선생, 만해 한용운 선생, 송촌 지석영 선생 등 많은 우국지사와 애국선열들의 묘소가 그때보다 비교적 잘 정리되어 모셔져 있는 것을 볼 수가 있었다. 독립된 국가의 번영과 백성들의 한을 씻어주기 위하여 근심과 걱정으로 살다 가신 그분들의 영혼은 지금 이곳 망우리에서 모든 근심을 잊고 편히 쉬고 계시기를 빌었다.

30여 년 전 한 친구의 부친 장례를 모시던 때는 시내에서 멀리 떨어져 있었고, 민둥산에 비포장도로이었던 것으로 기억되는데, 도로가 포장되어 있는가 하면 가로수가 터널길을 이루고 있고, 숲 우거진 주변의 산들까지 많은 시민들의 훌륭한 산책, 등산로로 활용되고 있음을 보니 반가웠다.

다시 오솔길을 돌아 용마산을 오르는 등산로를 찾으니 북으로 미사리와 북한강 양평대교가 한눈에 들어온다. 용마봉 정상에 오르기 전에 벌써 11시 30분이 넘었다. 죽산(竹山) 선생과 만해(萬海) 선생의 묘소에서 너무 많은 시간을 보낸 탓인가! 용마봉으로 가는 나무계단 아래서 5분간 휴식, 다시 계단을 오르고 헬기장을 지나 작은 봉우리를 넘어 정상에 오르니, 348m의 높지 않은 산치고는, 서울 시내를 기의 다 볼 수 있을 만큼 전망이 시원하다. 서울 북부를 휘어 안고 흐르는 한강의 아름다움을 감상한다. 30~40명쯤 되는 등산객들이 여기저기 모여서 각자 준비해온 점심을 먹는다. 우리도 간단한 점심을 때웠다. 마음에 점 하나를 찍는 것이 점심이라 하지 않던가?

점심 후 12시 30분, 아차산을 향해 출발이다. 생각보다 많은 사람들이 오르내리고 있어 등산로가 복잡하다. 아차산정에 있는 유적 발굴에 대하여 설명한 표지를 보면서, 그 옛날 1,500여 년 전 고구려, 백제, 신라 삼국이 이곳을 차지하기 위하여 얼마나 많은 사람들의 목숨을 여기에 바쳤을까 생각하게 된다.

백제가 강성했던 근초고왕 때에는 평양성까지 쳐들어가 고구려의 고국원왕을 죽이기까지 하였지만, 그 후 고구려는 장수왕 때 그 한을 풀기 위하여 이곳까지 침공하여 백제의 개로왕을 아차산성 아래서 죽이고 많은 땅을 차지하였다가, 다시 신라의 진흥왕이 이곳을 빼앗으매, 고구려 평원왕은 실지를 회복하기 위하여 그의 사위 온달 장군을 보내 이곳에서 격전을 벌이다가 전사하게 한 곳이라고 하니, 이곳이야말로 6 · 25 전쟁 때 많은 희생자를 낸 '백마고지'와 같은 곳이 아니었나 생각된다.

일설에는 온달장군이 충북 단양에 있는 온달산성에서 전사했다고 도 하는데, 이는 온달산성을 광개토왕 비문에 기록된 아단성(阿旦城)으로 해석한 데서 비롯된 것이 아닌가 생각된다. 원래 아단성은 396년 고구려가 백제를 공격하여 탈취한 58성 700촌 가운데 하나인데, 후에 실지회복을 위하여 출정한 고구려 온달장군의 전사 장소라는 전설이 남아 있기 때문이다.

다른 기록에서 이 아단성은 아차산성이라는 주장이 있다. 현재 아차산의 한자 표기는 '阿嵯山', '峨嵯山', '阿且山' 등으로 혼용되는데, 삼국사기에는 '아차(阿且)'와 '아단(阿旦)' 2가지가 나타나며, 조선시대에 쓰여진 고려역사책인『고려사』에는 '아차(峨嵯)'가 처음으로 나타난다. 조선을 건국한 이성계의 휘(諱)가 '단(旦)'이기 때문에 이 글자를 신성하게 여겨서 '旦'이 들어간 이름은 다른 글자로 고치면서(避諱) 단(旦) 대신 이와 모양이 비슷한 '차(且)'자로 고쳤는데, 이때 아차산도 음은 그대로 두고 글씨를 고쳐 썼다고 하니 이 기록이 더욱 신빙성이 있다는 생각이다.

현재 남아 있는 산성은 철책으로 보호되고 있고, 소멸된 곳은 다시 복원하기 위한 준비를 하고 있는 것이 표시되어 있으나 복원공사가 언제쯤 시작될 것인지는 알 수가 없다. 원래의 산성은 백제가 수도를 방어하기 위하여 쌓았던 것으로 추정되나, 산성 안에서 발굴된 토기와 철기, 군영터는 고구려의 유물인 것을 생각하면 아마도 고구려가 이곳을 백제로부터 빼앗아 차지하고 있던 기간이 제일 오래 되었기 때문일 것이다. 군영터의 기초공사를 보면 오히려 현대의 60~70년대 우리가 군대 생활을 할 때 짓던 임시 막사보다 훨씬 과학적이고 튼튼한 영구적인 것을 보고 놀라지 않을 수 없었다.

고구려의 장수왕이 백제를 침공하기 위하여 세운 작전 중 한 가지를 소개하면 이렇다.

개로왕이 바둑을 매우 좋아한다는 것을 안 장수왕이 바둑을 잘 두는 도림(道琳)이라는 승려를 간첩으로 파견하여 왕의 신임을 얻게 한 뒤, 개로왕으로 하여금 고구려의 침공에 대비할 생각을 못 하게 하는 한편, 화려한 궁궐의 축조 등 대대적인 토목역사를 일으키게 함으로써 국력을 피폐화시켜놓고 침공을 하였다고 한다.

삼국이 첨예하게 대립하고 있는 상황에서 나라의 안위를 책임지고 있는 왕이 바둑을 두는데 정신을 빼앗기고, 호화로운 궁궐을 짓는데다 국력을 소진시켜, 적국의 침공에 제대로 대처하지 못했다. 결국 자기는 포로가 되어 적에게 죽임을 당하는 꼴이 되고 말았으니 누구를 원망하고 탓하랴!! 타산지석의 본보기라 할 것이다.

이런저런 생각을 하며 걷는 동안 아차산 자연생태공원에 도착하였다. 정확하게 4시간 30분이 소요된 오후 2시다. 망우리의 공동묘지에서, 용마산 정상에서, 또 아차산성에서 과거 우리 조상들이 살아왔던 것에 대하여 많은 생각을 하게 하는 산행이었다.

한계령, 점봉산

2006년 9월 18일~19일

새벽 3시 40분 추적추적 내리는 빗소리에 잠이 깨었다. 어젯밤 늦게 갑자기 설악산 쪽에 가자는 친구의 전화를 받았다. 설악산 쪽은 전혀 뜻밖이었고, 준비도 없었던 터에, 관악산에 오르기로 한 다른 친구와의 선약을 해지하기 위해 아침 일찍 일어나 바뀐 사정을 이야기하고 계획을 미루자는 얘기를 해야겠다는 생각을 하며, 또 내일은 비가 많이 내릴 것이라는 기상대의 예보까지 뇌리에 남겨 놓은 채, 잠자리에 들었기 때문인지 잠을 설치고 일찍 깨어난 모양이다.

이것저것 간단한 짐을 챙겨 5시 40분 집을 나설 때까지 쉬지 않고 내리던 비는, 지하철과 버스를 갈아타고, 동행할 일행이 기다리고 있는 하남시 창우동 애니메이션고등학교 앞에 도착할 때까지도 계속해서 내리고 있었다. 7시 정각에 친구들 4명이 승용차를 타고 설레는 마음으로 출발할 때는 비가 오락가락하여 오후쯤 개일 것 같았다. 이런 비는 늦더위를 몰아내려는 적절한 기상의 변화쯤으로 치부할 수도 있겠으나, 지난번 집중 폭우로 엄청난 수해를 입은 사람들에게는 얼마나 지긋지긋할까 하는 생각이 들기도 했다.

양평 조금 못미쳐 옛날 완행열차가 정거하던 국수역 근방의 도로변 식당에서 해장국으로 아침을 마치고, 양평—홍천—인제—원통을 지나 한계령(寒溪嶺)에서 오색으로 내려가는 코스를 잡고 차를 달린다.

한계령을 넘는 도로가 복구되어 통행이 가능한지를 오색 쪽에 전화로 알아본 신 사장이 가능하다는 답을 얻었기 때문에, 새로 개통된 미시령 터널을 통해 돌아가야 할지를 망설이다 결정한 코스인데, 대부분의 차량들은 한계령을 넘는 것이 불가능한 것으로 생각했는지 오고 가는 차가 전혀 없어 도로는 온통 우리 차지다.

홍천까지 가는 동안은 비 피해 상황을 별로 볼 수 없었는데, 인제를 지나면서 원통에서부터 한계령으로 오르는 도로는 수없이 잘려 내려갔고, 임시로 복구한 도로를 따라 올라가는 길가의 계곡에는 어마어마하게 큰 바위들이 떠밀려 내려와 쌓여 있어 계곡이 아니라 마치 바윗돌을 쌓아 놓은 야적장 그대로이다.

계곡의 물가에 터를 잡아 살던 집들은 처참한 폐허로 남아 있고, 수백 년 수령의 아름드리나무들이 산사태와 함께 뿌리까지 뽑혀 밀려와 있는데, 아직껏 치우지 못하고 있어서, 그날의 날벼락 같은 분위기를 느끼게 한다.

수마가 할퀴고 간 폐허의 자리에 복구 작업을 위해 동원된 장비들의 엔진소리만 인적 없는 산하에 울려 퍼지고 있었다. 지금은 어딘가에 대피해 살고 있을 피해 주민들의 참담한 모습을 생각하면서, 자연의 무서운 힘 앞에 인간이 얼마나 보잘것없는 존재인가를 실감케 한다.

자연은 자연 그대로를 우리 인간에게 제공하고, 인간은 자연이 주는 혜택을 받기만 하면 되는 것을 인간이 거기에 더 욕심을 부려, 그 자연을 훼손하거나 변조하게 되면 엄청난 재앙을 받게 된다는 환경보호론자들의 말이 옳을 것이라는 생각도 들었다.

참혹한 수해의 현장과 대치되는 비경을 차창 밖으로 동시에 보면서 시속 40㎞로 천천히 올라가니 11시쯤 한계령 휴게소에 도착한다.

"저 산은 내게 우지마라 우지마라 하고, 발아래 젖은 계곡 첩첩산중" 〈한계령〉이라는 제목의 노래가 생각난다. 1980년 정치군인들이 탈법적으로 정권을 탈취하기 위하여 광주를 그 희생의 대상으로 삼았을 때, 용기가 없어 앞장서지 못했던 자신이 부끄러워 가끔 혼자 산에 올라 이 노래를 부르며 울분을 삭이기도 했었다. 그러나 정작 한계령은 오늘이 처음이다.

비 그치고 바람에 안개 밀려가는 해발 1,003m 높은 한계령 휴게소에서 내려다보는 남설악의 수려한 절경은 사진으로 보던 그대로이다. 양양 쪽을 바라보면서 오른쪽은 점봉산(1,424.2m)이요, 왼쪽은 귀때기봉과 중청봉을 거쳐 대청봉(1,707.9m)이 있을 터인데, 양쪽 산 모두가 운무 속에서 모습을 드러내지 않아 섭섭한 마음은 그냥 거기 남겨 놓고, 굽이굽이 한계령 아흔아홉 고개를 내려가는데, 이곳 역시 도로며 산들이 여기저기 상처투성이다.

무정한 세월은 수많은 사람들이 불의에 맞서 싸우다가 죽어가는 것을 보면서 받은 쓰린 상처도 아물어 잊혀지게 하는데, 우리가 아끼는 이 아름답고 보배로운 산하의 아픈 상처들도 빨리 아물었으면 하는 생각을 하는 동안, 역시 수해로 피해를 입은 오색온천호텔을 지나 우리가 머물 산장에 도착한 것이 11시 40분이다. 모두들 아침에 해장국을 너무 잘 먹은 탓인지 시장기가 없다고 하여 점심을 생략하기로 하고, 오면서 도롯가에서 사온 찰옥수수 몇 개로 점심을 때우고, 12시 정각에 점봉산을 향해 출발하였다.

입구에 입산을 금한다는 국립공원 관리소의 안내문이 세워져 있다. 산채나 약초의 채취를 금한다는 내용도 포함되어 있는데, 산의 피폐화를 막기 위한 휴식년제를 시행한다는 신 사장의 설명이다.

입산자에게 벌과금을 부과한다는 경고문을 무시하고, 우리 일행 4명은 그대로 강행이다. 30분을 올라 가파른 고개에서 하산하는 사람을 만났다. 이 마을에 있는 자연학교의 명상 선생인 '우' 선생이라고 신 사장이 소개를 한다. 수련생으로 와 있는 한 부부를 안내하여 점봉산에 올랐다가 내려오는 길이라며 뒤이어 그들이 내려올 것이라고 한다. 곧바로 내려오는 그들과도 반갑게 인사를 하고 헤어져 올라가면서 여러 생각을 한다. 생활에 여유가 있어서 자연 속에 와서 여유롭게 휴식을 겸해서 수련을 하는 사람들일까? 아니면 건강에 문제가 있어서 정신과 신체의 수련이 필요한 사람들일까?

잠시 그들을 생각하면서 우리는 또 올라간다. 조금 더 올라가 능선에 이르니 '아!' 하는 탄성이 저절로 나온다. 비 갠 뒤의 맑고 깨끗한 바람이며, 건너다보이는 주전골 뒤에 펼쳐진 기암괴석의 기기묘묘한 비경은 말할 것도 없거니와, 아름드리 적송의 군락은 어느 유명한 화가의 '노송도'인들 여기에 비견할 수 있을까? 추사가 「세한도(歲寒圖)」를 그릴 때 이 소나무들의 기풍을 생각하면서 그린 것이 아닌가 하는 생각이 들 정도이다. 안개가 걷혀 올라가는 이 적막한 산에 펼쳐지는 아름다운 경관이 이 순간만은 오롯이 우리들 네 사람의 것이다. 이 아름다운 것들을 다 갖은 우리는 얼마나 큰 부자들인가?

능선을 따라 오르고, 가파른 고갯길을 올라 2시간 30분 만에 다다른 곳은 점봉산 정상을 2㎞ 남겨놓은 갈림길인데, 갑자기 굵은 빗줄기가 내리고 안개가 앞을 가린다. 비가 그칠까 하고 한참을 기다리다가 내려갈 시간을 계산해 보니, 정상까지 오르는 것은 무리라는 판단에, 오늘은 여기서 멈추기로 하고 우중에 각자 우산을 펼쳐 들고 다시 하산하기 시작했다.

다시 적송 군락지에 내려오니 비는 그치고 시원하게 불어오는 산바람은 우리를 유혹한다. 옛 선인들은 이런 산에 오르면 상투를 풀고 바람에 머리를 빗고, 바지를 내리고 하지에 거풍을 했다 하지 않은가? 우리 네 사람을 말고는 아무도 없는 이 깊은 산속에서, 이도 호연지기(浩然之氣)를 기르는 방법 중의 하나라고 생각하며 그들의 흉내를 내본다. 우주의 큰 기운을 다 받은 듯, 몸도 마음도 정신까지 시원하다.

청산은 나를 보고 말없이 살라 하고
창공은 나를 보고 티 없이 살라 하네
사랑도 벗어놓고 미움도 벗어놓고
물같이 바람같이 살다가 가라 하네
청산은 나를 보고 말없이 살라 하고
창공은 나를 보고 티 없이 살라 하네
성냄도 벗어놓고 탐욕도 벗어놓고
물같이 바람같이 살다가 가라 하네

경기도 여주의 신륵사에서 입적했다는 공민왕의 왕사(王師)를 지낸 '나옹선사'가 남겼다는 선시(禪詩)이다. 조용한 산행에서는 가끔 이 시가 생각이 나서 그렇게 살다 그렇게 가고 싶다는 생각을 했지만, 인간사 그렇게 살기가 어디 쉬운 일인가? 숙소는 오색천(五色川) 다리를 건너 민박 마을을 지나 올라와, 산속에 위치한 외딴집이다. 신 사장이 별장으로 사용하기 위하여 매입해서 작년 가을에 수리해 깨끗하고 조용하다. 샤워를 하고 가벼운 옷으로 갈아입고 준비했던 시원한 와인을 한 잔씩 마시니 바로 우리가 신선이 되어 선계(仙界)에 와 있는 기분이다.

저녁 메뉴는 오색초등학교 옆에 있는 식당에 준비시킨 닭백숙인데, 따라 나온 산채가 주메뉴보다 더 맛이 있다. 식후 다시 산장으로 돌아와 외등을 켜고, 마루 난간에 앉아 하늘을 보니, 흔들리는 나뭇가지 사이로 별이 총총하다. 과일주 몇 잔에 취하여 합창으로 가곡을 몇 곡 뽑아 부른들 방해할 사람이 없다. 오직 산과 숲과 계곡에 흐르는 물소리에 지나가는 바람 소리가 있을 뿐, 이미 더위도 이곳에는 없다. 아쉽다면, 그림자 드리워줄 달빛이 없어 외등이 이를 대신하고 있다는 것뿐이다. 그 옛날 왕양명은 이런 곳에서 제자들에게 다음과 같은 멋진 시를 남기지 않았을까?

山中諸示生 산중에서 제자들에게

溪邊坐流水 시냇가에 앉아 흐르는 물 바라보니
水流心共閒 흘러가는 물 따라 마음도 한가롭네
不知山月上 산 위에 둥실 달 오른 줄 몰랐더니
松影落依班 옷자락에 무늬 지는 소나무 그림자

어젯밤에는 12시가 다 되어 잠이 들었는데, 5시에 기상하여 대강 청소를 하고, 샤워를 하고, 6시에 오색약수터 부근의 산촌식당에서 '황태정식'으로 조반을 마치고, 7시에 '오색주전골'을 향한다. 옛날 엽전을 주조한 곳이라서 주전골이라는 이름이 붙여졌다고 한다. 이곳 사람들도 남설악에서 가장 빼어난 미를 자랑하는 곳이 이 주전골이라고 자랑을 하니, 대청봉 등정은 다음으로 미루고 이 코스를 택한 것에 후회는 없다. 약수터 입구에서 전에는 입장료를 받았다고 하는데, 지금은 파괴된 진입 도로를 복구하느라고 입장료를 받지 않는다.

그 유명한 오색약수를 한 종지씩 마시고 임시로 복구해 놓은 계곡 옆길을 따라 성국사를 지나 용소폭포까지 올라가는 동안 계곡 좌우로 전개되는 비경은 중국의 장가계보다 못할 것이 없다고 여행 전문가인 정 상무가 감탄을 한다. 나야 처음 와본 곳이지만, 다른 친구들은 설악산이 초행이 아닌데도, 이곳은 처음이란다. 설악산은 워낙 방대한 산이기 때문에 몇 차례 왔다 간 사람들도 생소한 곳이 한두 군데가 아닌 모양이다.

어떤 사람들은 등산을 인생과 비교하기도 한다. 같은 산을 다녀온 사람일지라도 저마다 출발점이 다르고 목표하는 목적지가 다르면 보고 느낀 바가 각기 다르듯이, 살아온 환경과 과정이 다르고 목표하는 바가 다른 사람들은 자기와 같지 않은 길을 걸어온 사람을 이해하는 것이 쉽지 않으리라는 것을 간혹 느낀다. 혹자는 자기가 체험하고, 느낀 바가 마치 그것의 전부인 양 주장하는데, 그것은 장님 코끼리 만지기 식이라 아니할 수 없다. 그래서 옛 성인도 "군자는 자기와 같지 않은 사람들과도 조화를 이루지만, 소인은 같은 사람들끼리도 불화한다(君子和而不同, 小人同而不和)"고 하지 않았던가? 세상에는 절대 옳은 것도, 절대 그른 것도 없다는 생각을 해야 하지 않을까 한다.

용소폭포까지 가는 동안 여기저기에 철재 사다리와 계단이 엿가락처럼 꼬여, 흉물스럽게 버려진 채, 아직은 방치되어 있다. 길은 막혀 더 이상 오를 수가 없어 12폭포까지 가는 것은 포기하고, 휴식을 취한 후 내려와 자동차로 연어축제가 열린다는 양양의 남대천을 지나 작은 어항에서 점심으로 시원한 물회를 먹고, 12시 30분 귀경을 서둘렀다.

어제의 비와 함께 더위는 물러간 줄 알았더니, 오늘도 불볕더위가 이어질 것이라 한다. 가을 햇볕은 곡간을 채워 준다고 하니, 농민들을 위하여 이런 더위쯤이야 기꺼이 참아야지. 대청봉, 백담사 계곡 등 가보고 싶은 많은 명소들은 다음 기회로 미루고, 어제 왔던 길을 되짚어 돌아오는 길은, 흥분과 호기심이 사라진 대신 편안한 안식을 기대하는 나른함으로 빠져든다.

치악산 비로봉

2007년 3월 15일

이런저런 이유로 오랫동안 미루어 오던 치악산(雉岳山) 등반을 원주에 있는 동문 김명환 교수와 같이하기로 결정하고, 어젯밤에는 평소보다 조금 일찍 자리에 들기도 했었지만, 마음이 들떠 있었는지 새벽에 잠이 깨었다. 시계를 보니 4시가 아직 되지 않았다. 다시 잠을 청할 수도 없어 일어나 배낭을 챙기고, 입고 갈 등산복과 양말을 찾느라 부산을 떠는 바람에 아내도 덩달아 일어나 아침 준비를 한다.

간단한 아침을 먹고 5시 30분 아직 밝기도 전에 집을 나섰다. 지하철 강변역에서 내려 동서울버스터미널에서 6시 37분에 출발하는 원주행 버스를 탈 수가 있었다.

어제까지만 해도 꽃샘추위가 오는 봄을 방해하는 듯하더니, 오늘은 아침부터 기온이 예년과 같은 정상적인 봄 날씨가 될 것이라는 예보는 집에서 듣고 나왔지만, 피부에 와 닿는 공기가 어제 아침과는 전혀 다르다.

서울을 빠져나가면서 천호대교 밑으로 잔잔히 흐르는 강물 위에 엷게 드리운 물안개를 본다. 앙상하게 메말랐던 가는 가지에 어느새 수액이 차올라 푸른빛을 띠고 있는 가로수에서 봄을 보기도 한다. 차내에는 열 명 정도의 승객이 띄엄띄엄 앉아서 눈을 감고 저마다 사색의 세계에 빠져들고 있는지 봄이 오고 있는 창밖의 풍경에는 아랑곳하지 않는다.

때로는 누구에게도 방해받지 않고 자기만의 세계에 깊이 빠져들 수 있다면 혼자서 하는 여행도 즐거울 수가 있겠지만, 오늘 나는 8시 조금 지나서 버스가 원주터미널에 도착할 때까지 아무 생각도 하지 않고, 아침 안개가 산과 들에 일렁이며 빠르게 지나가는 모습들에 흠뻑 빠져들고 있었다. 40여 일 전 2월 4일 정기 산행 때 계방산(桂芳山)에 가면서 보던 같은 풍경인데도 느낌은 그때와 사뭇 다르다.

원주버스터미널에는 김 교수가 마중 나와 있어서 구룡사 입구까지 그의 차로 가는데 30분가량 걸렸다. 주차장에 차를 세워두고 사찰 입장료를 지불한다. 금년부터 국립공원 입장료 징수가 폐지되었지만 사찰을 통과하려면 사찰에서 징수하는 입장료는 1인당 2,000원씩 지불하여야 한다. 계곡에 흐르는 봄의 물소리를 들으면서 다리를 건너고 울창한 나무 숲길을 10여 분 걸어가는 구룡사 들어가는 길이 참 좋다.

신라 문무왕 때 의상대사에 의하여 창건되었다는 구룡사(龜龍寺)는 원래는 '九龍寺'로 불리었다. 아홉 마리의 용이 살던 못을 메워 절을 지었기 때문에 붙여진 이름이었다는 전설과, '아홉 구(九)' 자를 '거북 구(龜)' 자로 바뀌게 된 것은 조선시대에 궁궐에서 사용할 산채(山菜)를 채취하는 책임을 이 절에서 맡게 되었고, 그 작은 권력을 이용해서 승려들의 부패가 심해졌다고 한다. 이를 못마땅하게 여긴 어느 도사가 승려들의 정신을 차리게 하기 위하여 절을 보호하고 있는 돌거북상을 없애도록 하여 마침내 절은 폐쇄 직전까지 이르게 되자, 다시 정신을 차린 승려들에게 이 도사가 나타나 거북상을 복원시키고 절 이름도 구룡사(龜龍寺)로 바꾸도록 하여 절은 다시 융성하게 되어 오늘에 이르렀다는 이야기는 시사하는 바가 있다. 화재로 여러 번 소실되었던 이 절은 지금 많은 증축을 하고 있음을 볼 때 전설처럼 이 돌거북상이 절을 융성하게 하고 있는지도 모른다.

절 앞의 맑은 구룡소에는 지나가는 등산객들이 소원을 빌며 던진 동전들이 바닥에 널려 있어 깨끗한 환경을 훼손시킨 것 같아 보기에 좋지 않았다. 세렴폭포 아래 다리를 건널 때까지는 비교적 평탄한 길이지만, 다리를 건너면서부터는 급경사가 이어지고, 사다리 병창 길의 절벽을 양쪽으로 내려다보면서 바위를 건너 뛰어넘는 짜릿한 묘미는 심장이 약한 사람은 아예 겁에 질려 맛보지 못하고 되돌아 내려가야 할 것이다.

원주에서 23년을 살았다는 김 교수는 이 길을 수없이 올라다녔다지만, 초행인 나로서는 치악산을 오르는 많은 등산로 중에서도 제일 힘들고 경사가 가파르다는 이 길을 선택하여 오르게 된 것이 어쩌면 행운인지도 모른다.

아직도 잔설이 쌓여 있는 가파른 경사 길을 아이젠도 장착하지 않은 채로 숨이 차게 오른다. 철 계단 길 못 미쳐서 숨을 고르기 위해 잠시 쉬면서 과일과 물로 목을 축인다. 우리를 보고 멧새들이 날아들어 먹이를 달라고 짹짹 보챈다. 김 교수가 빵을 부스러뜨려 손바닥에 들고 있으니 새들은 손에 날아와 먹이를 물고 간다. 등산하는 이들에게 길들여진 모양이다. 다시 계단을 따라 40여 분 오르니 12시 30분 드디어 1,288m 비로봉 정상이다.

땀을 식히며 발아래 펼쳐지는 남대봉(1,181m), 향로봉(1,043m) 그리고 매화산(1,085m)을 뿌듯한 마음으로 휘휘 둘러본다. 돌탑 옆 양지바른 곳에 자리를 잡고 앉아 컵라면을 안주 삼아 약주를 두세 잔씩 하고 나니 허기와 피로가 한꺼번에 사라진다. 평소의 산해진미에 미주가 이 맛보다 나을까? 이런 맛에 정상에 오르는 것을! 올라보지 않은 사람들은 모르리라.

계곡을 따라 내려오는 길은 오르던 길보다 훨씬 수월하다. 세렴폭포

아래 다리에서 다시 만나게 되는 계곡 길을 돌아온 시간이 오후 3시다. 정상에서 보낸 시간을 감안하면 내려온 시간은 1시간 30분 정도밖에 걸리지 않았다는 계산이다.

다리 아래서 세수를 하고 깨끗하게 흐르는 물을 손으로 퍼마시니 어떤 감로수가 이만하랴 싶다. 물맛이 너무 좋아 약주를 마신 빈 병에 하나 채웠다. 주차장까지 내려와 차를 타고 다시 원주 시내에 돌아온 것이 오후 4시쯤 되었다.

원주 시청 옆에 있는 가정집 같은 식당의 간판이 '산정식당'이었던가? 밖으로 보이는 식당의 외모보다 제공되는 메뉴는 고급스럽고, 정성을 들인 담백한 맛을 자랑으로 대를 이어 운영한다고 한다. 이 집의 특별 메뉴 중에 '말이 고기' 안주가 있는데, 얇게 썬 소고기를 적당한 길이의 파에 말아 철판에 약하게 익혀서 먹는데, 한입에 먹기 좋도록 만들어진 음식이다. 이 안주에 소주 한 병을 시켰는데, 김 교수는 저녁 시간에 강의가 있어서 한 잔만 하고 내가 나머지를 다 마시다 보니 취기가 돈다. 저녁 6시에 떠나는 서울행 고속버스에 오르니 적당한 취기와 가벼운 피로가 나른한 행복 속으로 나를 안내한다.

백운봉

2007년 3월 25일

서울에서 양평 쪽으로 자동차로 가다 보면 용문산에서 남쪽으로 뻗어 나온 자락에 산봉우리가 아주 뾰족한 삿갓처럼 생긴 산 하나가 보인다. 이름하여 백운봉(白雲峰)이다. 젊었을 때 군대생활의 초년병 시절을 양평에서 보냈고, 그 후 직장이 군부대 지원 업무와 관계가 있어서 용문산 정상을 자주 오르내리기도 했었건만, 당시에는 이 산에 대하여는 별 관심 없이 무심하게 지나다니곤 했었는데, 요즘 산행을 자주 하다 보니 호기심이 생겨서 관심을 갖게 되었다.

동창산악회의 2월 정기 산행 중 이야기 끝에 이 백운봉에 대한 이야기가 나왔다. 구정모 회장이 등정 경험이 있다고 했고, 김명환 동문도 나와 마찬가지로 한 번쯤 올라보겠다고 마음에 두고 있었다 하여 셋이서 백운봉행 날짜를 오늘로 잡았었다.

아침 9시가 다 되어서 서울을 빠져나와 양평대교를 건너 옥천면 소재지를 지나 용천2리에서 좁은 골목길을 따라 산행 기점인 사나사(舍那寺)를 찾은 것이 10시쯤이다. 길가에 차를 세워두고 경내에 들어가기 전에 절의 내력을 알리는 안내판이 있다.

이 절은 신라 경명왕 7년(923년)에 고승인 대경대사가 제자 용문과 함께 창건하였고, 고려 공민왕 16년(1367년)에 보우가 140여 칸 규모로 중건하였으며, 임진왜란 때 소실되었던 절을 다시 세웠으나 순종 때에는 일제에 항거하는 의병들의 본거지라는 이유로 다시 불태워졌고, 또 6 · 25 전쟁 때 소실되기도 하였다니 이 절 또한 우리 민족의 험난했던 수난의 역사를 그대로 간직하고 있다 하겠다. 지금은 다른 사찰에 비하여 그 규모가 보잘것없이 작아 보였지만 유구한 역사를 안고 이어온 전통으로 따진다면 다른 어느 큰 사찰에 뒤질 것이 없다는 생각이 들었다. 도유형문화재 제72호인 원증국사석종탑과 도유형문화재 제73호인 원증국사석종비가 이를 증명하듯 고색창연한 자태를 지키고 있다.

절 뒤쪽에 있는 등산로를 따라 올라가니 오래지 않아 갈림길이 나왔다. 어느 길로 갈까 잠시 망설이다 우측 계곡 물길을 건너 올라갔다. 백운봉으로 오르는 가장 빠른 길이다. 개울을 건너니 산자락에 산신제(山神祭)를 지내고 있는 10여 명의 산악인들이 있다. 그들을 뒤로하고 천천히 능선까지 가는 동안 우리 세 사람뿐 다른 등산객이 아무도 없는 한가한 길이다. 능선에서 물과 과일로 목을 축이고 다시 정상을 향해 오르니 길은 험해지고 등산객들도 많아진다. 내려오는 사람들과 서로 길을 양보하며 암봉인 정상에 오르는 20분 정도 걸리는 험로는 등산하는 사람들에게 산에 오르는 맛을 제공해준다. 12시 정각에 정상에 섰다.

정상에는 해발 940m를 알리는 백운봉 정상 표석이 세워져 있고, 백두산에서 옮겨왔다는 통일암이 받침대 위에 6천만 민족의 염원인 통일의 기원과 함께 자리해 있다. 뒤로 함왕봉(947m)과 용문산(1,157m) 정상이 보인다. 땀을 식히고 다시 올라온 길을 되짚어 내려가다가 갈림길에서 함왕봉을 향해 다시 오른다. 이 길은 비교적 수월한 편이다. 1시간을 조금 넘게 걷다 보니 함왕봉을 넘어 헬기장에 도착한다.

오후 1시 30분 이곳에서 자리를 펴고 점심을 먹는다. 산에서의 점심에 빠질 수 없는 보약 한 병을 김 교수와 나 두 사람이 나누어 마시고, 구 회장은 그 맛을 모른 채 옆에서 구경만 한다. 하기야 오늘 산행에 김 교수가 차를 갖고 나오기로 했던 것을 김 교수에게 이 순간의 즐거움을 갖게 하기 위하여 자기가 차를 가지고 나오겠다고까지 마음을 쓴 구 회장이 아닌가? 보약을 좋아하지 않으면서도 보약을 좋아하는 친구들을 배려하는 구 회장의 마음 씀이 고마울 따름이다. 점심과 보약 보충 덕분에 피로도 풀리고 다리에 힘도 다시 올라서 가뿐한 몸으로 하산을 한다. 여기저기에서 산성의 흔적을 보면서 내려오니 함왕성 유적지를 알리는 안내문이 세워져 있다.

후 삼국시대의 이 지역 호족 세력이었던 함규(咸規) 장군은 사나사(舍那寺) 남쪽의 함왕성의 성주였는데, 견훤과 궁예의 사이에서 어느 편에도 협조하지 않다가 나중에 왕건의 편에 가담함으로 고려의 개국공신이 되었다고 한다. 당시 이들 함씨 세력이 쌓았다는 함공성 또는 함씨대왕성은 29,058척이었으나, 지금은 정문과 그 좌우로 이어지는 석축만 남아 있다고 한다. 그러나 일설에는 몽고의 침략을 막기 위하여 쌓았다는 설도 있다 하니 어느 설이 정확한 것인지 필자로서는 정확히 알 수가 없다.

함왕성 유적지를 지나 내려오다 보니 3시 30분쯤 사나사 뒤 갈림길에 이르게 된다. 올라갈 때 오른편으로 접어들었던 그 갈림길이다. 흐르는 맑은 물로 갈증을 해소하고 세수까지 하고 나니 몸도 마음도 정결해진 듯 가뿐하다.

옥천 마을에 내려와 옛날 생각이 나서 냉면을 맛있게 하던 집을 찾았으나, 그 집은 사람이 살지 않는 폐허로 남아 있고, 그 후손이 양평 가는 대로변에 큰 건물을 지어 이사를 했다고 한다. 그 당시에는 옥천에 냉면 하는 집이 초가집이던 그 한 집뿐이었는데, 지금은 마을에 여기저기 냉면집 간판이 많고 집들도 모두 근사해졌다.

삼십몇 년의 세월은 세상을 많이도 변하게 하였다. 이러한 발전적인 변화가 바람직한 것일지라도 경우에 따라 아쉬움이 남기도 한다. 나의 이기심 때문일까? 옛날 그 황해옥에서 주방장을 했다는 사람이 새로 차렸다는 옆 식당에서 냉면을 시켜 먹으면서 젊은 시절의 추억을 떠올린다.

내가 지금의 아내와 연애시절에 그 식당에 가끔 들르던 당시에는 주방장이 따로 있지 않았고, 황해도에서 내려오셨다는 주인 할아버지가 직접 냉면을 뽑으시고 할머니가 정갈한 김치를 제공하던 시절이었다. 그 후 식당이 잘되어 주방장까지 따로 두고 그 좁은 집에서 장사를 하셨던 모양이다. 세월은 그분들도 데려갔고 팔팔하던 20대의 나를 그때 그 할아버지만큼의 늙은이로 만들어 놓았다. 주말의 정체될 도로가 걱정이 되어 서둘러 서울을 향해 출발했다.

월악산

2007년 4월 14일

월악산(月岳山)은 높이 1,097m로 소백산맥의 중심부에 솟아 있는 산으로 1984년에 국립공원으로 지정되었다. 북쪽에 충주호와 접해 있고 남쪽으로는 경북 문경까지 이어져 있다. 멀지 않은 곳에 주흘산(1,106m)과 문수봉(1,162m)이 있으며, 산자락에 덕주사와 마애불이 있고 미륵사지가 주변에 있어 망해버린 천년 사직의 부흥을 꿈꾸던 마의태자와 그의 누이 덕주 공주의 역사적 발자취를 더듬어볼 수 있는 곳이기도 하다.

평소에 가보고 싶었던 산으로 마음에 두고 있던 중에 동문 두 명과 영봉 등반을 결정하고부터는 내 곁에 더욱 가까이 있는 산 같다는 생각이 들었다. 아침 7시 정각에 출발하는 충주행 버스에 올라 동서울버스터미널을 떠날 때 짙은 안개가 조금 걱정이 되었다.

창밖의 풍경들을 바라보는 내 눈을 흐리게 하는 안개 때문에 아예 바깥 구경은 포기하고, 동행한 손완식 동문과 이런저런 이야기를 하는 동안 버스는 지루하다는 생각을 할 새도 없이 이내 충주 시외버스터미널에 도착하였다.

8시 25분 충주 시외버스터미널에 도착하여 김명환 동문에게 전화를 하니, 원주에서 승용차로 출발한 그가 부인과 함께 먼저 도착하여

터미널 앞 택시 승강장에서 우리를 기다리고 있었다.

이곳 지리에 밝은 김명환 동문이다. 거침없이 시내를 빠져나온 우리의 차가 36번 국도를 따라 제천, 단양 방면으로 가다 충주호를 왼쪽으로 내려다보며 비교적 한적한 벚꽃 터널 길을 달리는데, 만개한 벚꽃이 아직도 시들지 않고 관광객들의 즐거운 탄성을 기다리고 있는 듯하다. 이 아름다운 꽃들이 며칠만 있으면 다 지고 말 터인데, 그 전에 좀 더 많은 사람들이 와서 즐겨줄 수 있었으면 하는 안타까운 마음으로 지나간다.

10여㎞의 꽃길을 지나 충주호 월악 나루터를 바라보면서 우리는 오른쪽 597번 도로를 따라 송계 계곡으로 접어들어 공원관리사무소, 송계 주차장과 동창교 매표소를 지나 9시 10분쯤 덕주 야영장 옆 주차장에 차를 주차시켰다.

덕주사를 향해 올라가다 만나게 되는 옛 덕주산성의 관문이 산성과 함께 새로 복원되어 길옆에 서 있다. 서기 935년 견훤의 집요한 공격을 받던 경순왕이 더 이상 버티지를 못하고 군신 회의를 통해 차라리 왕건에게 국권을 넘겨주기로 결정을 하자, 천년 사직을 어찌 이렇게 쉽게 버릴 수 있느냐며 이를 반대하던 마의태자와 덕주공주가 금강산으로 들어가던 중, 이곳에서 국권 회복의 꿈을 안고 태자는 문경의 관음리에서 하늘 재를 넘어 미륵리에 절을 세웠고, 공주는 산으로 올라가 산성을 쌓고 덕주사와 마애석불을 조성했다고 한다.

당시 이 지역 백성들의 마음이 아직도 망해버린 신라를 생각하고 있었는지, 아니면 그들의 실정에 환멸을 느껴 새로 일어나는 고려의 왕건을 좋아하고 있었을지는 모르지만, 하늘재를 넘어오기 전에 관음리가 있고, 고개를 넘으니 미륵리가 있어 불교가 성했던 당시에 서방정토를 이룬다는 미륵신앙으로 백성들의 마음을 묶을 수 있겠다는 생각이 이들의 발길을 여기서 멈추게 하였을지 모른다.

그러나 역사는 이미 그들의 것이 아니었고, 왕건의 것이 되어버렸으니, 마의를 걸친 태자가 초근목피로 연명을 하다가 죽었다는 애달픈 이야기만을 남겨서 천 년이 훨씬 더 지난 지금까지 우리에게 서글픈 마음만 남겨주고 있다.

계곡 물길을 따라 덕주사까지 올라가는 도로는 평탄하다. 토요일인데도 등산객들이 생각보다는 많지 않아 한적하다는 생각이 들 정도다. 새잎이 돋아난 나뭇가지들의 고운 빛깔, 간간히 싱그러운 산냄새를 실어다 주는 시원한 바람, 산새들의 지저귀는 소리, 계곡을 흐르는 물소리들이 새삼 우리가 자연 속에 들어와 있다는 생각을 하게 한다.

덕주사는 절의 규모도 작고, 차지하고 있는 터도 넓지 않을 뿐 아니라 그 짜임새도 산만해 보인다. 흐르는 샘에서 물 한 바가지를 받아 마시고, 다시 마애석불을 찾아 오르는데 중간에 덕주산 내 성터에 형식만 갖추어 복원한 성이 있다. 당시에는 외성과 내성을 쌓았다고 하는데, 망국의 공주가 이런 대역사를 할 수 있었다는 것이 쉽게 이해되지 않는다.

별로 가파르지 않은 길을 올라 마애석불을 찾았다. 옛날에는 이 석불 앞에 상 덕주사가 있었다지만 지금은 불타고 석불 아래 빈터만 남아 있고, 가파른 언덕 위에 암자가 하나 있다. 암자를 내려다보면서 960고지까지 숨찬 급경사 길과 철 계단을 올라간다. 여기서부터는 등산객들의 숫자가 많아진다. 올라가는 사람들과 내려오는 사람들이 서로 길을 양보하며 인사를 나눈다. 헬기장을 지나면 송계 삼거리다. 거대한 바윗덩어리가 우뚝이 서 있는 영봉이 눈앞에 가까이 마주선다.

송계 삼거리에서 빤히 올려다보이는 영봉에 오르는 길은 쉽지가 않다. 봉우리 뒤쪽으로 한참을 돌아 올라가면 신륵사 삼거리가 나오고 다시 또 한참을 가면 지금은 휴식년으로 폐쇄된 중봉과 하봉을 거쳐 수산리로 가는 길이 있다. 여기서부터 가파른 철 계단을 오른다.

1,097m의 월악산 영봉은 두 개의 봉우리가 있다. 위험을 방지하기 위하여 철책으로 가드레일을 세워 사람들을 보호하고 있다. 12시 30분에 그곳에 서서 땀을 식히며 사방을 휘휘 둘러본다. 안개가 걷혀 북쪽으로 충주호와 서남쪽에 주흘산과 문수봉의 모습을 볼 수가 있어 다행이다.

13시 30분 송계 삼거리에서 점심을 먹는다. 산에서 먹는 점심이야 집에서 먹던 것에 비하면 보잘것없는 메뉴라 할지라도 언제나 최고의 맛이다. 하산길은 동창교 쪽이다. 올라오던 길에 비하면 거리도 짧고 길도 훨씬 수월하다.

15시 30분 동창교에 내려와서 흐르는 물에 세수를 하고, 쉬는 동안 김 교수는 택시로 덕주야영장에 가서 아침에 세워두었던 차를 가지고 온다. 차는 미륵사지를 향해 달리다가 삼거리에서 오른쪽으로 가면 수안보온천으로 가는 길이고 왼쪽 길로 접어들면 미륵사지로 가는 하늘재가 나온다. 길가에 그림같이 아름다운 펜션들이 있다.

하늘재 입구 미륵사지 주차장에 차를 세우고 16시 30분에 걸어서 미륵사지를 찾는다. 김 교수가 백두대간을 종주할 때 처음 시작한 곳이 이곳이란다. 죽령보다 2년을 먼저 닦았다는 하늘재는 문경의 관음리에서 넘어와 충주의 상모면 미륵리까지 잇는 약 2㎞의 고갯길이다. 해발 525m라고 하기에는 별로 높아 보이지 않는 오솔길이다.

백두대간을 넘는 이 길은 신라의 제8대 아달라왕이 서기 156년에 북진을 위하여 만들었다고 하는데, 훗날 마의태자와 덕주 공주가 망해가는 서라벌을 떠나 금강산으로 몸을 피해 가면서 이 길을 넘을 때 그 비통한 마음이 어떠했을까? 그래서 금강산행을 중단하고 이곳에서 국권을 회복하고자 하는 의지를 불태운 것도 아달라의 웅지를 다시 생각하였기 때문은 아니었을까?

미륵사지에는 낮은 석축 사이에 미륵불이 북쪽을 향해 서 있다.

원래 불국사의 석굴암을 모방하여 석축 위에 지붕을 덮었다고 하는데 지금은 석축만 남아 있고, 그 앞에 석등과 5층 석탑이 서 있으며, 또 우리나라에서 제일 크다는 비석 받침돌 거북도 있는데, 그 거북의 등으로 기어오르는 작은 새끼 거북을 붙여 놓은 옛 조상들의 유머를 읽을 수 있다.

옆에는 온달장군이 힘자랑을 했다는 둥그런 공깃돌 바위가 돌받침 위에 놓여 있는데, 온달과 마의태자는 시대적으로 한참 차이가 나는데 이 전설은 누군가 만들어낸 이야기일 수도 있는 것이 아닐까 의심이 가는 부분이다. 사적지를 탐방할 때마다 생각나는 "아는 만큼 보인다"는 말에 실감을 한다. 미리 준비하여 떠나면 더 많은 것을 보고 느낄 수 있었으리라.

16시 50분 미륵사지를 나와 다시 왔던 길을 따라 서울로 향한다. 월악산 영봉을 오르기 위하여 흘린 땀도 값진 것이었기는 하지만, 수박 겉핥기식일지라도 옛 역사의 발자취를 더듬어본 기억들이 소중하게 남을 것이다. 그리고 이 길을 함께해준 손완식 동문, 김명환 동문 부부에게 감사를 드린다.

설악산 공룡능선

2007년 5월 20일

작년 8월에 한계령을 넘어 오색에서 하룻밤을 지내고 오면서도 점봉산에만 다녀오고 대청봉을 밟아보지 못한 것이 항상 아쉬움으로 남아 있었다. 그 후 시간을 내어 꼭 한번 다녀오려니 생각만 하고 있었는데, 초행길에 혼자서 떠나기에는 부담이 되어 주저하고 있던 차에 김명환 동문의 같이 떠나자는 제의에 무조건 떠나기로 했다.

5월 19일 저녁 10시 50분에 지하철 2호선 강남역 6번 출구 앞에서 설악산 대청봉과 공룡능선을 종주하기 위해 떠나는 사파리클럽 산악회에 합류했다. 익일 3시쯤 오색에 도착할 예정이라니 차에서 몇 시간이라도 자야 한다. 토끼잠을 자다가 차가 멈추어 서는 바람에 잠을 깨어보니 벌써 설악 휴게소에 도착했다. 새벽 2시가 넘은 시간인데도 휴게소는 성황 중이다. 그도 그럴 것이 우리 일행만 해도 대형관광버스 4대에서 180명 정도가 내렸으니 붐빌 수밖에. 새벽 공기가 약간의 한기를 느끼게 한다. 따끈한 차 한 잔씩을 마시고 다시 버스에 올라 어두운 새벽길을 달려 한계령을 넘어 오색의 남설악 매표소에 도착한 것이 3시 10분. 랜턴을 준비하고 배낭을 메고, 차에서 내리니 긴 행렬이 벌써 산행을 시작하고 있다.

8시 30분까지 희운각 대피소에 도착하는 사람들만 공룡능선을 가도록 하고, 그 이후에 도착하는 사람들은 천불동 계곡 쪽으로 가게 될 것이라고 하여 발길을 재촉한다. 3시 15분 매표소를 지나 울창한 나무 숲길을 걷는데 간간히 걷어 올린 내 팔뚝에 서늘한 물방울이 떨어진다. 비가 오지 않을 것이라는 일기예보를 듣고 출발을 했는데, 설악산의 날씨는 예상을 불허한다며 비가 내릴까 걱정을 하는 김 교수다. 숲길을 지나 가파른 돌계단 길을 오르면서 하늘을 보니 북두칠성과 W 자 형상을 한 카시오페이아가 선명하게 맑은 하늘에서 반짝인다. 나뭇잎에 맺혀 있던 이슬이었는지 빗방울은 아니었던 듯하여 안심이 되었다.

남설악 매표소에서 설악폭포까지 2.5㎞를 가는 데 2시간쯤 걸리고, 설악폭포에서 대청봉까지도 2.5㎞이니까 2시간쯤 소요될 것이므로 대청봉까지 7시 15분까지는 도착해야 한다는 각오로 쉬는 시간을 최소화하고 부지런히 걷는다. 가파른 고갯길에서 앞서가던 사람들이 하나둘 뒤로 쳐진다. 랜턴 불빛을 따라 돌계단 길과 사다리 길을 지나고 어제 내린 비로 질척거리는 흙길을 숨차게 올라가니 물 떨어지는 소리가 요란하다. 시원한 물소리에 이마의 땀이 식는 듯하다. 여기가 설악폭포다. 사위어가는 어두움 속에서 폭포의 흰 물보라가 보이는가 하면, 멀리 산의 능선이 뚜렷해지기 시작하고, 랜턴의 불빛 없이도 주변의 물체가 보이기 시작한다. 시계는 4시 45분을 말해주고 있다.

잠시의 휴식 후 다시 강행군이다. 이젠 랜턴이 필요하지 않다. 일행의 얼굴이 육안으로 보이기 시작한다. 남녀노소가 섞여 있다. 아마도 우리가 최고령자로 생각된다. 6시쯤 선 채로 쉬면서 주변의 산들을 바라본다. 모든 산들이 우리들의 발아래 펼쳐져 있다. 날씨는 쾌청할 것 같다. 등산로를 다듬기 위하여 커다란 자루에 돌과 모래를 헬리콥터로 실어다 놓은 듯 여기저기 무더기로 쌓여 있다.

6시 26분, 해가 벌써 솟아 있다. 땀 흘리며 힘들게 오직 정상만을 향해 강행군을 하다 보니 일출의 장관도 보지 못했는데 드디어 1,708m의 설악산 대청봉이 우리를 맞는다. 김 교수는 이미 10여 차례 다녀간 곳이지만, 나로서는 대청봉을 처음으로 밟아본다는 흥분 때문인지 가히 쉽지 않은 코스를 한 시간 가까이 단축시켜 올라온 것이다. 아침 태양이 좋은 날씨를 예고하듯 밝게 비춰주고, 발아래 사방으로 솟아 있는 모든 봉우리들도 그 위용을 선명하게 드러내 보인다. 모두들 정상 표지석을 배경으로 하여 기념사진을 찍느라고 분주하다.

김 교수는 우리가 거쳐 지나야 할 공룡능선의 1,275봉, 나한봉, 그리고 마등령에서 비선대까지 기암괴석이 끝없이 이어지는 코스를 설명한다. 과연 내가 저 먼 길을 완주할 수 있을까 하는 두려운 생각도 들었지만 자신감을 갖기 위해 크게 심호흡을 해 본다. 우리는 카메라를 준비하지 못하여 기념사진을 남기지 못했으니, 카메라를 준비하여 다시 찾아오자는 약속을 하고 아쉬운 마음으로 바로 눈앞에 보이는 중청 대피소를 향한다.

내려가면서 보니 작은 소나무들이 군락을 이루고 있다. 이 정도의 높은 고산에는 소나무가 서식하지 않는 것이 보통인데 이곳의 소나무들은 위로 자라는 것이 아니라 땅에 누워서 자란다. 키가 30~40cm쯤 될 듯하여 새로 나서 자라는 소나무쯤으로 생각하고 자세히 들여다보니 내 팔뚝보다 굵은 꽤나 해묵은 소나무들인데 신기하게도 모든 나무들이 몸통은 땅에 누워 있고 새순만 위로 솟아 있다. 바람이 심한 환경에 적응하기 위한 생존 방법이다. 흙 한 줌 없는 바위틈에서 자라는 소나무를 보면서도 느끼던 끈질긴 생명력을 다시 본다. 그래서 우리 민족은 소나무를 좋아하는가 보다.

6시 50분 중청 대피소에서 준비해간 주먹밥과 떡 그리고 과일로 아침 식사를 한다. 식사를 마치기가 바쁘게 희운각 대피소를 향한다. 내려다보니 바로 발아래 있는 듯 보이는데, 내려가는 데는 꽤나 힘들고 먼 길이다. 지난해 폭우로 휩쓸려 내려간 등산로를 보수하기 위하여 땀 흘리며 일하는 사람들에게 수고한다는 인사를 하면서 지나간다.

휴대폰의 배터리가 수명을 다한다며 작별을 고한다. 김 교수의 휴대폰은 내 것보다 먼저 쓸 수가 없게 되었으니 이제 시간을 알 수가 없다. 희운각 대피소의 계곡 맑은 물을 빈 물병에 채우고 땀을 닦고 시간을 물어보니 8시 10분이란다. 대기하고 있던 등반대장이 공룡능선으로 가도 된다는 것이다. 물론 제한시간보다 20분이나 먼저 왔으니, 천불동 계곡으로 내려가야 할 제2진으로 쳐질 수는 없다.

5시간의 강행군을 마치고, 피로를 느끼면서도 이제부터 힘든 길의 시작이라는 각오를 새롭게 하고 출발한다. 조금 전에 대청봉에서는 훗날 다시 올 때에는 카메라를 준비해 와서 기념사진을 남기자고 말은 했지만, 김 교수도 나도 우리가 다시 이러한 힘든 산행을 하겠다는 의지를 몇 년이나 더 유지할 수 있을지 의문이라며 웃었다.

오르막길과 내리막길을 몇 번이나 반복하여 10시 10분에 도착한 것이 1,275봉이다. 양쪽에 거대한 암봉이 솟아 있는 사이에 시원한 바람이 지나가는 평평한 고갯마루가 사람들의 휴식치로 안성맞춤이다. 먼저 온 10여 명이 휴식을 취하며 즐거운 농담을 주고받는다. 서로 모르는 사람들끼리도 땀 흘리며 힘든 고행을 같이했기 때문인지 금방 허물없는 친구가 되는 모양이다. 초콜릿과 과일을 나누어 먹으며 잠시 피로를 풀고 다시 출발이다.

12시 10분쯤 나한봉을 지나면서 잠시 휴식을 취하고 마등령 삼거리에서 12시 40분에 점심을 먹는다. 백담사에서 올라오는 사람들이 오세암을 거쳐 오다 보면 만나게 되는 삼거리이다.

마등령을 지나는 길은 공룡능선에 비하면 평지와 같다. 그러나 11시간 이상 힘든 산행을 한 피로한 몸으로 마지막 비선대 쪽으로 내려가는 가파른 돌계단 길의 지루한 여정은 내 체력과 인내의 한계를 시험하는 것 같았다. 다리에 힘도 빠지고, 발바닥이 아프기 시작했다. 15시 15분 비선대 휴게소에서 세수를 하고, 하늘을 향해 기운차게 뻗어 자란 금강송 울창한 숲길을 따라 신흥사를 거쳐 소공원 주차장에 도착하니 16시 5분이다. 다소 무리한 계획이었지만 13시간의 설악산 공룡능선의 종주를 무사히 마쳤다. 주최 측에서 마련한 간단한 저녁 식사를 주차장 콘크리트 바닥에 질펀하게 앉아서 맛있게 먹고, 가을 단풍이 아름다울 때 다시 한번 올 수 있기를 기대하며 귀경 버스에 몸을 실었다.

운악산

2007년 7월 30일

최통성 동문과 함께하는 운악산(雲岳山) 산행이다. 경기 5악 중에 하나인 이 산은 해발 935.5m. 산행 초보자들에게는 감히 얕잡아 볼 수 없는 산이지만, 웬만큼 산을 좋아하는 친구들에게는 미륵바위에서부터 정상까지의 코스는 그야말로 산에 오르는 재미를 한껏 맛볼 수 있게 할 것이다.

비가 그친 뒤라서 심한 운무(雲霧) 때문에 사진으로 본 빼어난 절경을 제대로 다 감상하지 못한 것이 아쉬움으로 남기는 했지만, 친구들에게 한 번씩 등반해보기를 권하고 싶은 산이다.

8시 30분 상봉동 시외버스터미널을 출발하여 청평, 현리를 거쳐 현등사 입구까지, 차를 2번 더 갈아타며 기다린 시간을 합하여 2시간 후인 10시 30분에 운악산 입간판이 서 있는 들머리 다리 앞에서 내렸다.

10시 30분 차에서 내려 다리를 건너고, 천천히 10분쯤 걸어서 매표소에 도착, 입장료 1,600원을 내고, 친절한 아주머니 안내원에게서 산행코스에 대한 설명을 듣고, 여느 산과 마찬가지로 평범한 능선을 따라 쉬엄쉬엄 50분쯤 오르니 미륵바위 표지가 있어서 돌아보니 미륵바위의 모습이 휘감기는 운무에 가려졌다 나타났다 숨바꼭질을 하고 있었다.

휴대폰 카메라에 미륵바위를 담으려고 한참을 기다려도 안개가 걷히지 않아서 촬영을 포기하고 정상을 향해 오르는데, 여기서부터가 이름 그대로 진짜 운악산이다.

와이어로프를 붙잡고 올라가다, 바위 위에 고정시켜놓은 격자 손잡이와 발판을 의지하며 올라가는 스릴이 도봉산의 그것과는 비교할 바가 아니고, 철 다리를 건너면서, 90도 경사 사다리를 오르며 내려다보는 절벽의 아찔한 모습도 발밑에 흐르는 안개구름 속으로 더욱 아슬아슬하고 신비스럽기까지 하다.

정상 못 미처 절경의 바위 위에 수령 수백 년은 될 성싶은 소나무 한 그루 푸른 잎을 자랑하고 서 있다. 흙 한 줌 없는 바위틈에 뿌리를 내리고 버티어 서서 만고의 풍상을 겪으면서도 푸르름을 잃지 않는 그 당당함은 한국 사람들의 기상일지도 모른다.

가다 쉬다를 반복하며 여기까지 오다 보니 벌써 12시다. 배도 고프고 휴식도 취할 겸 여기서 점심을 간단히 때우기로 했다. 내가 현리에서 버스를 기다리면서 시골 할머니에게서 산 무농약 토마토와 찐 찰옥수수를 꺼내고, 송순주와 안주를 꺼내니, 친구는 찐 돼지갈비와 김밥을 꺼내 놓는다. 푸짐한 점심이다.

간간히 불어오는 시원한 바람에 땀도 개이고, 김밥과 과일 점심, 돼지갈비 안주에 송순주를 한 잔씩 곁들이니 포만감과 얼큰한 취기에 부러울 것이 없는데, 다만 아직도 안개가 걷히지 않아서 주변의 경관을 확연하게 볼 수 없다는 아쉬움을 간직한 채 사다리를 내려가고 또 올라가며 겨우 정상에 도착하니 생각했던 것보다 별 보잘것없는 정상이다.

험준한 바윗길을 힘들게 올라가서 보니, 바위 하나 없는 10여 평쯤 됨 직한 평지다. 주변에 키 작은 나무들이 둘러 서 있어서 시야는 트여 있다. 한쪽 구석에 작은 정상 표지석이 935.5m를 알려주고 있고, 하산길 표지판이 우리를 헷갈리게 하고 말았다. 입구에서 자상하게 안내해준 아주머니의 말은 정상에서 절골길로 빠져서 하산하면 현등사 쪽으로 올 수 있다고 했는데, 결과는 전혀 엉뚱한 포천 운주사 방향으로 하산을 하고 말았다. 덕분에 산행시간이 길어졌고, 계곡의 시원한 물에서 탁족을 하면서 여유로운 산행을 했다고 생각하면 이런 걸 전화위복(轉禍爲福)이라고 하던가?

포천시 화현면 운악산 광장 건너편에서 일동에서 광능내까지 운행하는 버스를 한 시간 정도 기다렸다 타고 내촌 베어스타운을 지나 광능내에 와서 청량리행 버스를 타니 오후 6시가 넘었다. 즐거운 산행이었다.

중미산

2007년 9월 28일

어제 김명환 동문으로부터 양평군 서종면 문호리에 새로 지은 정달화 동문의 집을 방문해볼 겸 해서 양평 쪽 산행을 하자는 제의를 받고 달화에게 전화를 했더니, 지금은 잠실에 머물고 있으니 내일 아침에 잠실 부근에서 같이 출발하자는 대답을 받았던 터였다.

8시 15분 지하철 2호선 잠실역 7번 출구에서 달화와 만나 이야기를 하고 있자니 휴대폰이 울린다. 김 교수가 부인과 같이 나와서 KTF 건물 뒷길에 차를 세우고 기다리고 있었다. 얼마 전까지만 해도 조금만 움직이면 땀을 흘려야 했던 무더위는 언제였더냐는 듯 아침저녁으로 살갗에 스치는 시원한 바람이 도심에서도 가을을 느끼게 한다.

별로 체증이 없는 미사리까지의 도로를 따라가다가 양평대교를 건너 양수리에서 북한강의 잔잔한 물줄기를 바라보며 청평 쪽으로 10여 분을 가다, 길가의 하얀 펜션 앞에서 우측으로 들어가면 문호리의 정달화 동문의 새로 지은 집이 있다. 잘 가꾸어진 정원과 안주인도 없는(안주인은 잠실에 머물고 있었음) 집 내부를 잠시 둘러보면서 아래층 위층 할 것 없이 창밖으로 펼쳐지는 아름다운 경관에 우리는 탄성을 금치 못했다. 울타리 밖에는 그가 가꾸어 놓았다는 채마밭에서 무, 배추들이 자라고 있어서 친구의 행복한 전원생활을 눈에 보는 듯하다.

달화의 집에서 30분쯤 행복한 시간을 보내고 중미산(仲美山, 834m)을 찾기 위해 다시 차를 달려 서종면 소재지를 지나 우측으로 접어들어 2차선 시골길을 구불구불 지나고 산속으로 난 아스팔트 포장도로를 30분쯤 천천히 달려 우리가 산행지도에서 찾던 서종면 명달리에 있는 정배초등학교 명달리 분교를 찾아가니 언제였는지 학교는 폐쇄되고, 무슨 산림체험학교가 대신 간판을 붙여놓고 있었다.

새끼줄로 막아놓은 정문에서 줄을 늘어뜨리고 학교 마당에 들어가 차를 세워두고 옆에 있는 식당에서 등산로를 물으니 친절하게 안내하여 준다. 택지개발을 하고, 펜션을 짓고, 길을 넓히는 등 지역개발이 한창인 명달리 마을을 가로질러 개울을 지나 임도를 따라 걷기 시작할 때가 11시가 다 되었고, 양현 마을을 지나 선어치에 이르니 11시 40분, 지나가는 등산객은 물론 세워놓은 표지판 하나 없었지만 우거진 풀숲에서 등산로를 찾아 오르다 보니 길은 차츰 등산로의 모습을 나타내고, 먼저 지나간 산악회 사람들이 달아놓은 리본이 하나 둘 보였다. 우리가 길을 제대로 찾은 것이다.

한참을 올라가다 가평군 설악면 쪽에서 혼자 올라오는 등산객을 만나니 반갑다. 그가 묻는 소구니산 가는 길을 친절히 안내해주고 우리는 중미산을 향해 반대편으로 간다. 김 교수가 처음 종주하고 싶었던 산행코스는 명달리에서 삼태봉(683m)을 지나 절터 고개에서 중미산(834m)을 지나고 선어치 고개에서 다시 소구니산(888m)으로 갔다가 유명산(862m)까지 돌아서 설악면 가일리 쪽으로 하산하는 것이었지만 오늘은 출발시간도 늦었을 뿐 아니라 자동차를 운전해 와서 명달리에 주차시켰기 때문에 주차지로 하산하기 위해서 산행코스를 짧게 잡았던 것이다.

땀을 흘리며 한 고개를 올라가니 여기에는 표지판이 세워져 있다.

중미산 정상이 1.3㎞라니 얼마 남지 않았다. 자리를 잡고 앉아 과일과 음료수로 목을 축이고 다시 길을 재촉한다. 오르는 길은 아주 푹신푹신한 산행하기 좋은 토산인데 정상은 바위산으로 되어 있다. 834m 중미산 정상에 섰을 때가 오후 1시가 조금 지났다. 멀리 동쪽으로 용문산 정상이 손짓으로 우리를 부르는 것 같다. 휘휘 사방을 둘러보며 땀을 식히고 나서 정상비를 안고 기념사진을 촬영한다. 저마다 조금씩 준비해온 떡과 과일을 펼쳐놓으니 푸짐한 성찬이 부럽지 않다. 여기에 한잔의 정상주(頂上酒)는 항상 우리를 즐겁게 해준다.

배불리 음식을 먹고 충분한 휴식을 취하는 동안에도 자리를 양보해야 할 등산객이 전혀 없다. 오늘 중미산 정상뿐 아니라 진 상행코스가 거의 전부 우리들 차지가 되었다. 서울 근교의 산행 때마다 겪던 복잡함과는 너무도 다르다. 절터고개로 내려오는 급경사 길을 지나니 다시 올라가던 임도가 나타난다.

계곡에 흐르는 물소리를 들으며 임도를 따라 걷는 길은 야생화가 탐스럽게 피어 있고, 여기저기 서 있는 밤나무에서는 머지않아 알밤이 쏟아질 것이다. 길에서 잣송이를 물고 사람을 피하지 않는 다람쥐는 풍성한 가을을 혼자서 만끽하고 있나 보다. 산을 오르면서 보는 가을 풍광도 좋지만, 나는 이런 길을 걸을 때마다 어린 시절 옛 고향에서의 경험이 행복이었던 것조차도 모르고 살았던, 그 아련한 추억을 떠올리게 하여 늘 아늑한 행복으로 빠져들곤 한다. 작은 것을 소중하게 생각하고, 작은 것에서 맛볼 수 있는 기쁨을 다른 사람과 함께 누릴 수 있으면 그것이 나를 풍요롭게 한다고 생각하며, 그때마다 나는 스스로 돈이 없어도 넉넉한 부자가 된다.

길가에 떨어진 잣송이 두세 개를 주워들고 내려와 달화와 함께 발로 비벼보니 한 주먹 가득 잣알이 쏟아진다. 생각해보니 다람쥐의 겨울 양식을 내가 빼앗은 것은 아닌지 미안한 생각이 든다. 3시가 넘어 산림체험학교에 내려와 다시 차를 타고 문호리 쪽으로 온 길을 되짚어가다가 '풍년목장가든'에서 늦은 점심 겸 저녁을 맛있게 먹으며 막걸리도 한 사발 곁들이니 부러울 것이 없다. 오늘 산행은 그야말로 가을의 풍성함을 몸과 마음에 가득 담았다. 다음에는 화야산(禾也山)을 올라 보자는 기약을 하면서 어두워지는 서울행 길을 재촉한다.

철마산, 주금산

2007년 11월 25일

오늘은 화악산 줄기의 대표적인 명산인 철마산(鐵馬山, 786.8m)과 주금산(鑄錦山, 813.6m)을 오르기로 하고 김명환, 정달화 두 동문들과 세 사람이 아침 8시에 지하철 2호선 강변역에서 만나기로 어제 갑자기 약속을 했었다. 기실 얼마 전부터 박홍근 동문과 수락산행이 약속되어 있었지만 수락산이야 매월 가는 산이고, 철마산과 주금산은 초행이어서 박홍근 동문의 양해를 얻은 후 철마산 쪽을 택하게 되었던 것이다.

절기상으로 엊그제가 소설이어서 제법 쌀쌀할 것으로 생각하기도 했지만 특히 겨울 산행에서 필수적으로 준비해야 하는 두꺼운 옷으로 무장을 단단히 하고, 물과 약간의 간식을 챙긴 배낭을 메고, 아침 7시 전에 집을 나섰는데 안개가 짙게 낀 것을 보니 오늘 날씨는 생각처럼 심하게 추울 것 같지는 않았다.

김 교수의 동행 제안을 받은 후에 인터넷을 뒤져 보니, 철마산은 양주시 진접면, 진건면, 수동면에까지 그 뿌리를 두고 있다. 옛날 장군이 암굴(巖窟)에서 철마를 타고 나왔다는 전설이 있어 철마산이라는 이름이 붙여졌다고 하는데, 이 산은 주금산과 천마산 사이에 있어 장거리 산행을 좋아하는 사람들이 마석에서부터 산행을 시작해서 천마산, 철마산 그리고 주금산까지 12시간쯤 걸려 세 개의 좋은 산들을 한꺼번에 종주하여 베어스타운이 있는 포천시 내촌면으로 하산을 하기도 한다고 하는데, 우리가 이렇게 긴 코스를 겨울철에 한꺼번에 종주한다는 것은 어려운 일이다 싶어 총 산행시간을 7시간으로 예상하고 철마산과 주금산만 종주하기로 한 것이다.

주금산은 산이 부드럽고 아름다워 일명 비단산이라고도 불리는데, 경기도 포천시 내촌면과 남양주시 수동면 그리고 가평군 상면에 걸쳐 자리하고 있다. 경기 5악의 하나인 운악산에서 천마산으로 이어지는 능선상에 있으며, 남동으로 갈라진 지맥은 서리산과 축령산으로 이어지고 이 능선 사이로 흐르는 수동천 상류에는 명소 비금계곡이 있다고 한다.

계획된 코스대로 강변역 앞에서 광능내행 10번 노선버스를 타고 가서 다시 진벌리까지 가는 마을버스를 갈아탔고, 진벌리 종점 마을회관 앞에서 철마산 등산로를 찾은 시간이 9시 30분이었다. 계곡으로 올라가는 등산로에는 곧게 자란 낙엽송들이 노란 잎을 수북이 떨어뜨려 길 위를 푹신푹신하게 덮어놓아서 걸어가면서 발에 느껴지는 촉감이 부드러웠을 뿐 아니라 노란 담요로 차가운 대지를 덮어놓은 듯한 등산로 초입의 분위기는 낯선 방문객들을 포근하게 맞아주고 있었다.

계곡에서 산등성이로 길을 바꾸니 낙엽송 대신 활엽수들이 어른 손바닥만큼씩 한 넓은 잎들로 길을 수북이 덮고 있다. 올라가는 언덕길에서 낙엽을 잘못 밟아 미끄러지는 것을 겨울철 등산에서는 늘 염두에 두어야 하기 때문에 쌓인 나뭇잎들을 헤쳐 가며 숨차게 1시간 가까이 올라가니 비로소 우리가 찾는 천마산—철마산—주금산으로 이어지는 주능선이 나타난다.

10시 25분 쉴 자리를 잡아 저마다 편안한 자세로 앉아 흐르는 땀을 닦고, 물병을 꺼내 목을 축이며 올라온 길을 내려다보니 걷히는 안개 너머에 우리가 지나온 진벌리 마을이 제법 아득하게 보인다.

가까이 눈을 돌리니 산등성이에 서 있는 잎이 다 져버린 벌거벗은 활엽수들과, 메말라 퇴색된 잎을 아직도 매달고 서 있는 단풍나무를 보면서 불과 몇 주 사이에 아름답던 모습을 이렇게 변화시켜버린 흘러가는 시간의 무서운 힘을 느끼게 된다.

그러나 시간 따라 변화하는 것이 자연의 순리인 것을 어찌하랴? 봄에 피어난 신록에 대하여, 여름날의 무성한 녹음에 대하여, 또 가을날의 그 아름답던 형형색색의 파노라마에 대하여 우리는 그때마다 찬탄을 아끼지 않았었는데… 이제는 앙상한 이 가지 위에 하얀 눈이나 소복이 내려와 마지막 계절의 아름다움을 설화로 피워내 주기나 기대해 보아야 할까? 자연의 일부분인 우리도 마지막 아름다움을 무엇으로 장식하여 설화와 같은 모습을 보이다 가야 할지를 생각해야 할 때인 것 같다.

정달화 동문이 준비해온 탐스러운 홍시를 한 개씩 나누어 먹으면서 시골에서 보내준 이 홍시에 얽힌 이야기에 잠시 옛 추억을 생각하고, 그때와는 너무나 변해버린 오늘의 현실을 생각한다. 그리고 변해가는 것들을 무감각하게 받아들이는 것이 혹 순수함을 무디게 해버리지 않을까 걱정을 하면서 다시 일어나서 북쪽으로 뻗은 능선을 향해 걷는다.

높고 낮은 봉우리들을 땀 흘리며 넘고 넘어도 철마산 정상은 보이지를 않는다. 봉우리 하나를 넘을 때마다 숨을 잠시 돌리고, 1시간 40분 만에 봉우리 3개를 넘고서야 다음 봉우리에 오르니 드디어 786.8m 철마산 정상비가 우리를 맞이한다.

정상비는 2개가 있다. 한 개는 둥글넓적한 별로 크지 않은 돌에 '鐵馬山' 이라는 한자 글씨 밑에 786.8m의 산 높이를 새겨놓았고, 다른 한 개는 보통 산의 정상비와 마찬가지로 대리석 돌비에 새로 글씨로 한글로 된 '철마산' 이라는 글씨 밑에 산 높이를 새겨놓았다. 그런데 인터넷을 통해 내가 입수한 정보에 의하면 철마산의 높이가 711m였었는데, 이곳 정상비에는 75.8m나 차이가 나게 적혀 있으니 잘못이 어디에 있는지 나로서는 알 수가 없다.

12시 5분 정상에서 사방을 휘휘 둘러본다. 서남쪽으로 눈을 돌리니 하얀 구름바다 위에 떠 있는 기막히게 아름다운 섬들이 우리를 놀라게 한다. 그것은 도봉산의 만장봉과 선인봉이 그 끝부분만을 구름 위로 내밀어 자신들의 수려함을 자랑하고 있었던 것이다. 맑은 날 늘 보아왔던 도봉산의 모습이 아닐 뿐 아니라 오늘 같은 날에 이런 곳에 올라보지 않고서 어찌 이러한 모습을 볼 수가 있을까?

그것은 천상의 신선이 그려놓은 한 폭의 신비스러운 그림이다. 취한 눈을 돌리지 못하고 한참을 돌처럼 서 있다가 동북쪽으로 눈을 돌리니 축령산과 서리산이 바로 코앞에 다가와 있다. 늘 산에 오르면서도 느껴보지 못하던 감동이다.

주금산 쪽으로 방향을 잡아 몇 미터 자리를 옮기니 바위 위에서 만고풍상을 겪으면서도 멋진 형상으로 기풍을 간직하고 서 있는 소나무가 있어 그 옆에 자리를 펴고 각자 준비해온 음식을 풀어 간단한 점심을 먹는다. 떡, 과일, 부침개에 집에서 담근 매실주를 한 잔씩 하고 나니 피로가 풀린다. 오늘은 평소보다 긴 산행이니 오래 쉴 수가 없다. 겨울 짧은 해에 어두워지기 전에 하산을 마치려면 쉬는 시간을 최소화할 수밖에 없다. 계획에 차질이 없도록 하려면 오후 3시 이전에 주금산 정상에 도착해야 한다.

점심을 먹고 내려오는 길에서 처음으로 등산객 두 사람을 만났다. 반가워서 인사를 나누고 다시 가파른 언덕을 올라 첫 번째 고개 위에 오르니 오후 1시 20분이다. 평평한 헬리콥터장이 있어 잠시 숨을 고르고 있는데, 주금산 쪽에서 오는 젊은 등산객 두 명을 또 만나게 된다. 주금산에서 여기까지 40여 분 걸려 내려왔다는 것이다. 그들은 내려오는 길이었고, 혈기왕성한 젊은이들임을 감안해서 우리가 올라가야 할 속도로는 최소한 1시간 30분은 걸릴 것을 예상하면 주금산 정상까지 3시 이전에 도착할 수 있겠다 싶어 느긋해진 마음으로 급경사진 철마산의 마지막 능선 길을 조심조심 내려와서 주금산을 오르기 시작한다.

주금산(鑄錦山)을 글자대로 풀어보면 쇠를 녹여 부어 만든 비단산이겠지만, 잘못 발음하면 주검산같이 들린다. 그러나 오르는 데 초주검이 될 만큼 힘들지는 않았다. 길은 비단산이란 이름에 걸맞게 적당히 살 오른 여인이 비단옷을 걸쳐 입은 듯 부드러워 발이 편하다.

송전탑쯤 올라가니 정상에서 내려오는 사람들이 비켜서 있는 우리에게 반갑게 인사들을 하면서 지나간다. 땀을 흘리며 급경사를 올라가니 독을 엎어놓은 듯한 독바위가 있고, 그 곁에 정상인 줄 알고 올라간 봉우리 옆에 정상을 가리키는 표지판이 세워져 있다. 다음 봉우리가 정상인 듯싶어 쉴 새도 없이 내달린다.

2시 45분 드디어 813.6m 주금산 정상이다. 정상비가 서 있는 곳은 흙이 질척거릴 정도로 돌이 없는 토산이다. 옆에는 맹호부대 장병들이 태극기를 세웠던 곳에 국기봉은 없어지고 표석만 남아 있다. 표지판을 보니 베어스타운 스키장까지 남은 길이 2.32㎞, 어두워지기 전에 갈 수 있는 거리다.

점심때 남긴 컵라면 2개와 주먹밥을 해치우기 위하여 자리를 잡고 앉아 땀을 닦으면서 지나온 길을 돌아보니 아득한 길을 생각보다 훨씬 빨리 왔다는 생각이 든다. 컵라면과 주먹밥을 나누어 먹고 커피까지 한 잔씩 마시고 시간을 보니 3시 10분이다. 천천히 하산길을 따라 내려오는데 군데군데 군인들이 만들어놓은 콘크리트 암거와 참호를 보면서 정달화 동문은 벌써 40년이나 지나간 시절의 힘겹던 군대생활 당시의 추억들을 늘어놓기도 한다.

오후 4시 25분 정확히 7시간의 산행을 마치고 베어스타운을 옆으로 지나 내촌 버스정류장까지 내려와 기다리다가 서울행 버스를 탄 시간은 4시 40분이었다. 오랜만에 한 긴 산행이 우리들의 몸과 마음을 깨끗이 씻어낸 듯하여 피곤함보다 가뿐한 마음으로 돌아올 수 있었다.

지리산 1

2008년 5월 21일~22일

2008년 5월 21일 밤 10시 50분에 용산역을 출발하는 무궁화호 열차를 타고, 몇 시간 잠을 자고 나니 기차는 구례구(求禮口)역에 도착했다. 5월 22일 새벽 3시 23분이다. 구례구역에서 구례읍까지 버스로 갔다가, 성삼재까지 가는 버스를 기다려 올라가려면 5시 가까이 되어야 산행을 시작할 것 같아, 시간 절약을 위해 택시를 이용했다. 택시는 정확히 새벽 4시에 성삼재 주차장에 우리를 내려주었다. 성삼재의 하늘은 맑아 별이 총총한데 보름을 갓 지난 음력 4월 18일 아직도 둥근 달이 밝다.

🌐 성삼재에서 노고단까지(3.5㎞) — 1시간 소요(4:00~5:00)

자동차가 다닐 수 있을 정도의 평탄한 비포장도로가 정비되어 있었는데, 지금 한창 시멘트로 포장을 하는 중이라 군데군데 장비가 세워져 있었다. 나무숲 사이로 달빛이 훤해서 랜턴 없이도 걸을 수 있을 정도다. 우리 세 사람 외에도 먼저 도착했던 몇 사람의 등산객들과 같이 걸으면서 인기척을 줄이며 조용조용히 걷고 있었지만, 산새들은 우리들의 발자국 소리를 알고 새벽잠을 깼는지, 계속 우리를 따라 날아오며 끼익끼익 소리를 지르고, 노고단 대피소를 지날 때는 산토끼 한 마리가 우리의 앞길에서 길을 안내하듯 가다 서서 뒤돌아보고 가다 서서 뒤돌아보기를 반복하다가 5시 가까이 되어 날이 밝아지면서 숲속으로 들어가 버린다.

아침 5시 정각 노고단(1,507m)에 도착했다. 산행 때마다 늘 건장한 모습을 보이던 김명환 동문은 먹거리를 준비한 배낭이 너무 무거운 듯, 오늘따라 조금은 힘이 든 모양이다. 임걸령으로 가는 삼거리에서 김명환 동문은 기다리고, 필자와 정달화 동문만 배낭을 길가에 내려놓고 짙은 안개 속에 노고단을 다녀왔다. 노고단 정상 부분은 생태계의 복원을 위해 출입을 하루에 100명 이내로 제한하고 있다는데, 이른 새벽이어서인지 관리소의 직원이 나와 있지 않았다.

노고단의 운해와 노고단에서 바라보는 섬진강의 청류가 지리산 10경 중에 제6경과 제10경이라는데, 오늘은 노고단의 운해를 볼 수 있지만, 섬진강의 청류는 운해 때문에 보이지 않는다. 운해가 있으면 청류를 볼 수가 없고 청류를 볼 수 있는 날에는 운해가 없을 테니 언제나 이 둘을 한꺼번에 볼 수가 없겠다. 더구나 3대가 덕을 쌓지 않으면 천왕봉의 일출을 볼 수 없다는 말이 있을 정도이니, 이 장엄한 산이 자랑하는 10경은 제1경 천왕봉의 일출, 제2경 반야봉의 낙조, 제3경 벽소령의 명월, 제4경 세석의 철쭉, 제5경 불일폭포, 제6경 노고단의 운해, 제7경 피아골의 단풍, 제8경 연하선경, 제9경 칠선계곡, 제10경 섬진강의 청류라고 하는데 이를 다 보고자 한다면 계절과 날씨에 맞추어 그 얼마나 수없이 오르내려야 할지 모른다. 산이 차지하고 있는 총면적이 약 472㎢에 둘레가 320㎞나 된다고 하니 쉬운 일은 아닐 성싶다.

🌐 노고단—피아골 삼거리, 임걸령, 노루목(5.5㎞) 2시간 30분 소요(5:00~7:30)

노고단에서 동쪽으로 이어진 능선을 따라가는 길은 시야가 탁 트여 수많은 봉우리들이 한눈에 들어온다. 돼지평전을 지나는 길은 이름을 알 수 없는 예쁜 꽃들이 유난히 많이 피어 있는 평탄한 길이다. 피아골 삼거리에 있는 임걸령까지 별로 힘들이지 않고 6시 30분에 도착했다. 돼지령과 피아골 삼거리를 지나면서 지리산 제7경 피아골의 단풍 대신 신록의 부드러움과 야생화의 향기에 취해보기도 한다.

지리산에서 제일 물맛이 좋다는 임걸령의 시원한 샘물이 파이프를 통해 콸콸 쏟아지는 샘가에 앉아 집에서 준비해간 아침 식사를 한다. 기차에서 내렸을 때 구례구역전에서 해장국을 먹을까도 생각했었지만, 너무 이른 시간에 밥을 먹는 것이 산행에 부담을 줄 듯해서 여기까지 가벼운 몸으로 왔던 터라 다들 맛있게 조반을 마쳤다. 빈 물병에 식수를 보충한 후, 7시 30분 노루목에 도착할 때까지는 별로 힘들지 않은 길이다. 이제 반야봉을 다녀갈 것인지, 그냥 삼도봉으로 직행을 할 것인지? 잠시 망설이다가 반야봉을 여러 차례 다녀온 김명환 동문은 천천히 삼도봉으로 직행하기로 하고, 초행인 정달화 동문과 필자만 다녀오는 것으로 결정을 내렸다. 성삼재에서 천왕봉을 거쳐 지리산 종주를 목표로 하는 사람들의 상당수가 노루목에서 반야봉을 오르지 않고 삼도봉으로 직행을 한다.

🌐 노루목—반야봉—화개재—삼도봉—토끼봉(5㎞) 3시간 소요(7:30~ 10:30)

노루목에서 반야봉을 오르는 길은 가파르다. 조금 오르다 삼도봉

쪽으로 가는 삼거리에 무거운 배낭을 내려놓고 빈 몸으로 반야봉으로 오른다. 내려와서 삼도봉으로 갈 때 다시 배낭을 메고 가면 된다. 길가에 배낭을 두어도 오고 가는 사람들이 전혀 손을 대지 않을 것을 서로가 믿는다. 8시 정각에 1,732m 반야봉 정상에 올라설 수가 있었다. 가쁜 숨을 몰아쉬며 사방을 휘휘 둘러본다. 반야봉의 표지석을 안고 자랑스럽게 사진을 찍는다. 비록 시간적으로 맞지 않아 지리산 제2경 반야봉의 낙조는 보지 못하고, 대신 빛나는 태양 아래 흘러가는 구름 위로 섬처럼 솟아 있는 수많은 봉우리들을 감상하는 것으로 만족할 수밖에 없었지만, 그래도 반야봉을 그냥 지나치지 않은 것이 흘린 땀보다 더 큰 기쁨을 얻었다는 생각을 하였다.

8시 50분 삼도봉 표지석에서 반야봉을 배경으로 사진을 찍는다. 삼도봉은 경상남도, 전라남도 그리고 전라북도 등 삼도의 경계가 겹치는 봉우리다. 다시 화개재를 지나 토끼봉으로 가면서 잠시 길가 나무 그늘에서 휴식을 취한다. 화개재는 옛날 뱀사골 쪽 사람들이 화개장을 가기 위해 넘던 고개라고 한다. 옛날 사람들이 생활용품을 구하기 위해 물물교환에 필요한 무거운 짐을 지고 이 험하고도 먼 산길을 넘었을 것을 생각하면, 오늘 우리의 이 힘든 산행은 거기 비하면 한갓 호사일 뿐이다. 10시 30분 토끼봉에 도착할 때까지 가파른 길을 몇 번을 쉬면서 올라갔다.

🌐 토끼봉 — 연하천 — 벽소령 — 세석(12.9㎞) 8시간 10분 소요 (10:30~18:40)

화개재와 토끼봉을 지나 12시에 연하천 대피소에서 라면을 끓여 밥을 말아 가볍게 점심을 먹고, 7시간여의 강행군에 지친 다리도 쉴 겸 30여 분간 편안한 휴식을 취한 후 벽소령을 향한다. 산행시의 식사는 가능하면 가볍게 하고 대신 초콜릿 등으로 원기를 보충한다.

오후 2시 10분 벽소령 대피소에 도착. 오늘 밤을 이곳에서 쉴 수 있다면 달 뜨는 시간이 조금은 늦을지라도 지리산 제3경 벽소령의 명월이 우리를 맞아줄 수도 있었을 텐데. 그러나 오늘 우리의 목적지는 세석평전 대피소다. 앞으로 3시간의 여정이 남아 있어 서두를 필요가 없으니 1시간쯤 쉬어도 된다며 시원한 바람이 불어오는 대피소 건물 그늘에서 편한 자세로 누워서 휴식을 취한 후 3시가 가까이 되어 세석평전을 향해 무거운 다리를 옮긴다. 벽소령에서 보충해간 식수를 다 마셔서 식수 걱정을 하던 차에 선비 샘을 만나게 되어 얼마나 반갑던지? 짐이 조금 무겁더라도 식수는 충분히 준비를 하지 않으면 장거리 산행에서는 항상 고생이다.

덕평봉(1,521.9m), 칠선봉(1,558m), 영신봉(1,651.9m)을 지나 오후 6시 40분쯤 오늘의 목적지 세석 대피소에 닿을 수 있었다. 지리산 국립공원의 각 대피소에는 빠짐없이 붙어 있는 '시인마을'이라는 작은 간판이 있다. 병술년에 김지하 시인이 쓴 글씨인데 각 대피소마다 국립공원에서 휴게실을 만들어 놓고 등산인들의 휴식시간에 읽을 수 있도록 상당량의 시집을 비치해 놓았다고 한다. 그러나 우리처럼 하루에 15시간씩이나 산행을 한 사람들이 시를 읽을 여유를 가질 수 있을까? 언제쯤 한 열흘이나 보름의 여정으로 하루 두세 시간 천천히 산행을 하고 각 대피소마다 들러 시도 읽고 좋은 책도 갖고 다니며 읽는 여유를 생각해 본다.

세석평전의 휴식(5월 22일 18시 40분~5월 23일 5시 26분)

세석평전의 대피소 건물이 내려다보이는 언덕에서부터 그렇게 무겁던 발걸음이 조금 가벼워지기는 했지만, 새벽 4시에 성삼재를 출발하여 총 14시간 40분 만에 파김치처럼 지친 몸으로 세석 대피소에 도착한 시간이 오후 6시 40분쯤이었다.

지리산의 제4경 세석평전의 철쭉 또한 볼 수가 없는 것이 아쉽다. 철쭉꽃은 낮은 곳에서는 벌써 다 시들어 떨어졌건만 이곳에서는 이제 겨우 꽃망울을 터뜨리려고 준비를 하고 있을 뿐이다. 6월 초에나 붉은 철쭉의 잔치가 벌어질 모양이다.

많은 등산객들이 북적대는 대피소 취사장에 닿으니 저녁 식사를 준비할 테이블이 없다. 조금 기다리다 식사를 끝마친 사람들이 비워주는 테이블에서 저녁을 준비한다. 대피소에서 한참을 내려가 식수를 받아다가 점심과 마찬가지로 밥과 라면을 끓여 저녁 식사를 하면서 소주를 몇 잔씩 기울이니 몸 안에서 다시 생기가 돈다.

물이 귀해서 식수를 받아 고양이 세수를 하고 발에 물을 적시는 정도의 세족으로 만족해야 하고 곧바로 잠자리로 들어간다. 김 교수가 인터넷으로 미리 예약했기 때문에 편한 잠자리는 걱정이 없다. 저녁 8시 반쯤 1인당 모포 2장씩을 받아 침상 위에 한 장을 깔고 한 장은 이불 삼아 덮고 잠자리에 들었다.

밤 9시에 소등을 한다는 조용한 실내 방송과 함께 내일 아침 5시 15분에 촛대봉에서 일출을 보고자 하는 사람들은 새벽 4시 40분에 기상하여 출발을 하라는 안내 방송을 들으면서 잠이 들었다. 훈훈한 실내 온도가 긴 산행으로 지쳐 경직된 몸의 근육을 풀어주는 데 효과가 있을 법한데 너무 덥다는 느낌에 잠을 깨어 시계를 보니 새벽 1시다.

더워진 몸을 식힐 겸 지리산의 밤 정감을 느껴보고 싶어 밖으로 나오니 남쪽 하늘에 달이 밝다. 벽소령에서의 명월은 보지 못했지만, 모두가 잠들어 있는 산장에서 홀로 세석평전의 달을 감상할 수 있는 나만의 행운을 만끽한다. 빈 산장 마당에서 한참을 서성이다가 다시 침상에 돌아와 잠을 청했지만 쉬 깊은 잠에 들지를 못하다 뒤늦게야 잠이 들었다. 때문에 새벽 4시에 일어나서 촛대봉의 일출을 보기로 했던 약속은 허사가 되고 말았다. 나뿐만 아니라 고단했던 두 사람도 제시간에 일어나지를 못한 것이다. 뒤늦게 일어나 보니 벌써 5시 10분.

지리산의 10경 중 이번 우리의 종주 코스에서 볼 수 없는 곳이 섬진강의 청류, 피아골의 단풍, 불일폭포, 그리고 칠선계곡인데, 섬진강의 청류는 날씨에 따라 노고단에서 내려다볼 수도 있었겠지만 오늘은 운해 때문에 보지를 못했다(노고단의 운해와 섬진청류는 하나를 보면 하나를 볼 수 없다는 모순을 갖고 있다). 피아골의 단풍 또한 가을이었더라면 피아골 삼거리를 지났으니 멀리 천산만홍(千山萬紅)의 아름다움을 감상할 수 있었겠지만, 계절 탓에 5월의 신록으로 대신했다. 불일폭포는 세석평전에서 쌍계사 쪽으로 하산해 대략 10시간쯤은 내려가서야 볼 수 있는 곳에 위치하고 있다. 그리고 칠선계곡 또한 천왕봉에서 하산길을 함양군 마천면 쪽으로 잡았더라면, 10년 동안 환경복원을 위해 통제했던 길을 금년부터 통행을 허용하고 있는 우리나라에서 보기 드문 자연의 보고를 볼 수가 있었을 텐데 하는 아쉬움을 남겼다.

산행 중에 생각났던 이야기들

세석평전에서 촛대봉을 지나 연하봉을 오르면서 우리는 불일폭포에 관한 이야기를 하다가 불일암의 이야기와 옛날 사람들의 산행에 관한 이야기를 했다. 지금은 등산로가 잘 다듬어져 있고 인공적인 사다리와 계단을 설치해 놓았지만, 그렇지 못했을 당시의 선인들이 얼마나 힘들게 산행을 했을까 하는 이야기도 하면서, 불일암과 불일폭포를 그냥 지나치게 되는 아쉬움을 옛사람들이 남긴 시(詩)를 이야기하며 위로를 삼았다.

佛日庵贈因雲釋　불일암의 인운 스님에게

寺在白雲中　　절은 흰 구름 가운데 있고
白雲僧不掃　　흰 구름이라 스님이 쓸지를 않네
客來門始開　　손님이 와 비로소 문을 열어보니
萬壑松花老　　온 골짜기의 송화꽃은 이미 쇠어버렸네.

이 시는 1500년대에 살던 선조시대의 시인이며, 허균의 스승이기도 했던 이달(李達)의 시(詩)이다. 흰 구름 속에 잠겨 있는 산사에서 세월을 잊고 사는 스님을 찾아 땀 흘리며 올라간 시인의 마음을 읽으며 못 가본 불일암을 마음에 그려 본다.

望廬山瀑布　　여산의 폭포를 바라보며

日照香爐生紫煙　향로봉에 햇빛 비쳐 안개 어리고
遙看瀑布掛長川　멀리서 폭포는 강을 매단 듯
飛流直下三千尺　물줄기 내리쏟아 길이 삼천자
疑是銀河落九天　하늘에서 은하수가 쏟아지는가.

이백(李白)이 중국 강남성에 있는 여산을 올라 그 장엄한 폭포를 보면서 쓴 시인데, 나는 각각 다른 곳에서 폭포를 볼 기회가 있을 때마다 이백이 이 시에서 표현한 강을 매단 듯하다거나 하늘에서 은하수가 쏟아지는가? 하는 표현을 생각하곤 하였다. 중국 사람들의 과장법이 심하다고는 하지만 나는 이런 비유를 할 수 있는 것은, 천재적인 시인이 아니고는 감히 상상할 수가 없으리라는 생각을 한다. 또 산에 오를 때마다 떠올려지는 두보(杜甫)의 시(詩)「등고(登高)」를 여기 옮겨 본다.

風急天高猿嘯哀　세찬 바람에 하늘은 높고 잔나비 휘파람 애달픈데
渚淸沙白鳥飛廻　물 맑고 모래 흰 곳 새들 돌아오네
無邊落木蕭蕭下　끝없이 나뭇잎 쓸쓸히 떨어지고
不盡長江滾滾來　다함 없는 장강의 물 흘러 흘러 돌아오네
萬里悲秋常作客　쓸쓸한 가을 멀리 떨어져 있어 늘 나그네 되고
百年多病獨登臺　평생 병고에 시달리며 홀로 누대에 오르네
艱難苦恨繁霜鬢　온갖 어려움과 괴로움에 귀밑머리 희어지고
潦倒新停濁酒杯　늙고 쇠약한 모습 막걸릿잔에 비치네.

그때의 풍속에 음력 9월 9일에 조상께 제사를 올리고는 높은 산에 오르는 풍습이 있었다고 하는데, 두보는 늘 객지를 떠돌고 있어서 서글픈 마음이 더했으리라 생각된다.

촛대봉을 지나 삼신봉으로 가던 도중에 길가에서 만난 고사목 같은 오래된 주목(朱木)이 싱싱한 작은 가지 하나에 생명줄을 유지하고 있는데 신비스러운 생각이 들었다. 필자는 이 나무에 졸작이나마 자작시 한 수를 걸어주고 싶었다.

지리산 주목(智異山 朱木)

院村 이휴재

살아서 천 년
죽어서도 또 천 년을 살아 있는 화석
너는 촛대봉에서 삼신봉으로 가는
이 호젓한 길목에 서서
모진 풍상(風霜) 다 알몸으로 겪으면서

네 곁 지나가는 이들에게
힘들어도 살아가야 하는 이유와
인내(忍耐)는 모든 것들 다 지나가게 한다는
그런 말을 하고 있구나!
긴긴 세월
이 땅의 참된 것 거짓된 것
지켜만 보았지만
그래도 세월 지난 후에는
모든 것들 다 제자리로 돌아온다는 것
"나는 알고 있노라"고 말해주는
지리산 주목(朱木)

🌐 세석—장터목—천왕봉(5.1㎞) 3시간 50분 소요(5:30~9:20)

어제는 15시간 가까운 산행으로 세석 대피소에 도착할 때 허리도 아프고 다리는 천근이나 되는 듯했지만, 7시간 정도의 수면과 휴식이 다시 몸을 가볍게 해주었다.

세석평전을 출발한 지 30분이 채 걸리지 않은 5시 55분 촛대봉에 도착했다. 일출은 보지 못했을망정 천왕봉 옆으로 빛나는 태양이 장관을 연출한다. 명작에 가까울 만큼 멋있는 사진을 촬영했다. 6시 20분 삼신봉에 도착하여 목을 축이며 쉬는 동안 기막히게 아름다운 배경으로 사진을 몇 컷 촬영했다. 구름 위로 반야봉(1,732m)이 얼굴을 내밀고 있다. 아침 7시 40분쯤 장터목산장에 도착하여 조반을 먹고 8시 30분 천왕봉을 향해 출발할 때까지 휴식을 취하였다. 우리들의 옆 식탁에서는 60대의 할아버지와 40대의 아버지 10대의 손자가 함께 등반을 하면서 아침 식사를 하고 있었다. 참으로 보기 좋은 모습이다.

가족이 함께 산행을 하면서 체험으로 얻는 것은 집안에서 수백마디 말로 가르치는 것에 비할 수 있을까? 숨차게 올라가야 할 험한 길이 있고, 위험한 내리막길이 있는가 하면 평탄한 숲길도 만난다. 이러한 과정이 수없이 반복될 수도 있는 것이 등산이다. 여기에서 삶의 지혜를 얻는 것이다. "어리석은 사람이 머물면 지혜로운 사람이 된다"는 말로 지리산(智異山)을 풀이하는 깊은 의미를 할아버지와 아버지는 젊은이에게 깨닫게 하고 싶었을 것이다.

옛날 이곳에서는 산청군 시천면 사람들과 함양군 마천면 사람들이 각각 자기 지역의 산물들을 짊어지고 지리산을 넘어와 물물교환을 하던 장이 섰다는 장터목이다. 장터목에서 조반을 마치고 휴식을 취한 후, 출발한 시간이 8시 30분이다. 제석봉(1,808m)을 거쳐 통천문을 지나니 천왕봉(1,915m)이 눈앞에 펼쳐진다.

2008년 5월 23일 오전 9시 20분 마침내 우리는 천왕봉 정상에 섰다. 천왕봉의 일출을 보지는 못했을지라도 밝은 태양 아래 흰 구름이 발밑으로 흐르고, 그 위에 작은 봉우리들이 솟아 있는데, 우리는 하늘을 배경으로 서 있는 천왕봉 표지석을 안고 사진을 촬영한다. 천왕봉의 일출을 보려면 3대가 덕을 쌓아야 가능하다는데, 이런 절호의 기회를 우리가 시간을 맞추지 못해 그 일출을 보지 못한 아쉬움을 달래며 각각 집으로 전화를 해서 아내들에게 감격을 전한다. 황홀 그 자체에 정신을 잃고 20여 분을 머무르다 천왕봉을 뒤로하고 대원사 쪽으로 방향을 잡아 하산을 시작한다.

천왕봉—중봉—써리봉—치밭목 대피소—대원사(10.2㎞) 6시간 40분 소요(9:40~15:40)

우리가 천왕봉 정상에 20여 분 동안 머무르면서도 발아래 펼쳐지는 경관에 도취되어 준비해간 정상주를 마시지 못했던 것을 나중에야 알았다. 펼쳐지는 사방의 경관에 정신을 잃고 있기도 했었지만, 숭고한 산의 정기에 모두가 경건한 생각을 하고 있었기 때문인지도 모른다.

대원사 쪽으로 방향을 잡고 중봉으로 가던 도중에야 그걸 깨닫고 우리는 웃었다. 그제서야 길가 나무 그늘에 자리를 잡고 앉아 비축했던 술과 안주를 얼큰할 정도로 다 마셨다. 중봉(1,874m)과 써리봉(1,602m)을 지나면서 뒤돌아본 천왕봉은 구름 속에 그 모습을 감추기를 자주 하였다. 고도 300m를 내려온 써리봉에서 바라보니 천왕봉이 아득히 높다.

천왕봉에서 대원사 쪽으로 하산하는 길은 등산객이 별로 없는 편이다. 12시 치밭목 대피소에 도착할 때까지 우리가 만난 등산객은 모두 4명뿐이다. 코스가 험할 뿐 아니라 거리 또한 만만하지 않기 때문이리라. 치밭목 대피소에서 점심을 먹었다. 배낭에 있는 무거운 먹을 것들은 이제 다 소비해도 된다. 저녁은 유평리에서 해결하면 되기 때문에 남은 라면과 식량을 다 소비하고 가벼워진 배낭을 메고 대원사를 향해 3시간여의 남은 길을 떠난다.

치밭목 대피소에서 점심을 먹고 12시 40분쯤 출발할 때, 이제 힘든 길은 없을 것으로 생각을 했는데, 생각처럼 만만치가 않다. 짐은 가벼워졌지만 어제부터 22시간 가까운 강행군으로 지친 몸에 느껴지는 배낭의 무게는 줄어든 것 같지 않고, 허리도 아프고 다리는 다시 무겁다. 계곡을 따라 내려오다 다시 산등성이를 넘고 내려오기를 몇 번이나 반복하여 새재 삼거리를 지나 계곡에 내려오니 오랜만에 물이 있다. 얼마나 반갑던지 우선 세수를 하고 발을 씻으니 피로가 조금은 풀리는 듯하다.

다시 산죽이 우거진 능선 길을 내려오는데, 올라오던 젊은 비구니 두 사람이 인사를 하며 새재 삼거리가 얼마나 남았느냐고 묻는다. 1시간 이상 올라가야 할 것이라고 말해주며 대원사는 내려가야 있을 터인데 절이 없는 곳을 왜 가느냐고 물으니 그냥 가고 있단다. 나중에 유평리의 민박집 '무릉도원' 아주머니에게 들으니 대원사는 비구니들만 있는 절이고 그 절에 젊은 학승들이 공부를 하는데 운동 삼아 새재 삼거리까지 다녀온다는 것이었다. 오후 2시 30분쯤 유평리의 첫 상점 '무릉도원'에 내려와서 시원한 물에 샤워를 하고 도토리묵에 막걸리를 두어 사발씩 마시고 나니 정말 이곳이 무릉도원이구나 하는 생각이 들었다.

서울행 버스를 타기 위하여 원지까지 가려면 여기서 1시간을 더 걸어 나가 시외버스를 타야 하고, 그 버스를 또 기다려야 하고, 너무 복잡하니 택시를 타는 것이 지름길이라고 한다. 주인아주머니에게 부탁하여 택시를 대원사 앞으로 3시 40분까지 오도록 불렀다. 샤워를 하고 막걸리를 마시며 쉬다가 천천히 아름다운 대원사 계곡 길을 따라 걸어 절에 도착하니 아주머니의 말대로 25분이 걸렸다. 절 구경을 하고 나오니 택시가 와서 기다리고 있었다.

대원사는 경상남도 산청군 삼장면 유평리에 있는 절이다. 548년 신라의 진흥왕 9년에 창건된 절로써 지금은 양산의 석남사와 충남의 수덕사의 견성암과 더불어 대표적인 비구니들의 참선도량으로 쓰이고 있다고 한다. 주변이 아름다운 경관으로 둘러싸여 있어 수도하기에 알맞다고는 하지만, 많은 관광객들이 비구니들의 수도에 방해가 되지는 않을지 걱정이 되었다. 택시를 타고 원지에 도착하니 서울행 버스표가 매진되어서 다시 진주로 가야만 서울을 갈 수가 있다는 것이다. 다시 시외버스로 진주에 와서 고속버스를 탄 것이 오후 6시 30분, 그리고 4시간 후에 우리는 강남고속터미널에 도착할 수가 있었다.

선운산

2009년 4월 5일

동창산악회의 102번째 산행지로 정해진 선운산(禪雲山, 兜率山)은 전라북도 고창군 심원면과 아산면에 걸쳐져 있는 해발 336m의 그다지 높지는 않은 산이다.

도솔산(兜率山)이라는 또 다른 이름을 갖고 있는 이 산이 선운산으로 불리게 된 데는 아마도 이 산이 안고 있는 유서 깊은 선운사(禪雲寺) 때문이 아닐까 한다. 천마봉, 낙조대, 용문굴 등 아름다운 경관이 많기도 하지만 특히 산세가 아름다워 호남의 내금강이라고도 불리는 산이다. 거기에 조성된 지 500년이나 되었다는 선운사 뒤 동백숲은 많은 문인 가객들의 작품 소재가 되기도 해서 붉은 꽃이 피기 시작하는 이맘때쯤 많은 관광객들이 몰려드는 곳이다.

아침 7시 36분, 48명의 동문들이 오늘의 산행에 동참하기로 했지만, 다행인지 불행인지 3명의 동문들이 갑작스런 사정에 의하여 동참하지 못하고 버스의 정원에 맞추어 45명이 계획했던 출발 시간보다 6분 늦게 지하철 교대역을 출발했다. 한식(寒食)에 청명(淸明)과 일요일이 겹쳤으니 고속도로가 막힐 것은 예상한 바였지만, 우리들의 들뜬 마음은 아랑곳하지 않고 버스는 마냥 느림보 걸음이다.

12시 40분, 평소보다 1시간 반 이상 더 걸려 버스는 선운사 주차장에 도착했다. 날씨는 봄날이지만 황사인지 운해인지 청명하지 않은 청명이다. 선운사 일주문 앞에서 1인당 2,200원의 입장료를 지불하고 절 앞 계곡 길을 따라 산행을 시작한다. 봄 가뭄 탓일까? 계곡을 흐르는 수량이 극히 적어 청량한 물소리를 들을 수가 없고, 봄이 무르익어갈 시기에 나뭇가지에 돋아나는 새싹은 그 고운 빛을 아직도 보여주지 못하고 앙상한 모습뿐인데, 그나마 다행인 것은 서울보다도 늦지만 이제 꽃망울을 터뜨리기 시작하는 길가의 벚나무가 우리를 위안해주고 있었다.

계곡 길 중간쯤 진흥굴 앞에서 천연기념물 제354호로 지정된 수령 600년을 자랑하는 장사송(長沙松)이 우리를 반갑게 맞아준다. 소나무 이름에 왜 모래 사(沙) 자를 넣었을까? 채남주 동문이 의아하게 생각을 했지만, 이 지역의 옛 이름이 장사현(長沙縣)이었기 때문에 그런 이름이 붙여지게 되었다는 것을 나도 나중에야 알게 되었다. 사람들은 나무가 여덟 개의 가지로 뻗어 자란 것은 이 나라 8도를 나타내고 있다고 엉뚱한 의미를 부여하기도 한다.

반송을 배경으로 기념사진을 몇 컷 찍고, 다시 올라가다가 도솔암 찻집 뒤로 보이는 천마봉(天馬峰)의 모습에 반해 다시 한 컷. 찻집 앞에서 도솔암을 지나 용문굴 쪽 능선 길과 천마봉으로 바로 사다리를 타고 올라가는 갈림길에서 우리는 천마봉과 낙조대를 거쳐 능선을 따라 용문굴로 하산하기로 하고 그 길을 택했다.

수십 개의 나무 계단과 까마득한 쇠사다리를 쉬지 않고 오르니 숨이 차고 다리도 뻐근하다. 바라보니 건너편 마애불 바위 위에 세워진 도솔천(兜率天)의 지장내원궁(地藏內院宮)이 그림처럼 눈에 들어온다. 그럼 이곳이 불교에서 말하는 세계의 중심인 수미산(須彌山)이란 말인가?

도솔천은 산스크리트(Sanskrit)의 음역이며 의역하여 지족천

(知足天)이라고도 한다. 불교의 우주관에 따르면 세계의 중심은 수미산(須彌山)이며, 그 꼭대기에서 12만 유순(由旬 : 고대 인도의 거리 단위로 소달구지가 하루에 갈 수 있는 거리, 11~15㎞라는 설이 있음) 위에 도솔천이 있다고 한다.

이곳은 내원(內院)과 외원(外院)으로 구별되어 있다. 석가모니가 보살일 당시에 머무르면서 지상에 내려갈 때를 기다렸던 곳이며, 오늘날에는 미래불인 미륵보살(彌勒菩薩)이 설법하면서 지상으로 내려갈 시기를 기다리고 있다고 하는 내원은 내원궁(內院宮)으로 불리기도 한다.

외원에서는 수많은 천인(天人)들이 오욕(五欲)을 충족시키며 즐거움을 누리고 있다고 한다. 욕계의 제4천에 불과한 도솔천이 이렇듯 이상적인 정토로 등장하게 된 것은 미륵보살과 결부되어 있기 때문이다. 그곳은 7보(七寶)와 광명(光明) 등으로 장엄하게 장식되어 있으며, 십선(十善)과 사홍서원(四弘誓願)을 설하는 음악이 끝없이 흘러나오기 때문에 천인들은 그 소리를 듣고 자연히 보리심(菩提心)이 우러난다고 한다.

도솔천에는 다음과 같은 사람들이 태어날 수 있다고 한다. 끊임없이 정진하여 덕을 많이 쌓은 사람, 깊은 선정(禪定)을 닦은 사람, 경전을 독송하는 사람, 지극한 마음으로 미륵보살을 염불하는 사람, 계율을 지키며 사홍서원을 잊지 않은 사람, 널리 복업(福業)을 쌓은 사람, 죄를 범하고서 미륵보살 앞에 진심으로 참회하는 사람, 미륵보살의 형상을 만들어 꽃이나 향 등으로 장식하고 예배하는 사람 등이다. 이상과 같이 모든 사람들이 쉽게 수행할 수 있는 실천방법을 갖추었기 때문에 이상적인 불국세계로 도솔천은 크게 부각되었다.

벌써 2시가 가까워지는데 눈에 들어오는 경관에 넋을 잃고 있다가 평평한 자리에 앉아 목마름과 허기를 채우기 위해 준비해간 과일과 음료를 꺼낸다. 거기에 복분자술을 두어 잔씩 마시니 다시 힘이 솟는다. 가파른 길을 올라 천마봉에 도착하니 먼저 도착한 동문들은 이제야 판을 벌이고 있다.

낙조대를 배경으로 사진을 몇 장 찍고 낙조대를 지나 능선을 따라 용문굴을 거쳐 암릉 계곡을 빠져나와 도솔암에 도착한다.

오후 3시 30분 전원 하산하여 주차장 아래 풍천장어집에서 장어 요리로 점심 겸 저녁을 배불리 먹고 복분자술에 취하니 모든 산행의 피로가 사라진다.

한라산 1

2009년 1월 16일

1월 16일 아침 5시 30분, 우리를 깨워주기 위한 모닝콜 벨소리에 세 사람이 동시에 기상한 것은 잠을 자면서도 모두들 긴장 때문에 숙면에 들지 못하고 있었던 탓이었으리라. 아침 8시쯤 성판악 휴게소를 출발하여 남한에서 제일 높은 1,950m의 백록담에 올랐다가 현재 적설량이 1m하고도 50㎝가 더 넘는다는 용진각 대피소, 개미목을 거쳐 관음사 코스로 하산하는 총 18.3㎞를 주행하는데, 대략 9시간이 소요될 것으로 계산하더라도(눈이 쌓이지 않은 평소보다 1시간 정도를 늘려 잡아), 돌아올 비행기 시간에 맞춰 오후 6시까지 공항에 도착하는데 시간적 여유가 충분했지만, 그래도 마음은 긴장되어 있을 수밖에 없었다.

짐을 챙기고 세수를 한 후, 6시 30분 식당으로 내려가 조반을 한정식으로 마치고 7시쯤 숙소를 나섰다. 제주 시내를 빠져나올 무렵 가늘게 내리던 빗줄기는 성판악 휴게소로 가는 도중 싸락눈으로 변하더니 휴게소에 도착한 7시 50분쯤에는 다행스럽게 그 눈도 그쳐주었다.

작년 5월 김명환, 정달화 두 동문과 지리산 종주를 마친 후, 한라산도 같이 등정하는 기회를 마련하자는 약속을 했었지만 저마다의 사정 때문에 쉽게 기회를 찾지 못하고 지내다가, 며칠 전 눈 덮인 한라산을 오르는 것이 어떻겠느냐는 김명환 동문의 갑작스러운 제의에 1월 16일로 산행일자를 정했었다.

그러나 개별적인 일정상 우리 세 사람은 각기 다른 항공편으로 1월 15일 제주에 도착, 숙소에서 저녁 7시에 합류했던 것은 세미나에 참석했던 김 동문의 일정이 끝나는 시간에 맞추기 위해서였다. 김명환 동문이 세미나에 참석하고 있는 동안, 정달화 동문과 필자는 서귀포, 남원, 삼굼부리, 성읍민속마을, 성산일출봉과 외돌개까지 다녀와서 시간에 맞게 다시 제주 시내의 숙소로 돌아와 따뜻한 물에 샤워를 마치고 내일의 산행을 위해 일찍 자리에 들었던 것이다.

20cm 정도의 눈이 쌓여 있는 성판악 휴게소에는 50~60명 정도의 등산객들이 먼저 도착하여 스펫츠와 아이젠을 장착하느라 북적대고 있었고, 우리 세 사람도 눈 쌓인 한라산을 오르기 위한 만반의 준비를 갖추고 사진을 몇 컷 찍고 출발한 시간이 8시 10분쯤이다.

출발 이틀 전에 서울에서 이곳 관리공단에 전화로 적설량과 통제 여부를 물었을 때 등산로를 뚫어 놓고 통제를 해제했다는 확인을 했었지만, 앞서가는 사람들의 뒤를 따라 산행을 시작하면서 이렇게 많이 쌓인 눈 속에서 다시 길을 뚫어 놓고 등산객들의 안전을 위해 등산로를 따라 가느다란 로프까지 설치해 놓은 관리공단의 배려가 다시금 고맙게 느껴졌다.

초입의 여기저기에서 활엽수들의 잎이 마치 소금에 절인 채소처럼 늘어져 있는 것을 보면서 역시 한라산의 기온은 다양한 식물을 품고 있었음을 알 수 있었다.

사라 대피소를 거쳐 진달래밭 대피소까지의 3.6㎞의 길은 조금 가파르고 힘이 드는 길이다. 보통 1시간 40분 정도 소요된다지만, 우리가 진달래밭 대피소에 도착한 시간은 10시가 조금 지난 시간이었고 성판악에서 이곳까지 3시간 걸리는 길을 2시간 남짓 걸려 도착했으니, 다른 사람들보다 40분 정도는 빨리 온 셈이다. 땀을 뻘뻘 흘리며 대피소 안으로 들어가니, 먼저 도착한 두 사람이 점심용으로 매점에서 컵라면 3개를 사서 배낭에 넣었다는 것이다. 나는 출발할 때, 심한 바람과 낮은 기온을 예상하고 옷을 너무 두껍게 입은 탓에 안에 껴입은 옷들이 흠뻑 젖어버렸다. 젖은 옷을 벗어 배낭에 넣고, 따뜻한 물을 두 컵이나 마시고, 20분 정도를 쉬고 다시 출발한다.

겨울철에는 해발 1,500m의 진달래밭 대피소에서부터는 낮 12시가 지나면 백록담으로 가는 것을 통제한다고 한다. 우리는 10시 40분쯤 2.3㎞가 남은 정상까지의 길을 떠난다. 대피소에서 따뜻한 물과 초콜릿으로 체력을 보충하였지만, 나의 체력은 급속히 저하되어 100m를 전진하면 숨이 차오르고 다리는 무거워지기 시작한다. 조금 무리를 해서 올라가면 이마에서 땀이 줄줄 흘러내린다. 지금까지 어떤 산행에서도 겪어보지 못한 경험을 하게 된 것이다.

보통 사람들이 1시간 30분 걸리는 길이니 12시 10분이면 백록담에 도착해야 하는데, 우리는 2시간 만에 도착한 것이다. 12시 50분, 성판악에서 4시간 50분이 걸린 셈이다. 걱정하는 친구들을 위하여 최선을 다해 올라간 백록담에는 구름은 없었지만, 바람이 세차게 불어 눈가루를 몰아치고 있었다. 카메라마저 배터리가 나가서 백록담의 사진을 남기지 못해서 정달화 동문은 휴대폰으로 사진을 찍기도 하여 그 아쉬움을 달랬다.

바람 때문에 정상에서 오래 머물러 있을 수 없어, 준비해간 정상주도 마시지 못하고, 급히 관음사 쪽 하산길을 잡아 용진각 대피소를 향해 내려오는 길은 가히 겨울철 산행의 절정이다. 허리까지 쌓인 눈길을 내려오면서 엉덩이썰매로 마구 굴러 내려오기도 하고, 눈속에 다리가 빠져 쩔쩔매다가 다리에 쥐가 나서 한참을 움직이지 못하기도 했다.

용진각 대피소에서 라면을 끓이고, 인절미와 고구마로 점심을 먹으면서 준비해간 매실주를 몇 잔 마시니 다시 기운이 솟는 것 같다. 점심을 마치고 오후 2시쯤 출발한다. 이제 내가 맨 앞에서 힘차게 걷는다. 평상시와 같은 체력이 되살아난 듯하다. 개미목, 개미계곡, 탐라계곡을 지나고 숯가마터를 지날 때, 아침에 우리를 태워다 준 택시 기사에게 4시에 관음사까지 와 달라고 전화를 한다.

오후 4시 정확히 7시간 50분 만에 우리는 관음사에 도착하여, 먼저 와서 기다리는 택시로 공항에 도착하니 걱정했던 탑승시간까지는 2시간이나 여유가 있었다. 나의 체력 저하 때문에 걱정한 두 친구에게 미안했고, 오늘의 한라산행을 할 수 있도록 계획을 세우고 함께 실행해준 친구들이 고맙다.

심한 한파에 갑자기 카메라의 배터리가 나가는 바람에 눈 덮인 백록담의 사진과 1m 50㎝ 이상 쌓인 눈길을 내려오던 관음사 길의 사진을 남기지 못한 아쉬움을 다시 풀 수 있기를 기대해본다. 안타깝다. 해발 1,900m에서의 사진을 마지막으로 카메라의 배터리가 추위에 못 이겨 나가버렸다. 1,950m 정상에서의 사진을 남기지 못한 아쉬움이 너무 많았는데, 시내에 내려와서 다시 카메라를 점검하여보니 다시 배터리가 들어와 있다. 심한 바람과 추위에 일시적으로 나간 모양이지만 아쉬움은 너무 컸다.

장암산, 태청산

향수에 이끌려 달려간 고향 산행

2009년 12월 16일~17일

넓은 벌 동쪽 끝으로
옛이야기 지즐대는
실개천이 휘돌아 나가고
얼룩빼기 황소가
해설피 금빛
게으른 울음을 우는 곳
그곳이 차마 꿈엔들 잊힐리야…

정지용 시인의 시(詩) 「향수(鄕愁)」는 내 어린 시절 고향에 대한 그리움을 꿈속으로 이끌곤 한다. 광주에 있던 전투병과교육사령부(상무대)가 우리 마을로 들어와, 고향을 잃게 된 사람들이 서울로, 광주로 모두 뿔뿔이 흩어져 살게 된 지도 벌써 15년이 넘게 지났다.

고향이라고 찾아와 봐야 상전벽해(桑田碧海)라는 말이 무색할 정도로 변해버렸으니 꿈에 그리던 옛 고향은 찾을 길이 없다. 다만 저기에 우리가 살던 집이 있었고, 논과 밭은 저기 저쪽에 있었고, 친구들과 고기 잡던 시내가 있던 곳은 저기이고, 마을을 지키고 있던 당산나무는 그대로 보존하고 있어서 다행이다, 라는 그런 생각을 하는 것이 고작이다.

비록 척박한 산골 넉넉하지 못한 몇 마지기 논밭에 목줄을 메고 살던 너나없이 가난하던 사람들이 사촌보다 더 가깝게 정을 주며 살아가던 곳이었고, 우리를 걱정 없이, 욕심 없이 자라게 해주었던 곳이 지금은 우리 국토를 지키는 병사들의 교육의 전당이 되어 있다.

눈 내린 고향 산을 보니 옛 생각이 그립다. 그 시절엔 유별나게 눈도 많이 내렸고, 태청산 골짜기에서 불어닥치던 매서운 눈보라 속을 헤집고 토끼몰이 다니던 일들, 친구들과 사랑방에 모여 생고구마 깎아 먹던 일들이 주마등처럼 스치고 지나간다.

지난주 인천에 살고 있는 동갑내기 죽마고우와 관악산에 오르면서 고향 이야기를 하다가 갑자기 다음 주 같이 다녀오자는 약속을 했었다. 우리가 해를 더해 갈수록 고향과 옛 시절을 더 그리워하게 되는 것은 삶이 한가해진 여유에서일까? 아니면 남은 생에 대한 애착? 아무튼 우리는 그 시절의 친구들 이야기를 주고받다가 우리가 함께 오르내리던 장암산과 태청산 등반을 겸해서 고향을 방문키로 했었고, 약속한 12월 15일 출발 전에 서울에서 볼 일이 있었던 친구가 출발하기로 한 오후 1시 30분 내가 사는 아파트까지 승용차로 왔다.

오늘은 영광군 묘량면 월암리에 사는 친구의 동생 집에서 쉬고, 16일은 장암산(長岩山, 482m)과 태청산(太靑山, 593m)을 오르고 17일은 불갑산(佛甲山, 516m)을 오르기로 계획을 세웠다. 3박 4일 일정으로 서해안고속도로를 따라 달려가는 고향길은 막힘없이 시원스럽게 뚫려 있었다.

근래 겨울 날씨치고 퍽 따뜻하다 싶더니, 어젯밤부터 기온이 뚝 떨어져서 오늘은 한낮인데도 기온은 영하 5도로 금년 들어 첫 추위다. 오후 5시 가까이 되어서 도착한 영광읍 시외버스터미널 부근 시장에서 친구는 돼지고기 몇 근을 뜨고, 말린 생선과 새우젓에 모시잎

송편까지 한 보따리를 사는 동안 흐리던 날씨에 어둠이 더 일찍 내려와 조용하던 시골길을 더 적막하게 만들어버렸다.

눈발이 내리기 시작한 어두운 길을 달려 친구의 동생 집에 도착하니, 혼자 살고 있는 동생이 미리 연락을 받고 저녁 식사를 준비하고 있었다. 그는 직장에 다니는 아직 미혼인 아들의 뒷바라지를 위해 아내가 광주에 나가 있어서, 혼자 생활하는 데 익숙하다며 금방 저녁상을 마련했다. 농사를 지으면서 소 몇 마리를 기르고 있어서 농한기에도 불편한 대로 두 집 살림을 할 수밖에 없다는 것이다. 저녁을 먹고 난 후 밖에 나갔다가 들어온 동생이 금방 송아지가 태어났다고 좋아한다. 우리도 반가워서 카메라를 들고 우사로 가서 사진을 찍었다.

16일 아침 늦은 조반을 먹고, 10시 30분 임도를 따라 장암산 정상 가까이까지 갈 수 있다고 하여 배낭에 먹을 것들을 대충 챙겨서 길을 나섰다. 골프장까지 차가 들어갈 수 있어서 상무대 후문 쪽으로 가서 우리들의 고향마을 여기저기를 사진에 담았다. 골프장을 한 바퀴 승용차로 돌아 나오면서 상전벽해라는 말을 실감한다. 11시 40분쯤 차를 골프장 주차장에 세워두고 걸어서 산행을 시작할까 생각했지만, 태청산까지 완주하려면 아무래도 5시가 지나서 하산하게 될 듯하여 어두워질 것을 대비하여 승용차로 임도 종점까지 올라가기로 했다.

12시 15분 임도 종점에 차를 세워두고 패러글라이딩 이륙장에 올라가니 찬 바람이 세차게 불어온다. 멋진 팔각정을 지어 패러글라이딩 동호인들의 쉼터를 겸한 이륙 준비를 할 수 있도록 배려한 듯하다. 다시 반대편의 장암산 정상에 오른다. 여기에 서면 영광군의 넓은 들도 시원스럽게 볼 수 있고, 맑은 날에는 고창군의 들판과 멀리 칠산 바다까지도 다 볼 수 있는 곳이다.

40년도 더 지난 세월을 건너 이곳에 올라오니 마당바위(너럭바위)는 그대로인데, 그때 없던 장암정이 나를 맞이한다. 만세! 만세! 만세! 어린 시절의 나를 항상 포근히 감싸주고 힘과 용기를 주던 그 산에 건강한 모습으로 내가 다시 돌아왔다. 12시 40분 장암산 마당바위에서 사진을 몇 장 찍고 잠시 휴식을 취한 후, 다시 일어서서 태청산 정상을 향해 장암산 능선을 따라 4.2㎞의 길을 걷는다. 여기서부터 작은 마치까지는 평지와 다름없이 걷기 좋을 만큼 낙엽이 쌓여 있는 토산이다.

작은 마치를 지나 마치까지는 수월한 길이지만, 마치에서 태청봉까지는 급경사가 이어지는 힘든 코스이다. 시간을 확인하려고 휴대폰을 꺼내 보니 두 사람의 휴대폰이 모두 사용 불능이 되어버렸다. 군사시설 때문에 전파 방해를 받고 있어서인지 모른다. 시간을 모르니 서두를 수밖에 도리가 없다. 땀을 흘리며 정상에 올라 다시 고향 마을을 내려다보니 감회가 새롭다. 부지런히 사진만 몇 장 찍고 되돌아 내려오면서 그제야 허기를 느꼈다. 양지바른 곳에 앉아 배낭을 풀었다. 모시잎 떡과 홍시를 두 개씩 먹으니 밥 생각이 없어 준비해 간 도시락은 그대로 두고 약주만 두 잔씩 마시고 일어섰다. 약주 덕분에 배 속이 따뜻하고 다리에 힘이 솟는다.

부지런히 되돌아와 차를 세워두었던 임도 종점에 도착하니, 아직도 저무는 해가 한 뼘 정도 남아 서해 바다에 숨으려 하고 있었다. 천천히 내려와 동생네 집에 내려오니 광주에서 친구의 제수씨가 와서 저녁으로 팥죽을 끓여 대접한다. 저녁 식사 후 목욕도 할 겸 광주로 나와서 잠을 자고, 내일은 불갑산행을 하기로 했다.

17일, 아침에 일어나니 밤사이 내린 눈이 발목을 덮을 정도인데, 오늘 오후부터 폭설이 내린다는 예보다. 불갑산에 오르는 것쯤은 문제가 아니지만, 내일 눈 쌓인 고속도로를 올라갈 걱정이 태산 같다. 조반을 먹으면서 우리는 오늘의 산행을 접고 바로 상경하는 쪽으로 계획을 바꾸었다. 조반을 마치고 부랴부랴 상무대 정문 앞에 살고 있는 친구를 만났다. 마을을 떠나면서 조성한 망향의 동산에서 사진도 남겼다. 좀 더 쉬다가 점심을 먹고 가라는 친구의 만류에도 눈이 내리기 전에 떠나야 한다며 출발을 서둘렀다. 섭섭해하는 친구는 기어이 자기가 수확한 단감을 한 박스씩 차에 실어주었다.

돌아오는 길은 적설량이 적은 경부고속도로를 택한 것이 다행이었다. 서울에 도착하여 다음 날 전화를 하니 어젯밤 적설량이 30㎝가 넘었다고 한다. 친구와 함께한 2박 3일의 고향 산행과, 고향 근처에서 고향을 지키고 있는 친구들을 만났던 즐거움이 좋은 추억으로 오랫동안 내 마음에 남아 있을 것이다.

지리산 2

2011년 10월 25일

김명환, 최윤수, 정달화, 이인환 그리고 필자까지 5명이 동서울터미널에서 자정에 출발하는 백무동행 심야버스를 탔다. 개인 사정으로 내가 참가하지 못했던 지난번 총동창회 산행 때 김명환 동문이 제안하여 결정된 산행이다.

이번 가을의 지리산 야간 산행 코스는 백무동 야영장—하동바위—참샘—장터목 대피소—제석봉—천왕봉(총 7.5㎞)을 돌아서 다시 백무동으로 내려오는 총거리 15㎞의 코스로 정했다.

처음에는 중산리 쪽으로 하산하려던 계획을 세웠으나, 하산 코스를 바꾼 것은 오후 6시쯤 귀경하여 오후 8시까지 할 수 있는 서울시장 보궐선거 투표에 참여하기 위함이었다. 하산 시간은 중산리 쪽이 빠르지만 중산리에서는 다시 함양까지 나가야 서울행 버스를 탈 수 있고, 백무동으로 내려가면 시간은 약간 더 걸리지만 곧바로 귀경버스를 탈 수 있기 때문이었다.

지리산 야간 산행은 이번이 처음이었는데도 날씨가 좋아서 가을의 정취를 만끽할 수 있었다. 봄 산행은 봄대로 좋고, 여름에는 여름대로, 겨울에는 겨울대로, 산이 뿜어주는 각각 다른 정취가 산을 찾는 사람들을 감싸 안아 더없는 행복감에 빠지게 하지만, 이번 가을

야간 산행에서는 백무동 야영장에서 참샘을 지날 때까지 주변의 풍광은 볼 수 없었지만, 등산길 내내 이어지는 계곡에서 들려오는 청량한 물 흐르는 소리와 서울에서는 볼 수 없던 깨끗한 가을 밤하늘에서 보석처럼 빛나는 무수한 별들의 빛나는 모습을 올려다볼 때마다 우리가 이런 맑은 자연과 함께하고 있다는 행복감에 일행 모두 다른 어느 산행 때보다 힘들었지만, 받은 감동 또한 그 어느 때보다 컸으리라 확신한다.

새벽 3시 55분 버스가 백무동 종점에 도착한다. 주말이 아니어서인지 버스에는 우리 일행 외에 다른 4~5명의 등산객들이 있을 뿐이다. 버스에서 내려 밖으로 나오니 약간은 쌀쌀한 가을 새벽 공기가 상큼하게 얼굴에 와 닿는다. 야간 산행을 위해 모두들 바람막이 겉옷과 모자를 착용해서 추위는 걱정이 없다. 저마다 헤드랜턴을 장착하거나 손전등을 비추면서 새벽 4시 어둠 속의 산행을 시작한다.

이곳 백무동 코스는 초행인데다 어두워서 주변의 지형지물이나 풍광은 알 수도, 볼 수도 없고, 오직 계곡의 물 흐르는 소리만이 깊어가는 가을 새벽 산속의 적막을 깨뜨린다. 가느다란 랜턴 불빛이 희미하게 비춰주는 등산로를 따라 조심조심 발길을 옮기면서 하늘을 쳐다보니 탄성이 절로 나온다. 얼마 만에 쳐다보는 밤하늘의 황홀함인가? 카메라를 꺼내 여러 번 셔터를 눌러댔으나 집에 와서 보니 모두 어둠으로 나오고 말았다. 급히 찍느라 카메라의 기능 조절을 하지 않았기 때문에 아쉬움만 남는다. 평소 서울에서 살면서 거의 밤하늘을 쳐다보지 않는 것은 이런 황홀의 경지를 기대할 수 없기 때문일 것이다.

50분쯤 올라가다 땀도 식힐 겸 배낭의 무게도 줄일 겸 쉬면서 준비해간 음식들을 꺼내 간단하게 이른 조반을 때웠다. 다시 힘을 받아 참샘까지 올라가 약수를 한 종지씩 마시고 올라가니 6시쯤, 랜턴 불빛 없이도 희미하게 길이 보이기 시작한다. 장터목 대피소에서 다시 30분쯤의 휴식을 취하고 9시쯤 제석봉 주변의 고사목 지역에서 돌아보니 서쪽 멀리 반야봉과 노고단이 보인다.

통천문을 지나 9시 50분쯤 선발대 정달화, 이인환 그리고 필자가 해발 1,915m 지리산 정상 천왕봉에 도착했다. 지난주 감악산행에서 무리한 최윤수 동문이 가끔 다리에 쥐가 나서 김명환 동문과 늦어지는 관계로 선발대 역시 정상적인 보통 산행 시간보다 1시간 이상 늦게 도착한 셈이다. 30분쯤 후에 최윤수 동문과 김명환 동문이 도착했다. 기념사진을 촬영하며 충분한 휴식을 취하고 11시쯤 이른 점심을 먹으면서 정상주도 한 잔씩 마시니, 그 기분 여기 와보지 않은 사람이 어찌 상상이나 할 수 있을까. 점심을 마치고 11시 30분 올라왔던 길을 다시 내려가는 하산을 시작한다. 참샘 쉼터에서 쉬면서 남은 음식들을 먹고, 어둠 때문에 올라오면서 보지 못했던 풍광을 감상하면서 백무동 종점에 내려오니 오후 3시가 넘었다. 오후 4시에 출발하는 서울행 버스에 몸을 싣고 행복한 피로감 속에 깊은 잠에 빠져들었다.

청계산, 형제봉, 부용산

2010년 1월 21일

서울 근교에서 등산객들이 즐겨 찾는 같은 이름의 청계산(淸鷄山)이 셋이 있다. 나름대로 다 특색을 지니고 있겠지만 서울의 청계산은 서울 사람들의 접근성이 쉬워서 주중, 주말 상관없이 각 등산로 입구마다 많은 사람들이 붐비고 있고, 경기도 포천에 있는 청계산은 산세가 우람하고, 주변에 강씨봉, 귀목봉, 길매봉 등 많은 산들이 이어져 있어 다양한 산행을 즐기고자 하는 사람들이 많이 찾는다고 한다.

경기도 양평군의 서쪽에 위치한 양서면과 서종면의 경계에 있는 청계산은 해발 658m로 서울의 청계산보다는 조금 높고, 포천의 청계산보다는 조금 낮은 편이다. 한강을 북한강과 남한강으로 가르는 용문산(1,157m)의 줄기에 솟아 있으며 정상에 올라서면 북한강과 남한강이 발아래 펼쳐지고 두물머리 일대가 손에 잡힐 듯 가까이 내려다보인다. 또 형제봉(兄弟峰, 605.8m)과 부용산(芙蓉山, 365.9m)이 이어져 있어서 장거리 산행을 즐기는 사람들은 약 7시간이 소요되는 이 세 봉우리를 종주하는 코스를 곧잘 선택해 산행의 진수를 맛보기도 한다고 한다.

얼마 전 용문까지 개통된 중앙선 전철을 이용해서 이러한 청계산 산행의 즐거움을 같이하자는 김 교수의 제의에 정달화, 이인환과 필자까지 넷이서 같이 오르기로 일주일 전에 약속했다. 며칠 전까지도 영하 15도까지 내려가던 혹한이 엊그제부터 풀리더니 어제는 눈 대신 겨울비가 내렸고, 오늘은 낮 기온이 영상으로 올라가는 푸근한 날씨다.

어제 저녁때 동문회의 신년교례회에 참석했다가 갑작스러운 상처의 고통을 겪게 된 친구를 조문하고 새벽에야 집에 들어왔지만, 4시간 정도 잠을 자고 7시에 일어나 조반을 마치고 배낭을 챙겨 8시 20분에 집을 나섰다. 약속 시간에 늦지 않게 10시 27분 이인환, 정달화 동문과 셋이서 국수역에서 내리니 김 교수 역시 같은 전철의 다른 칸에서 내린다. 가을 국화꽃의 빼어난 아름다움을 닮아서 이름이 국수인가? 국수역(菊秀驛)은 아직 주변에 건물이 들어서 있지 않고, 타고 내리는 승객들도 많지 않아서 한산해 보이지만 새로 지은 역사(驛舍)만은 깨끗하고 시설도 좋아 보인다. 앞으로 청계산을 찾는 사람들이 많아지면 번성해지리라 생각된다. 역사 앞에서 기념사진을 찍고 등산로 입구 쪽으로 난 포장도로를 따라가니 청계산으로 올라가는 길을 알리는 표지판이 서 있다. 여기서도 그냥 지나칠 수가 없어 한 컷을 남겼다.

표지판의 화살표 방향을 따라가니 시멘트 포장도로가 이어지고, 농가와 음식점이 보인다. 산오름 초입에는 온통 빙판으로 덮인 넓은 공터가 있고, 거기에 비닐천으로 바람막이를 한 음식점도 있는가 하면 등산장비를 파는 노점상도 하나 있다. 이곳을 지나는 등산객들이 꽤나 많은 모양이다. 우리 일행도 다른 등산객들처럼 이곳에서 아이젠을 장착하고, 응달에 아직도 녹지 않은 미끄러운 빙판의 산길을 오르기 시작한다.

산은 부드러운 토산이어서 날씨가 맑은 가을 산행에는 최적일 듯싶다. 지금은 한겨울 철이지만 오늘같이 포근한 날씨에 양지바른 길은 녹아서 질척거리고 응달엔 미끄러운 얼음이 아이젠을 벗을 수도 없게 한다. 평지와 급경사가 몇 차례 반복되는 길을 올라간다. 이마엔

구슬땀이 송골송골 맺힌다. 중간에 작은 봉우리에서 잠시 허리를 펴고 바라보니 동쪽에 백운봉과 동북쪽에 용문산의 정상이 구름 속에서 얼굴을 내밀고 있다. 국수역에서 내려 산행을 시작한 지 한 시간이 지난 11시 30분, 땀을 흘리며 힘들게 올라왔는데 그 거리가 겨우 3.8㎞, 곧 형제봉이 나타난다. 우리는 잠시 숨을 돌리고 2.2㎞ 전방에 빤히 올려다보이는 청계산 정상을 향해 다시 발길을 재촉한다.

급경사로 이어지는 길을 40여 분 올라가니 12시 20분, 드디어 658m 청계산 정상이다. 꽤나 넓게 평평히 다듬어진 정상에는 정상석이 두 개 세워져 있는데, 하나는 조그마한 오석으로 또 하나는 커다란 흰 돌로 북쪽과 서쪽에 세워놓았다.

먼저 올라온 등산객들이 삼삼오오 양지쪽에 자리를 펴고 준비해 온 점심을 먹는다. 사진을 몇 컷 찍고 한 바퀴 돌며 멀고 가까운 경치에 도취된다. 정상 부근의 경치도 동쪽과 서쪽은 판이하다. 한낮의 따뜻한 햇볕을 받고 있는 동쪽 비탈의 나무들은 벌써 새봄을 기다리며 가지에 새움이 돋아나게 할 준비를 하고 있는 듯한데, 서쪽 비탈의 나뭇가지들은 아직도 그 가지에 하얀 서릿발을 둘러쓰고 한겨울의 추위에 떨고 있다. 그러나 나무들은 그들이 서 있는 위치를 원망하지 않는다. 봄을 조금 늦게 맞을 뿐이고, 겨울 추위의 고통을 조금 더 길게 인내할 뿐이다. 서쪽 응달에 있는 나무들도 동쪽 양지의 나무들처럼 일 년에 한 번은 잎을 피우고, 꽃을 피우고 열매를 맺는다. 그리고 더 천천히 단단하게 자라서 더 귀한 곳에 재목으로 쓰이기도 한다.

사진을 몇 장 찍고, 우리도 햇볕이 밝은 곳에 자리를 잡고 가져온 먹을거리들을 펴놓는다. 보온병에서 따르는 따끈따끈한 오미자차와 잣죽, 검은깨를 입힌 주먹밥에 약식과 빵, 찐 고구마에 야콘, 농익은 홍시, 쑥 인절미까지 그야말로 진수성찬에 집에서 담근 오디술, 복분자술, 노간주나무 열매술, 거기다 위스키까지. 준비해올 음식을 미리 약속한 것도 아닌데, 네 사람이 각기 다른 술과 음식을 준비해왔다.

모두들 이렇게 정성껏 준비해준 부인들에 대한 고마움을 이야기하며 기분이 좋아 얼큰하게 취할 정도로 마시며 포식을 했다. 하산길은 다시 형제봉을 거쳐, 부용산을 지나 양수리로 잡았으니 올라온 길보다 내려갈 길이 훨씬 멀다. 1시쯤 일어나 하산을 시작한다.

형제봉까지는 올라갔던 길을 되짚어 내려오는 길이지만, 형제봉에서 부용산으로 향하는 길은 표지판을 보고 따라간다. 경사진 길을 조심조심 내려오니 콘크리트로 포장된 넓은 임도가 나타난다. 포장도로 위에 녹다 다시 얼어붙은 눈 위를 걷는 우리들 네 사람의 발자국 소리가 마치 대부대의 행군 시에 들리는 소리처럼 사각사각 요란하다.

임도에서 다시 좁다란 등산로를 따라 부용산을 오른다. 658m의 청계산 정상에서 2시간 가까이 내려왔다가 다시 366m의 부용산에 오르는 길은 왜 이리도 힘이 드는가? 진땀을 뺀다는 말이 있지만 이런 상황을 두고 하는 말인가 보다. 오후 3시 40분 드디어 부용산 정상에 섰다. 산이 푸르고 강물이 맑아 마치 연당(蓮堂)에서 얼굴을 마주하고 쳐다보는 것 같다고 하여 부용산이라는 이름이 붙여졌다는 것이다.

부용산 정상은 어떤 집안의 묘역이 조성되어 있을 정도로 넓은 평지가 있고, 그 앞 언덕 끝에는 누구나 무료로 볼 수 있도록 망원경을 설치해 놓은 넓은 전망대도 세워져 있다. 묘역에 앉아 쉬다가 망원경에 눈을 붙여보니 두물머리와 강 건너 검단산도 눈앞에 다가온다. 10분 정도의 휴식을 취하니 조금은 피로가 풀리는 듯하다. 다시 하산길을 서두른다.

부용산에서 양수리 쪽으로 하산하는 길은 이제 오르막길은 없다. 내려오는 길에 표지판이 안내하는 대로 하계봉을 우회하는 길을 따라 양수리에 내려오니 오후 5시 15분, 6시간 45분의 힘든 산행을 마치는 순간이다. 오르막길에서 그렇게 힘들던 피로가 내려오면서 다소 회복된 듯 평지를 걷는 발걸음이 가볍다. 모두들 점심을 잘 먹어서인지 배가 고프지는 않다고 말했지만, 양수리에서 모교의 선배님이 운영하는 연밭 식당에서 간단히 저녁을 먹고, 연잎차의 은은한 향기를 안고 6시 33분발 서울행 전철을 탔다.

태백산

2010년 1월 26일

태백산 주목 잎에 눈꽃이 곱다 하며
다정한 벗님네들 설화 구경 가자기에
눈꽃축제 때맞추어 장군봉에 올랐건만
눈꽃은 간 곳 없고 잎만 더욱 푸르더라.

1월 21일 청계산과 부용산을 종주했던 동창산악회 회원 4명은 그날 산행을 마치면서 김명환 교수가 '태백산 주목 잎에 피어난 설화와 잡목 가지 위에 얼어붙은 상고대의 환상적인 모습을 눈꽃축제가 열리고 있는 때에 맞추어 보러 가는 것이 어떻겠느냐'는 제의에 모두 찬성, 5일 후인 오늘 다시 모이기로 했었다. 교통편의는 한백산악회의 눈꽃산행에 편승할 수 있도록 김 교수가 협조를 얻어냈다.

2010년 1월 26일 아침 7시 30분, 양재동 서초구민회관 앞을 출발한 버스가 동서울톨게이트를 빠져나와 남원주를 지나 신제천 휴게소에서 잠시 쉬었다가 영월, 상동을 지나 화방재 아래 사길령 제2매표소 입구에 도착한 시각이 오전 11시. 버스에서 내려 콘크리트 포장도로를 따라 5분쯤 걸어가니 사길령 제2매표소가 나타난다. 모두들 아이젠을 장착한 후, 완만한 능선으로 이어지는 3㎞ 정도의 낙엽송지대의 눈길을 올라 유일사 쉼터에 도착하니 12시 20분. 잠시 숨을 돌리고 있는데, 유일사 매표소에서 올라오는 100여 명의 단체 등반객들이 꾸역꾸역 올라와 대혼잡을 이룬다.

오는 도중 한백산악회 등반대장이 '오늘은 주중이어서 오르는 길이 혼잡하지 않을 것' 이라던 예측은 완전히 빗나가고 말았다. 그들을 앞세워 보내기 위해 잠시 숨을 돌리며, 450m 거리에 위치한 유일사에 들르고도 싶었지만, 같이 온 일행들과 하산 시간을 맞추기 위해서는 그냥 지나칠 수밖에 없다. 여기서 주목 군락지를 거쳐 천제단이 있는 장군봉까지는 1.7㎞이다. 다시 미끄러운 눈길을 걸어 올라가다 뒤를 돌아보니 건너편에 하얀 건물(방송국 중계소)을 머리에 이고 있는 함백산(1,573m)이 가까이 보인다.

주목군락지의 환상적인 설화를 보고, 또 사진으로 담아 오기를 얼마나 기대하고 왔었는데, 날씨 때문인가? 아니면 수많은 등반객들의 뜨거운 열기 때문인가? 눈꽃축제 기간을 무색하게, 기대했던 설화는 아무데서도 볼 수가 없고, 천년의 세월 동안 이 태백산(太白山)을 지켜왔고, 다시 천년의 풍상을 이겨내며 여기 남아 있을 고목의 작은 가지에 피어난 푸른 잎만이 독야청청 고고한 그 기상을 오히려 돋보이게 하고 있다.

사진을 몇 장 찍고 올라가니 오후 1시 정각에 드디어 태백산 정상. 태곳적부터 오늘에 이르기까지 나라의 태평과 백성들의 안녕을 빌기 위해 하늘에 제사를 지내던 천제단. 아하! 장군봉은 어디이며 천제단은 어디인가? 작은 제단을 쌓아놓은 옆에 천제단이라는 표지판을 세워놓은 작은 봉우리가 있는가 하면, 200여m 건너편 봉우리에는 제단 안에 '한배검' 의 비(碑)를 세워놓고, 제단 아래에는 커다란 돌기둥으로 태백산 비석을 세워놓았으니 이곳이야말로 장군봉의 천제단일레라.

점심시간, 마음 같아서는 반재 쪽으로 60여m 더 내려가서 망경사 입구에 있는 한국명수 100선 중 으뜸인 용정의 물을 마시며 점심을 먹고, 단종대왕을 모신 단종비각과 망경사 경내도 돌아보고 싶었지만, 우리가 정한 코스와는 방향이 맞지 않고, 되돌아와서 가려면 시간의 제약 때문에, 그냥 정상 바로 아래 철쭉 군락지 사이에 자리를 펴고 점심을 먹는다. 망경사는 신라시대의 자장율사가 창건했으며, 용정은 우리나라에서 가장 높은 곳에 위치하고 있는 샘물이며 개천절에 올리는 천제(天祭)의 제수(祭水)로 쓰인다고 한다.

오후 1시 37분, 점심을 끝마치고 다시 햇볕에 녹은 눈이 미끄러운 정상 남쪽 경사진 길을 조심조심 내려간다. 여기서부터 단군 할아버지의 아들산이라고 하는 부쇠봉(1,547m)을 지나고, 또 문수봉(1,517m)과 소문수봉을 지나 축제가 열리고 있는 당골 광장까지 남은 거리가 7.6㎞. 하산 시간 오후 4시까지 가야 할 여정이다. 태백산은 1,567m의 고산이지만, 경사가 심하지 않아 겨울철 산행에도 위험도가 높지 않으며, 누구나 그다지 힘들이지 않고 등반할 수 있는 좋은 산이다.

문수봉과 소문수봉 정상은 크고 작은 수많은 너덜바위들로 이루어져 있다. 태백산 전체가 표면에 바위가 거의 없는데, 유독 여기에만 어디에서 가져다 놓은 듯이 바윗돌이 많을까? 문수봉 정상에는 어떤 처사가 쌓았다는 돌탑이 우뚝 서 있다. 탑을 쌓는 것은 바로 정성을 쌓아 올리는 것이다. 간절한 기원을 담은 정성 없이 어떻게 이렇게 많은 돌을 날라다 정교한 탑을 쌓을 수 있겠는가? 피로한 다리를 쉬게 하면서 주변의 경관을 사진에 담으면서 탑을 세운 사람의 마음도 함께 담는다.

축제가 열리고 있는 당골 광장을 돌아 내려와 저녁을 먹기로 한 청솔식당을 찾았다. 정해진 하산 시간보다 10분쯤 빨리 내려온 셈이다. 저녁 식사는 시레기 두부된장국이다. 가벼운 저녁 식사를 마치고, 5시 15분에 서울을 향해 출발하는 버스에 오르니 4시간 30분간 태백산에서 받은 신선한 기운이 몸속의 노폐물을 다 씻어낸 듯, 기분 좋을 만큼 신선한 피로가 몸을 감싼다.

광덕산

문화의 향기를 찾아가는 산행

2010년 3월 14일

매화 옛 등걸에 봄철이 돌아오니
옛 피던 가지에 피음직도 하다마는
춘설(春雪)이 난분분(亂紛紛)하니 필똥 말똥 하여라

봄이 오는 것을 시샘이라도 하는 듯, 엊그제 그렇게 많은 눈이 내렸건만, 역시 봄은 봄인가 보다. '봄눈 녹듯 하다'는 말처럼 아파트 단지에 많이 쌓였던 눈이 이삼 일 만에 다 녹아버리고, 양지쪽에 서 있는 산수유가지에는 벌써 노란 꽃망울이 부풀어 오르고 있다. 지금쯤 남쪽 지방에서는 매화꽃, 산수유꽃이 활짝 피었을 법도 하다.

모처럼 친구들과의 산행 약속이 없는 휴일이어서 전부터 생각하고 있던 광덕사(廣德寺)가 있는 천안의 광덕산(廣德山)을 향해 혼자서 집을 나섰다. 마음이 통하는 친구들과의 산행은 이런저런 세상 돌아가는 이야기며, 나이 들어가면서 가끔씩은 느껴보는 당혹스러운 변화에 대한 이야기들을 스스럼없이 주고받으며 서로의 스트레스를 풀어줄 수 있어서 참 좋다.

그러나 혼자서도 사색을 즐기며 사찰이나 유적지를 찾아가서 선인들의 향기를 느껴볼 수 있는 조용한 산행도 버릴 수 없는 소중한 즐거움의 하나다. 언제부터인가 점점 감각이 무디어져서 좋은 것, 아름다운 것들을 여유롭게 바라보지 못하는 내 마음에, 나는 다시 신선한 바람을 불어넣어 주어야 할까 보다.

광덕산은 충남 천안시 광덕면과 아산시 송악면에 걸쳐 있으며, 해발 699m로 그렇게 높은 산은 아니지만, 신라 선덕여왕 때(서기 637년) 자장율사에 의하여 창건된 유서 깊은 광덕사를 품에 안고 있는 태화산(泰華山)이라고도 불리던 산이다.

광덕사에는 필자의 파조(派祖)이신 효령대군(孝寧大君)께서 사경(寫經)하신 부모은중장수태골경합부(父母恩重長壽胎骨經合部)가 국가 보물 제1247호로 지정되어 보전되어 있고, 그 유래비(由來碑)를 광덕사, 청권사, 광덕사신도회가 합심해서 대웅전 단 아래 세웠다는 기사를 본 기억이 있어서 한번 찾아가고 싶던 터였다.

전철을 타고 천안역까지 가서, 다시 광덕사까지 가는 시내버스를 타기 위해, 천안 역전의 시내버스 정류소까지 가니, 한 시간에 두 번 다니는 600번 시내버스가 막 떠나버렸다. 30분을 더 사람들이 오가는 길가 정류장에 우두커니 서서 기다리기가 무료할 것 같고, 시간도 충분할 것 같아서 꽤나 먼 거리에 있는 버스터미널까지 걸어가서 버스를 탔다.

광덕사 입구 주차장에 내리니 벌써 12시가 넘었다. 종점에 있는 유료 주차장 말고도 넓은 주차장이 도로 양쪽에 있었는데, 승용차들이 가득 차 있는 것을 보니 오늘 산행길도 수월찮게 번잡할 듯하다. 주차장에서 북쪽으로 보이는 일주문을 향해 길 오른쪽으로 흐르는 개울을 따라 걸어가니, 세워진 지 오래되지 않은 듯이 보이는 두 개의 비(碑)가 내 눈길을 끈다. 카메라를 들고 가 사진을 찍고 자세히 들여다보니, 이 지방의 특산물인 호도(胡桃)의 전래 사적비와 전래자인 고려시대의 유청신(柳淸臣) 공의 공적을 새긴 비였다.

비 뒷면에 1290년 고려 충렬왕 때 공이 청나라에 사신으로 갔다가 돌아오면서 묘목과 열매를 들여와, 묘목은 광덕사 경내에 심고, 열매는 자기 고향 집에 심은 것이 우리나라에 호도나무가 전래된 시초라고 한다.

호도를 원료로 한 호두과자가 지금은 이 지방의 특산물이 되었고, 지역 주민들의 큰 소득원이 된 것에 대하여 그분의 공적을 문익점의 목화씨 전래에 비견할 만큼 크게 기려 후세에 전하기 위해 비를 세운 것 같다.

출발 전에 인터넷에서 산행 지도를 미리 뽑아가기는 했지만, 안내표지판이 일주문 앞에서 반갑게 내게 다가온다. 산을 오르기 전에 안내표지판을 보고 오늘의 코스를 다시 정한다.

주차장에서 일주문을 지나 광덕사까지 약 500m 거리는 아스팔트 포장도로가 깨끗하게 정비되어 있다. 산에 오를 사람들은 이미 다 올라갔는지 생각보다 사람이 많지 않아 한적한 편이다. 나처럼 처음 찾아오는 사람도 누구나 쉽게 목적지를 찾을 수 있도록 표지판이 중간중간 잘 부착되어 있어서 전에 다녀간 곳처럼 망설임 없이 목적지를 향해 발길을 내딛는다.

광덕사로 들어가기 전에 우측으로 雲楚 김부용(金芙容)의 묘로 들어가는 표지판이 있고, 오른쪽 길가에 그녀의 시비(詩碑)가 세워져 있다. 길 오른쪽에 천불전, 왼쪽에 최근에 세운 듯 하얀 석탑이 있고, 건너 산등성이에 산신각이 보인다.

길옆 잔디광장에서는 한 무리의 산악회 회원들이 시산제(始山祭)를 올리고 있었고, 부용묘 쪽으로 가는 길에는 젊은 부부가 나이 어린 남매를 데리고 천천히 올라가고 있을 뿐이다. 이 길에 오가는 사람이 없는 것을 보니, 광덕산을 찾는 대부분의 사람들이 장군바위 길로 올라가서 능선을 따라 정상으로 갔다가 정상 길로 하산하거나, 반대로 정상 길로 올랐다가 장군바위 길로 하산하는 모양이다.

광덕사 입구 갈림길에서 20분쯤 걸려 부용묘를 찾으니 비는 세워져 있지만 생각보다 초라해 보였다. 전에 부안의 매창묘를 찾아보았는데, 그곳은 묘도 아주 잘 조성되었을 뿐 아니라, 그녀의 많은 시(詩)를 좋은 돌에 새겨 세워, '매창뜸' 이라는 공원으로 꾸며져 있었던 것에 비하면 너무 비교가 되었다.

이 묘는 소설가 정비석(1911년~1991년) 씨가 1977년 『명기열전』을 쓸 당시, 실전된 부용묘를 찾아내 봉분을 만들고 또 비문까지 직접 써서 한국문인협회 천안지부와 함께 비를 세웠다고 한다.

雲楚 김부용은 황진이, 이매창과 함께 조선시대의 3대 기녀 시인으로 많은 시를 남겼다. 그녀는 1812년 평안도 성천에서 가난한 선비의 딸로 태어났으나 일찍 부모를 잃고, 숙부에게서 글을 배웠지만 불우한 운명은 그녀를 기생이 될 수밖에 없도록 했고, 그로 인해 김이양(金履陽)이라는 훌륭한 후원자를 만나게 되었는지도 모른다.

77세의 淵泉 김이양과 19살의 雲楚 김부용의 아름다운 사랑 이야기는 그녀가 남긴 많은 시(詩)만큼이나 후세 사람들이 아름답게 기억하고 있다. 그녀가 남긴 많은 시 중에서도 가장 아름다운 「부용상사곡」이라는 보탑시(寶塔詩)가 있는데, 이 시는 부용을 평양에 남겨놓고 한양으로 떠난 연천을 그리며 또 원망하며 쓴 편지시이다. 김이양 대감이 90세에 세상을 떠나 고향 광덕산에 묻히자 그녀는 김이양 사후 17년 동안 수절하며 49세까지 살다 죽음에 이르러 유언으로 김 대감의 산소에 같이 묻히지는 못하더라도, 그의 묘소 아래에 묻어달라는 유언을 남기고 갔다. 그 후 150년의 세월이 흐르는 동안 1977년에 그녀의 묘소를 아는 이 없었지만 소설가 정비석 씨에 의하여 그녀에 관한 여러 문헌과 이 지역 주민들의 입을 통해 전해 내려오는 이야기를 참고로 그녀의 묘를 다시 찾아 봉분을 만들고, 비를 세우기에 이르렀다.

초라한 그녀의 무덤가에 홀로 서 있으니 덧없는 인생이 서글퍼진다. '무심히 떠도는 구름도 여기서는 잠시 머무르는 듯, 소복(素服)한 백화(白花)는 한결같이 슬프게 서 있고, 눈물 머금은 초저녁달이 중천에 서럽다' 고 쓴 정비석 씨의 수필 한 대목을 생각하면서 왔던 길을 되짚어 내려와 광덕사로 들어갔다.

절 입구에는 보호수로 지정된 수령이 400년이라는 커다란 호도나무가 큰 가지를 계단 위로 뻗고 서 있고, 대웅전 마당에는 충청남도 유형문화재 제120호 광덕사삼층석탑(신라 탑의 양식을 계승한 고려 시대의 것으로 추정)과, 필자가 찾고자 했던 국가 보물 제1247호로 지정된 효령대군(孝寧大君)의 사경(寫經) 부모은중장수태골경합부(父母恩重長壽胎骨經合部) 유래비(由來碑)가 대웅전으로 들어가는 길 양편에 세워져 있다.

부모은중장수태골경합부 유래비를 살펴보고 사진을 몇 장 찍은 후 광덕사 대웅전을 나오니 벌써 오후 1시가 넘었다. 부지런히 등산로를 따라 올라가니 곧바로 오른쪽 장군바위로 가는 길과, 왼쪽의 정상으로 올라가는 삼거리가 나타난다. 오른쪽 장군바위 쪽 길을 택해 올라가는데 하산하는 사람들이 많아진다.

날씨가 아침보다 흐려지더니 가끔씩 빗방울이 떨어지기 시작한다. 예보에 오후 늦게 약간의 비가 내린다고 했는데, 은근히 걱정이 되었으나 비가 이내 그쳐주어서 다행이다. 30분쯤 올라가니 산 중턱에 민가 몇 채가 있고, 박씨 샘이 거기 있었다. 박씨 샘물을 한 바가지 받아 마시고, 가파른 경사 길을 올라간다. 산은 토산이어서 발바닥에 느껴지는 촉감이 좋다.

오후 2시 23분 장군바위에 올라가니 갑자기 빗방울을 동반한 차가운 바람이 몰아치기 시작한다. 정상까지 1.3㎞는 곳에 따라 질척거리거나 남아 있는 잔설이 꽤나 미끄러운 능선길이다. 오후 2시 50분 정상에 도착하니 발아래 펼쳐져야 할 크고 작은 봉우리들이 운해 속에 숨어버렸다. 막걸리를 팔던 상인도 보따리를 싸는 것을 보니 찬 비바람 때문에 등산객들이 막걸리를 마시지 않는 모양이다. 사진 한 장을 찍고 서둘러 하산한다.

정상 길을 따라 내려오는 길은 가파르기는 하지만, 손이 시리도록 세차게 불어닥치던 바람이 잦아들어 다행이었다. 오후 3시 40분 다시 광덕사 주차장에 내려와, 20분을 더 기다려서야 천안역으로 가는 시내버스를 탈 수 있었다. 오늘의 산행은 짧은 시간에 많은 것을 얻어 안고 가는 흐뭇한 기분이다.

오대산

2010년 5월 30일

어제 원주의 김명환 교수로부터 오대산에 다녀오자는 연락을 받았다. 6월 6일로 예정된 동창산악회의 한라산 등정을 앞두고 예비훈련으로 오대산에 올라가자는 얘기다. 늘 산 오르내리기를 생활화한 김 교수이니 훈련은 나를 걱정하여 한 말일 것이다.

근래 같이 산행한 지도 오래되었을 뿐만 아니라, 오대산은 내가 가보고 싶다는 마음만 먹고 있으면서 실행을 못 하고 있던 것을 누구보다 잘 알고 있었으니 지리산, 한라산, 설악산 등 모든 나의 초행 산길을 안내했듯, 오대산에도 스스로 길잡이가 되어주려는 나에 대한 그의 배려라는 것을 나는 잘 알고 있다.

아침 6시 10분 동부터미널에서 출발하는 원주행 버스를 타고 1시간 30분을 달려 원주에 도착하니 아침 8시 40분. 시간을 맞추어 마중 나와 있던 친구가 운전하는 승용차가 영동고속도로를 달려 진부 인터체인지를 빠져나와 오대산 국립공원 매표소를 지나 상원사 관대걸이 주차장에 도착한 시간이 아침 9시 15분을 넘었다.

아침 9시 20분쯤 상원사의 관대걸이 주차장에 차를 세운 뒤, 천천히 상원사를 둘러보고, 계곡에 흐르는 물소리를 들으며 중대사자암을 거쳐 멀리서 들려오는 목탁 소리와 염불 소리를 들으며 적멸보궁에 오르는데, 갑자기 시끄러운 매미의 울음소리가 요란하다. 벌써 무슨 매미 소리? 의아히 생각하면서 계단을 올라가니 전기톱으로 돌을 자르는 소리가 멀리서 요란하게 울어대는 매미 소리로 들렸던 것이다. 역시 이 높은 산 속의 암자에서도 공사의 소음이 적막한 산사의 정취를 빼앗고 있었다.

여기서 비로봉은 1.5㎞다. 적멸보궁을 뒤로하니 한가로운 산이 우리를 안아주려는 듯 그 풍성한 가슴을 내민다. 서울 근교의 산들은 일요일뿐만 아니라 주중에도 올라가고 내려오는 사람들 때문에 여간 번거롭지가 않는데, 서울에서 멀어서인지 주말인데도 한가로운 편이다. 낮은 산에서는 이미 다 지고 말았을 꽃들이 여기서는 한창이다. 철쭉의 일종인 구봉화가 여기저기에서 예쁜 분홍빛 자태를 뽐내고 있었다. 당나라 시인 백거이(白居易)가 깊은 산사에서 늦게야 핀 복사꽃을 보고 지나간 시간을 다시 찾은 듯 반가워하며 쓴 시가 생각나서 여기 옮겨본다.

大林寺桃花　　대림사의 복숭아꽃

백거이

人間四月芳菲盡　속세에는 사월이라 꽃이란 꽃 다 졌는데
山寺桃花始盛開　산사의 복사꽃은 이제 한창 만발했네.
長恨春歸無覓處　가신 봄을 찾을 길 없어 한탄하고 있었더니
不知轉入此中來　어느 사이 이곳으로 들어왔었네.

땀을 흘리면서 올라오다 보면 여기저기 아름다운 것들이 산재해 있다. 자연은 자기가 처해 있는 곳에서 모든 것에 순응하며 자기가 할 일을 시간에 구애받지 않고 말없이 이어가고 있다.

오전 11시 18분, 드디어 1,563m의 비로봉 정상에 섰다. 사방을 둘러보면서 불어오는 시원한 바람에 땀을 식힌다. 사진을 몇 장 찍고, 발아래 펼쳐지는 풍광을 내려다보면서 올라올 때의 힘들었던 기억은 다 잊어버린다. 이런 맛에 벅찬 숨을 몰아쉬면서 정상을 향해 힘들게 올라온다.

사방에 펼쳐지는 경치에 매료되어 비로봉 정상에서 마시려고 준비해간 매실주를 마시는 것도 깜박 잊어버렸다. 상왕봉을 향해 내려오다가 그때에야 생각이 났다. 상왕봉 아래에서 그늘을 찾아 자리를 잡았다. 12시가 지났으니 점심을 겸해서 준비해간 음식을 안주 삼아 매실주를 한 잔씩 나누며 피로를 푼다. 땀 흘린 뒤에 산정에서 마시는 한 잔의 술맛은 아는 사람만이 알 것이다.

점심 후 충분한 휴식을 취하니 오후 1시가 넘었다. 두로봉으로 가는 것을 접고, 북대미륵암 쪽으로 길을 잡아 천천히 내려오니 자동차가 다닐 수 있도록 잘 다듬어진 임도가 나온다. 표지판에 상원사의 관대걸이 주차장까지 5.5㎞라고 적혀 있다. 김 교수는 임도를 따라가는 것보다 등산로를 찾아가는 것이 좋겠다고 한다. 마침 지나가는 동물보호 관리소의 차량이 있어 물어보니 등산로는 폐쇄되어 다닐 수 없으니 임도를 따라가란다. 할 수 없이 인도를 따라 내려오니 시간은 오후 3시 50분. 주차장에 도착하여 차에 오르니 한라산 등정을 위한 오늘의 훈련은 훌륭히 마친 셈이다.

지리산 3

2010년 11월 2일

아침 6시 50분, 양재역을 출발한 버스가 11시 40분이 다 되어서야 지리산 성삼재에 도착하였다. 김태병, 박홍근, 박수문 동문들과 함께다. 남원의 산내면을 지나면서부터 올라가는 도롯가에 주차되어 있는 차들 때문에 내려오는 차들을 비켜 올라가느라 시간이 많이 지체되었다. 벌써 주차장이 만차가 된 모양이다. 교통정리 하는 경찰이 있지만 도로변의 불법주차 단속은 할 생각을 못 하고 있는지 아예 허용하고 있는지 알 수가 없다. 버스는 도저히 앞으로 나아갈 수가 없어 주차장을 300m쯤 남겨두고 모두들 버스에서 내려 산행을 시작한다.

성삼재에서 노고단으로 올라가는 길가의 잡목들은 벌써 홀가분하게 옷을 벗어버리고 서 있다. 11시 40분에 성삼재 주차장을 통과하여 20분쯤 걷다가 화엄사 쪽에서 올라오는 코재 위에 전망 좋은 곳에서 잠시 땀을 닦는다. 뒤쪽에 보이는 노고단, 남쪽으로 멀리 섬진강의 흐름이 희미하게 눈에 들어온다.

노고단으로 가는 길은 국립공원 관리공단의 직원들이 자동차를 운행할 정도의 잘 다듬어진 넓은 길이다. 노고단 대피소에는 등산객들이 활용할 수 있는 취사장은 물론, 화장실 등의 시설이 잘 갖추어져 있다. 성삼재에서 노고단까지는 천천히 걸어서 45분이 소요된다. 성삼재를 출발하여 1시간 50분 정도 소요되어 임걸령에 가기 직전 삼거리에서 피아골 가는 길로 들어선다.

피아골 삼거리로 접어들어 조금 내려오다 점심을 먹는다. 오후 3시 9분 피아골 대피소에 도착, 피아골 대피소 아래 계곡에 단풍이 곱게 물들었고, 시원한 물이 소(沼)를 채운다.

피아골 대피소를 지나 내려오는 출렁다리 주변의 단풍도 아름답다. 피아골이란 이름은 피밭골(稷田)에서 유래되었다지만, 그보다 6 · 25 전쟁 이후 빨치산들이 마지막까지 기거하던 곳으로 우리에게 더 잘 알려진 곳이다. 내려오는 길에 시간이 없어 연곡사에는 들러보지 못하고 입구에서 일주문의 사진만 찍었다. 세 번째 지리산 산행 중에서 가장 짧은 코스였다.

눈보라 속의 지리산

2008년 2월 25일

崇古한 山의 Esprit는
모두 이 山頂에 集約되어 있고
象徵되어 있다.
— 하여 神은 거기에 내려오고
사람은 거기 오른다.

— 신석정, 「지리산(智異山)」 서시

제17대 대통령 취임식이 있던 2월 25일, 오랫동안 마음속에 품어 왔던 지리산 종주를 결행하기로 계획을 세웠던 터라, 밤 10시 50분 용산역에서 출발하는 무궁화호 열차를 타기 위하여 집을 나설 때, 오는 봄을 시샘이라도 하듯 가벼이 바람에 흩날리던 눈발이 버스에서 내리니 진눈깨비로 변했다. 동행할 친구는 백두대간을 몇 차례 종주한 경험이 있는 자타가 공인하는 등산의 베테랑 김명환(金明煥) 교수다.

대동강 물도 풀린다는 우수(雨水)가 지난 지도 벌써 일주일이건만 기상대 예보에 의하면 지역에 따라 5㎝ 정도의 눈이 내릴 것이라 했는데,

이 정도의 봄눈은 오히려 우리의 산행에 즐거움을 더해줄 것으로 생각했다.

출발 시간보다 조금 일찍 도착하여 용산역 대합실에서 기다리니 시간에 맞게 친구가 도착했다. 달리는 밤 열차에서 산행 구간을 의논하면서도 친구는 내심 지리산의 날씨가 걱정인 모양이다. 어리석은 사람이 이 산에 머물면 지혜로워진다고 해서 붙여진 이름이 지리산(智異山)이라 했건만 아직 어리석음을 떨쳐내지 못한 탓인지, 나는 이쯤의 눈이 얼마나 대단하랴 싶어 3월부터 4월까지 이어지는 '봄철 산불방지 기간' 의 탐방로 통제가 있음을 기화로 은근히 출발 전에 계획을 미루었으면 하던 친구의 판단을 흐리게 했던 것이다.

새벽 3시 23분 구례구역에 도착하면 역전에서 간단히 해장국으로 조반을 때우고 새벽 4시 30분쯤 구례 버스터미널까지 가는 군내 버스를 이용, 터미널에서 다시 버스로 성삼재까지 이동하여 산행을 시작하는 코스를 성삼재—노고단 대피소—임걸령—토끼봉—연하천 대피소—백소령 대피소—세석 대피소—장터목 대피소—천왕봉—대원사로 잡고, 벽소령 대피소에서 일박을 하기로 결정했다.

그런데 막상 구례구역에 도착하고 보니 우리의 계획에 차질이 생겼다. 택시기사의 말에 의하면 역전의 식당들이 4월까지는 새벽 영업을 하지 않는다는 것이다. 우리가 얻은 정보는 토막 정보에 불과했던 것이다. 거기에다 오늘 새벽에 성삼재로 가는 모든 차량이 눈 때문에 통제되었단다. 잠시 망설이고 있다 친구가 결단을 내렸다.

화엄사 쪽은 운행이 가능한지를 물으니 택시기사는 화엄사 뒤쪽 영지암까지는 택시가 갈 수 있다는 것이다. 친구의 결정은 빨랐다. 시간은 조금 더 걸리고 어둠 속에서 눈 쌓인 가파른 길을 올라야 하는 어려움만 각오하면 문제는 해결이란다. 성삼재에서 노고단 대피소까지는 평탄한 길이지만 화엄사에서 노고단 대피소까지 가는 길은 좀 힘이 들 것이라는 얘기다. 일단 결정을 했으니 새벽 눈길을 오르자면 속을 따뜻하게 다스려야 한다며, 이 시간에 문을 여는 식당이 있는 구례읍까지 택시로 간다.

구례로 가면서 김 교수가 구례구역(求禮口驛)에 대한 이야기를 하였다. 구례구역이라는 역 이름을 듣고, 나는 한자로 된 역 이름을 보지 않고 지레짐작으로 새마을호나 KTX가 정차하는 신역이 새로 생겨서, 비둘기호나 무궁화호가 정차하는 옛 역쯤으로 생각하여 신(新), 구(舊) 하는 구자(舊字)를 썼을 것으로 생각했었는데, 의외로 입구(入口)를 의미하는 구(口) 자를 쓴다는 것이다. 택시기사가 끼어들어 설명을 보탠다. 해방 이전에는 그냥 구례역으로 불리다가 해방 후에 구례구역이라는 새 이름이 붙게 되었다는 것이다. 이유인즉 역이 있는 지점이 행정 구역상 구례군 땅이 아니라 순천시의 땅인데, 해방 이후에 순천 사람들이 역 이름을 바꾸어야 한다고 주장하여 구례 사람들과 합의하여 구례로 들어가는 입구라는 뜻의 구(口) 자 한 글자를 추가했다는 웃지 못할 이야기다. 구례를 찾는 세상의 모든 사람들이 누구나 편리하게 이용하는 철도역이지만 내 땅에 있는 것에 왜 네 이름을 썼느냐는 지역 이기주의의 산물인 듯하여 씁쓸한 뒷맛을 남겼다.

진눈깨비가 내리는 새벽 4시쯤 구례읍에 와서 해장국집에 들어가니 먼저 온 등산객 5, 6명이 식사를 하고 있었다. 따뜻한 해장국으로 아침 식사를 서둘러 마친 뒤, 눈 쌓인 산길을 오르기 위한 복장준비를 마무리하고, 대전에서 왔다는 젊은이 두 명과 택시에 합승하여, 화엄사 뒤쪽 영지암 부근까지 가서 내린 시각이 새벽 5시 17분, 구례에서 내리던 진눈깨비는 이제 싸락눈이 되어 내린다. 어두움과 쌓인 눈 때문에 길 찾기가 어려운데, 랜턴과 손전등 불빛을 비추며 등산로를 찾아 조심조심 발길을 옮기는데, 방금 지나간 한 사람의 발자국이 우리를 반갑게 했다.

바스락바스락 길가의 산죽 잎에 싸락눈 내리는 소리, 쪼르륵 돌돌

계곡의 눈 속 얼음 밑에서 가끔씩 방울을 튀기며 물 흐르는 소리와 눈길 위를 걸어가며 우리 네 사람이 만들어가는 사각사각하는 규칙적인 발자국 소리가 하모니를 이루며 산속 여명의 정적을 깨운다.

한참을 앞서간 사람의 발자국을 따라가는데, 친구가 좀 이상하다는 것이다. 발자국이 자꾸 계곡 돌 틈으로 이어지고 있다는 것이다. 그제서야 가던 길을 멈추고 멀리 앞을 바라보니 가히 멀지 않은 곳에서 불빛이 움직인다. 쉬면서 조금 기다리니 길을 잘못 들었다가 되돌아온 사람은 익산(益山)에서 혼자 왔다는 중년의 등산객이다. 전에 지나가본 길인데도 눈 때문에 30분 이상을 고생하다 길을 찾지 못하고 다시 내려온다는 것이다.

다시 본래의 길을 찾아 올라가면서 나는 옛날 우리의 큰 스승이었던 서산대사(西山大師)의 눈 내린 들판을 밟아갈 때에는 모름지기 그 발걸음을 어지러이 하지 말라 오늘 걷는 나의 발자국은 반드시 뒷사람의 이정표가 될 것이리라고 하신 교훈의 글이 생각났다. 가로되,

踏雪野中去하야
不須胡亂行이라
今日我行跡은
遂作後人程이라.

아침 6시 30분이 되니 날이 밝아지고 불빛 없이도 등산로가 보였다. 그러나 길은 올라갈수록 가파르고 쌓인 눈이 점점 많은 것이 우리를 힘들게 하는 줄로만 알았는데, 아무래도 김 교수의 컨디션이 정상이 아닌 모양이다. 자꾸 서 있는 시간이 많아진다. 머리가 어지럽고 숨 쉬기가 갑갑하다는 것이다. 걱정 때문인지 나도 갑자기 몸에 힘이 빠지는 것 같다. 간밤의 수면부족에다 평소와 다르게 새벽에 조반을 서둘러 먹은 것이 탈인 듯싶었지만, 준비해간 소화제는 없고 대신 청심환 한 알을 권했는데, 한참 후에 심한 구토를 하더니

그제야 속이 시원하고 머리도 맑아졌다는 것이다. 안심이 되어서인지 나도 다시 힘이 솟는다.

힘겹게 겨우 능선에 올라서니, 성삼재에서 노고단으로 가는 평평한 도로가 나왔다. 그러나 여기까지 올라올 때 조용하던 날씨가 갑자기 앞을 분간하지 못할 정도로 험한 눈보라를 몰아치기 시작한다. 길은 50㎝가 넘는 바람에 쓸려온 눈이 군데군데를 막아섰고….

그러나 겨울 산행의 즐거움을 위해 선자령을 택했다가 눈이 내리지 않아 아쉬웠던 1월 정기 동문 산행을 생각하며 악전고투인들 이겨내지 못할까 하는 생각으로 눈보라 속을 헤치며 노고단 대피소에 도착하니 아침 8시 15분, 산행을 시작한 지 3시간 만에 편안한 휴식을 취할 수가 있었다. 대피소 수면실에는 우리 말고 두 사람이 쉬고 있었지만 우리는 들어가자마자 잠이 들었다. 얼마쯤 자다가 추위를 느껴 일어나 보니 환기를 위해 창문을 열어놓았던 것이다.

잠시인 듯했는데 2시간을 잤다. 관리자가 청소를 하겠다고 비워달래서 옆에 있는 취사실로 가니 식탁, 식수는 물론 난방도 제공돼 각자 준비해온 식량을 조리해 먹을 수 있어서 몇 사람이 조반인지 빠른 점심인지를 먹고 있었다. 우리는 과일로 갈증을 해소시키고, 한참을 기다려도 날씨가 맑아지지를 않는다. 나는 오늘은 여기서 멈추고 내일 출발하자고 했으나 친구는 연하천 대피소까지 5시간 정도 걸릴 셈 치고 강행하자는 것이다.

대전에서 온 두 젊은이들은 날씨를 더 관망하겠다고 하여 남겨두고, 익산의 중년 친구와 세 사람이 연하천 대피소를 목표로 하고 노고단 대피소의 취사장을 나선 시각이 11시 10분. 그러나 굳은 각오로 출발한 지 5분도 채 되기 전에 세 사람이 동시에 안 되겠다는 말을 토해내고 말았다. 쌓인 눈은 많지 않지만 앞을 볼 수 없을 정도로 몰아치는 눈바람 속에 5시간을 강행군한다는 것이 쉽지 않을 것 같았다.

나도 잠시 이 산에 머물러 있어 조금은 지혜로워졌을까? 무리하지 말고 하산하는 쪽으로 마음을 모으고, 올라온 길보다 멀기는 하지만 위험성이 낮은 성삼재 쪽을 택하여 내려온다. 오늘 우리의 지리산 종주 계획의 실패는 '천왕봉에서 일출을 보려면 3대가 덕을 쌓아야 가능하다'는 변화무쌍한 지리산의 날씨를 감안하지 않은 나의 어리석은 주장에 책임이 있어 친구에게 미안했다.

낮 12시쯤 성삼재 휴게소에 도착하여 따뜻한 난로에 젖은 옷을 말리며, 내려갈 길을 의논한다. 구례까지 가려면 앞으로 이 험한 눈보라 속을 4시간은 걸어야 한다. 곁에서 옷을 말리고 있던 젊은이는 금년에 중학교에 입학할 아들과 함께 어제 승용차로 대전에서 여기까지 왔다가 발이 묶여 지리산 국립공원 관리공단에 내려갈 방법을 문의하니, 마침 공단 직원 한 사람이 오후에 구례에서 체인을 장착하고 올라온다고 하여 오는 길에 체인을 한 벌 사다 달라고 부탁했다는 것이다. 잘되었다 싶어 동승을 부탁하니 안전문제로 걱정스러운 듯하면서도 승낙을 한다.

오후부터 날씨가 풀릴 것이라는 예보에 눈보라는 멈추는 듯하지만, 다시 되짚어 올라갈 엄두는 나지 않는다. 오후 2시가 넘어 도착한 체인을 장착한 후, 시속 10㎞의 저속으로 조심조심 내려오다가 중간에서 쌓인 눈에 차가 움직이지를 못한다. 모두 내려서 쌓인 눈을 치우고 다시 움직이는데, 뒤따라오던 지리산 국립공원 관리공단의 근무자 교대차량이 두 사람만 자기들 차에 옮겨 타라고 친절을 베푼다.

김 교수와 나는 관리공단 차량에 옮겨 타고, 앞차의 뒤를 따라 천천히 내려오면서 관리공단 직원으로부터 방사했던 지리산 반달곰의 생태에 대한 이야기, 그 외 서식 동물들의 겨울나기에 대한 이야기를 재미있게 들었다.

산자락에 내려오니 눈은 언제였더냐 싶다. 길은 깨끗하고 전형적인 초봄의 다사로운 햇볕이 한가로운 도로 위에 내려앉고 있었다.

대전에서 온 젊은이와 익산에서 온 중년의 친구와도 언제 또 산행에서 만날지도 모르겠다는 생각을 하면서 잘 가라는 인사를 하며 헤어졌다. 불과 몇 시간 동안이지만 인적이 드문 곳에서 힘든 길을 동행했다는 것으로 서로 친해질 수가 있는 것이 우리의 정서이다.

화엄사 입구에서 데려다준 관리공단 직원에게 고맙다는 인사를 하고 택시로 구례 버스터미널까지 와서 서울의 남부터미널까지 가는 차표를 사니, 한 시간 정도의 여유가 있다. 부근의 기사식당에서 재첩국에 소주 한 잔씩을 하며 오늘 우리의 실패는 더 멋있는 성공을 위한 한 과정일 뿐이라 자위를 한다. 5월에는 좋은 날을 잡아 지리산 종주를 꼭 성공하자고 다짐을 하며 서울행 버스에 올랐다.

성제봉 1

슬로시티 여행

2012년 4월 20일~22일

별로 스트레스를 모르고 살아온 필자가 요즘은 바쁠 일이 없는데도, 무엇엔가 쫓기듯 가끔 마음이 불안하기도 하고 예전과 다르게 조급해진 마음에 일상에서 여유를 잃어버린 느낌이었다. 이것저것 해야겠다고 마음은 먹었지만, 잡다한 이유로 미루어온 일들이 마음 한구석에 쌓여, 소화되지 않은 음식이 위장에 남아 부담을 주고 있듯이 내 마음에 짐이 되고 있어서인지도 모른다.

이런 때일수록 더 느긋하게 여유를 가져야 한다는 생각을 하고 있던 차에, 가까이 지내는 고교 동문이 마치 이런 내 마음을 읽고 있었던 듯 4월 중에 날을 잡아 2박 3일 일정으로 지리산 남쪽 줄기에 있는 성제봉(聖帝峰, 일명 兄弟峰) 등반을 같이하자고 했다. 또 다른 두 동문이 동행하게 된다는 것이다.

해발 1,115m의 만만찮은 산의 높이도 매력적이려니와, 말 그대로 내게 슬로라이프(Slow Life)가 필요한 때에 가까운 친구들과 함께 원지(遠地) 산행을 할 수 있다는 것은, 뜬금없이 찾아온 만병의 근원이 될 스트레스를 해소할 수 있는 절호의 기회가 되겠다는 생각이 들었다. 더욱이 우리가 2박 3일을 묵을 수 있는 친구의 연고가 있는 악양면 봉대리는 소설 『토지』의 무대가 되었던 평사리와 인접한 곳이다. 평사리는 몇 해 전에 슬로시티(Slow City)로 지정된 곳이기도 하다.

산행 후, 느긋하게 최근에 조성했다는 소설 속의 '평사리 마을' 도 둘러보고, 요즘이 제철인 하동의 벚굴과 재첩국도 맛볼 수 있으며, 특히 향이 좋은 자연산에 가까운 재배한 산 두릅도 손수 채취할 수 있다는 말에 설레는 마음으로 출발할 날을 기다리고 있었다.

우리 일행에게는 초행인 성제봉은 경남 하동군 악양면과 화개면에 자리 잡고 있으며, 우뚝 솟은 두 개의 봉우리가 우애 깊은 형제와 흡사하다고 해서 붙여진 이름이라고도 하는데, 성제는 형제의 경상도 사투리이기는 하지만 한자로 표기한 성제(聖帝)는 형제(兄弟)와는 전혀 뜻이 다르다. 산 이름이 두 개가 된 유래는 정확히 알 수가 없으나, 형제(兄弟)의 이 지역 사투리인 성제를 한자로 표기할 때, 형제로 표기했어야 할 것을 발음 되는 성제의 좋은 글자를 찾아 성제로 표기하다 보니 두 개의 이름을 갖게 되지 않았을까 싶기도 하다.

슬로시티로 지정한 평사리 마을

한국에도 불기 시작한 슬로시티 운동은 1999년에 파올로 사투르니니(Paolo Saturmini)라는 이탈리아의 작은 도시 그래베 인 키안티(Greve in Chiantti)의 시장이 선언하면서 시작되었는데, 맥도날드와 같은 패스트푸드(Fast Food)나 백화점, 공장, 대형할인점 등이 자기 도시에 들어와, 자기 마을이 큰 도시와 거대자본에 예속되는 것을 막고, 삶의 방식을 '느리게' 로 바꾸어 자기 지역을 자기들만의 전통적인 슬로푸드(Slow Food)로 식생활 문화를 지키고, 유유자적하고 풍요로운 마을로 남게 하여 진정한 평화와 휴식이 있는 지역의 전통적 가치를 높였다. 느리게 먹고 느리게 살기 운동으로 시작된 이 '느림의 철학' 운동이 유럽을 비롯하여 세계적으로 확산되었다.

2007년 아시아에서 최초로 완도의 청산도, 담양의 삼지대 마을,

신안의 증도, 장흥의 반월마을에 이어 하동의 평사리 등이 이 운동에 참여하게 되었는데, 지금은 참여하는 마을이 차츰 증가하고 있어 만시지탄(晩時之歎)의 감을 느끼게 한다.

우리 사회에 만연되어 있는 빨리빨리 문화가 우리의 뒤떨어졌던 경제성장에는 어느 정도 기여한 부분도 있지만, 그 경제성장은 부익부 빈익빈을 심화시키는 결과를 초래하였고, 미풍양속과 겸양의 미덕은 하찮은 것이 되어버렸다.

남을 배려하기보다는 다정해야 할 이웃이 모두 경쟁 상대가 되어 경계하는 사이가 되고 말았다. 정치를 하는 사람들부터 일반 서민들까지 모두가 자기 이익을 먼저 챙기려는 이기적인 마음뿐이다. 빈부 간, 세대 간, 지역 간의 갈등은 우리 사회를 불신과 갈등이 깊어진 삭막하고 피곤한 사회로 만들고 말았다.

얼마나 많은 사람들이 스트레스성 질환을 앓고 있는 현실인가 깊이 생각해야 한다. 이러한 힘든 세상을 누구나 살 만한 세상으로 바꿀 수 있는 운동이 바로 이 '느림의 철학'이 아닌가 한다.

4월 20일 하동을 향해 출발

오후 3시, 전철 1호선 구로역 광장에서 출발하기로 한 시간에 맞춰 4명의 동문이 모두 모였다. 내일부터 전국적으로 많은 양의 봄비가 내린다는 일기예보에 걱정스럽기는 했지만, 어젯밤 설레는 마음에 잠을 설쳤다는 한 친구의 이야기에 필자도 50년이 훨씬 더 지난 학창 시절 소풍을 떠나던 설렘으로 승용차에 올랐다.

정안 휴게소에서 잠시 휴식을 취하고, 다시 전주에서 순천으로 가는 고속도로를 따라 남원과 임실을 지나, 오수 휴게소에서 한차례 더 쉬고, 4시간쯤 걸려 구례에 도착하니 오후 7시 반쯤, 흐린 날씨 탓인지 벌써 어두워졌다. 상점에 들러 2박 3일 동안 우리가 마실 소주와 안줏거리를 사 차에 싣고, 화개장터를 지나 밤길을 더듬거리며 평사리를 찾아가니 우리가 머무를 숙소의 집주인이 마중 나와 있었다.

평사리 무딤이 들판

우리가 묵을 집은 평사리의 무딤이 들판을 사이에 두고 성제봉에서 섬진강까지 두 팔로 감싸듯 양쪽으로 뻗어 내린 산자락 오른쪽에 자리하고, 들판 건너편 산자락에는 악양 면사무소가 있다. 차에서 내려 집 안으로 들어가는데 벌써 가는 빗방울 소리가 들리기 시작한다.

오늘 밤과 내일은 남부지방에 100㎜ 정도의 비가 내릴 것이라지만, 내일 비가 오는 것은 내일의 일이다. 우리에게 오늘은 우선 허기진 배를 푸짐하게 준비된 식탁의 신선한 산채로 채워야 한다. 집주인에게 신세를 지게 되어서 고맙다며 첫인사를 하는데, 주인도 이런 우리의 사정을 아는 듯, 우리를 곧바로 식탁으로 안내한다.

두릅이며, 엄나무순, 취나물 등 향기로운 산채 정식으로 배를 가득 채운 상태에 또 후식으로 작년 가을에 만들었다가 냉동 보관시켰던 악양 대봉 홍시와 곶감이 나오는데, 모두 배가 부르면서도 사양할 줄을 모른다. 반주로 소주도 몇 잔 나누는데 술보다 산채의 맛과 향에 취하는 듯하다.

4월 21일 등반계획 변경

4월 21일 새벽 5시, 잠에서 깨어 날씨부터 점검하려고 2층 난간에 나가 보니 빗소리는 계속되고, 계곡의 물 흐르는 소리가 어젯밤보다 더 요란해진 것으로 보아 밤새도록 비가 내렸던 모양이다. 성제봉 등반 내일 비가 그친 뒤로 결정했다.

아침 식사를 마치자, 우리의 먹거리를 준비해주기 위해 서울에서 일부러 내려오신 친구의 형수께서 이렇게 비가 오는 날은 부침개를 부쳐 먹는 것이 제격이라며, 가까운 뒷산에서 취나물을 한 움큼만 따오면, 맛있는 부침개 술안주를 준비해주겠다고 하시어, 필자가 우산을 받쳐 들고 나갔다. 취나물을 뜯으며 주변에 두릅나무가 많은 것을 보니 욕심이 동했다. 취나물을 한 움큼 뜯어다 드리고, 친구들을 동원하여 함께 다시 산으로 올라가 옷 젖는 것도 아랑곳하지 않고 욕심껏 조금은 철 지난 두릅순을 꺾어 내려오니, 때맞추어 취나물 부침개가 소주와 함께 우리를 기다리고 있었다.

오전 11시 30분쯤, 점심으로 벚굴과 재첩국을 먹기로 하고, 먼저 비 내리는 평사리의 최 참판댁을 찾았다. 이런 날씨에도 주차장에는 관광객을 실은 대형 버스가 계속 들어오고 있었다. 소설과 드라마 '토지' 덕으로 연간 60만 명의 관광객이 찾는 명소가 된 토지 마을. 평사리 최 참판댁 사랑채에서 바라보이는 무딤이 들판과 섬진강.

🌐 대하소설『토지(土地)』의 무대 평사리

2004년부터 2006년까지 방영된 드라마 〈토지〉의 촬영장이었던 이곳은 2009년부터 2010년 사이에 소설 속의 평사리를 그대로 조성하여 오늘에 이르는 동안 연간 60만 명의 관광객이 찾는다고 하니, 이는 최 참판댁 사람들(우리 민족)이 겪어온 일제 강점기의 한과 고난을 이겨낸 끈질긴 역사가 고스란히 담겨 있는 대하소설『토지』가 현대인들에게도 그만큼 큰 감동을 주고 있음을 말해주고 있는 결과가 아닌가 생각한다. 물론 소설 속의 최 참판댁이 실제 평사리에는 없던 가공의 무대였지만, 지금 이 평사리에 새로이 조성된 최 참판댁은 그 시대에 어디에선가 우리 조상들이 살았던 역사의 무대로, 후세 사람들에게 중요한 교육의 자료가 되기에 충분한 역할을 할 수 있겠다는 생각을 했다.

해방 후 작가 박경리 선생이 무딤이 들판을 지나면서 본 평사리는 과거 섬진강의 범람으로 삶이 힘들었던 평사리의 모습은 아니었을 것이다. 이미 넓은 농지가 된 풍요로운 들판을 보면서 작가가 구상했던 소설 『토지』의 무대로 적합했으리라는 생각이 든다. 우산을 받쳐들고 마을을 한 바퀴 돌며 사진 몇 장을 찍고, 원조 나루터 재첩국집을 찾아 20㎞나 되는 하동읍 쪽을 향해 빗속을 달린다.

🌐 4월 22일 성제봉을 1.4㎞ 남겨두고 하산

내일은 비가 그칠 것이라는 예보를 듣고, 새벽 5시 이전에 산행을 시작하기로 했다. 저녁 식사 후 9시 이전에 일찍 잠자리에 들기도 했었지만, 초행인 성제봉 등반에 대한 기대 때문인지 새벽 2시쯤 모두 잠에서 깨었다. 예보대로 비는 그치고 있었다. 가끔 가랑비가 뿌리기는 하지만 하늘을 쳐다보니 바람에 쫓겨 가는 구름 사이로 별이 보이기도 한다. 새벽 4시 45분 헤드 랜턴 하나만 장착하고 어둠 속에 지리산 둘레길을 따라 산행을 시작한다. 이렇게 서두르는 것은 귀경하는 길이 막힐 것을 대비하여 12시 이전에 하산까지 마쳐야 하기 때문이다.

20분쯤 올라가다가 첫 번째 둘레길 표지판을 발견했다. 여기서부터는 경사가 가파른 길이지만, 흙길이어서 걷는 촉감은 좋다. 다시 50분쯤 올라가서 두 번째 표지석을 발견한다. 대축 마을에서 원부춘 마을로 가는 둘레길과 신선대를 거쳐 형제봉으로 가는 암벽 능선으로 이어지는 등산로와의 갈림길이다. 5시 56분, 이제 날이 밝아지기 시작하여 랜턴이 필요하지 않다. 여기는 안개비가 내리고 바람이 불기 시작하여 기온이 내려간다.

아침 7시, 체온을 유지하기 위하여 땀을 흘리며 신선대에 도달한다. 바람 때문에 모자를 쓰고 걸을 수가 없다. 철 계단을 오르고 구름다리를 건너면서, 수십 길 낭떠러지 위의 좁은 길을 지나면서도 짙은 안개와 거센 바람 때문에 간담이 서늘해지기도 한다. 그런 상황에서도 기록을 위해 사진은 찍는다.

7시 27분, 해발 890m의 봉우리를 지나서 형제봉이 1.4km 남았다는 표지판을 발견한다. 형제봉으로 가는 길은 짙은 안개에 가려져 보이지 않는다. 허기진 상태로 체온 유지를 위해 휴식도 없이 2시간 반의 강행군에 거친 바람과 짙은 안개를 뚫고 구름다리를 건너면서 얼마나 힘들었던지 모두 형제봉 정상 등정은 다음 기회로 미루고 오늘은 그만 하산하자는 쪽으로 결정을 한다.

강선암 쪽 하산길의 아늑한 묘지 앞에서 비로소 휴식을 취하면서 주먹밥으로 허기를 채운다. 20여 분 동안 휴식을 취하고 하산길을 택했다. 30분쯤 내려오니 언제 그랬냐는 듯 햇빛이 밝다. 바람도 없다. 계곡의 화사한 산도화가 눈에 띄게 아름답다.

9시 30분, 입석리에 내려오니 여기가 무릉도원인 듯하다. 여기저기 녹차밭, 감나무, 매실나무 과수원 사이에 아름다운 한옥을 짓고 사는 사람들이 바쁠 것도 없이 한가로이 녹차를 따는 모습이 평화롭다. 한 주민에게 언제부터 여기에서 살게 되었느냐고 말을 걸어본다.

문향산방이라는 당호의 집주인 김윤수 씨는 부산에서 사업을 하였고 부인은 교직에 있었는데, 지상낙원 같은 이곳에 반해 도시 생활을 접고 6년 전부터 이곳에 터를 잡았다고 한다. 연고가 있거나, 누구의 소개로 온 것이 아니라 등산을 하고, 하산길에 이곳을 지나다가 그런 결정을 하게 되었다니 아마도 평소에 꿈꾸어 왔던 삶이 아니었나 싶다. 행복은 꿈꾸는 자에게만 주어지는 것이니까.

서둘러 귀경해야 했지만, 행복해 보이는 부부가 차를 대접하겠다는 호의에 그들의 행복한 이야기를 들으며 함께 마시는 차의 향이 행복 바이러스와 함께 온몸에 퍼지는 듯하는 느낌이 우리를 흐뭇하게 했다. 고마운 마음을 남기고 봉대리로 돌아와 준비해주신 점심을 마치고 12시 30분 귀경길에 올랐다.

한라산 2

2009년 6월 26일

두 번째의 한라산 등반을 계획하고 나니, 금년 1월 16일 곳에 따라 적설량이 1m가 넘던 첫 번째 한라산 등정 때의 아름다운 설경 속에서 정달화, 김명환 두 친구들과 함께 느끼던 감동, 또 내가 두 친구들보다 빨리 지쳐서 무척이나 힘들어했었던 기억이 되살아난다. 성판악 등산로 입구에서 산행을 시작하여 관음사 쪽으로 하산하던 코스는 내 산행경험 중 가장 힘들었다. 그 기억이 지금도 생생하다. 경험 부족으로 추위를 걱정해 복장이 너무 두꺼웠던 것도 한 요인이었지만, 배낭의 중량 또한 눈 속 산행에서 나를 더 빨리 지치게 했었다.

'한라산의 멋진 설경을 만끽해 보았으니, 이제 녹음 속의 한라산을 반대코스로 더듬어 올라 보자'는 2주 전 김 교수의 제의가 거절할 수 없는 유혹으로 내 마음을 사로잡았다. 6월 장마가 이미 제주에 상륙하고 있다는 기상청 발표를 보고 다소 걱정이 되기도 했지만, 장기예보 상 우리가 한라산 등반일로 정한 26일 제주의 날씨는 비가 오지는 않는다고 해서 조금은 안심이 되었다.

6월 25일 오후 3시 제주공항에 도착하니 밝은 햇볕이 우선 내 마음을 안도케 했지만, 이미 초여름의 더위가 시작되고 있었다. 김 교수와는 저녁 7시 이후에 호텔에서 만나기로 했었다. 4시간의 여유 시간을 나는 제주의 모습을 사진으로 남기고 싶어서 차를 타지 않고 걸어서 용두암 쪽으로 가면서 사진을 찍었다. 깨끗하게 포장된 길을 따라 화단이 잘 가꾸어져 있는 모습이 역시 길에서부터 '관광제주'의 면모가 어느 외국의 관광지 못지않다는 생각이 든다. 예전에도 제주에는 몇 번 다녀간 경험이 있지만, 차를 타고 지정된 장소에서 사진 몇 장을 찍고 또 자리를 옮기고 하던 때와는 느낌이 전혀 다르다. 이런저런 생각을 하면서 천천히 걷다 보니 벌써 4시가 지났다. 김포에서 출발 전에 점심을 걸렀고, 호텔에서 저녁 식사 후에 김 교수를 만나기로 했으니 늦은 점심 겸 이른 저녁을 할까 하고 식당을 찾았다.

며칠 전 텔레비전에서 방영하던 제주의 자리돔 물회가 생각이 나서 그걸 시켜놓고 기다리는데, 옆 식탁에서 회 안주에 술을 마시던 손님들이 말을 걸어온다. 등산복 차림을 한 내가 자리돔물회를 시키는 폼이 외지에서 온 사람으로 보였던 모양이다. 서울에서 와서 내일 한라산에 오르려고 한다고 말했더니 자기들도 등산을 좋아해서 매주 한라산에 오른다면서 음식이 나오기 전에 소주 한잔 받으라며 합석을 권하는 친절을 베푼다. 기꺼이 소주를 몇 잔 주고받으며 살아온 이야기들을 나누니 금방 친구가 된 느낌이다.

저녁 7시에 김 교수를 만나 호텔 라마다 프라자에 여장을 풀었다. 저녁 식사는 두 사람 모두 마친 상태여서 호텔 뒤쪽 바닷가에 이어지는 바닷바람이 시원한 산책로를 따라 1시간 정도의 산책은 내일의 산행에 몸을 푸는 준비운동으로 적당했다. 돌아오는 길에 횟집에 들러서 갈치회에 소주 한 병씩 마시고 돌아와 12시가 넘어서 자리에 들었다.

아침 6시 30분 호텔 식당에서 우거지 해장국으로 조반을 마치고,

택시로 관음사 쪽 등산로 입구에 도착하니 7시 30분이다. 커다란 입간판에 지금은 다 시들어버렸을 진달래가 화려하게 핀 사진을 한 장 복사하고, 한라산국립공원 등산코스와 관음사지구 자연학습탐방로 그림도 사진으로 옮겼다. 7시 40분 우거진 숲 그늘을 통해 이어진 자갈길 등산로를 따라 천천히 산행을 시작한다. 여기서부터 백록담까지는 총거리 8.7㎞다.

지난 1월에는 눈길 산행이어서 해발 750m의 성판악 등산로 입구에서 시작하여 백록담까지 비교적 가파르지 않은 9.6㎞의 코스를 잡아 올랐다가 내려오는 길이 더 가파른 관음사 등산로 입구로 하산을 했었는데, 오늘은 반대코스를 택한 것이다.

별로 가파르지는 않은 초입의 숲 그늘이었지만 초여름 날씨가 숨을 헉헉거리게 하고, 이마에 흐르는 구슬땀은 손수건을 흥건히 적시기에 충분하지만, 한라산 특유의 흐르는 개울이 없는 여름산행은 겨울 때의 산행보다 훨씬 더 힘이 든다. 쉬엄쉬엄 2시간을 오르니 널따란 송판으로 여러 사람이 앉을 수 있도록 평상을 만들어 놓은 쉼터가 나타난다.

이곳에서 내려오던 두 사람의 여자 등산객들이 올라가는 등산객 두 명에게 음료수와 과일을 권하고 있더니, 우리에게도 쉬어가라며 역시 음료수와 과일을 권하면서 한라산 홍보를 했다. 제주에서 온 사람들인데, 원지에서 온 등산객들에게 일주일에 4회씩 음료수와 과일을 준비해 이곳까지 와서 한라산 안내와 홍보를 하는 자칭 한라산 홍보요원이라고 한다. 어제 식당에서 만난 사람들과 마찬가지로 이들도 제주의 친절한 시민들이라고 생각한다.

삼각봉 휴게소에서 바라본 한라산의 여러 모습들을 사진으로 담았다. 지난번 산행 때 건설 중이던 건물 뒤에서 컵라면을 먹으면서 눈보라를 피했던 용진각 휴게소를 새로이 이름을 지어 삼각봉 휴게소라는 이름으로 불리고 있는지 모른다. 아직도 공사가 진행 중이지만 완공단계에 있는 그 모습이 아름답다. 10여 분간 땀을 식히고 다시 길을 재촉하니 계곡 위에는 튼튼한 철재 다리가 건설 중에 있고, 지난겨울 산행 때 눈 위에서 엉덩이 썰매를 타고 내려오던 가파른 돌길 위에도 나무계단이 세워지고 있다.

삼각봉 휴게소를 지나면서부터 햇볕을 가려줄 그늘이 없다. 해발 1,700m까지 4시간이 소요되었고, 여기서부터는 더위와 허기가 우리를 지치게 한다. 힘들게 올라간 1,800m에서 우리는 나무 그늘을 찾아 들어가 자리를 펴고 컵라면으로 점심을 때우고 아주 편한 자세로 1시간 정도의 휴식을 취한다.

충분한 휴식을 마치고 오후 1시가 넘어 다시 기운을 내서 올라가니, 30분 정도 걸려 정상에 도착한다. 지난번에 왔을 때는 혹한에 눈보라가 몰아쳐서 채 5분도 미무르지 못했던 곳이 지금은 시원한 바람으로 힘들게 올라온 사람들의 땀을 다 식혀준다. 단체로 올라온 대학생들이 여기저기 앉아 쉬기도 하고 부지런히 카메라의 셔터를 눌러대기도 한다. 우리도 몇 장의 사진을 찍고 준비해간 매실주로 목을 축이며 오늘 정상에 오른 최고령자들임을 자부하며 대견하게 생각한다. 날씨도 기가 막히게 좋다. 올라올 때 택시기사가 말한 대로 이런 좋은 날씨에 백록담에 오르게 되는 것은 쉽게 얻을 수 없는 큰 행운이란다.

한라산 동능선 정상에서 20여 분을 휴식하고 하산을 시작한다. 내려오는 길은 올라올 때에 비하면 수월한 편이다. 단숨에 진달래 휴게소까지 내려와 시원한 물을 한 병씩 사서 마시고, 10여 분을 쉬다가 다시 발길을 재촉했다. 오후 4시 50분 총 9시간 10분 만에 성판악 등산로 입구에 도착하니 더위에 피로가 겹쳐 몸은 녹초가 된 느낌이다. 택시로 시내에 내려와 더운물에 목욕을 하고, 저녁 식사는 냉면으로 마치고 비행기 시간에 맞게 공항에 도착하니 두 번째 한라산 산행을 무사히 마쳤다는 흐뭇한 마음이 모든 피로를 씻어내는 듯하다.

소백산

2009년 2월 9일

2009년 2월 5일 오후 4시 10분, 정달화 동문과 승용차로 잠실역을 출발하여 오후 6시 40분 정확하게 1시간 30분 만에 우리는 원주의 김명환 동문이 봉직하고 있는 학교 집무실에 도착하였다. 그는 보직 때문에 방학 동안이지만 주중에는 집무실에 나와 근무를 하고 있다. 1월 16일 한라산을 같이 다녀왔고, 또 지난 주말에도 동창산악회 100번째 산행으로 불암산을 같이 다녀왔는데, 다시 눈 덮인 소백산의 비로봉을 가자는 그의 연락을 받았다. 정달화 동문과 내가 아직 소백산을 올라보지 못했다고 했더니, 지금 한창 눈 덮인 소백산의 아름다움에 우리를 안내하고 싶은 마음이 동했었던 모양이다.

겨울 산행을 떠난다는 것은 언제나 내 마음을 설레게 한다. 엊저녁 친구의 집무실을 나와 그가 안내하는 원주 시내의 이름난 추어탕집에서 저녁 식사를 마치고, 봉화산 아래에 있는 그의 아파트에 돌아와 11시까지 이야기를 하다 늦게야 잠이 들었지만, 잠이 깨어 일어나 시계를 보니 새벽 4시 30분이었다. 다시 자리에 누워 잠을 청해보아도 잠은 오지 않고, 처음 가는 산에 대한 여러 상상이 머릿속을 떠나지 않는다. 기대가 너무 크면 실망도 크다는데… 옆에서 자고 있는 정달화 동문은 곤히 잘도 자는 줄 알았는데 내가 일찍 일어나 잠을 설치는 것을 알았다니 잠을 설치기는 그도 역시 마찬가지였던 모양이다.

친구 부인이 정성스럽게 끓여주는 떡만둣국으로 조반을 마치고, 7시 10분, 옅은 안개가 깔려 있는 사이로 희미하게 먼동이 트이기 시작할 무렵, 친구의 부인까지 우리 네 사람은 원주를 출발하여 북단양 톨게이트를 지나고, 남한강의 빙판 위에 고즈넉이 앉아 있는 단양팔경의 제1경 도담삼봉을 옆으로 보면서 천동계곡 쪽으로 달려가, 다리안 국민관광단지의 주차장에 차를 세운 시각이 8시 정각이었다.

소백산 유스호스텔 앞 작은 공원에는 '청량산악회'라는 산악회의 회원들이 세운 고산자 김정호의 추모비가 세워져 있다. 비의 뒷면에 새겨진 글을 다 기억할 수는 없지만 "그이가 지도 위에 찍은 점 하나는 우리 민족의 한 방울 눈물이요, 그이가 그은 한 줄의 선은 우리 민족의 핏줄이다"는 내용의 글이 새겨져 있었다.

내가 비를 둘러보고 사진을 찍는 동안 앞서서 가고 있는 친구들을 따라가는데, 얼마 지나지 않은 곳에 또 한 사람 우리가 기억하는 산악인의 기념비가 세워져 있다. 이 지역 제천 출신인 허영호의 기념비. 그는 세계 최초로 3극점, 7대륙의 정상을 정복한 자랑스런 의지의 한국인이다. 그는 어린 시절부터 소백산을 오르면서 산악인을 넘어 탐험가의 꿈을 키웠다고 한다. 그가 이 비에 이렇게 글을 남겼다. "여기 알피니스트를 꿈꾸던 한 젊은이의 영광과 도전을 무한히 포옹해 주었던 나의 오랜 우정을 바칩니다. 오르기 힘든 산은 있어도 결코 오를 수 없는 산은 없듯이 산은 끊임없이 도전과 인내의 정신을 일깨워준 나의 소중한 스승이었습니다. 내 어머니와 같은 산에서 새로운 꿈이 일어나 나는 끝없는 미지를 향하여 도전의 길을 떠납니다. 내 자신의 한계를 넘어" 그래서 이 지역 사람들은 천동계곡에서 비로봉으로 올라가는 이 길을 그의 이름을 따서 '허영호의 길'이라 명명했다고 한다. 그렇다. 오르기 힘든 산은 있어도 결코 오를 수 없는 산은 없다고 한 그의 말은 그가 아니면 감히 할 수 있는 말이 아닐 것이다.

허영호 기념비 바로 옆에 있는 다리를 건너면 국립공원 북부지소까지 콘크리트로 포장된 길이 이어지다가 국립공원 북부지소를 지나면 큰 돌과 조그만 자갈로 만들어진 길이 이어진다. 여기서부터 천동야영장까지가 3.7㎞인데 경사가 좀 심하긴 해도 야영장 휴게소에 필요한 짐을 실은 짚차가 다니기도 한다고 김 교수는 일러준다. 쌓였던 눈이 녹으면서 다시 얼어붙어 응달진 곳은 빙판길을 이루고 있었다. 정달화 동문과 나는 아이젠을 장착하고 조심조심 올라가는데 김 교수는 아이젠을 장착하지도 않고 그냥 잘도 올라간다. 우리는 얼음길이 아닌 자갈길을 아이젠을 장착한 채로 걷기가 여간 힘든 일이 아니지만 군데군데 곧바로 이어지는 빙판길이 있어 아이젠을 벗었다 신었다 하기도 번거로운 일이라서 힘들지만 참고 걸을 수밖에 없다.

오전 10시. 우리가 천동쉼터(천동야영장)에 도착한 시각이다. 올라올 때까지 바람 한 점 없이 포근하고 따뜻하던 날씨가 여기에선 장갑을 착용했지만 손이 시리고, 부는 바람이 차갑게 얼굴을 스친다. 비닐로 바람막이를 한 쉼터의 야외휴게소에서 우린 따뜻한 오뎅 국물에 막걸리를 한 잔씩 하면서 10여 분간의 휴식을 취하고 다시 소백산의 비로봉을 향해 출발한다.

빙판길과 눈이 쌓여 있는 계단을 힘겹게 오르면서도 주변의 설경에 정신을 빼앗긴다. 중간중간 계단 길에서 이마에 흐르는 땀을 닦으며 휴식을 취하기도 하면서 사진을 찍는다. 구상나무 군락지가 이어지는 가파른 길을 지나니 넓은 평지다. 거기에서 나고 자라면서 많은 세월을 보냈고, 또 죽어서도 몇백 년을 외롭다는 생각을 잊은 채로 거기 홀로 서 있었을 고사목이 있다. 사람들은 거기에 나무판을 깔아 휴식처를 마련해 놓았다. 오고 가는 산사람들이 이 고사목을 보면서 저마다 어떤 생각들을 했을까?

상고대가 아름답게 피어 있는 길을 따라가다가 소백산의 비로봉으로 가는 문을 지키고 서 있는 듯한 수백 년의 수령을 자랑하는 주목 두 그루를 만난다. 다시 사진을 찍고 완만한 눈길을 10분쯤 걸으니 삼거리가 나오는데, 이 길이 백두대간으로 이어지는 길이란다. 좌측은 비로봉에서 국망봉으로 이어지고, 우측은 제1연화봉에서 희방사나 제2연화봉을 거쳐 죽령매표소로 가는 길이다. 여기에서 우리 네 사람이 같이 사진을 남길 수 있었던 것은 모처럼 한 사람의 등산객을 만났기 때문이다.

다시 계단으로 이어지는 능선의 비로봉 길을 향하는데 짙은 안개가 세찬 바람에 흰 눈가루와 함께 밀려와 내 뺨을 때린다. 추위와 피로가 나를 힘들게 하기도 하지만, 이는 저 끝없이 펼쳐지는 설원, 상고대와 설화의 아름다움에 매료되어 이곳을 찾아온 우리가 당연히 지불해야 하는 대가라고 생각해야 한다. 늦은 봄이면 철쭉과 기화요초가, 여름은 여름대로 초원에 원추리꽃, 한국의 에델바이스인 솜다리꽃이 군락지를 이루어 그 아름다움을 천상의 화원에 비유하기도 하며, 가을에는 붉게 타오르는 단풍이 산사람들의 마음을 사로잡는 곳이라고 소백산을 사랑하는 사람들이 자랑을 한다.

11시 20분 드디어 1,439.5m의 비로봉 정상에 섰다. 하얀 눈을 머리에 이고 있어 소백산이라고 불린다는 소백산의 정상 비로봉은 충북 단양군과 경북 영주시를 접하고 있다. 꽤나 넓은 정상에는 돌탑을 쌓아 놓기도 했고, 표지석을 단양군과 영주시에서 각각 따로 세워놓았다. 천동계곡을 통해 우리가 올라올 때는 내려오던 몇 사람을 제외하고는 만난 사람이 거의 없었는데, 20여 명의 산악인들이 안개 속에서도 사진을 찍고, 정상에 선 기쁨에 즐거운 이야기들을 나누고 있다. 아마도 우리와 다른 코스를 통해 올라온 사람들인 모양이다. 우리도 사진을 찍고 5~6분의 휴식을 취한 후 다시 1,420.8m의 국망봉을 향한다.

국망봉으로 향하는 길은 올라오던 길보다 쌓여 있는 눈도 많고, 길도 더 위험하다. 30분쯤 가다가 김 교수 부인이 힘이 부치는 모양이다. 김 교수가 천천히 부인과 뒤따라갈 테니 두 사람이 먼저 갔다 되돌아오라는 것이다. 두 사람이 부지런히 국망봉을 향해 가다가 생각해보니 김 교수 부인을 위해 무리하지 않는 것이 좋을 듯하여 중간에 되돌아왔다. 국망봉에서 신선봉으로 해서 구인사로 하산하려던 첫 번째 계획을 접고, 국망봉에서 되짚어 오다가 어의계곡으로 내려가려던 두 번째 계획도 접었다. 이젠 올라왔던 천동야영장을 통해 다리안국민관광단지로 하산키로 결정을 하고 나니 마음이 편해졌다.

12시 20분, 되짚어 올라오던 길에 바람을 막아주고 있는 커다란 바위 밑 길가에 자리를 잡고 점심을 먹는다. 오가는 사람이 아무도 없어 이곳은 온통 우리가 전세를 낸 듯하다. 따뜻한 컵라면 국물이 찬 속을 풀어준다. 과일과 빵, 따뜻한 차까지 마시고 나니 피로도 풀리고 다시 기운이 솟는다. 왔던 길을 되짚어 하산하기는 전혀 힘들지가 않다. 오후 1시가 조금 넘어 천동야영장에 도착하여 잠시 휴식을 취하고 다시 서둘러 내려오니 오후 3시에 출발점인 주차장에 도착할 수가 있었다. 총 7시간의 산행이다.

설악산의 공룡능선 종주를 시작으로 월악산, 지리산 종주, 한라산 그리고 이번 소백산까지 나와 정달화 동문의 초행 산길의 길잡이가 되어준 김 교수에게 늘 감사한 마음이고, 항상 힘든 산행의 동반자가 되어준 정달화 동문께도 감사한다.

성제봉 2

경남 하동군 악양면 소재

2014년 4월 18일~20일

2012년 4월에 이어 금년에도 같은 시기에 성제봉(聖帝峰)을 다시 오르기로 한 계획이 한 달 전부터 세워졌었다. 그러나 막상 우리가 떠나려는 때, 진도 앞바다의 초대형 여객선 해난사고로 수학여행 중이던 많은 어린 고등학교 학생들을 포함하여 사망자와 실종자가 도합 300명이 넘었으니 전 국민이 비탄에 잠겨 있는 때라서 당초의 즐거운 추억 만들기 산행하고는 좀 다른 우울한 산행이 될 수밖에 없었다. 이런 대형 사고가 있을 때마다 그 원인이 천재(天災)에 있지 않고 인재(人災)에 있었다는 것에 분노하고 참담한 마음을 금하지 못하는 것이다. 옛날보다 경제적으로는 많이 나아졌다고 한들 어찌 좋아만 할 수 있을까? 지금 우리 사회의 곳곳에 만연되어 있는 부조리의 뿌리는 제거되지 않고, 오히려 이기적인 탐욕에 눈먼 사람들의 엄청난 죄악이 법이란 이름으로 보호받고 있는 것이 아닌가 하는 생각에 슬플 뿐이다.

박홍근, 김대근, 김태병 그리고 필자까지 4명이었던 기존 멤버에 금년에는 손완식, 노규경, 김명환과 박수문 4명의 동문들이 함께 참가하게 되어 총 8명의 동문들로 성제봉 등반 멤버가 구성되었다.

4월 18일 밤 8시에 서울을 출발한 우리가 박경리의 대하소설 『토지』의 무대가 되는 하동군 악양면의 평사리에 도착한 것은 밤 12시가 넘은 시간이었다. 그 시간에 우리가 묵을 숙소의 주인이신 이병기 씨가 우리를 안내하기 위하여 평사리의 토지마을 주차장 앞까지 나와 주셨다. 숙소에 도착한 후, 하행 도중 구례의 마트에서 준비해간 삼겹살을 구워 소주를 마시다 보니 어느덧 새벽 2시가 넘었다.

지난번(2012년 4월)에는 도착하자 비가 내리기 시작하여 하루를 기다리다 돌아오는 날 새벽 4시에 산행을 시작해서 안개비와 거센 바람 속에 추위를 이기지 못하고 성제봉 정상을 1.4㎞ 남겨놓고 하산할 수밖에 없었지만, 이번엔 날씨가 나쁘지 않아서 다행이라 생각하며 이런저런 이야기를 하다 새벽 3시가 넘어서야 잠을 청했다.

산행 전 숙소에서 동창산악회에서 체력을 단련한 70대의 노익장을 자랑하는 모습들이 제법 당당해 보인다. 아침 6시에 모두 일어나 몇 명은 조반을 준비하고, 몇 명은 가볍게 산책하는가 하면 방 안에서 스트레칭으로 몸을 푸는 친구들도 있었다. 8시쯤 조반 후 설거지, 청소까지 마치고 산행 준비를 완료했다. 출발 전 숙소 앞에서 기념사진을 촬영하고, 8시 50분쯤 지리산 둘레길을 따라 성제봉을 향해 출발이다.

비교적 가파르지 않은 소나무 숲길의 능선을 1시간 10분쯤 오르면 대축마을과 원부춘 마을로 넘어가는 고개에 지리산 둘레길의 표지목이 세워져 있다. 오전 10시 잠시 휴식을 취하고 우리는 둘레길을 벗어나 성제봉으로 올라가는 바윗길의 험난한 능선을 오르기 시작한다.

몇 차례 휴식을 취하면서 목을 축이고 초콜릿으로 원기를 보충하기도 한다. 이러한 험로를 1시간 50분 올라가면 성제봉 정상이 바라보이는 작은 봉우리다. 여기서부터는 봉우리와 봉우리 사이에 설치된 흔들다리를 건너고, 급경사의 긴 철재 사다리를 내려가야 하는데,

역시 오늘도 바람은 장난이 아니다. 눌러쓴 모자가 날아갈까 한 손으로 붙잡고 다른 한 손은 다리의 난간을 잡고 조심조심 다리를 건너고 계단을 내려오니 바람은 조금 잦아든다.

11시 50분 재작년에 중도 하산할 수밖에 없었던 지점에 도착한다. 예상했던 대로 오늘은 날씨가 괜찮은 편이어서 잠시 휴식 후 형제봉(성제봉)을 향해 발길을 옮긴다. 철쭉은 아직 작은 봉오리를 터트리지 못한 상태이지만, 낮은 곳엔 이미 시들어 떨어져버렸을 진달래가 이곳엔 아직 한창이다. 사진을 몇 장 찍고 힘든 발걸음을 옮겨 정상을 향한다.

어젯밤 다리가 아파 정상까지 가지 못할 것 같다던 손완식 동문이 안간힘을 다해 정상을 정복하기로 작정하고 맨 선두그룹과 합류하고, 백전노장 김태병 동문은 다리에 쥐가 나서 고생을 하며 뒤에 쳐진다. 아무리 노익장을 자랑한들 이젠 나이 든 노인들이니 무리해서는 안 되겠다는 생각을 하면서 아주 천천히 올라가는 지혜를 잊어서는 안 되겠다. 다시 50분을 더 올라 형제봉의 두 봉우리를 정복한 시각이 12시 40분이다.

두 봉우리가 나란히 있어 형제봉이라 부르기도 하여 제2봉(1,115m)엔 표지석에 형제봉(兄弟峯)이라 했는데, 건너편의 제1봉에 올라가니 성제봉(聖帝峯, 1,115.5m)이라는 표지석을 세워놓았다. 오후 1시쯤 후미로 올라온 친구들이 도착한다. 4시간이 넘는 고행을 모두 잘 이겨냈다. 각각 추억으로 남을 기념사진을 촬영하고 정상 아래 묘지 앞에서 나누어 가져온 먹을거리를 꺼낸다. 과자와 초콜릿, 술도 빠뜨리지 않았다. 밥과 찬거리도 준비했지만 차가운 바람과 낮은 기온 때문에 식사는 하산 도중에 하기로 하고 과자와 초콜릿을 안주 삼아 정상주 한 잔씩 마시면서 스스로가 노익장임을 확인한다. 1시 40분쯤 하산을 서둘렀지만, 정상까지의 등반 과정이 워낙 힘에 겨운 탓에 아주 천천히 내려온다. 하산길은 강선암 쪽을 선택하였기 때문에 올라온 길보다 훨씬 가파르다.

일찍 하산하게 되면 평사리의 토지 마을까지 들르려고 했지만, 하산 중에 점심을 먹으면서 쉬는 시간이 너무 길어서 오후 6시경에야 피곤한 몸을 이끌고 숙소에 돌아왔다. 평사리는 내일 상경길에 들르기로 하고 우린 각각 샤워를 하고 저녁을 간단히 때우고 일찍 잠자리에 들어 8시간 이상의 달콤한 꿈나라 여행으로 어젯밤 부족했던 수면을 충분히 보충시켰다.

다음 날 아침 우리는 숙소 주변에서 잠시 고사리, 취나물, 쑥, 드릅순 등을 채취하며 지리산 자락의 맑은 공기를 마신다.

중식 후 최 참판댁에 들러 서희와 길상이도 만났다. 고속도로에 진입하기 전 화계장터에도 들러 강굴에 막걸리도 마시고 귀경길에 올랐다. 이번 산행을 주선한 박홍근 동문에게 고맙다는 말씀을 전한다.

두타산
"너 자신을 알라!"

2016년 8월 17일

8월의 막바지 더위가 기승을 부리는 때에 두타산(頭陀山)행에 나섰다. 김명환 교수와 몇 년 전부터 생각해 왔던 산행을 차일피일하다 오늘까지 왔다. 더위를 조금 비켜서 출발하는 게 어떻겠냐는 김 교수의 제안이 있었지만, 그러다 또 언제 실행할 수 있을지 모른다며 내가 우겨서 무리한 출발을 하게 되었다.

8월 17일 밤 11시 25분 청량리역을 출발한 무궁화호에 올라 자리를 찾자마자 새벽부터의 산행을 위하여 곧바로 잠을 청했으나, 숙면을 취할 수가 없었다. 잠들만 하면 도착역을 알리는 안내방송이 잠을 깨우기 일쑤여서 토끼잠으로 겨우 두세 시간이나 잤을까? 열차는 예정된 시간대로 새벽 4시에 우리를 동해역에 내려주었다. 도착하면 역 앞 식당에 들러 해장국으로 요기를 하고 날이 밝아지면 택시로 매표소 입구까지 가서 산행을 시작할 요량이었지만, 아직 식당 문은 열리지 않아 어쩔 수 없이 불이 밝혀진 편의점에 들러 컵라면과 집에서 준비해 온 쑥떡으로 산행에 대비하여 배 속을 간단히 다독여주고 이내 택시를 잡았다.

새벽 5시 15분쯤 날이 채 밝기도 전에 매표소 입구를 지나 무릉

계곡의 다리를 건넜다. 날이 밝아올 무렵 무릉반석을 보면서 삼화사 일주문을 지나니 다시 다리 건너에 삼화사(三和寺)다. 사진은 하산길에 찍을 생각으로 그냥 지나쳐 올라가니 길가에 학이 둥지를 틀었다는 학소대(鶴巢臺) 안내판에 옛 시인의 시(詩)와 함께 세워져 있다.

맑고 시원한 곳에 내 배 띄우니
학 떠난 지 이미 오래되어 대(臺)는 비었네.
높은 데 올라 세상사 바라보니
가버린 자 이와 같아 슬픔을 견디나니

— 최윤상

매표소 입구에서 다리를 건너 무릉반석과 삼화사를 지나고 학소대를 지나는 동안 무릉계곡의 시원한 물소리를 들으며 비교적 평탄한 길을 1시간가량 걸으면 산성 갈림길이다. 아침 산속의 맑은 공기와 물소리 새소리에 햇살도 아직 그 위력을 발휘하지 못한다. 그러나 갈림길에서 두타산성으로 올라가는 길은 우리의 체력을 시험하기 시작한다. 산성 갈림길에서 두타산성으로 올라오기까지 약 1시간이 소요되었지만, 초입에서부터 산성까지는 소위 말하는 '깔딱 고개'를 올라오는 길이다. 힘이 들어 숨도 찼지만, 옷이 온통 땀에 젖어 쥐어짜서 나뭇가지에 걸어 다 마를 때까지 쉬어야 했다.

787고지와 산성터, 분기점을 통과하여 정상에 도착할 동안 우리는 너무 힘이 들어 체력의 한계를 깨닫게 되었다. 두타산에서 우리는 부처님의 말씀이 아닌 소크라테스의 "너 자신을 알라"는 말씀을 생각한다. 우리는 지금 젊지 않은 것을 깨닫지 못하고 지금도 젊다고 착각한 것이다.

근래에도 산행에서만은 늘 스스로를 아직 젊다고 생각해 왔었다. 7, 8년 전에는 지리산의 성삼재에서 대원사까지 42㎞가 넘는 코스를

1박으로 24시간에 종주했고, 50㎝의 적설량에도 한라산의 성판악에서 관음사까지를 주파했는가 하면, 남설악에서 공룡능선을 거쳐 신흥사까지도 13시간에 주파했던 기억들만 간직하고, 그간 우리들 사이를 흘러가버린 세월은 잊고 있어서 간직하고 있던 추억들이 늘 엊그제 일로만 생각하고 있었던 것이 오히려 병이었을지도 모른다. 늦어도 10시에는 도착했어야 할 두타산 정상에 우리는 2시간 이상 늦게 도착했다. 1,353m의 두타산 정상은 꽤나 넓은 평지를 이루고 있다. 우리가 해왔던 그 많은 산행 중에서 오늘처럼 힘든 산행은 없었다. 그래서 자신을 다시 알게 되는 계기가 되었으니 오늘의 이 고행을 오히려 고맙게 생각하게 되었다.

그늘에 자리를 펴고 점심을 먹고 충분한 휴식을 취한 후, 3.7㎞가 남은 청옥산행은 아예 포기하고 중간의 박달재에서 용추폭포와 쌍폭포 쪽으로 하산하기로 한다. 두타산 정상의 나무 그늘에서 점심을 먹고 2시간가량의 수면 보충으로 휴식을 취했지만, 아픈 다리는 어쩔 수 없는 노릇이다. 정상에서 능선을 따라 청옥산으로 가는 중간에 박달재가 우리의 하산 지점이다. 이 길은 가파르기도 하지만 작은 돌들이 많아서 미끄러운 것이 위험을 내포하고 있다. 목은 타는데 준비해간 물이 소진되었다.

용추폭포까지 내려가기 전에 계곡의 물소리가 얼마나 반갑던지 사막에서 오아시스를 만난다면 이만큼 반가울까? 두타산성에서 말려 입었던 상의는 다시 젖었고, 목은 타지만, 아무리 다리가 아파도 뛰다시피 계곡으로 내달린다. 심산유곡에 우리 두 사람 외에는 아무도 없다. 흐르는 물을 받아 마시고, 물속으로 풍덩 몸을 던진다.

8시간 코스를 13시간 걸려 매표소 앞 주차장에 내려왔다. 버스로 귀경하면서 우리는 다시 한번 "너 자신을 알라"는 철인의 말을 되씹어보면서 서두르지 않고 느긋함을 실천하는 것 또한 젊지 않은 사람들이 갖는 장점이기도 하다는 것을 실감한다.

제4부
외국 여행기

바람처럼 구름처럼

바람처럼 구름처럼
태어남은 한 조각 구름이 일어남이요,
죽는다는 것은 한 조각 구름이 스러짐이라는데
부는 바람 따라 흐르는 구름처럼
먼 길을 저어함 없이 유유히 떠났던
무모함도 이제는 그날의 순간들이
하나같이 마음에 간직하고픈
아름나운 추억으로 남았다.

제4부 바람처럼 구름처럼 | 해외 여행기

태평양을 건너 북미로 __ 235

가까우면서도 먼 나라 일본 __ 286

가을날의 시드니 __ 296

유럽 한 바퀴 __ 303

두 번째 타는 파리행 비행기 __ 359

스위스 국경지대와 프랑스 __ 387

여행지에서 보낸 편지 __ 427

알자스 지방 둘러보기 __ 457

50년 늦게 떠난 중국 수학여행기 __ 466

불교의 나라 태국 __ 478

에스파냐(España) 탐색기 __ 486

태평양을 건너 북미로

미국, 캐나다

2007년 5월 27일~7월 11일

서울 탈출

조로(早老)의 현상일까? 정년퇴직을 한 후 나는 갑자기 예순을 넘겨 사는 것은 덤이라는 생각을 하게 되었다. 그때만 해도 백세시대라는 말이 익숙하지 않았었다. 35년 넘도록 직장에 다니며 나름대로는 열심히 살았지만, 자신을 위해 이루어놓은 것은 아무것도 없는 허탈감, 다람쥐 쳇바퀴 도는 식의 일상의 무료함, 또 스스로를 옭아맨 구속에서 벗어나고 싶은 마음이 지금까지의 생활에서 일탈을 꿈꾸게 되었다.

2007년 5월 29일, 주변에서 일어나는 일상의 시곗바늘을 멈추게 하고, 아침 일찍 아내와 함께 보따리를 챙겨서 택시를 타고 나가, 공항버스로 인천을 향하게 된 것은 미국에 있는 친구의 달콤한 유혹도 유혹이려니와, 오로지 나에게 주어진 덤을 더불어 즐길 친구가 있을 때 기회를 놓치지 말고 즐기자는(어쩌면 내게는 분수에 넘치는 사치일지도 모르지만), 앞뒤를 가리지 않은 무모하리만큼 단순하고 충동에 약한 내 성격 때문이었다.

그날 오후 2시 5분에 인천을 출발해서 태평양을 건너고, 미 대륙을 뛰어넘어 뉴욕의 JFK 공항에 도착한 것이 같은 날 오후 8시 40분이다. 일본의 나리타 공항에서 비행기를 갈아타느라고 3시간 30분을 기다렸는데 인천을 출발해서 뉴욕에 도착할 때까지 총 3시간 5분밖에 걸리지 않았단 말인가? 아니지! 태평양을 건널 때 날짜변경선을 지났고, 미 대륙을 횡단할 때 숨겨진 시차 13시간을 합하면 실제 비행시간은 총 16시간 5분이 걸린 셈이다.

애초에 넉넉지 않은 돈에 무리한 계획이어서 가능하면 경비를 절감하기 위해 가장 저렴한 항공권을 인터넷을 뒤져 구입했기 때문에 나리타 공항에서 3시간 30분을 기다리다 비행기를 갈아타는 번거로움은 있었지만, 공항 안이라도 처음으로 밟아보는 일본 땅에서 면세점을 구경하며 시간을 보낸 것이 곧 절약하면서도 즐겁게 지루함을 달랠 수 있는 방법이 된 듯하여 위로가 되었다.

오후 7시 35분 나리타 공항을 이륙할 때 석양이 참 아름다웠는데, 2시간쯤 후 기내에서 제공하는 저녁 식사를 하고 조금 지나서 창밖을 내려다보니 밝은 태양이 구름바다를 비추고 있는데 마치 눈부신 설원을 보는 듯 아름답다. 나리타 공항에 정지해 있었더라면 점점 어둠이 다가오고 있을 시간인데, 지금 아침이 오고 있는 것은 날짜변경선을 지나 과거에로의 쾌속 질주를 하고 있음인가?

항로 표지판을 보니 고도를 32,000피트로 유지하며 시속 1,055㎞로 북태평양을 가로질러 날아가고 있다. 현지 시간은 5월 29일 오전 11시이다. 잠시 눈을 붙였다가 다시 눈을 뜨니 오후 1시 36분 드디어 북미 대륙으로 진입하는 비행기는 오후 4시쯤 눈 덮인 로키산맥을 지난다. 오후 6시 30분 바다처럼 끝없이 펼쳐지는 미시간호반을 내려다본다. 오후 8시 40분 드디어 아직도 어둠이 들지 않은 석양의 JFK 공항이다.

입국 수속을 마치고 짐을 찾아 싣기 위해 겹쳐 있는 손수레를 빼려고 끙끙대고 있는데, 아내가 오더니 돈을 넣으라고 쓰여 있다고 알려준다. 작은 글씨로 써놓은 표지를 읽지 않은 나의 실수다. 1불짜리

지폐 2장을 돈을 넣으라는 곳에 밀어 넣으니 그때야 수레가 빠져나온다.

고얀 놈들이라고 혼자서 속으로만 투덜댔다. 인천공항에서는 손수레를 사용할 때 따로 요금을 내지 않아도 되는데, 다른 나라의 공항에 도착하자마자 달라진 것들에 대하여 익숙해지려는 생각은 하지 않고 한국 공항과 다른 시스템에 화가 난다. 외국 여행을 하면서는 먼저 각기 달라진 것들에 대한 친숙함이 몸에 배어야 할 터인데, 아내 역시 아직 그러지 못해 투덜대는 것을 보면 역시 우리는 여행 초보자들임에 틀림없다.

마중 나온 관선헌(觀仙軒) 주인 김일평 씨 부부와 6개월 만에 반갑게 만났다. 금강산 식당은 한인 교포들이 모여 사는 플레싱에 있는 한국 식당이다. 기내에서 충분히 식사를 했다는데도 굳이 저녁 식사를 해야 한다며 우리를 태우고 일부러 들른 곳이다. 식후 어둠 속에서 휘황찬란한 불빛을 자랑하고 있는 세계 제일의 도시 뉴욕을 뒤로 하고 코네티컷주의 햄던까지 2시간을 달려 친구의 집에 도착하니 밤 12시가 다 되었다.

작아진 계획

처음 여행을 생각하고, 친구와 오고 간 전화와 E-mail을 통해 세운 여행 계획은 R.V.(Recreation Vehicle)를 빌리거나, 아니면 친구의 승용차를 교대로 운전하면서 45일 동안에 대륙횡단을 할 거창한 꿈을 꾸었었다. 그렇게 할 목적으로 서울을 떠나기 전에 국제 운전 면허까지 발급받아두기도 하였고….

경비를 절약하기 위하여 R.V.를 빌리게 될 경우 숙박비가 절약되기는 하지만, 목적지에 대한 정보를 입수하고 지도를 보면서 찾아다녀야 할 어려움, 또 우리가 들러 보고 싶은 지역에 R.V. Parking

Area가 없을 경우에 겪게 될 고생, 거기다 R.V. 내에서의 두 가족의 잠자리가 불편한 단점이 있었다. 반면에 친구의 차를 이용할 경우에는, 가장 저렴한 모텔을 이용한다 하더라도 그 비용이 많아질 것 같아 결정은 상세한 검토를 한 후에 하기로 했다.

코스는 우선 친구의 자택이 있는 코네티컷의 햄던 마을에서 동북쪽으로 올라가 뉴포트, 보스턴으로 갔다가, 다시 하드포드로 내려와 나이아가라 폭포가 있는 버펄로에서 시카고를 거쳐 덴버로 내려가 그랜드캐니언, 라스베이거스와 LA를 거치고, 다시 요세미티, 샌프란시스코를 거쳐 시애틀에서 캐나다 국경을 넘어 밴쿠버까지 갔다가, 옐로스톤으로 내려와 시카고 쪽으로 돌아 집으로 와서 며칠을 쉬고, 6월 30일 뉴욕에서 있을 친구의 딸 하영이의 결혼식을 마친 후에 뉴욕과 워싱턴 D.C.까지 다녀올 계획을 세웠었다.

그러나 지도를 놓고 세밀한 검토를 해본 결과, 그것은 무식한 사람의 용기에 불과하다는 것을 알게 되었다. 계획된 45일 동안에는 도저히 이룰 수 없는 꿈에 불과한 것이었다. 왕복 15,000마일의 거리를 관광하는 시간을 제외하고 매일 6시간씩 운전한다 하여도 시간이 얼토당토않게 모자라고, 원래 계획한 경비가 많이 모자라다는 것을 알게 되었을 뿐만 아니라, 60대 영감들의 체력으로 이러한 강행군을 도저히 할 수 없을 것으로 판단이 되어서 원래 계획을 대폭 수정할 수밖에 없었다.

그렇게 하여 수정된 계획이, 일단 서부와 캐나다의 로키산맥을 2주 동안 돌아오는 코스를 여행사에 맡겨 단체관광으로 대체하고, 동부쪽 일부는 자동차로 돌아보고, 일부는 암트랙이나 그레이하운드를 이용하기로 했다. 서부와 캐나다 로키산맥의 단체관광은 뉴욕에서 6월 4일 LA까지 비행기로 날아가, 같이 여행할 그룹과 합류하기로 되어 있다. 그 기간은 집에서 쉬면서 가까운 곳을 자동차로 돌아다니기로 했다.

5월 30일 — 어젯밤 늦게 도착하여 새벽 3시까지 이야기를 하느라고 잠이 부족하여 늦게 일어났다. 친구의 집은 숲속 주택가에 있는 2층 주택인데, 잔디가 잘 가꾸어져 있고 예쁜 꽃들이 잔디밭 끝에 있는 화단을 가득 메우고 있었다. 2층이 전부 우리 차지가 되었는데, 방이 2개에다 화장실이 딸려 있고, 컴퓨터까지 사용할 수 있어서 부족함 없이 편하다. 아침 9시가 넘어 일어나 친구 부부와 우리 부부 네 사람이 집에서 가까운 슬리핑자이언트주립공원(Sleeping Giant State Park)에 올라갔다. 해발 200m쯤 되는 높지 않은 산이지만 숲이 울창하고 길이 잘 다듬어져 있어 산책 코스로는 그만이다. 공원 입구에 퀴니피악대학교(Quinnipiac University)라는 지역 명문대학의 캠퍼스가 있고, 주변에 작은 호수가 있는 아름다운 곳이다.

휴식 후 밤에 볼티모어에 살고 있는 양현승 동문과 통화를 했다. 그가 미국으로 온 후 거의 15년을 서로 얼굴을 보지 못한 사이다. 전화를 받고 깜짝 놀라며 반가워한다. 서로 간 살아온 이야기를 묻다가 빨리 만나서 얘기하자고 한다. 대강 나의 스케줄을 이야기하고 워싱턴 D.C.에 내려갈 때 다시 연락을 하여 만나기로 하였다.

5월 31일 — 미국에서의 시차 때문인지 아니면 가슴 설렘 때문인지 새벽 4시쯤 잠이 깨었다. 아직 밝지 않아서 방에서 가벼운 운동을 하고 있는데 집 주변의 숲에서 새들이 벌써 일어나 지저귀고 있다. 숲 쪽으로 난 창문을 열고 밝아오기 시작하는 숲속을 바라보고 있노라니 신선한 공기가 방으로 가득 밀려 들어온다.

늦은 조반을 마치고 집에서 준비한 도시락을 차에 싣고, 친구와 둘이서 집 가까이에 있는 Pine Valley Golf Course에 나갔다. 시원한 공기, 밝은 햇빛 속에서 라운딩을 하는데, 워터 해저드(Water Hazard)에서 놀던 커다란 거위들이 사람들 주변으로 놀라지도 않고 다가온다. 아마도 사람들이 해코지를 한 일이 없기 때문에 두려워하지 않는 모양이다. 자연이 잘 보호되고 있음을 실감하게 되었다. 집에 돌아와 샤워 후 꿀맛 같은 낮잠을 즐겼다.

6월 1일 — 자동차로 15분이면 닿는 뉴헤이븐(New Haven)에 있는 예일대학교를 관광하기로 하였다. 뉴헤이븐은 예일대학교의 도시이다. 도시의 60% 이상이 이 대학 재산이라고 한다. 1701년에 설립된 이 학교는 동부 사학의 명문들인 아이비리그(Ivy League) 중에서도 하버드대학교 다음으로 고등학생 자녀를 둔 학부모들이 선망하는 학교라고 한다.

또한 윌리엄 태프트, 제럴드 포드, 조지 부시, 빌 클린턴 등 4명의 대통령을 배출하였고, 존 케리 상원의원, 버시바우 주한 미국 대사도 이 학교 출신이며, 영화배우 폴 뉴먼과 메릴 스트립 또한 이 학교 출신이라고 한다.

이 학교의 관광투어는 매주 월요일부터 금요일까지 10시 30분부터 오후 2시까지 가이드 투어가 있는데, 2주 전에 예약을 해야만 외국어 가이드가 각 나라말로 안내를 한다고 하며, 가이드 봉사료로 미화 40불을 지급해야 한다고 한다.

나는 예약을 하지 않은 상태이어서 우선 거대한 공룡의 화석이 1층 전체를 차지하다시피 한 피바디 자연사박물관, 1천만 권 이상의 장서가 있어 세계에서 7번째이며, 미국에서 2번째로 많은 장서를 보유하고 있다는 대학 도서관, 그리고 대학본부 구내만을 관광한다.

그러나 도서관은 열람실에 들어가 보지 않았고, 열람실 앞 복도에 진열된 세계 각국의 고문서나 희귀 서적들을 둘러보는데 중국이나 일본의 책이나 고문서들은 볼 수가 있었지만 우리나라의 것들은 볼 수가 없어서 섭섭하였다. 아이비 덩굴이 건물 벽을 뒤덮고 있어 고색창연한 고전미를 갖추고 있을 것으로 상상한 학교 건물들은 실제로 그렇지는 않았고, 건물 밖 도로변 화단에 심어진 아이비 덩굴은 고국의 시골 고구마밭처럼 땅바닥을 덮고 있을 뿐이었다.

동부 사립 명문대학들의 대명사 아이비리그(Ivy League)는 하버드

대학교(보스턴), 예일대학교(뉴헤이븐), 프린스턴대학교(뉴저지), 컬럼비아대학교(뉴욕 맨해튼), 브라운대학교(로드 아일랜드), 코넬대학교(뉴욕주), 다트머스대학교(뉴햄프셔), 펜실베이니아대학교(필라델피아)로 한국의 머리 좋은 많은 학생들이 이들 학교에서 세계의 수재들과 어깨를 겨루며 열심히 공부하고 있다.

6월 2일에는 마을에 있는 Sleeping Giant Golf Course(9 holes)를 가볍게 한 바퀴 돌았고 다음 날인 6월 3일에는 아침 일찍 Sleeping Giant State Park에 가서 산 정상에 올라가 가벼운 운동을 하고 와서 서부로 떠날 준비를 했다. 땅이 넓은 나라 — 마을에 골프코스가 여러 개 있어서 주중엔 코스마다 한가하다.

서부(1) — LA로 가는 길

6월 4일 — 엊저녁부터 비가 내리더니 아침까지 계속된다. 가는 날이 장날이라고 하필 우리가 출발하는 날 이렇게 거센 빗줄기가 내릴게 무어람? 친구도 근래에 보기 드문 세찬 빗줄기라고 출발 전부터 걱정이다. 7시 30분에 아내와 나는 친구 부부와 함께 서부로 가기 위해 뉴욕의 비행장을 향해 빗속을 나섰다. 택시는 10시 30분에야 JFK 공항에 도착한다. 평소 2시간이 채 걸리지 않던 거리라고 하는데, 오늘은 빗길인데다 러시아워까지 겹쳐져서 3시간이 더 걸려 도착하였다.

공항에 도착하자마자 곧바로 탑승 수속을 한다. 오전 11시 45분에 이륙한 비행기는 5시간 35분 만에 4,150㎞를 날아 LA 공항에 도착한다. 현지 시간은 오후 2시 46분이다. 같은 나라에서 시차가 무려 3시간이나 난다.

천사의 땅이라는 LA의 날씨는 오늘따라 유난히 화창하다. 여행사에서 마중 나온 안내원의 이야기로는 오늘 같은 날씨는 1년 중 몇 날

되지 않는 보기 드문 좋은 날씨라고 한다. 비행기에서 내려다본 거대한 도시가 자동차를 달리며 보니 평소 생각했던 것과는 다르게 조금은 초라해 보인다. 다운타운을 제외하고는 높은 건물이 별로 없어서 그렇게 보였을까? 물론 지진을 우려해서 대부분의 건물을 낮게 지었다고는 하지만 워낙 땅이 넓은 나라이기도 하니 서울처럼 눈에 보이는 도시 전체가 아파트의 숲을 이루는 것과는 대조적이다.

연락을 받은 어린 시절 친구 병희가 나와서 기다리고 있었다. 먼저 여행사에서 예약해 놓은 JJ Grand Hotel에 짐을 풀고, 병희의 안내로 같이 간 친구(관선헌 주인 내외)와 함께 시내 관광을 한다. 친구도 12년을 미국에서 살았지만 이곳 LA는 처음이라고 한다. 같은 나라이지만 워낙 땅덩어리가 큰 나라이니 그럴 만도 하겠다. 다운타운 가까이에 위치하고 있는 한인촌은 120만 명이 넘는 우리 교민들이 모여 산다는데 서울의 변두리 같은 느낌이 든다. 연이어 있는 일본인촌, 그리고 중국인촌 등을 차를 타고 다니면서 대강 구경하고, 다시 태평양 연안을 따라 30분쯤 프리웨이를 달려 병희가 살고 있는 산타모니카로 갔다.

이곳은 비교적 부유한 사람들이 모여 산다는 휴양도시로 태평양의 푸른 물결이 밀려드는 하얀 모래사장이 끝없이 이어지는 너무나 아름다운 곳이다. 자동차로 시내를 한 바퀴 돌고, 친구가 예약해둔 바닷가의 멋진 식당으로 갔다. 마이클, 글로리아, 켈리 모녀가 우리와 저녁을 같이하기 위하여 나왔다.

아기였을 때부터 병희가 귀여워하여 그 가족들과도 친하게 되었다는 켈리는 이제 중학생이 된 이웃이다. 배우 배용준의 열렬한 팬이어서 병희가 모국을 방문했을 때 배용준의 사진을 구해다 달라고 부탁한 일이 있었던 기억이 난다. 모녀는 이렇게 이야기로만 듣다가 처음 대면을 하였지만 반가웠고, 마이클과 글로리아는 그들이 수년 전 병희와 함께 한국을 방문하였을 때 용인 민속촌을 안내한 적이 있어서 구면이었다.

마침 그날은 친구 부인의 생일이었는데, 마이클에게 부인을 소개하면서 이야기를 했더니 그가 식당에 알려서 식사가 끝난 뒤에 축하 케이크를 준비해 주었다. 여행 중인데도 처음 만난 친구들까지 즐거운 마음으로 생일을 축하해줄 수가 있어서 맛있는 바다 생선요리에 와인까지 한 잔씩 하고 난 멋진 저녁 식사 후의 화기애애한 분위기를 더욱 고조시켜주었다.

우리와 같이 식사를 하기 위하여 바쁜 가정사가 있음에도 참석해준 마이클과 글로리아 부부, 그리고 초면인 우리들을 위해 나와준 켈리 모녀, 모두들 고마웠다. 마이클 부부는 서부여행이 끝나면 한 번 더 만날 수 있도록 시간을 만들어 달라고 했지만 너무나 꽉 짜인 스케줄 때문에 약속을 못 하고 아쉬운 작별 인사를 했다. 병희가 우리를 호텔까지 데려다 주고 돌아갔다. 어린 시절의 친구는 언제나 정이 많다.

잠들기 전에 김전평 동문과 통화를 할 수가 있었다. 너무 늦은 시간에다가 또 내일은 새벽에 일어나 서부여행을 떠나야 하기 때문에 오늘은 만날 수가 없고, 서부여행이 끝나고 캐나다 여행을 떠나기 전날 밤에 시간을 내기로 하고 아쉽지만 전화를 끊을 수밖에 없었다.

서부(2) — 그랜드캐니언으로 가는 길

6월 5일 — JJ Grand Hotel은 한인 타운에 있는 우리 교민이 운영하는 호텔인데, 고급은 아니고 중급 정도 되는 것 같다. 아침 6시 Wake-up Call을 부탁해 놓은 상태이지만 새벽 5시에 벌써 잠이 깨었다. 7시부터 호텔 식당에서 아침 식사를 할 수 있다는데, 조금 일찍 내려갔다. 해장국이 생각보다 맛이 있었다.

8시 20분 정확한 약속 시간에 관광회사의 버스가 도착하였다. 첫 목적지인 서부의 3대 캐니언(Grand Canyon, Bryce Canyon, Zion Canyon)을 가기 위하여 캘리포니아 내륙 사막지대를 거쳐, 애리조나,

네바다, 그리고 유타주까지 4개의 주를 거쳐 지나야 하는 대장정이 시작된다.

우리의 여행을 안내할 가이드는 소피아라고 하는 그녀의 얼굴만큼이나 예쁜 이름을 가진 아가씨다. 총인원 33명을 태우고 출발하면서부터 그녀의 재담 섞인 안내가 시작된다. 사막 위에 세워진 도시 LA와 캘리포니아주의 역사, 기후, 산업 등등을 알아듣기 쉽게 설명해준다. 야무진 그녀의 설명을 대충 메모하면 여행을 준비할 때 읽었던 참고 서적의 잊힌 기억들을 다시 생각나게 해준다. 역시 직업인의 자격을 갖추었다는 생각을 한다. 그녀가 들려준 캘리포니아의 발달사를 간추리면 다음과 같다.

1542년 스페인의 함대를 이끌고 상륙한 카브리요
1769년 스페인의 식민통치 시작
1821년 멕시코가 스페인으로부터 독립하면서부터 멕시코의 영토가 되었고,
1846년 미국과의 전쟁에서 멕시코가 패하여 캘리포니아는 미국의 31번째 주가 되었고,
1848년 새크라멘토에서 황금 발견, 골드러시의 시작으로 인구 증가와
1869년 대륙횡단 철도의 개통으로 인구와 물자이동이 용이해졌고,
1875년 오렌지 재배가 시작되었으며,
1892년 석유가 발견되었다.

미국을 먹여 살리는 몇몇 주의 하나로 만든 캘리포니아주의 3대 골드가 있는데 바로 Yellow Gold(황금), Green Gold(쌀, 오렌지, 포도, 아몬드, 그리고 마초), Black Gold(석유)라고 한다.

그녀가 들려주는 이야기를 듣다가 괜히 가슴에 뭉클함을 느낀 이야기를 빼놓을 수가 없다. 1821년 멕시코가 스페인으로부터 독립을 할 때부터 캘리포니아는 멕시코의 영토였지만 1846년 미국과의 전쟁

에서 패함으로 이곳을 빼앗기게 된 당시의 멕시코 젊은이들이 전쟁터에 나가면서 부른 민요는 그들의 슬프고 애절한 사연이 담겨 있다. 그 멕시코 민요를 고국에서 〈제비〉라는 제목으로 번안해서 불리어지는데 그 노래를 부르는 사람들이 거기 담긴 그들의 슬픈 사연을 알기나 하고 불렀을까?

그리고 지금은 가난한 멕시코 사람들이 빼앗긴 자기네 땅에 불법입국을 하여 감시의 눈초리를 피해 미국 사람들의 천대를 받으며 최하위층에서 살아가고 있다. 그러나 그들은 여기가 과거 자기들의 땅이었다는 생각을 하면서 살아가고 있는지도 모른다. 그래서 그들은 좀 더 살기 좋은 자기들의 옛 땅을 찾아 끊임없이 국경을 넘고 있는 것은 아닌지? 굶주린 북한 동포들이 두만강을 건너 옛 우리의 영토였던 간도 땅에서 중국인들의 감시를 피해 다녀야 하는 것과 다른 이야기가 될까?

이런저런 생각을 하는 동안에 버스는 LA 시내를 빠져나와 한참을 달려 시에라 네바다산맥의 남쪽 끝자락을 따라 해발 4,000피트가 넘는 사막 위에 놓인 15번 고속도로를 달려 바스토우를 향하고 있다. 준 사막지대라고 할 수 있는 이 지역은 모래바람이 사구를 이루는 중동의 사막과는 전혀 다르다. 민둥산에 키가 아주 작은 세이즈브러시라고 하는 풀도 아니고 나무도 아닌 그런 식물이 있는데, 건조한 기후조건에서 살아가는 것이 신기할 정도이다.

그룹 여행을 하면서 리더가 가장 신경을 써야 하는 것 중의 하나가 화장실 문제이다. 모든 사람들의 시급한 문제를 가장 빠른 시간 내에 해결해주어야 하기 때문이다. 보통 2시간을 달리면 휴게소(물건을 파는 상점과 화장실이 딸려 있는 주유소)에 들러 이 문제를 해결해주어야 하는데, 문제는 이런 곳에는 다른 여행사의 버스와 겹치기가 쉬워서 시간이 오래 걸리게 되면, 그날의 일정에 차질을 초래할 수도 있기 때문이다. 그래서 휴게소에 들르기 10분 전쯤 미리 화장실의 위치를 가르쳐주고 차가 출발할 시간을 알려주면서 급한 사람만 내리게 한다.

여기서 그들의 위트 섞인 우스갯소리가 나온다. "학교 갈 사람 손 드세요" "빨리 학교에 다녀오세요" 한다. 화장실을 학교라는 은어로 사용하는 이유는 학문에 힘을 쓰고, 학문을 넓히고, 학문을 닦는 곳이 학교이니, 학문을 발음 나오는 대로 항문으로 고치면 화장실이 곧 학교가 된다는 것이다. 긴 버스투어에 지루해할 사람들을 잠시나마 웃게 하기 위해 그들이 쓰는 우스갯소리 중의 하나다.

바스토우(Barstow)는 캘리포니아주에서 15번 고속도로를 타고 가다가 애리조나주로 가는 40번 고속도로와 연결되는 곳에 있는 인구 30만이 사는 작은 도시이지만, 화물 철도와 물류의 중심지이다. 지명 또한 이 도시 발전에 기여한 공이 큰 싼타페 철도회사의 제10대 회장이었던 바스토우라는 사람의 이름을 따서 붙여졌다고 한다. 11시 30분에 도착하여 씨즐러(Sizzler)에서 스테이크로 점심을 먹는데, 풍성한 과일이 넉넉히 제공되고, 각자 휴대하고 있는 빈 물병에 시원한 물을 다시 담아준다. 12시 30분에 다시 출발하여 사막 위의 고속도로를 달린다. 바스토우에서 라플린(Laughlin)까지는 40번 고속도로를 타야 한다. 1시간쯤 달리던 버스가 이상이 있어 갓길에 세우고 점검을 하고 본사에 연락을 하더니, 멕시코 출신인 기사가 임시 조치를 하여 오늘의 목적지 라플린까지 갈 수가 있다며 소피아가 여행객들에게 사과의 말을 전한다.

라플린에 도착하기 전 사막의 한가운데에 있는 주유소에서 급유를 하는 동안 휴게소에서 잠시 쉬는데, 역시 사막의 더운 바람은 숨을 막히게 한다. 기온이 화씨 100도가 훨씬 넘는데다 바람까지 불고 있으니 숨 쉬기도 힘들 정도이다. 오후 5시 30분에 도착한 라플린은 캘리포니아주와 네바다주와 애리조나주의 경계에 있는 콜로라도 강가에 세워진 연금 퇴직자들을 위한 휴양도시라고 한다. 은퇴자들을 위한 도시이기 때문에 생활비가 저렴하게 들도록 설계되어 있는 도시라지만, 이곳 사람들의 주 수입원은 국가에서 지급되는 연금과 도박장에서 얻어지는 수입이 대부분을 차지하고 있다고 한다.

1962년에 세웠다는 Laughlin Casino Resort에 짐을 풀고 호텔 식당에서 뷔페식으로 저녁을 먹는데, 와인은 얼마든지 무료이다. 그러나 식탁에는 물론이려니와 와인을 따라주는 사람에게 팁을 주는 것은 잊지 말아야 한다. 식당의 손님들은 관광객들을 제외하면 거의 대부분이 70세가 훨씬 넘어 보이는 노인들이다. 그랜드캐니언(Grand Caynon)을 가기 위하여 아침에 LA를 출발하여 거의 9시간을 달려왔다. 그러나 내일 또 몇 시간을 더 달려야 한다. 그 장엄한 경관을 보기 위하여서는 이런 고생쯤은 지불하여야 하는 모양이다. 저녁 식사 후에 콜로라도 강가를 산책하는데 바람이 얼마나 세차게 부는지 도저히 걸을 수가 없다. 이곳의 기후가 늘 이런가 하고 물어보니 평소에는 이렇지 않은데, 오늘과 내일 특히 심한 바람이 불 것이라는 일기예보가 있었다는 것이다. 주변에 R.V. 주차장이 있는 것을 보니, 가족 단위로 R.V.를 몰고 여행하는 사람들이 많은 모양이다. R.V. 주차장은 보통 주차장과 다르게 전기와 수도를 연결해서 쓸 수 있도록 설비가 갖추어져 있어야 하기 때문에 그런 시설이 갖추어지지 않은 곳에 R.V.를 주차할 수 없다.

서부(3) — 그랜드캐니언

6월 6일 — 새벽 5시 15분 라플린(Laughlin)을 출발하여, 어제 타고 들어간 95번 고속도로를 되짚어 나오다가 40번 고속도로를 만난다. 아침 7시 45분에 인구가 4,500명밖에 살지 않는 작은 마을 킹맨(Kingman)에 도착하였다. 이곳은 불사조라는 뜻을 지닌 애리조나의 주도 피닉스에서 라스베이거스로 가는 중간에 있는 곳으로 교통의 요지라고 한다. Miss Kitty' s Stake House라는 한국 식당에서 북엇국으로 조반을 때운다. 스테이크 하우스에서 북엇국을 먹는 것은 좀 어울리지는 않지만, 가이드가 데리고 가는 곳으로 가서, 주는 대로 먹어야 하니 별수가 없다. 한편 미국이라는 이렇게 큰 나라의 이렇게 작은 마을에까지 한국인들이 진출해 있다는 것을 보면서 대단한 한국인들이라는 생각을 하게 된다.

킹맨에서 조반을 마치고 밖에 나오니 어제의 그 뜨겁던 사막의 날씨는 언제였나 하는 생각이 든다. 쌀쌀한 날씨에 바람까지 불어대니 추위를 점퍼로 막을 수밖에 없다. 여기서 2시간쯤 사막의 고원지대를 달리면 해발 7,000피트의 고원에 세워진 도시 윌리암스가 그랜드캐니언의 입구에 있다. 도착한 시간이 10시 30분이다. 여기까지 오는 동안 띄엄띄엄 사막 가운데 있는 집들과 파란빛이라고는 전혀 보이지 않는 목장에는 어쩌다 몇 마리의 소가 풀이라고는 전혀 없어 보이는 곳에서 무엇인가를 뜯고 있다. 그래도 무언가 먹을 것이 있는 모양이다. 소들도 복을 타고난 소는 먹이가 풍부한 초원의 목장에서 사는데, 이런 목장에서 살아야 하는 소는 복도 지지리 못 타고 태어났던 모양이다.

LA에서 어제부터 오늘까지 버스로 15시간을 달려 드디어 목적지인 그랜드캐니언 빌리지에 도착한 것이다. SOUTH RIM에서 옵션으로 1인당 미화 130불씩 내고 경비행기로 그랜드캐니언을 한 바퀴 돌기로 되어 있었는데, 불행인지(스릴 넘치는 관광을 못 한 것) 다행인지(1인당 미화 $130 절약된 점) 오늘은 바람이 심해서 경비행기가 뜰 수가 없다고 하여 이 옵션 관광이 취소되었다. 대신 극장에서 상연하는 아이맥스 영화를 $12씩 지불하고 관람하는데, 나는 옛날 서울의 63빌딩에서 본 일이 있어 관람하지 않고, 역사 전시관을 둘러보았다.

연중 550만 명의 관광객이 찾는다는 이곳 그랜드캐니언(Grand Caynon)은 1540년 스페인의 탐험가에 의하여 발견되었으며, 1919년 국립공원으로 지정되었다고 한다. 버스는 주차장에 세워두고 무료로 운행하는 셔틀버스로 갈아타고 그랜드캐니언의 여러 전망 포인트 중에서도 그 경관이 제일 아름답다는 MATHER POINT로 간다.

100여 년 전에 시어도어 루즈벨트(Theodore Roosevelt) 대통령이 서서 구경하던 자리에 내가 서서 감회에 젖어 보기도 한다. 책을 통해서 그리고 말로만 듣던 장관을 직접 내 눈으로 확인한다. 지금은 작가가 누구였는지 생각나지 않지만 고등학교 시절 국어 교과서에서 읽고 감동을 받았던 기행문 '그랜드캐니언'. 그때의 감동이 되살아난다. 찰칵찰칵 수도 없이 카메라의 셔터를 눌러댄다. 발아래 수천 길 깊은 계곡에 실낱같이 흐르는 줄기가 보인다. 이 물줄기가 미국의 7개 주를 관통하여 흐르는 '붉은 물의 흐름' 이라는 뜻을 지닌 콜로라도강의 시발점이다.

과학자들이 지구의 나이를 45억 5천만 년이라고 하는데, 이 협곡의 밑바닥 바위의 나이가 18억 4천만 년이며, 이 협곡은 2억 천만 년 전에 형성되기 시작했다고 한다. 가히 상상이 가지 않는다. 신비스러운 신의 조화라고 할 수밖에 없다. 12시 40분 마을로 내려와 Great Restrants라는 뷔페 식당에서 점심을 먹고, 동쪽으로 약 40㎞까지 이어지는 이스트 림(Desert View Entrance)으로 가서 또 다른 캐니언의 모습을 본다.

브라이스캐니언(Bryce Canyon)과 자이언캐니언(Zion Canyon)을 가기 위하여 페이지라는 마을을 향해 간다. 그랜드캐니언을 뒤로하고 산길을 달리며 주변에서 보이는 나무는 온통 카이밥이라고 하는 향나무뿐이다. 토질에 맞는 수목이어서인지 경제적인 가치가 별로 없어 보이는 이 향나무가 몇 시간을 달리는 동안 우리의 시야를 채우고 있었다.

페이지는 인구 3,000명 정도가 사는 작은 마을이다. 오후 5시쯤 시골 같은 페이지의 Quality Inn이라는 호텔에 짐을 풀고 샤워를 한 다음, 석양의 아름다운 경치를 놓치지 말라는 가이드의 당부에 카메라를 들고 나갔다. 호텔 바로 뒤에는 그린이 잘 다듬어진 골프코스가 있었다. 사막 위에 나무가 자라게 하고, 잔디가 푸른 골프코스까지 갖춘 마을을 만든 사람들이 미국 사람들이다. 저녁은 다시 버스를 타고 10분쯤 가서 중국인이 경영하는 일품향이라는 식당에서 뷔페로 하고 돌아왔다.

서부(4) — 브라이스, 자이언캐니언

6월 7일 — 6시 호텔에서 조반을 들고 브라이스캐니언으로 가기 위하여 유타주 쪽으로 이동한다. 콜로라도의 강줄기를 막은 후버댐을 보면서 지난다. 1929년에 시작된 대공황을 타개하기 위하여 플랭클린 루스벨트 대통령의 뉴딜정책의 일환으로 시작된 토목공사였던 것으로 기억되는 댐이다. 그 덕분으로 지금 사막에 물을 공급하고, 또 스프링클러를 설치하여 초원을 만들고, 사람이 살 수 있는 환경을 만든다. 주의 경계선을 통과하는데 차량을 검문한다. 우리의 버스는 이제 애리조나주를 벗어나 유타주로 접어들었다.

캘리포니아주의 동남부에서부터 네바다주, 애리조나주, 그리고 남부 유타주 모두 대동소이한 사막지대가 많다. 이틀 동안 심하게 불던 사막의 바람이 오늘은 잠이 든 모양이다. 날씨도 맑고 기온도 서늘한 편이다. 솔트레이크가 주도인 유타주는 주민의 95%가 몰몬교도들이라고 한다. 델타항공과 펩시콜라가 몰몬교에서 운영하는 기업이라고 하니 그들의 재력을 알 만하다. 브라이스캐니언으로 가는 길목인 이곳 역시 예의 카이밥이라고 하는 향나무가 많은 것을 보면 강수량이 사막지대보다는 조금 많은 모양이다.

레드록캐니언(Red Rock Caynon)을 통과한다. 얼마나 오랜 세월 동안 비와 바람이 스치고 지나갔을까? 곧 부서져 흘러내릴 것 같은 기암괴석이 도로 가까이에 서 있다. 금방이라도 낙석이 쏟아질 것 같은데 그렇지 않은지 낙석을 막아줄 만한 철책 같은 시설은 전혀 볼 수가 없다.

아침 10시 브라이스캐니언의 선셋 포인트(Sunset Point)에 도착했다. 붉은색 바위들이 뾰쪽뾰쪽 솟아 있는 첨탑 같기도 하고, 붉은 불꽃이 춤을 추는 것 같기도 한 절경은 장엄한 그랜드캐니언의 모습과는 또 다른 비경이다. 우리가 자주 대하지 못한 붉은 바위로 된 때문인지 마치 황토가 홍수에 씻겨 가다 남아 있는 듯하여 금방 무너져 내릴 것 같은데, 과학자들의 조사, 보고에 의하면 5년에 약 1㎝씩 낮아진다고 한다.

계곡까지 내려가는 길이 있지만 시간 제약을 받기 때문에 계곡까지 갈 수는 없고, 사진을 찍기 위하여 중간까지 내려가다 출발 시간을 맞추기 위하여 허둥대며 돌아올 수밖에 없었다. 최소한 하루의 일정은 이곳에 투자하여도 모자랄 판에 2시간 남짓한 시간에 어찌 이 비경을 다 감상할 수가 있을 것인가?

1928년에 국립공원으로 지정된 이 협곡은 브라이스라는 목수에 의해서 발견되어서 붙여진 이름이라고 한다. 멀리 흰 눈이 덮여 있는 산봉우리가 보인다. 햄프리 봉이라고 한다. 짧은 시간에 아쉬움을 남기고, 12시 30분 고풍스러운 시골마을 카멜 정션(Camel Junction)으로 내려와 Thunderbird Restaurant에서 점심을 먹고, 135㎞쯤 남쪽으로 내려가면 볼 수 있는 또 다른 협곡 자이언캐니언(Zion Canyon)으로 가기 위하여 버스는 다시 움직인다.

브라이스캐니언이 여성적인 아름다움을 지녔다면 자이언캐니언(Zion Canyon)은 남성적인 웅장함이 있다. 카멜 정션에서 점심을 먹고 2시간 동안을 천천히 달려온 길은 모두가 절경이다. 자이언캐니언의 입구에서 잠깐 사진을 촬영하고 이내 출발하면 긴 터널을 통과하게 되는데, 터널 중간중간에 창문처럼 뚫린 공간이 있다. 카메라를 준비하고 캄캄한 터널을 지나다가 안내원의 신호에 따라 뚫린 공간을 향해 일제히 셔터를 눌러댄다.

영화 〈천국의 문〉의 촬영 현장이라고 한다. 이태리의 피렌체를 여행할 때 두오모 성당 옆의 바티스테로 산 조반니 세례당으로 들어가는 문에 성서의 장면을 새겨놓고 '천국의 문'이라고 이름을 붙였던 것을 보았는데 멀리 보이는 바위가 그 문을 닮았다는 생각도 든다. 우리 같은 아마추어들이 보아도 천국의 문이라고 하니 그렇게 보이는데 예술가들의 눈에는 어땠을까 싶다. 자이언캐니언은 주로 달리는 버스에서 관광을 하며 지난다.

천국의 문을 지나고부터는 유타주에서 이제 애리조나주와 네바다주를 넘나들면서 라스베이거스를 향해 달린다. 애리조나주의 Hurricane이라는 마을을 지난다. 마을 이름치고 황당하다. 무슨 내력으로 마을 이름을 그렇게 부르게 되었는지는 모르겠지만 사람들에게 피해만 주는 허리케인을 마을 이름으로 사용하다니 알 수 없는 사람들이다.

네바다주를 지나면서 또다시 대협곡을 거쳐 끝없는 사막을 달린다. 네바다는 스페인어로 눈 덮인 도시라는 뜻을 가진 말이라고 한다. 사막 위에 세워진 도시 매스 키토, 15만 인구의 카지노 도시를 지난다. 골프로도 유명해서 PGA나 LPGA도 열리는 곳이라 한다. 땅이 넓은 나라일수록 불모의 땅을 이용할 수 있는 방법을 연구하고 거기에 많은 투자를 아끼지 않는 것이다. 사막을 지나올 때 도로변에 가끔씩 독립가옥이 있는 것을 보았는데, 거기에 사람이 살고 있는 것이 아니라, 주 정부에서 집을 지어놓고 사람이 살 수 있는 환경이 되는가를 몇 년을 두고 연구하고 조사하고 있는 중이라 한다.

1950년대 지하 핵실험을 했던 사막 위에 지금은 비옥한 목축지라는 뜻을 가진 라스베이거스라는 거대한 도시가 세워졌다. 과문(寡聞)한 나에게는 도박과 환락의 대명사로만 알려졌던 이곳이 지금은 MGM 그랜드 호텔, 베네시안 호텔, 발리스 호텔 등 유명한 호텔이 세계 경제인은 물론이고 환경 전문가, 유명한 과학자, 국제 정치가의 컨벤션 센터로 자주 활용하고 있다고 하니, 이제는 당당히 건전한

국제 회의장으로 그 위상을 높이고 있다는 것이다.

라스베이거스에는 오후 6시쯤 도착하여 외곽지대에 있는 한국인들의 상가와 식당이 즐비한 곳을 찾아가 '사하라' 라고 하는 식당에서 한식으로 저녁을 먹고 시내로 들어갔다. 황홀한 조명, 무대의 방대함, 웅장한 음향, 화려한 의상을 입은 수많은 단원들이 펼치는 Ballys Hotel의 Jubilee Show는 1인당 미화 $80을 별도로 지불하고 관람했지만 그만한 가치가 있다는 생각이 든다.

시내 야경 관광은 1인당 미화 $30, 베네치아를 그대로 옮겨 놓았다는 베네치아 호텔의 내부를 돌아보고, 벨라지오 호텔의 분수 쇼와 조명예술의 극치라고 자랑하는 전구 쇼(우리나라 LG에서 설치했다고 한다)를 관광하고 Riviera Hotel에 투숙한다.

서부(5) — 요세미티

6월 8일 — 저녁에 들어왔다가 아침에 나오는 라스베이거스, 화려한 밤의 세계만을 보고 떠난다. 수많은 관광객들의 물결 속을 이리저리 떠밀려 다닌 몇 시간의 밤에 비하면 아침의 라스베이거스는 사뭇 다르다. 아무리 잘 지어진 멋있는 건물들도 휘황한 조명이 없는 아침에 보는 나의 눈에는 그저 평범한 도시의 빌딩 숲에 지나지 않아 보인다.

아침 8시 아직 조용한 거리, 구름 한 점 없는 맑은 하늘에 빛나는 태양이 그 빛을 밝게 비추고 거리를 가득 메우던 그 많은 인파는 다 어디로 숨어들었는지 지금은 지나가는 차량의 행렬만이 있을 뿐이다. 어제저녁을 먹었던 한국식당 '사하라' 에서 해장국으로 조반을 마치고, 15번 고속도로를 타고 다시 삭막한 사막을 따라 켈리코 은광촌을 가기 위하여 길을 재촉한다.

켈리코라는 말은 스페인어로 주름치마라는 말에서 유래되어 붙여진 이름이다. 산의 색깔이 붉은빛과 푸른빛을 띠어 마치 주름치마처럼 보이기 때문에 붙여진 이름이라고 한다. 이는 은의 광맥이 넓게 깔려 있는 것이 아니라 거의 일정하게 줄을 따라 있어, 은 광맥이 있는 곳은 푸른 색깔을 띠고 그렇지 않은 곳은 붉은색을 나타내기 때문이다.

오래전부터 채산성이 없어 광산이 폐쇄된 상태이고, 옛날 채광 당시의 시설들을 그대로 박물관처럼 보존하여 관광객을 유치하기 위한 고스트 타운(민속촌)을 형성하고 있다. 기념품을 파는 가게와 식당들이 있고, 관광객들의 흥미를 돋우기 위하여 서부극에 나오는 카우보이들의 코믹한 결투를 연출해 보이기도 하며, 당시의 보안관 복장을 한 안내원이 관광객들과 기념촬영도 한다. 한국에서 온 관광객들에게는 한국말로 인사를 하기도 한다.

점심은 바스토우로 가서 지난번 그랜드캐니언으로 갈 때 들렀던 씨즐러(Sizzler)에서 현지식으로 먹고, 요세미티로 가기 위하여 프레지노를 향한다. 점심을 먹고 나서 1시간쯤 달리다 버스가 말썽을 부린다. 지난번 라플린으로 가는 도중 고장으로 새 버스로 교체했었는데, 이번에는 타이어가 터진 것이다. 서비스 센터에서 사람이 나와 타이어를 교체하는 데 1시간 30분이 걸렸다. 그동안 관광객들은 지루하지만 차내에 앉아서 기다려야 한다. 고속도로에서 차가 갓길에 주차하여 있을 때는 승객이 밖으로 나오면 교통위반으로 티켓을 받는다.

프레지노까지 가기 위하여 바스토우에서 58번 고속도로를 타고 가다, 395번으로 바꾸어 타고 가면서 동쪽으로 대스 벨리, 서쪽으로는 시에라 네바다산맥의 최고봉이며 미국의 본토에서는 제일 높다는 휘트니산(4,418m)의 정상에 쌓여 있는 흰 눈을 달리는 버스에서만 바라보면서 가까이 다가가지 못하는 아쉬움을 안고, 3시간쯤 북쪽의 캘리포니아로 달리니 이제 사막은 끝이 나고 푸른 초원과 목장, 과수원이 펼쳐진다.

에드워드 공군기지를 지나니 바다 같은 포도밭이 펼쳐진다. 유명한 캘리포니아 포도주의 생산지이다. 이 엄청난 포도를 어떻게 수확할까? 나는 바보 같은 걱정을 한다. 물론 기계를 이용하겠지만, 궁금하여 안내원에게 물어보니 포도주용 포도를 따는 진공청소기 같은 수확기가 있다는 것이다.

오후 7시 45분에 도착한 농촌 마을의 작은 도시 프레즈노(Fresno), 서양 물푸레나무라는 스페인어에서 유래된 이름이며, 농업이 발달되었고, 유명한 건포도 Sun Maid 공장이 있으며, 이곳에 있는 캘리포니아주립대학교의 프레즈노대학의 농과대학은 그 분야에서는 미국에서 가장 권위가 있다고 한다. 또한 도산 안창호 선생께서 독립운동의 발판으로 삼았던 흥사단을 처음으로 세우신 곳이 이곳이었다고 하여, 처음 왔으면서도 어딘지 정이 가는 곳이다. Americas Best Value Inn이라는 호텔 체인의 Water Free Hotel에 투숙한다.

호텔의 조용한 분위기는 좋았는데, 저녁을 먹은 '가야식당' 이라는 교민이 운영하는 식당은 서비스를 제공하는 데는 뒷전이고, 주인이 직접 팁을 챙기는 데는 앞장을 서서 우리 일행의 불평을 샀다. 식후에 조용한 마을 길을 산책하다 돌아와 쉬었다.

6월 9일 — 아침 6시 호텔 옆의 그 불친절한 한국인 식당에서 조반을 먹었다. 먹기 싫은 식당에서도 정해진 식단으로 밥을 먹어야 한다는 것이 단체관광에서 선택권 없이 감내해야 하는 고통 중의 하나이다. 모두들 서둘러 식사를 마치고 버스에 올라 요세미티 국립공원을 향해 41번 도로를 타고 달렸다.

요세미티는 미국에서 가장 유명한 국립공원 중의 하나라고 한다. 이곳은 1868년 스코틀랜드 사람인 존 무어에 의하여 발견되었고, 1890년 미국 최초로 국립공원으로 지정되었다. 돔(Dome) 모양의 거대한 바위를 절반 쪼개어 놓은 듯이 보이는 하프돔(Half Dome), 그리고 700m가 넘는 곳에서 쏟아지는 거대한 폭포와 3단으로 떨어지는 폭포 등이 있는 벨리 지역, 해발 3,000m 이상에서 만년설을 안고 있는

투올러미(Tuolumne) 그리고 수령이 2,700년이 넘는 거목들이 늘어서 있는 마리포사(Mariposa) 등 세 지역으로 나누어 볼거리를 찾는다는데, 우리는 South Entrance를 통해 벨리 지역으로 들어가고 있다.

7시 30분 성난 곰이라는 뜻의 인디언 언어에서 유래한 요세미티의 마을 입구에 도착한다. 스페인 언어로 영원히 산다는 뜻을 지닌 아름드리 세코야 나무(Family Tree)들이 빽빽하게 들어찬, 왕복 2차선의 좁은 산길을 구불구불 돌아서 올라가는 길 중간에 와우너 호텔이 있다.

호텔 발코니에서 바라보이는 그림 같은 골프장이 있는데, 옛날 이 호텔에서 쉬던 권위주의의 상징이었던 대한민국의 대통령께서 예약도하지 않고, 비서들에게 골프채를 들려 들어가려다가 제지를 당했다고 한다. 따르던 비서들이 신분을 밝히고, 라운딩을 할 수 있게 해 달라고 사정을 했지만, 골프장 관리인은 한국의 대통령이 아니라 미국의 대통령일지라도 예약하지 않고서는 들어갈 수 없다며 거절을 해서 들어가지 못한 일화가 있었다고 한다. 그 겁도 없는 골프장 관리인은 그렇게도 무섭던 우리 대통령을 별로 무서워하지 않았던 모양이다.

아침 햇살이 거대한 바위에서 쏟아지는 폭포와 수목 사이를 무지개처럼 아름답게 비춰주고 있을 때, 모두들 버스에서 내려 사진 촬영을 한 곳이 글레이셔 포인트이다. 하프돔과, 케피탄, 브라이덜 베일 폭포를 보면서, 2시간여 동안 5, 6명이 팔을 벌려 둘러도 닿지 않을 정도의 거대한 세코야 나무숲의 맑은 공기를 만끽하며, 이 나라 사람들이 자연보호를 위하여 얼마나 신경을 쓰는가를 실감한다. 카메라 셔터를 눌러대며 주어진 시간이 짧음을 아쉬워하며 또다시 버스에 올라 140번 프리웨이를 통해 샌프란시스코로 향한다.

서부(6) — 샌프란시스코

9시 45분, 세계에서 가장 큰 화강암이라는 엘 캐피탄(표고 2,271m)의 거대한 모습을 사진으로만 담고, 요세미티를 출발하여 140번 프리웨이를 통해 샌프란시스코로 향한다. 2시간 동안의 요세미티 관광을 위해 달려온 거리와 소비한 시간을 생각하면 너무나 아쉽지만, 어차피 여행사의 일정에 우리가 맞출 수밖에 도리가 없다.

서부여행을 시작하면서 거의 매일 황량한 사막만을 보면서 달리다가, 요세미티를 오가며 푸른 초원과 거울처럼 맑은 호수와 푸른 숲 사이를 흐르는 강 그리고 울창한 밀림을 보게 되면서 어딘가 마음은 편안해지고 새로운 세계에 들어온 기분이다. 같은 나라를 여행하는 동안, 불과 며칠 사이에 이렇게 다른 세상을 볼 수 있다는 것은 놀라운 일이 아닐 수 없다.

오크데일에서 점심을 먹은 후, 그 옛날 골드러시로 서부 개척의 발판이 되었던, 캘리포니아의 주도가 있는 새크라멘토(Sacramento)의 남쪽을 달리는 80번 도로를 따라가다가, 오후 2시쯤 캘리포니아 대학교의 본부가 있는 버클리를 지나, 오클랜드에서 샌프란시스코로 들어가는 베이 브릿지를 건넌다. 동부에서 듣기로는 미국의 모든 도로는 동서로 뚫렸을 때는 짝수의 번호가 붙여지고, 남북으로 뚫린 도로일 경우 홀수의 번호가 붙여진다고 하는데, 서부에서는 꼭 그런 것 같지도 않다.

명문 스탠퍼드대학교, 첨단산업의 도시 산호세(실리콘밸리)도 여기서 멀지 않은 곳에 있다는데, 우리의 일정에는 포함되지 않아서 들르지 못한다. 오늘의 샌프란시스코 날씨는 바람이 부는 탓인지 모처럼 보기 드물게 안개가 끼지 않은 날이다.

금문교를 건너가 소살리토를 돌아보고, 소노마, 나파까지 올라가 와이너리에서 와인 시음도 해보고 왔더라면, 캘리포니아의 넓은 포도 농장을 직접 눈으로 둘러보는 즐거움이 있었을 텐데, 유감스럽게도 오늘의 샌프란시스코 일정은 Fisherman's Wharf의 39번 부두(Pier 39)에서 유람선을 타는 베이 크루즈 관광으로 정해져 있다. 유람선으로 금문교 아래까지 갔다가, 알카트래즈 섬과 베이 브릿지까지 갔다 돌아 나와, 다시 버스로 금문교 아래에 있는 Golden Gate Park까지 다녀오는 코스다.

알카트래즈 섬은 무서운 감옥의 대명사이다. 한번 들어가면 죽어서나 나올 수 있었다는 연방교도소가 있던 곳인데, 1934년까지는 육군 교도소로 쓰이던 것을, 그 후 감옥을 개조하여 흉악범들만 수용하던 연방 교도소로 사용했다. 한때는 그 악명 높던 갱 두목 알 카포네가 수감되어 있기도 했었고, 무려 14번이나 탈출을 시도했던 죄수의 이야기가 세간에 알려져 화제가 되기도 했던 곳이다. 이 감옥도 1963년에 재정적인 이유로 폐쇄되어 지금은 옛 모습을 그대로 유지하면서 관광자원으로 활용하고 있다는데, 유람선을 타고 지나면서 옛 감옥의 겉모습만 보면서 지난다.

오후 4시에 유람선에 승선했다가 1시간 남짓을 돌아와 하선하여 금문교 공원을 다녀와서 버스 안에서 시내 관광을 한다. 늦게 시내에 나와 아담한 '한일관'이라는 식당에서 모처럼 입에 맞는 저녁을 먹었다. 거리가 어찌나 한적한지 마치 우리나라의 어느 지방도시에 온 듯한 생각이 들었다. 가로수에는 탐스럽게 생긴 빨간 꽃이 예뻐서 꽃 이름을 물어보니 'Bottle Brush'라고 일러준다. 한국에도 이런 꽃이 있는지 모르지만, 이름을 듣고 보니 모양이 병을 닦는 브러시처럼 생겼다. 식후 시내에서 조금 떨어진 Sunnyvale이라는 교외로 나와 쉐라톤 힐튼 호텔에 여장을 풀었다.

6월 10일 — 새벽 4시 Wake-up Call, 5시 Sunnybale의 쉐라톤 호텔을 출발하여 1시간쯤 달려가 Seaside라는 곳에서 한국식당을 찾아 설렁탕으로 조반을 먹고, 태평양 연안의 환상적인 드라이브코스라는 몬트레이의 바닷가를 달리는데, 얄궂은 안개 때문에 우리들의 환상은 산산이 부서지고 말았다. 그러나 중간중간에 차를 세우고 바닷가의 아름다운 경치를 배경으로 사진을 촬영했다.

바닷가 도로 옆에 있는 숲의 나뭇가지에는 주렁주렁 이끼 같은 해초가 해풍에 날려와 매달려 있고, 나무의 몸통에도 다닥다닥 붙어서 나무의 영양분을 빼앗아 먹고 살기 때문에 나무들이 말라 죽어가고 있었다. 주 정부에서 이 문제를 해결하기 위하여 애를 쓰고 있다는데, 아직도 좋은 방안을 찾아내지 못하고 있다고 한다. 누가 이 문제를 해결할 방법을 생각해낸다면 아마도 큰 상을 받을 수 있을 것이다.

한국의 박세리 선수가 LPGA에서 우승한 적이 있는 Pebble Beach 골프장에 차를 멈추고, 사진도 촬영하면서 퍼팅 연습장을 돌아 바닷가에 이어지는 아름다운 코스를 구경할 수 있었다. 이 골프장은 미국의 유명한 가수이며 배우였던 빙그로스비가 운영한 적이 있다고 한다. 그의 얼굴과 업적이 동판에 새겨져 있어서 그 앞에서 사진을 촬영하기도 한다.

차츰 안개가 걷히기 시작하여, 늦게나마 남은 코스의 아름다운 해변을 볼 수가 있어 다행이다. 이 아름다운 해변은 클린트 이스트우드, 샤론 스톤 등 유명 연예인들이 별장을 갖고 있는 고급 별장 지역인데, 우리나라의 연예인도 이곳에 별장을 갖고 있는 사람이 있다고 한다. 단지 경치가 좋다는 이유로 LA나 샌프란시스코 시내에 있는 집값의 약 2.5배 이상 높다는 것이다.

몬트레이의 해변 도로를 지나 Greenfield라는 곳은 지난다. 비행기로 씨앗과 농약을 살포한다는 말을 듣기만 했는데, 그렇게 농사짓는 농부들을 실제로 목격하면서 지나간다. 어쩌다 몇 가구의 농가가 그 넓은 농장의 중간중간에 있을 뿐 끝없는 평야가 펼쳐져 있다. 캘리포니아의 비옥한 농장 지역에도 지역마다 특용 작물을 재배한다고 한다. 즉 포도는 주로 Lockwood Paris Valley 지역에서, 오렌지는 샌프란시스코 지역, 그리고 쌀농사는 주로 새크라멘토 지역에서 생산을 한다고 한다.

미국 안의 덴마크라는 쏠뱅을 가기 위하여 101번 Free Way라고 부르는 고속도로를 타고 가면서 마돈나 인이라고 불리는 유명한 호텔을 구경한다. 126개의 방이 세계 각국의 특색을 살려 각각 다르게 꾸며졌다고 한다. 한국식의 아담한 방도 준비해놓고 있다니 이 글을 읽는 여러분들도 언젠가는 한 번쯤 들러볼 일이다.

샌 루이스 오피스 포에서 홈 타운 뷔페로 점심을 먹고, 덴마크 말로 양지바른 곳이라는 뜻을 지닌 쏠뱅에 도착한다. 밀 농사와 꽃 농사를 주로 짓는 농촌 마을의 민속촌이다. 와인 매장에서 관광객들에게 무료로 시음도 하게 하고 제품 설명도 한다. 산타클로스에서 산타 바바라를 거쳐 산타 클라라로 태평양을 안고 이어지는 길도 몬트레이에 버금가는 환상적인 드라이브 코스다. 16시 50분 드디어 6박 7일간의 서부여행을 마치고 LA의 JJ Grand Hotel에 도착했다.

저녁에 김전평 동문과 연락을 해서 오랜만에 반갑게 만났다. 저녁식사를 같이하면서 살아온 이야기들을 하고, 서울의 친구들 소식을 전하며 세 시간 동안의 이야기가 짧게 지났다. 내일 새벽 4시에 일어나 시애틀행 비행기를 타러 나가야 하는 바쁜 일정과 따로 최삼섭 목사와의 약속 때문에 다시 전화로 남은 이야기를 하기로 하고 헤어졌다.

LA에 머물 수 있는 시간은 짧고, 만나야 할 친구는 많아서 최 목사와 같이 식사도 할 수 없음이 아쉬웠지만, 내 바쁜 일정을 이해하는 최 목사에게 다시 사과하고, 같이 여행하는 친구 내외와 같이 최 목사의 안내로 밤 12시가 넘도록 할리우드의 야간 관광을 했다.

최 목사는 같은 학교를 다닌 동창은 아니지만 고교시절의 절친한 친구다. 서울에서 대학 강사를 하다가 박사학위를 받기 위하여 미국에 갔다가, 목사가 될 수밖에 없었던 친구다. 가난한 작은 교회를 맡고 있지만 직업을 따로 갖고 있으면서, 자기가 일해서 벌어들인 돈으로 교도소에 수감되어 있는 수감자들을 상대로 포교 활동을 하고, 불우 노인 복지원에 봉사와 전도를 겸하는 그야말로 진실된 크리스천이다.

내게도 성경책과 찬송가를 보내는가 하면, 수년 동안 빠지지 않고 매월 전도의 편지를 보내고 있지만, 나는 아직도 교회에 나가지 못하고 있어서, 그의 성의에 부응하지 못하는 미안한 마음을 늘 갖고 있다. 목사들에 대하여 별로 좋지 않은 선입견을 갖는다는, 오래된 불교 신도인같이 여행하는 친구도 최 목사를 만난 후 생각이 달라졌다고 한다. 목사들 중에 과연 최 목사 같은 사람이 있다는 것을 전혀 생각해본 일이 없었으며, 자기는 불교 신자이지만 존경할 만한 기독교인이라고 칭찬을 아끼지 않는다. 늦게 그를 보내고 호텔에 돌아왔다.

캐나다 로키(1) — 밴쿠버

6월 11일 — 어제 늦게까지 할리우드 거리를 구경하고 최 목사와 헤어진 후, 3시간을 잤을까? 새벽 4시 호텔에서 택시를 타고 공항으로 간다. 아침 6시 10분에 출발하는 시애틀행 비행기를 타야 하기 때문이다. 이렇게 이른 시간에 공항은 벌써 많은 사람들이 북적인다. 전자 티켓을 확인하고 짐을 부칠 사람들의 늘어선 줄이 수백 미터는 될 것 같다. 출발 시간을 2시간이나 여유 있게 일찍 나왔는데, 짐 검사가 까다로운 것인지? 근무자들이 게으름을 피우는 것인지? 줄이 도무지 줄어들지 않는다. 줄을 따라 서서 기다리면서 시간이 없어 아침은 굶겠구나 생각했다.

겨우 출발 30분 전에 탑승구 앞에 와서, 아침 먹을 것은 시간 때문에 아예 포기하고 기다리다 탑승을 한다. 이륙 후 곧바로 뚱뚱한 아줌마(여승무원)들이 음료수와 과자를 나누어준다. 미국은 항공사마다 국내선일 경우 기내식을 제공하지 않고, 간단한 스낵만을 제공한다. 2시간 30분을 비행하여 9시 40분에 시애틀—타코마 공항에 도착한다.

맥 라이언과 톰 행크스가 주연한 영화 〈시애틀의 잠 못 이루는 밤〉

(Sleepless in Seattle)이 생각나는 도시, 보잉사, 마이크로 소프트, 코스트코, 스타벅스라는 세계의 경제를 이끌고 있는 걸출한 기업들이 본부를 두고 있고, 워싱턴주립대학교 건너편에 세계 제일의 부자 빌 게이츠가 살고 있는 곳이기도 하다. 위도상으로 한국과 비슷하고 기후도 비슷하여, 상당수의 교민들이 이곳에서 아메리칸드림을 이루고, 여유 있는 생활을 하고 있다는 이야기도 들었다.

머리가 벗어진 50대의 여행사 직원(Mr. Kim)이 봉고차를 몰고 와서 우리를 맞았다. Mr. Kim은 나중에 알고 보니 상당한 인텔리로 한국에서 방송사에 근무하다가 언론 통폐합 때 직장을 잃고, 캐나다에 이민을 와서 고생하다가 여행사에서 임원으로 일하게 된 사람이다. 우리에게 50~60대에 장노나 목사가 되지 말라고 당부를 하여 이유를 물어보니, 장노 = '장기적으로 노는 사람', 목사 = '목적 없이 사는 사람' 이기 때문이라나?

마운트 버넛이라는 곳의 뷔페식당에서 점심을 먹는데, 여기도 나이 많은 노인 손님들이 많다. 저렴한 가격으로 식성에 맞는 식단을 골라 먹을 수 있는 장점이, 노인들에게 집에서 식사를 준비하는 번거로움을 면하게 해주겠구나 하는 생각을 한다. 점심 후 붐비지 않는 비교적 한가한 고속도로를 따라 달리다 미국 서부의 최북단(북위 49도)에 위치한 벨링 햄에서 입국 신고서를 작성한 시간이 오후 2시 30분이다. 옛날에는 두 나라 사이의 출입국 수속이 간단했었는데, 9 · 11 테러가 있은 후 상당히 까다롭게 되었다고 한다. 짐을 검사하고 여권에 도장을 받고, 검사대를 통과한 후에 다시 버스를 타고 국경을 통과한다.

국경을 넘으면 곧 밴쿠버로 들어간다. 여기저기에서 도로를 확장하는 공사가 벌어지고 있는데, 2010년 동계올림픽을 대비하여 벌이는 공사라고 한다. 동계올림픽 유치를 위하여 한국의 평창과 경합을 하다가 밴쿠버가 유치에 성공을 했다.

세계의 환경 전문가들이 뽑은 '세계에서 가장 살기 좋은 도시' 로

뽑히기도 했고, 시드니, 리오 데 자네이로, 나폴리와 더불어 세계 4대 미항(美港) 중의 하나인 밴쿠버는 인구 180만으로 토론토, 몬트리올에 이어 캐나다의 3번째로 큰 도시이며 서부 캐나다 제일의 도시이다.

1792년 이곳에 처음 상륙한 영국의 해군 중령 조지 밴쿠버 선장의 이름을 따서 붙여진 이름이다. 이 아름다운 도시에는 매년 주민의 4배에 달하는 관광객들이 모여든다고 한다. 120만 평에 달한다는 스텐리 파크, 하늘을 찌를 듯한 삼나무 숲을 버스로 한 바퀴 돌아, 시내의 전경을 한눈에 볼 수 있는 프로스펙트 포인트에서 석양의 밴쿠버를 바라본다.

캐필라노 협곡에서 137m의 깊은 계곡 위에 길이가 70m인 현수교 흔들 다리(Capilano Suspension Bridge)도 건너본다. 샌프란시스코의 금문교와 비견된다는 라이온스 게이트 브릿지를 건너 시내로 들어와 한국인 식당을 찾아 저녁을 먹고, Holiday Inn Express 호텔에 들었다.

호텔 로비에서 전혀 생각하지 않던 고향 선배를 만났다. 시애틀에서부터 같은 버스를 타고 오면서도 서로 모르고 있었다. 한국의 대기업에 근무하는 아들이 회사에서 선발되어 워싱턴주립대학교로 와서 MBA 과정을 밟고 있는데, 칠순 잔치를 생략하고 아들한테 와서, 아들 부부와 돌바기 손자와 5명의 가족이 함께 여행을 한다는 것이다. 나중에 소주라도 한잔 나누자 하고 각자 방으로 가 쉬었다.

6월 12일 — British Columbia주의 주도는 우리나라 제주도의 20배 정도의 면적을 가진 Vancouver Island에 있는 빅토리아시이다. 인구 30만의 섬 한쪽에 치우쳐져 있는 이 도시가 British Columbia주의 주도가 된 것은, 1867년 캐나다 건국 당시 오레곤 조약에 의하여 국경선을 결정할 때, 분쟁의 소지를 줄이고 조금이라도 더 유리하게 하기 위하여 급조된 것이라 한다.

밴쿠버의 선착장에서 페리호를 타고 빅토리아시로 들어간다. The

Butchart Garden은 6만 평의 대지 위에 썬 캔 가든, 이탈리아 가든, 일본 가든, 그리고 장미 가든 등 4개의 정원을 특색 있게 꾸며, 잘 가꾸어 놓았다. 광산이었던 곳을 아름답게 꾸며 1906년부터 일반인들과 관광객들에게 공개하기 시작했다고 하는데, 밴쿠버를 찾는 관광객들은 누구나 들르는 곳이다.

코네티컷주의 햄던에 있는 친구 집을 처음 방문했을 때, 옆집의 정원에 피어 있는 꽃이 너무나 아름다워 가까이 가서 사진을 찍고, 자세히 보았던 일이 있었다. 잎이나 꽃이 마치 진달래와 흡사한데, 푸른 잎 사이에 노랗고, 빨간 꽃이 무리 지어 큰 송이를 이루고 있어 아주 탐스럽게 보였다.

이 꽃을 캐나다에서도 가끔 보았고, 이 정원에도 잘 자라고 있어, 꽃 이름이 무얼까 하고 궁금하게 생각했었는데, 마침 같이 여행하는 사람들 중에 임학을 전공했다는 분이 있어서 물어보니 '만병초' 라고 한다. 잎은 만병엽이라 하여 콩팥이 나쁜 경우나 류머티즘에 효과가 있고 이뇨에도 쓰인다. 한국에도 강원도 북부지역에서 자생하고 있고 키는 3~4m까지 자란다고 하는데, 내가 보지 못해 모르고 있었던 것이다.

주 청사 앞에 있는 왁스 박물관 입구에는 영국의 근위병 복장을 한 안내원이 관광객들의 요구에 사진 촬영을 함께해주고 있었다. 안으로 들어가니 세계적으로 유명한 역사적인 인물들의 형상을 실물 크기로 제작하여 역사의 자료로 전시해 놓았을 뿐 아니라, 지하에는 옛날 참혹하게 시행했던 고문하고 처형하는 모습들까지 만들어 놓아, 옛날 유럽에서의 끔찍한 형벌제도를 볼 수 있도록 하고 있었다.

넓은 주 청사 앞 잔디밭에는 수령이 2,500년 되었다는 거대한 향나무가 영양제 주사를 맞으면서 아직도 푸르름을 자랑하고 있어 주 청사를 배경으로 사진을 촬영하고, 쇼핑몰에 들러 구경하다 다시 선착장으로 가 페리를 타고 빅토리아를 떠난다. 밴쿠버의 한국식당으로 와 저녁을 먹고 호텔로 돌아왔다.

캐나다(2) — 로키, 콜롬비아 빙하

6월 13일 — 호텔 식당에서 조반을 마치고, 이슬비가 오는 1번 고속도로를 따라 길을 간다. 날씨의 좋고 나쁜 것은 우리의 일정과 아무런 상관이 없다. 비가 오든 눈이 오든 스케줄은 그대로 강행하기 때문에 날씨가 좋으면 여행자의 행운이고, 그렇지 않으면 행운이 따르지 않는다고 생각하면 그만이다.

캐나다는 세계에서 영토가 두 번째로 넓은 나라이며, 북미 대륙의 40%를 차지하고 있는 이 나라는 세계 제일의 담수 보유국, 최대 밀 생산국, 지하자원과 삼림자원이 풍부하지만 인구밀도가 상대적으로 낮은 나라(3.3명/㎢), 국민들의 평균 수명(남자 75세, 여자 81세)이 높은 복지국가이다.

숲속으로 난 고속도로를 따라가면서 보이는 수많은 호수와 강들, 그리고 산림이 울창한 가리발디와 케스케이드의 두 산맥을 좌우로 바라보면서, 4,600㎞를 내리뻗은 캐나다 로키를 찾아가는 우리는, 이슬비가 가는 길을 적시고 있을지라도 모두가 행복하다. 면사포 폭포(Bridal veil Fall)에서 가늘게 내리는 이슬비를 맞으면서 구경하고, Hope라는 지역에서 다시 5번 고속도로 쪽으로 방향을 틀어 Merritt라는 인구 9,000명이 산다는 작은 마을까지 가서 점심을 먹는다.

원주민이 전체 인구의 절반쯤 된다는 이곳에 북 톰슨 강(North Tomson River)이 흐른다. 예전에는 구리 광산이 있었으나 지금은 목재산업으로 바뀐 곳이다. 길가에 넓은 공간을 차지하여 둥그렇게 원형 건물을 전체적으로 나무만을 이용해 멋을 부려 지은 한국인 식당에서 먹는 점심이 맛이 있었다.

눈과 얼음이 녹아내려 범람할 듯 강물이 넘치는 강가 옆으로 고속도로가 뻗어 있다. 사슴과 곰이 먹이를 찾고 있는 모습을 촬영할 수 있도록 버스의 속도를 낮춰주기도 한다. 눈을 들어 위를 쳐다보면 흰 눈이 쌓여 있는 봉우리들인데, 아래는 숲속에서 여름을 즐기기 위해서 동물들이 나들이를 하고 있다. 저녁때쯤 인구가 500명밖에 살지 않는다는 벨 마운트(Valley Mount)라는 작은 마을에 도착했다. 이곳에도 우리 교민이 있어 식당을 운영하고 있다. 식당의 벽에는 이곳을 다녀간 많은 한국인들의 낙서가 훈장처럼 액자에 보존되어 있었다. 저녁을 먹고, 아주 허름한 호텔에서 일박을 한다.

6월 14일 — 아침 7시 출발을 한다. 벨 마운트에서 30분쯤 달리면 5번 고속도로는 16번 고속도로에 우리를 인계하고 그 임무를 끝마친다. 이제 보이는 것은 모두 캐나다 로키이다. 최고봉 로브슨산(Mount Robson, 3,954m)도 여기서 볼 수가 있고 무스(사슴과 동물로 물가에 살며 턱에 물주머니가 있다)가 많아서 붙여진 무스 레이크(Moose Lake)도 지난다. 재스퍼(Jasper)에서 다시 93번 고속도로를 타고, 콜롬비아 빙원과 루이스 호수까지 가면 우리는 다시 1번 고속도로를 만나게 된다. 여기는 브리티시 콜롬비아주를 넘어 엘버타주이다.

엘버타주는 넓이가 65만㎢(한반도의 3배 정도)이고, 88년 동계올림픽을 개최했던 캘거리가 주도(州都)이다. 석유(Sand Oil)의 매장량이 많아 주 정부의 재정이 풍부해 2005년에는 예산이 남아서 2006년 3월에 주민 1인당 $600씩 보너스를 주기도 했다고 하니 부러운 곳이다. 여기서부터 1시간의 시차가 난다. 수도 없이 많은 눈 덮인 봉우리들을 올려다보며, 수목이 울창한 사이로 난 고속도로를 달리면서 9시 25분 현재 시간을 10시 25분으로 고쳤다.

해발 1,200m부터 수목한계선(Timberline)인 해발 2,500m까지를 고산 산림지대라고 하는데, 지형과 기후에 따라 흰 가문비나무, 소나무, 더글러스 전나무, 사시나무, 솔송나무 등이 분포되어 있다고 한다. 이 나무들만 수출해도 현재의 캐나다 국민들을 120년 동안 먹여 살릴 수 있단다. 벌목한 산을 보니 일정한 간격을 두고 머리를 깎듯이 깨끗하게 베어낸 자리에 어린나무를 다시 심어 놓았다. 이런 식으로 연차적으로 벌목을 하니, 매년 재목을 생산해도 산은 항상 푸르게 유지가 된다.

12시가 못 되어 콜롬비아 빙원 지역에 도착했다. 점심을 먹고, 캐나다 국립공원에서 제공하는 버스를 타고 가서 전동차를 타고, 또 빙원에서는 설상차를 타고 빙하 위를 달려보기도 한다. 지금이 6월 중순인데도 함박눈이 내린다.

만년설이 녹아 흐르며 빙하를 이루고, 그 빙하도 지구의 온난화에 밀려 조금씩 녹아 흐르기 시작한다. 빙하가 녹아 흐르는 물을 마시면 건강에 좋다고 물병들을 준비하여 가기도 하는데, 함박눈이 내리는 속에서 사진을 촬영하느라 그 빙하 물을 마시는 것을 깜박 잊고 말았다.

콜롬비아 빙하를 뒤로하고, 그 옛날 총독이 자기 아내인 루이스 공주의 이름을 붙여 명명했다는 Lake Louise와 그 옆에 있는 유명한 샤또 레이크 루이스 호텔을 구경하고, 캘거리로 가는 중간에 있는 캔모어에서 저녁을 먹고, Kananaskis에 있는 88년 캘거리 동계 올림픽 때 기자들의 숙소를 호텔로 개조했다는 Executive Resort에 투숙한다. 주변이 아름답고 조용하기가 마치 휴양지 같다. 와인 한 병을 들고 내 방으로 온 친구와 모처럼 취흥에 젖었다.

🌐 캐나다(3) — 로키, 밴프

6월 15일 — 어젯밤 늦도록 비가 내렸었는데, 일찍 일어나 밖을 나서니 비는 그치고, 부는 바람이 나뭇잎에 맺은 물방울을 살랑살랑 털어내고 있다. 오늘은 비가 오지는 않을 듯한 날씨이지만, 팔이 긴 셔츠를 입어야 할 정도로 약간 싸늘함을 느끼게 한다. 아름다운 호텔 주변을 한 바퀴 돌아오니 기분은 상쾌하다. 산간의 고지대, 사방에 눈이 녹아내리는 산들로 둘러싸여 있으니, 우리나라의 초봄에 느끼는 기온이다.

아침은 캔모어에 있는, 어제저녁을 먹었던 교민 식당에서 북어 해장국으로 하고, 어제 지나온 1번 고속도로를 달려 밴프를 거쳐 셀몬 암까지 가는 중간중간에 강과 호수를 끼고 있는 절경들을 구경한다.

마릴린 먼로가 출연했던, 옛날 영화 〈돌아오지 않는 강〉의 촬영 장소였다는 보우강, 에메랄드 호수, 내추럴브리지 그리고 루이스 호수와, 호숫가에 있는 샤또 레이크 루이스 호텔, 또 밴프의 자랑이라고 하는 밴프 스프링스 호텔 등 세계 최고급 호텔에 속한다는 호텔들과 주변의 아름다운 경관을 구경하고, 해발 2,000m가 넘는 산을 곤돌라를 타고 올라보기도 한다.

계성편시광장설산색개비청정신(溪聲便是廣長舌山色豈非淸淨身) 시냇물 소리는 부처님의 설법이요, 산 빛은 깨끗한 법신이라고 노래한 소동파가 오늘 이곳에 와서 눈 덮인 많은 산봉우리들과 옥같이 맑은 호수를 보고, 넘쳐나는 강물에서 떨어지는 폭포수의 웅장한 소리를 나와 같이 들었다면, 그가 내게 어떤 노래를 주었을까?

밴프에서 오랜만에 스테이크로 점심을 즐겼다. 셀몬 암은 연어가 많이 올라오는 시기에 관광객들이 맨손으로 연어를 잡기도 한다는 곳이다. 중국식당에서 뷔페로 저녁을 즐겁게 마치고, Shuswap Lake가 창밖에 있는 Prestige Hotel에 투숙한다. 친구, 선배와 함께 와인을 마시며 많은 이야기를 나누었다.

6월 16일 — 아침 7시에 프레스티지 호텔 식당에서 조반을 들고, 7시 35분 우리의 버스는 길이가 동서로 150㎞나 된다는 셔스왑 호수를 따라 1번 도로가 끝나는 캠루프스(Kamloops)에서 다시 5번 도로를 따라 밴쿠버를 지나 미국의 시애틀까지 달리는 것이다.

캐나다의 관광 일정은 오늘이 마지막이다. 버스가 달리는 동안 우리의 가이드는 미국과 캐나다의 서로 달랐던 건국 배경에 대한 이야기를 하는데, 대부분의 우리 일행은 눈을 감고, 이야기를 듣는지 꿈나라를 헤매고 있는지 조용하다.

독립전쟁 이전, 과중한 세금에 불만을 품은 미국이 캐나다에 공동으로 독립을 요구할 것을 제안했었으나, 캐나다는 이에 협조하지 않고 반대했었다. 영국에서 캐나다로 온 사람들과 미국으로 온 사람들은 그 출신성분이 전혀 달랐기 때문이다. 미국에 건너온 사람들은 대부분 서민 출신들이었고, 반대로 캐나다에 온 사람들은 주로 왕실의 가까운 친인척들이 대다수를 차지하고 있었기 때문이라고 한다. 같은 상황에서도 관점이 다르면 대처하는 방법도 이렇게 다른 것이다.

프레이저강에서 황금이 발견된 이래 몰려든 사람들에 의하여 세워졌다는 도시 호프(Hope)의 삼미식당에서 된장찌개로 점심을 먹는다. 저녁에 뉴욕으로 가는 비행기를 타기 전 공항에서 석식을 때우기 위하여 김밥을 시켰는데, 1인분에 미화 10불씩 받은 이 김밥을 나중에 먹어보니, 서울에서의 천 원짜리 김밥보다 별로 나을 게 없었다.

콜롬비아의 아이스 필드에서 발원한 프레이저강 위에 놓인 알렉스 브리지를 건너 밴쿠버를 관통하여 중국인들이 많이 산다는 리치먼드를 지나 공항으로 간다. 리치먼드라는 도시는 영국과 미국에도 있는데, 아마도 영국에서 처음 건너온 사람들이 자기 고향의 이름을 붙여 생긴 도시명이 아닌가 하는 생각이 든다.

Vancouver International Airport에서 비행기를 타고 각자의 출발지로 돌아갈 사람들을 내려주고, 우리는 시애틀을 향하여 다시 달린다. 우리와 같이 캐나다 로키를 여행한 사람들 33명은 미국의 동부, 남부, 서부 그리고 하와이 등 각처에서, 그 지역 여행사를 통해 캐나다에 있는 여행사로 합류한 사람들이기 때문에 합류한 지점도 다르지만 떠나는 공항도 각각 다르다.

오후 3시 50분 다시 국경을 넘어 6시경 시애틀 공항에 도착하여, 준비했던 김밥으로 탑승 전에 저녁을 먹는다. 뉴욕행 Jet Blue 비행기는 저녁 11시 50분에 출발할 예정이다.

동부(1) — 뉴욕

6월 17일 — 어젯밤 11시 30분에 시애틀을 이륙한 Jet Blue가 아침 8시 30분에 우리를 JFK 공항에 무사히 데려다주었다. 뉴욕에서 LA로 갈 때는 현지 시간에 3시간을 더해주어야 실제 비행시간이 되었는데, 오늘은 반대로 현지 시간에서 3시간을 빼야만 정확한 비행시간이 나온다. 아무튼 실제 비행시간은 6시간이 걸린 셈이다.

택시로 플레싱으로 가서 금강산식당에서 조반을 먹고, 한국에서보다 오히려 더 한국식품이 많아 보이는 식료품점에서 식품을 산다. 다시 2주 동안이나 비워두었던 햄던의 친구 집으로 왔다. 2주일 동안의 단체여행을 하느라 긴장도 되었고, 피로가 쌓였는지 집에 돌아오니 네 사람 모두 고단하여 다음 날은 늦도록 잠을 잤다.

오후부터는 클래식 음악을 좋아하는 친구의 숙원 사업이던 400장이 넘는 음악 CD, 영화와 오페라 DVD들의 목록표를 작성하여 같이 정리하기로 하였다. 꽤나 넓은 지하실에는 습도 조절기까지 비치해 놓은, 다분히 예술가적 기질을 타고난 내 친구의 음악 공간이다. 여기 있는 책들 또한 온통 클래식 음악에 관한 것과 불교 서적이다.

컴퓨터에 약한 친구는 늘 마음속에 이들을 다른 사람도 찾기 쉽도록 목록표를 만들어 놓고 싶었지만 실행하지 못했다고 한다. 내가 힘이 되어주기로 하고, 우선 음악 CD는 목록표에 번호, 곡명, 작곡자, 지휘자, 연주자 순으로 정리했다. 다음에는 CD에 번호를 붙여 놓으니 누구라도 듣고 싶은 곡을 쉽게 찾아 감상할 수 있게 되었다. 영화나 오페라의 DVD도 함께 목록표를 만들어 놓으니 한결 좋아졌다.

이 작업을 도와주는 동안 클래식 음악에 문외한이던 나는, 친구로부터 천재 음악가들의 이야기며 음악을 작곡할 때의 역사적 배경 등 많은 이야기를 들을 수 있어서, 클래식 음악에 좀 더 가까이 접근할 수 있게 되었다. 아는 것보다는 좋아하는 것이, 좋아하는 것보다는 즐기는 것이 낫다고 하는데, 친구는 클래식 음악을 즐기는 사람이지만, 나는 아직 아는 사람 축에도 끼지 못하고 있다는 생각이다.

6월 20일 — 오늘은 서울에서 손님이 오기로 되어 있어서, 친구 부부는 뉴욕으로 손님을 맞아 집으로 오는 동안, 나는 친구가 권하는 책(『내가 사랑하는 클래식』, 박종호 지음)을 읽으며 시간을 보냈다. 저녁에는 늦은 시간까지 서울에서 온 친구로부터 장마가 시작되었다는 등 궁금했던 소식을 들으며 늦도록 이야기를 했다.

6월 21일 — 서울에서 온 손님(친구 부인의 친척이 되는 친구)과 함께 5명이 자동차로 3시간쯤 달려, 이곳 코네티컷주와 접경 주인 로드 아일랜드의 갈리리 바닷가까지 나가, 배에서 파는 바닷가재와 게를 사서, 해변의 한가한 캠프장에서 삶아 먹는 즐거움과 대서양의 푸른 바다를 가슴 가득 품어보는 뿌듯함도 맛보았다.

저녁에 양현승 동문으로부터 전화가 왔다. 서부와 캐나다를 여행하는 동안 연락을 하지 못했더니 궁금했던 모양이다. 내일은 뉴욕 시내를 구경하기로 되어 있어서 모레 워싱턴 D.C.에 가면서 볼티모어에 들르기로 약속하였다.

6월 22일 — 뉴욕 시내 관광을 하기로 했다. 아침 10시 10분에 뉴헤븐을 출발하는 메트로를 타고 가서 뉴욕에 도착한 것이 11시 53분이다. 아주 천천히 가는 것 같으면서도 자동차보다 훨씬 빠르다. 42번가에 있는 Grand Central Station에 내리니, 친구는 우선 역 안에 있는 넓은 광장에서 천장을 쳐다보라고 한다. 이 모자이크 그림이 뉴욕의 명물 중에 하나라고 하지만, 역시 그림에도 문외한인 내 눈에는 명물 같아 보이지 않는다.

처음 뉴욕에 올 때, 비행기에서 내려다보면서 바둑판처럼 줄을 반듯하게 잘도 맞추어 놓았다고 생각했었는데, 역시 도로 표지판을 보면서 동서를 잇는 스트리트와 남북을 달리는 애버뉴를 따라가면, 뉴욕에서 길 찾기는 초행자들도 그렇게 어렵지는 않겠다는 생각을 하게 된다. 42번가에서 59번가까지 걸어가면서 브로드웨이와 타임스퀘어, 줄리아드 음대를 거쳐 뉴욕의 허파라고 불리는 센트럴 파크까지 구경을 한다.

피아니스트 한동일 씨를 비롯해서 많은 한국 출신 천재 음악가들이 공부했다는 줄리아드 음대 앞 광장에서 쉬면서 사진을 촬영하고, 센트럴파크의 숲에서 준비해간 점심을 먹는다. 세계 제일의 거대한 도시 속에 이렇게 넓은 시민의 휴식공간을 한두 개가 아닌 여러 개를 갖추어 놓은 뉴욕이 과연 땅이 넓은 나라의 도시답다는 생각을 하게 된다.

늦은 점심을 먹고 1시간쯤 공원을 산책하다가 30일 저녁에 있을 친구의 딸 하영이의 결혼식장을 답사하기 위하여, 58번가와 59번가의 사이에 있는 Hudson Hotel을 찾아갔다. 친구네 부부가 결혼식 전날에 오게 되면, 초행인 우리가 결혼 당일 식장을 찾다가 고생할 것을 염려해서다. 행사장인 호텔 24층에 있는 스카이라운지까지 둘러보고 내려왔다.

다리는 아프지만, 차를 타지 않고 걸으면서 구경을 한다. 32번가는 우리 교민들의 거리이다. 상점과 식당들이 온통 한글 간판이다. 34번가에 있는 엠파이어 스테이트 빌딩을 구경하고, 다시 42번가의 Grand Central Station 근처의 작은 공원 Briant Park에 와서 아픈 다리를 쉬었다. 이 공원의 의자는 쉬는 사람들이 갖고 이동할 수 있도록 되어 있어서 넓은 잔디밭을 마음대로 가고 싶은 곳으로 움직이며 쉴 수 있도록 되어 있었다.

뉴욕 하면 마천루와 자유의 여신상이 떠오르는데, 오늘은 시간이 없어 로어 맨해튼에 있는 자유의 여신상과 그 외 많은 볼거리들을 다 볼 수가 없다. 다음에 시간을 내서 다시 오기로 하고, 오늘은 너무 피곤하여 중앙역에서 메트로를 타고 돌아왔다.

미국에서는 절약하는 방법을 알면, 절약하는 길이 많고, 실제로 아주 작은 것에서부터 절약하며 사는 것이 이 나라 사람들인 것 같다. 실례로 기차 값을 One—Way 티켓을 사는 것보다 Round—Trip 티켓을 사면 할인이 되어서 싸게 살 수 있다. 라운드 트립 티켓은 시간의 제한을 받지 않고 1개월 동안은 언제라도 쓸 수가 있다고 한다.

🌐 동부(2) — 볼티모어, 버지니아

6월 23일 — 워싱턴 D.C.에 가다가 중간에 양현승 동문을 만나기 위해 볼티모어에서 내리기로 하고, 뉴헤이븐(New Haven)에서 볼티모어(Baltimore)까지 가는 9시 11분에 출발하는 암트랙(Amtrak)표를 사는데, 여기에도 경로우대제도가 있다. 요금이 시니어(60세 이상)는 $90.10, 일반은 $106.00이라며 증명서를 보여달라고 하여, 운전면허증을 보여주었더니 할인을 해주었다.

5시간 동안 뉴욕과 필라델피아 말고도 몇 개의 작은 도시를 거치고 강과 숲을 지나서, 워싱턴 D.C.의 북쪽에 자리한 메릴랜드주의 최대 도시 볼티모어에 닿았다. 이곳은 19세기 초 미국 최초의 철도인 볼티모어와 오하이오를 잇는 동쪽 출발지로 도시가 성장하기 시작했다고 한다. 지금은 미국에서 가장 인기가 많은 국립 수족관이 있으며, 미국 사람들이 좋아하는 야구왕 베이브 루스가 태어난 곳이며, 그의 생가에 기념 박물관을 지어 보존하고 있기도 하고, 유명한 존스홉킨스대학교가 있는 곳이다. 오후 2시 10분 양현승 동문이 역으로 마중을 나왔다.

오랜만에 만나는 친구의 회색으로 변해버린 머리카락을 보면서, 서로 만나지 못하고 보낸 세월이 너무 길었음을 실감한다. 그래도 환하게 웃는 얼굴 모습에서 그의 건강을 느낄 수 있어서 좋았다. 친구도 대뜸 한다는 소리가 하얗게 변한 내 머리카락 이야기다. 우리는 서로가 자기 모습이 변한 것은 생각하지 않고, 헤어졌던 40대 시절의 생각만 하고 만났던 것이다.

자동차로 시내를 한 바퀴 돌며, 다운타운과 몇몇 가볼 만한 명소들을 보여주며 자상하게 설명하는 친구의 이야기를 들으면서도 나는 오늘의 이 도시에 관한 생각보다는 젊은 날의 추억 속으로 빠져든다. 학창 시절 우린 왕십리에서 동대문까지 같이 걸어서 통학을 했었다. 간간히 생각나는 옛이야기를 하니 친구는 그런 걸 어떻게 다 기억하고 있느냐고 한다. 어렵던 그 시절이 지금은 왜 행복했던 추억으로 떠오르고 있는 것일까?

그가 경영하는 가게에 가서 반갑게 맞이해주는 부인을 만났다. 직장에 다니던 아들과 딸이 부모를 대신하여 가게를 봐주겠다고 나와서 우리는 아이들에게 가게를 맡기고, 자동차로 30분가량 걸리는 친구의 집으로 왔다. 시내와는 다르게 조용한 신흥 주택가인데, 주위 환경이 아주 깨끗하다. 잘 다듬어진 골프코스가 바로 집 주위에 있는데, 골프 할 시간이 없어 골프는 못 하고 대신 아침마다 골프장 주변을 조깅코스로 이용하고 있다고 한다.

뉴욕에서 시작하여 이곳까지 와서 살아야 했던 친구의 파란만장했던 미국 이민 생활사를 들으면서, 맹모삼천지교(孟母三遷之教)의 교훈을 실천한 친구 부부의 자식사랑을 알게 되었다. 아버지가 오랜만에 만나는 친구와 시간을 같이 보낼 수 있도록 하기 위하여, 저희들의 휴일을 포기하고 가게에 나온 남매를 처음 보았을 때, 참 잘 자란 젊은이들이라는 생각이 들었었는데, 자식 교육을 위하여 애쓴 이야기를 듣고 나니 그 부모에 그 자식들이라는 생각을 하게 되었다. 이민 초기의 고생담을 가감 없이 털어놓는 친구 부부의 이야기 속에서 아이들을 반듯하게 키워낸, 그래서 이제는 마음에 평화를 얻은 그 기쁨이 나에게까지 전해오고 있었다.

6월 24일 — 우리를 위해 자기 방을 내주고 저는 거실에서 자겠다는 친구 딸의 마음 씀이 미안했지만 고맙게 받아들였다. 친구의 딸 나나의 책상에는 이런 격언의 글이 쓰여 있었다. Happy Life — The secret of life is not to do what you like, but to like what you do. Life is short to the fortunate, long to the unfortunate. 이 격언을 보면서 나는 생각했다. 친구가 미국에 와서 사는 동안 체험적으로 공감한 이야기들을 아이들에게 항상 교육시켜 왔기 때문에 그들의 삶의 자세가 확립되어 있을 것이라고. 즉 사람이 살아가면서 좋아하는 것만 할 수 없으며, 자기가 하는 일을 좋아하면서 살아가야 하며, 행운은 순간적이며, 불행이 길다는 것을 생각해야 한다는 인생철학이 담겨 있는 말이라고 생각했다.

양현승 동문의 집에서 하룻밤만 지내고, 오늘은 워싱턴 D.C.로 가서 버스로 시내 관광을 마치면, 저녁에 코네티컷의 친구에게로 돌아가기로 약속을 하고 우리 부부만 내려왔었다. 코네티컷의 친구와는 서부와 캐나다 로키를 같이 여행하고 돌아와, 며칠을 집에서 쉬고, 워싱턴 D.C.까지 같이 여행하자는 것을, 하영이의 결혼 날짜가 일주일밖에 남지 않은 상태이니, 집에서 차분하게 쉬면서 딸의 결혼식 준비를 하라 하고, 우리 부부만 볼티모어로 출발했던 것이다. 그런데 양현승 동문은 오늘이 일요일이니 아이들에게 오늘까지 가게를 맡기기로 했다며 한사코 붙잡는 바람에 계획을 바꿀 수밖에 없다.

코네티컷에서 친구가 걱정을 할 것 같아 전화로 전후 사정을 이야기하고 2, 3일 늦겠다고 했다. 웨스트 버지니아에 있는 루레이 동굴(Luray Caverns)이 집에서 2시간 정도밖에 걸리지 않는다며 점심을 준비하여 두 집 부부가 같이 떠났다. 친구 부인도 우리가 찾아주어서 덕분에 소풍을 가게 되었다며 좋아한다. 우리를 편하게 해주기 위해서 하는 말일지라도 행복해하는 모습이 좋았다.

1878년 버지니아의 서북부에서 발견된 이 동굴은 100만 년 전에 형성되었다고 한다. 세난도어 국립공원 지역의 평지에서 석회암층의 지하로 들어가는 동굴이다. 넓이가 0.4㎢, 높이 9~43m의 규모에 기기묘묘한 형상을 하고 환상적으로 매달린 종유석과 석순이 설치해 놓은 조명을 받아 더욱 신비스럽게 하고 있는데, 지하 폭포와 호수까지도 있는가 하면 종유석 파이프 오르간을 시간 맞추어 자동적으로 연주되도록 만들어 놓기도 했다.

어린아이가 안내를 하는데, 얼마나 똑똑하게 설명을 하는지(너무 빨리 말해서 잘 알아들을 수는 없었지만) 놀라워서 나이를 물으니 14살이란다. 그러면 이 동굴에 대해서 얼마나 공부를 했느냐고 물으니 일주일을 공부했으며, 학교에 가지 않는 동안만 일을 한단다. 미국이란 나라는 어린아이들에게도 능력이 있으면 이런 일을 할 수 있도록 기회를 주는가 보다. 그래서 미국은 기회의 나라라고 하는지는 모르지만….

6월 25일 — 어제 루레이 동굴을 가며, 오며 운전하느라 고생한 친구를 생각해서 오늘은 시내 관광을 포기하고 친구의 가게에 같이 나가 친구가 장사하는 것을 보면서 그냥 쉬었는데, 저녁에 나나에게서 전화가 왔다. 오빠와 함께 아빠 엄마를 대신해서 우리에게 저녁식사를 대접하겠다는 것이다. 아이들이 예약했다는 중국식당에서 저녁을 먹고 난 후에 근처의 콜롬비아 호수로 우리를 안내했다. 바쁜 부모를 대신해서 우리에게 마음을 쓰고 있는 아이들이 얼마나 예쁘고 고마웠던지 같이 산책을 하면서 사진도 찍고 이야기도 많이 했다.

🌐 동부(3) — 워싱턴 D.C.

6월 26일 — 아침 8시에 친구의 집 가까이에 있는 롯데마트 주차장으로 여행사 직원이 나오기로 해서 양현승 동문과 우리 부부와 셋이 나갔다. 워싱턴 D.C.를 관광하기 위해서다. 여행사에서는 우리 세 사람만을 위하여 승용차로 안내를 하겠다는 것이다. 점심값과

가이드 팁을 합하여 1인당 $80이란다. 친구는 자기의 승용차로 가자고 했지만, 차를 가지고 가면 주차할 곳을 찾느라, 주차장에서 왔다갔다 하느라, 여간 힘들지 않을 듯하여 관광회사에 맡기기로 하였다. 가게는 친구 부인이 혼자 지키겠다고, 친구에게 같이 다녀오라고 했던 것이다.

우리를 태우고 가는 가이드는 50대 초반으로 보이는 이민 온 지 7년 된 교민인데, 관광 안내원답게 지리와 역사에 해박한 지식을 갖춘 것 같다. 포토맥강을 사이에 두고 메릴랜드와 버지니아의 중간에 있는 워싱턴 D.C.는 연방 직속의 콜롬비아 특별 구역이다.

포토맥강의 상류에 놓여진 다리를 건너고, 다시 강 남쪽에서 강을 따라 달리니 시내가 보인다. George Washington University와 Georgetown University가 나란히 있다며 강 건너를 가리킨다. 1790년 뉴욕, 필라델피아에 이어 세 번째로 미국의 수도가 된 이 도시는 프랑스의 피에르 샤를 랑팡이라는 사람에 의하여 설계된 계획 도시라고 한다.

포토맥강을 건너기 전에, 미국의 영웅들과 전쟁 희생자들이 잠들어 있는 알링톤 국립묘지를 먼저 들렀다. 알링톤 국립묘지의 상징인 알링턴 하우스가 묘역의 제일 높은 언덕 위에 하얀 모습으로 눈에 띈다. 이 집은 남북전쟁 당시 남군 총사령관이었던 리 장군의 사저였다고 한다.

그 언덕 아래 존 에프 케네디 전 대통령의 가족묘역이 있는데, 여기에는 일찍 죽은 두 자녀와 재클린의 묘도 함께 있으며, 자기가 죽으면 형의 곁에 묻어달라고 유언을 한 로버트 케네디 전 법무장관의 묘도 같이 있다. 아주 검소하게 꾸며진 이 묘역에는 가스 불이 연중 꺼지지 않고 타고 있는데, 이 가스값은 국가에서 지불하지 않고 케네디가에서 부담하고 있다고 한다.

건국 이후 세계 각처의 전쟁에서 전사한 군인들의 묘역이 구분되어 있는데, 한국전에서 전사한 용사들의 무덤가에서 잠시 고개를 숙였다.

묘비에 여러 사람의 이름이 있는 것을 보고 이유를 물으니 안내원이 설명한다. 유족들이 원하면 나중에 그 가족들도 한자리에 상하(각 묘지의 면적이 한정되어 있기 때문에)로 같이 묻히기도 한다고 한다. 오랜 후에는 유골이 한데 섞여서 만날 수 있다는 생각에서 그런 방식을 좋아하는 사람들이 있어 그렇다고 한다.

그런데 남녀 차별이 없는 이 나라에서 여군들의 묘역은 따로 울타리를 설치하고 들어가는 문도 별도로 되어 있어서 이상스럽게 생각이 되었다. 옛날 우리 조상들은 살아 있는 사람들에게 남녀칠세부동석을 가르쳤는데, 이들은 죽은 사람들에게 사자남녀부동와(死者男女不同臥)(?)를 가르치고 있는지 알 수가 없다.

알링턴기념교(Arlington Memorial Bridge)를 건너 포토맥 강변의 도롯가에 타고 간 차를 주차해놓고, 걸어서 링컨 기념관으로 간다. 계단을 올라가다 1963년 마틴 루터 킹 목사가 연설했던 자리에 그의 유명했던 연설 'I have a dream'을 새겨 놓은 곳에서 다른 관광객들처럼 우리도 사진촬영을 했다.

다시 계단을 올라가니 아테네의 파르테논 신전을 본떠서 설계했다는 흰 대리석의 육중한 건물이 탁 트인 시내를 가로질러 조지 워싱턴 기념탑과 국회의사당을 정면으로 바라보고 서 있다. 법률로 정해서 국회의사당과 링컨 기념관 사이의 시야를 가릴 수 있는 건물은 지을 수 없게 했다는 것이다. 물론 시내의 다른 곳에도 국회의사당보다 높은 건축물은 허가되지 않기도 한다지만.

기념관을 둘러싸고 있는 높이가 13.4m가 된다는 36개의 대리석 기둥은 링컨 대통령 시대의 미국 연방을 이루었던 36개 주를 상징하며, 기념관 중앙에 있는 흰 대리석 대좌에 높이 5.8m의 대리석 링컨 좌상이 관광객들을 맞이하고 앉아 있다. 상의 양손은 수화로 A와 L을 말하고 있다는데, 그것은 미국(America)과 자유(Liberty)를 의미하는 것인지?

왼쪽 벽에는 게티즈버그의 연설문이 새겨져 있고, 오른쪽 벽에는 그의 재임 취임사가 새겨져 있다. 1915년에 짓기 시작하여 1922년에 문을 열었다고 한다. 가난 속에서도 뜻을 세워 꿈을 이루기 위하여 백절불굴의 정신으로 한 시대를 풍미한 그의 위대한 생애를 생각하면서 짜인 일정에 바쁜 나그네는 발걸음을 옮긴다.

멀리 좌측에 보이는 하얀 건물은 케네디 센터라는 설명만 듣고, 포토맥 강가에 주차해둔 자동차를 타기 위하여 땀을 흘리며 걷는다. 토마스 제퍼슨 기념관으로 가면서 가이드의 이야기는 계속된다. 봄철 벚꽃이 필 때의 포토맥 강가는 시민들과 관광객들의 환상적인 산책코스라는 것은 다 아는 사실이지만, 벚나무를 기증한 일본 사람들의 기발한 아이디어는 우리가 본받아야 할 것이란다. 우리는 무엇으로 세계 사람들에게 오랫동안 대한민국을 기억할 수 있도록 할 것인가를 같이 고민해 보아야 한다는 거다.

토마스 제퍼슨 기념관(Thomas Jefferson Memorial)은 타이달 베이슨 남쪽 둑에 있는 기념관으로 1934년에 짓기 시작하여 그의 탄생 200주년이 되는 1943년 4월 13일에 문을 열었다고 한다. 기념관 내부는 링컨 기념관과 비슷한데, 지하에는 기념품을 판매하는 상점도 있고, 많은 방들이 있었지만 짧은 시간에 쫓겨 다 둘러보지도 못하고 나왔다. 가이드는 유료 주차장에 주차를 시키지 않고, 휘발유를 태우면서 돌아다니는지 어느 무료 주차장에 있다 오는 건지 우리에게 짧은 시간을 허락해주고 정확하게 그 시간에 나타난다.

국립 항공우주 박물관(National Air & Space Museum)으로 가면서 다시 박물관 설립에 관한 설명을 하고, 건물 앞에서 우리를 내려주고 만날 시간을 약속하고 또 사라진다. 세계에서 가장 인기 있는 박물관이라는 이곳은 실물 크기의 비행기와 우주선, 최초 비행기를 만들었던 라이트 형제의 비행기, 아폴로 11호의 사령선까지 전시되어 있고, 아이맥스 영화관과 레스토랑까지 엄청난 면적을 차지하고 있지만, 우리들의 취미와는 맞지 않아서 시간이 남는다. 다른 곳을 구경할까 하고 밖으로 나왔으나 무더운 날씨에 가까운 곳에 갈

곳을 찾지 못하고, 다시 냉방시설이 잘 되어 있는 박물관으로 들어가 시간을 보냈다.

스미스 소니언 박물관에는 미국에 한 번도 와본 일이 없는 스미스 소니언이라는 영국 사람이 자연과학과 문화의 발전을 위하여, 당시로는 엄청난 50억 불이라는 거금을 미국에 출연해, 그 기금으로 미국 전역에 50개소가 되는 스미스 소니언 박물관을 세울 수가 있었다는 이야기와 그 50개 중에서 19개가 워싱턴 D.C.에 있다는 등, 그의 이야기가 계속된다.

국립 자연사 박물관(National Museum of Natural History)에는 4m짜리 코끼리, 세계에서 제일 크다는 45캐럿의 호프 다이아몬드(Hope Diamond), 실물 크기의 흰긴수염고래의 모형, 곤충 코너, 가공기술을 자랑하는 보석들과 원석 광물 전시품들이다. 2층에 한국관이 있으니 꼭 찾아보고 오라고 한다. 한구석에서 한국관을 찾아 들어가 보니, 옛날 궁중 복식 몇 벌과, 인삼, 도자기 몇 점이 있고 송강 정철의 "아버님 날 낳으시고, 어머님 날 기르시니" 하는 시조가 영역되어 전시되어 있는데, 제한된 장소 때문인지 아무래도 너무 초라해 보였다.

점심을 먹기 위하여 다시 포토맥강을 건너 버지니아 쪽으로 가면서 펜타곤을 지나는데, 9 · 11 테러 당시 비행기가 폭파되었던 흔적을 아직도 볼 수 있다며, 국방성의 벽을 자세히 보라는 것이다. 그 흔적을 없앨 수도 있으련마는 지금껏 지우지 않고, 사람들이 볼 수 있도록 하고 있는 뜻을 알 만하다. "힘은 곧 정의다"라고 말한 옛날 한 철학자의 말이 생각났다. 그러나 힘에 의하여 정의를 지킬 수 없는 사람들의 문제를 우리는 타산지석(他山之石)으로 삼아야 하지 않을까 하는 생각을 하게 한다.

한성식당이라고 하는 교민 식당에서 점심을 먹고, 무료로 배부되는 〈워싱턴 미디어〉라는 신문을 보다가 반가운 글을 보았다. 그 신문에 『제비꽃 편지』라는 수필집이 연재되고 있었다. 작가 권오분 여사는 최윤기 동문의 부인이어서 마치 먼 타국에 나와서 뜻밖에 아는 사람을 만난 그런 반가운 기분이었다.

점심을 먹고 다시 국회의사당과 백악관을 가다가 워싱턴 기념탑(Washington Monument)을 지나면서 설명을 듣는다. 높이가 555피트인 오벨리스크 형식의 이 탑은 건축 중에 남북전쟁으로 중단되었다가 전쟁이 끝난 후에 다시 건축을 계속해서 시작한 지 38년 만에야 완공되었는데, 탑 외부의 색깔이 전쟁 전에 공사를 했던 부분과 전쟁 후에 다시 시작하여 완공한 부분이 눈에 띄게 달랐다. 색깔을 같게 할 수가 없어서였는지? 아니면 아픈 역사를 사람들에게 기억할 수 있도록 하기 위함인지는 모를 일이다.

국회의사당을 지나 백악관에 들르니, 제일 먼저 눈에 띄는 것은 28년 동안 같은 자리에 천막을 치고, 반핵운동을 위하여 시위를 하고 있는 한 할머니다. 사람이 살면서 자기의 사상이나 주의를 남에게 알리고, 설득시키려고 할 수는 있겠지만, 이렇게 집요하게 자기의 삶 전체를 내던지는 사람이 또 있을까? 백악관 울타리 밖에서 "이라크에서 우리의 아들을 데려오라"는 현수막을 들고 시위하는 사람들도 보았다.

이 나라 사람들의 시위문화가 우리와는 좀 다르다는 것을 확인하게 된 것은 자기의 주장이 있으면 다른 사람들을 동원하지 않고 자기의 뜻을 그대로 펼치는 것이다. 백악관의 내부를 들어갈 수 있으려면 예약신청을 하고 신원조회를 거쳐서 승인을 받아야 한다. 이런 절차를 밟지 않은 우리는 밖에서 사진만 몇 컷 찍고 한쪽 옆으로 가니, 이 집 주인의 실물크기의 서 있는 사진과 함께 사진을 찍어주고 돈을 챙기는 사진사를 볼 수가 있었다. 돈 버는 방법도 가지가지다.

볼 것은 많았는데 시간이 짧아 생각했던 곳을 다 가보지 못한 아쉬움을 남기고 돌아오는 길은 퇴근시간에 겹쳐서 도로 체증이 심하다. 교통량이 우리나라의 수도권과 비슷한 것 같다. 그러나 차를 타고 오는 동안 무더운 날씨에 차분히 숨 돌릴 여유도 없이 돌아다니며 메모한 것들을 다시 확인하고, 미진한 것들은 안내원에게 다시 물어 보완할 수가 있었다.

저녁 8시쯤 아침에 출발했던 롯데마트 주차장에 도착하니 성현이와 나나가 나와서 기다리고 있었다. 같이 근처 월남 식당으로 가서 처음으로 월남국수를 먹어보았다. 요즘 젊은이들이 좋아하는 음식이라고 한다. 쌀국수의 뜨거운 국물에 엷게 썬 고기와 야채를 넣어 살짝 익혀 먹는 맛에 독특한 향이 괜찮은 편이었다.

동부(4) — 끝 글

6월 27일 — 뉴욕을 거쳐 다시 뉴헤이븐으로 돌아가기 위하여 그레이하운드의 정기 노선버스를 타기로 했다. 비행기와 관광버스로 돌아다녀 보기도 했고, 암트랙이라는 기차도 타 보았으니, 정기 노선버스도 한번 타보고 싶기도 했었지만, 나나에게 인터넷을 통해 요금을 알아봐 달라고 부탁을 했더니, 내려올 때 탔던 암트랙 요금의 절반 수준으로 값이 저렴해서 더욱 마음에 들었던 것이다.

볼티모어에서 12시 30분에 출발하는 그레이하운드 정기 노선버스가 4시간 걸려 뉴욕에 도착하고, 뉴욕에서 1시간 30분 동안만 기다리면 핫포트까지 가는 같은 그레이하운드 버스를 다시 표를 별도로 사지 않아도 연계해준다. 저녁 8시에는 뉴헤이븐에 도착할 수 있을 것 같았다. 뉴욕 터미널에서는 기다리는 시간이 충분하여 연계되는 버스를 찾아 타는 데는 별로 복잡하지 않은 듯싶어 안심이 되었다.

그런데 싼 게 비지떡이라고 했던가? 기차로 내려올 때는 냉방시설이 잘 되었고, 좌석도 편했는데, 아무렴 그레이하운드가 우리나라의 고속버스보다 못하지는 않으리라 생각한 것이 나의 착각이었다.

버스가 달리는 동안 다가오는 이국의 산천경개를 구경할 생각으로 전망이 좋은 앞자리를 잡았다. 그런데 얼마나 오래된 버스인지 좌석도 깨끗하지 않고, 에어컨도 작동되지 않는다. 출발하면서 기사가 앞쪽의 에어컨이 고장이니, 덥게 느끼는 사람은 뒤쪽으로 자리를 옮겨 앉으라고 말하는 것이다.

문제는 미국의 장거리노선버스나 관광버스에는 뒤에 화장실이 있기 마련인데, 더운 날씨에 화장실을 이용하는 사람이 있을 경우 향기롭지 못한 냄새가 사람을 유쾌하지 않게 한다는 데 있다. 승객이 별로 많지 않아서 가다가 너무 더우면 자리를 옮기려니 하고 그냥 앞쪽 좌석에 앉아서 가는데, 오늘따라 다른 날보다 훨씬 더웠다.

아내에게 뒤쪽으로 자리를 옮기자고 하자 아내는 화장실 쪽은 싫다며 그냥 그대로 있겠다고 하여 혼자 자리를 옮겨갔더니, 뒤쪽 에어컨도 바람은 나오는데 찬 바람이 나오지 않고 더운 바람만 나온다. 다시 앞쪽으로 와서 더위를 참으며 갈 수밖에 없었다. 싼 비지떡이라는 생각을 하면서 승객이 절반밖에 채워지지 않은 이유를 그때에서야 알 수가 있었다.

그래도 시간은 정확하게 4시간 만에 뉴욕까지 데려다주었다. 그레이하운드의 뉴욕 터미널은 지하에 있다. 시내에 들어오면서 차는 지하도로를 달리니 교통체증에 밀릴 걱정도 없다. 터미널에 내리자마자 바꾸어 탈출구를 찾기 위해 계단을 오르고, 다시 내려가서 다시 묻고 하여 겨우 갈아탈 출구를 찾아 대기실 의자에 앉아 기다리는 동안 나나 엄마가 정성스레 준비해준 샌드위치와 음료수로 저녁을 먹는다. 다행스럽게도 뉴욕의 지하 터미널에는 냉방시설이 좋은 편이어서 기다리는 1시간 반 동안 편하게 쉴 수가 있었다.

바꾸어 탄 버스는 에어컨이 잘 작동되어서 괜찮은 편이었는데, 이번에는 퇴근시간이 되어서 도로가 막힌다. 이 기사는 막히는 고속도로의 사정을 방송으로 이야기하고, 국도로 우회하기도 하여 시간을 맞추려고 노력했지만, 평소 2시간 걸리는 거리를 3시간 만에 뉴헤이븐에 도착해, 마중 나온 친구를 한 시간이나 더 기다리게 했다.

6월 30일 — 하영이의 결혼식이 뉴욕의 Hudson Hotel Sky lounge에서 저녁 7시에 있다. 오직 외동딸의 장래를 위해 미국 이민을 어렵게 결정했고, 목표했던 대로 하영이는 부모의 기대에 손색없이 부응하여, 미국 사람들뿐만 아니라 세계 모든 사람들이 선망하는 명문학교를 자랑스럽게 마쳤고, 원하던 변호사가 되어 마침내 딸만큼 훌륭한 사위까지 얻게 되었으니 오늘 내 친구의 감회는 남다를 것이다.

뉴헤이븐에서 뉴욕까지는 메트로를 타면 2시간 걸리는 거리이지만, 점심을 먹고 오후 일찍 출발하였다. 어제 먼저 호텔에 와서, 먼 지역에서 오는 친지들을 맞고 있는 친구와 그 행복한 마음을 조금이라도 더 같이하고 싶었다. 행복이라는 감정은 분명 곁에 있는 사람들에게 전염시키는 마력을 갖고 있으니까….

예쁜 꽃으로 장식된 식장은 결혼전문 자문회사에서 꾸몄다고 하는데, 가까운 양가 친지들과 신랑, 신부의 친구들까지 합하여 모두 200명만 초대를 하여서 분위기는 아주 단출하면서도 아늑하다. 여기에 예쁜 한복을 입은 친지들이 많아서 한국적인 분위기는 더욱 고조되었고, 특히 신부의 친척 중에 미국인 며느리가 있는데, 그 미국 며느리의 한복이 더욱 멋있었고, 거기에 상냥한 한국말로 하객 한 분 한 분께 "어서 오십시오" "고맙습니다" 하는 환영의 인사를 하는데, 결혼 분위기는 그 며느리가 다 잡고 있어서 얼마나 예뻐 보이는지….

신랑, 신부의 들러리들 또한 인상적이었다. 신랑 신부의 입장에 이어 신랑의 친구 4명과 신부의 친구 4명이 짝을 지어 입장을 하는데, 이들의 예복 또한 일정한 맞춤이다. 나중에 물어본 일이지만 이 예복은 친구의 결혼식을 위해 자기들이 일부러 맞추어 입었다고 한다. 그리고 식순에 이들이 한 명씩 신랑 신부와 친분을 맺게 된 인연과 학창 시절에 재미있었던 에피소드를 한마디씩 하는 순서도 있다. 대부분이 동양 출신들인데 모두들 야무지고, 똑똑하다는 생각이 들었다. 명문학교 출신들이라는 선입견을 배제하더라도 모두들 얼마나 예쁜지 탐나는 젊은이들이었다.

2시간 정도의 결혼식과 폐백 시간이 끝나고, 식사와 칵테일파티가 이어진다. 뉴욕의 야경을 한눈에 볼 수 있는 곳에서의 피로연은 환상적이다. 불빛에 반짝이며 흐르는 허드슨의 긴 강줄기와, 휘황한 거리를 미끄러지듯 흐르는 차량들의 불빛, 빌딩 숲에서 비춰주고 있는 형형색색의 네온이 너무도 아름다운 뉴욕 시내의 야경을 와인잔을 들고 내려다보는 내가 혹시 꿈을 꾸고 있는 것은 아닌가 하는 착각을 할 정도이다. 다른 하객들의 마음도 모두 하나같이 행복으로 가득 차 있는 듯하다.

혼주(婚主)인 친구도 평소보다 마신 술이 적지 않은 듯 술기운이 거나하여 이보다 더 이상 행복한 날이 없을 것이라며 자꾸 술을 권하지만, 외동딸을 여의는 허전한 아버지의 마음이 오늘 밤 그를 취하게 하는지도 모른다.

후기 — 미국을 여행하는 동안 많은 친구들에게서 과분한 호의와 친절을 받았다. 특히 우리 부부를 초청해서 짧지 않은 기간 동안 내 집보다 더 편하게 지낼 수 있도록 모든 편의를 제공해주신 초우당 주인 김일평 씨 부부, 십수 년 만에 만난 양현승 동문 부부와 그 자녀들, 어린 시절의 친구 김병희, 최삼섭 목사님 그리고 김전평 동문. 이들의 정 넘치는 친절을 마음에 깊이 간직했지만 그 고마움을 여기 글로 다 표현할 길이 없다. 모든 분들의 행운을 빈다.

가까우면서도 먼 나라 일본

규슈(九州)

2012년 7월 14일~16일

여행을 떠나면서

일본은 현재 우리보다 국민소득이 두 배 이상 되는 잘사는 나라일 뿐만 아니라, 세계에서도 가장 잘사는 나라에 속하여, 모든 면에서 우리가 그들을 따라가기에 바쁜 나라임을 부인할 수 없다. 우리가 그들의 식민통치로부터 국권을 되찾고 다시 국교를 정상화한 지 50년이나 지났고, 정치, 경제, 사회, 문화 등, 모든 면에서 서로 밀접한 관계를 유지하고 있으며, 국제사회에서도 미국과 함께 우리의 가장 가까운 우방으로 생각하고 있는 나라가 일본이다. 거리상 비행기를 타면 1시간에 닿을 수 있는 가까운 나라이지만, 그러나 어쩐지 아직도 먼 나라로만 느껴지는 나라가 바로 일본이다. 그런 나라에 난생 처음으로 여행을 떠나게 되었다.

첫째 날, 7월 14일 오전 7시 40분 인천공항에서 출발한 우리 비행기는 정확히 1시간 만에 후쿠오카(福岡) 공항에 도착했다. 처음 밟아보는 일본 땅. 천 년 전부터 왜구(倭寇)들은 우리 선조를 무수히 괴롭혔고, 450년 전에는 7년 동안 우리 국토를 초토화했던, 그리고 100여 년 전에는 낭인들을 시켜 우리의 국모를 시해하고, 마침내 국권을 강탈하여 35년 이상 우리 땅을 식민지화했던, 역사적으로 수없이 우리 조상을 괴롭혔던 자기 조상의 잘못을 사과하기는커녕 오히려 잘한 일이라고 우겨대며, 남의 나라 영토를 자기 땅이라고 생떼를 쓰는 후안무치(厚顔無恥)한 사람들과, 한류에 열광하며 정신 못 차리는 듯이 보이는 사람들이 함께 살아가고 있는 땅에 내렸다. 제일 먼저 눈에 들어오는 것은 일본을 상징하는 듯, 공항 입국장에 세워진 얄궂은 모습의 신상이다.

후쿠오카(福岡)에서 유후인(湯布院)으로

후쿠오카(福岡)는 규슈(九州) 최대의 도시로 일본 전체적으로도 도쿄(東京), 오사카(大阪), 나고야(名古屋)에 이어 일본에서 네 번째로 큰 도시이다. 서쪽으로 세토나이카이(瀨戶內海), 북으로는 시모노세키 해협(下關海峽), 서쪽으로는 쓰시마 해협(對馬海峽), 남쪽으로는 아리아케해(有明海)와 접해 있으며, 1963년 모지(門司), 고쿠라(小倉), 도바타(戶畑), 야하타(八幡), 와카마쓰(若松) 등 5개 도시가 합병되어 종합산업도시인 기타큐슈(北九州)가 되었다고 한다.

우리 일행 24명을 2박 3일 동안 안내할 여행사 직원은, 40대 중반쯤 되는 우승희 씨다. 입국 절차를 마치고, 그녀의 안내에 따라 공항 청사 밖 주차장에 대기하고 있던 버스에 탑승했다. 장맛비가 오락가락하는 중에 첫 행선지인 유후인(由布院)으로 향한다. 이 지방에 엊그제부터 내린 폭우로 고속도로의 통행이 전면 차단되어서 어쩔 수 없이 국도와 지방도로를 이용할 수밖에 없다는 설명이다. 이 나라는 지진, 해일, 폭우와 폭설에 의한 재난이 자주 일어나서 국민이 큰 불평 없이 통제와 제재에 절대 순응하는 편이란다. 질서를 잘 지키는 것도 이러한 환경에 적응하기 위하여 어려서부터 훈련되어진 것이라고 한다.

강줄기를 따라 이어지는 국도와 지방도로를 달리는 동안, 역시 그 길도 곳에 따라 도로가 차단되고, 상류에서부터 불어난 물줄기에 강의 범람이 우려되더니, 아니나 다를까 우리가 지나온 지역에 엄청난 재난이 발생하여, 수십 채의 가옥이 파손되고, 사망자가 26명이나 된다는 보도를 다음 날 아침 TV 뉴스를 통해서 접하게 되었다. 엄청난 재난 지역을 우리는 불과 몇 시간 전에 통과했던 것이다. 다행이었다는 생각을 하면서도 자연의 무서운 힘 앞에 인간의 약함을 새삼 느끼지 않을 수 없었다.

후쿠오카(福岡) 공항에서 유후인(由布院)까지 고속도로를 통해 가다가 중간에서 점심을 먹고 약 4시간 후에 도착할 예정이었는데, 고속도로가 전면 차단되는 바람에 또, 국도와 지방도로마저 중간중간에 전면 차단된 곳이 있어서 이리저리 돌아가야 했기 때문에 결과적으로 약 6시간이 소요되었다.

공항을 출발한 지 3시간 30분 만에 도착한, 히타(日田)라는 마을에서 점심을 먹게 되었다. 소고기구이에 쌀밥과 된장국이 나오는데 야키니쿠(燒肉)라는 메뉴다. 소고기의 질이 한우와 비슷해서 맛이 괜찮았다. 1인분이 200g이었는데 양도 우리나라 식당보다 적게 느껴지지 않았다.

유후인(由布院)에서 벳푸(別府)로

히타(日田)에서 점심을 마치고, 오후 1시 30분쯤 출발하여 유후인(由布院)에 도착한 시간이 오후 3시쯤. 아직도 비는 오락가락하면서 여기저기 도로 위에 토사가 밀려와 교통을 차단한다. 유후인(由布院)에서는 첫 번째 관광코스가 긴린코(金鱗湖) 호숫가를 산책하는 것이라는데, 호수 쪽으로 가는 길이 차단되었기 때문에 비 오는 시내를 관광하는 것으로 이곳 일정은 마무리다.

날씨가 좋았더라면 호수 바닥에서 찬 샘물과 뜨거운 온천수가 동시에 솟아나 수면 위로 물안개가 펼쳐지는 아름다운 긴린코(金鱗湖) 호숫가를 가족이 함께 산책할 수 있는 추억을 남겼을 것을, 아쉬움을 안고 거리의 기념품 가게 앞에서 사진을 몇 장 남기는 것으로 유후인(由布院)의 관광을 마치고 벳푸(別府)로 향한다. 유후인을 한자로 표기할 때 由布院, 또는 湯布院으로 표기하는데, 이는 유후인(湯布院)의 옛 이름은 유후고(柚富鄕)였는데 이것은 나무껍질로 목면을 만들던 것에서 유래되었다고 한다. 에도시대에 조세로써 거둬들이던 곡물창고가 건립되면서 유후인(柚富院)이라고 불리다가 1955년 인근 마을 유히라(湯平)마을과 행정 합병되면서 유후인(湯布院)으로 명칭이 굳어지게 되었다고 한다.

벳푸(別府)의 지옥온천 순례

오후 2시 반이 되기 전에 벳푸(別府)에 도착했다. 온천에 지옥이란 말을 붙여 쓰는데, 이곳의 지옥(지고쿠)이란 지하 250~300m에서 100°C 전후의 열탕과 분연(噴燃)이 솟아나는 것이 마치 지옥을 연상시킨다고 해서 붙여진 이름이라고 한다. 유노하나(온천의 꽃) 유황 재배지를 둘러보고, 안내자가 이르는 대로 볏짚 움막에서 화장품과 약용으로 생산된 유황을 손등에 조금 바르고, 온천수에 씻어보니 신기하게도 살갗이 훨씬 부드러워졌다.

진흙이 부글부글 끓어오르는 가마토 지옥을 둘러보고, 음용 온천수를 직접 마셔본다. 족욕을 체험한 후, 온천수에 삶은 달걀을 먹기도 한다. 오후 5시 반쯤, 현해탄과 이어지는 벳푸만과, 벳푸 시내가 한눈에 내려다보이는 벳푸 풍월호텔에 투숙하여, 호텔의 노천탕 온천욕 체험 후, 저녁 식사는 호텔 식당에서 제공하는 다다미방에 각자 한 상 씩 차려놓은 일본식 성찬으로 마치고, 일본에서의 첫날 밤을 맞았다.

활화산 아소산 분화구로 가는 길

둘째 날, 7월 15일 아침 5시쯤 일어나 전혀 알아듣지 못하는 TV 뉴스를 보면서 어제 우리가 지나온 강이 범람하여 많은 이재민이 발생했고, 희생자도 26명이나 된다는 것을 자막을 통해 알 수 있었다. 6시부터 개장하는 온천에 내려가 다시 온천욕을 즐기고, 조반을 뷔페식으로 마쳤다.

8시 묵었던 풍월호텔을 나와 아소산 분화구를 향하는 버스에 탑승하여 출발하려는데, 호텔의 여직원들이 호텔 문 앞에 정렬하여 손에 태극기를 흔들며 우리를 환송한다. 우리도 손을 흔들며 답례를 표했는데, 그들은 우리 버스가 보이지 않을 때까지 태극기를 흔들며 움직이지 않는다고 안내원이 말해준다. 자기 고객에 대한 그들의 깍듯한 예의는 그들만의 장점인지? 고객을 감동시키기 위한 경영자의 상술에 의한 틀에 박힌 행사인지? 그 뒤에도 우리가 단체로 들른 상점에서는 어디에서나 똑같은 전송을 받았다.

아소산(阿蘇山)은 해발 1,592m로 구마모토와 오이타현에 걸쳐 있으며, 산 정상의 분화구는 남북 약 1km, 동서 약 400m의 화구가 연기를 내뿜고 있다. 넓은 평원이 끝없이 이어지는 아소산(阿蘇山)으로 가는 길옆으로 쿠사센리라는 평원이 펼쳐지는데, 마치 유럽의 알프스산을 오르는 길처럼 아름답고, 넓은 목장에는 살찐 소들이 한가롭게 풀을 뜯고 있어 보는 사람들의 마음을 평화롭게 했다.

쿠사센리는 말 그대로 "천리에 걸쳐 넓게 펼쳐진 초원지대"이며, 고메즈카는 아소산 곁에 있는 정상에 분화구가 둥그렇게 움푹 파인 산인데, 아소산 산신이 쌀을 저장하던 창고로 사용했었다는 전설이 있다고 한다. 올라가는 길가에 돌을 높이 쌓아 천황이 다녀갔다는 비를 세워놓았다. 그때 보좌했던 신하가 쿠사센리를 설명하니 천황이 "아 그런가(阿蘇)"라고 말해서 아소산이라 이름 붙여졌다는 말은 안내원들이 만들어낸 죠크가 아닐는지?

1945년 나가사키에 원폭이 투하되어 생물이 살 수 없을 것으로 생각되던 이곳에 일본인들은 일목삼석(一木三石) 운동을 전개하여 지금의 울창한 숲을 이루었다고 한다. 일목삼석 운동이란 산에 올라가는 사람들은 누구나 나무 한 그루씩 심고, 하산할 때는 산에 널려있는 돌을 3개씩 가져와 마을이나 밭의 경계를 이루는 곳에 담을 쌓는데 사용하였다고 한다. 지금은 일본의 어느 산을 막론하고 삼나무나, 편백나무 숲이 부러울 만큼 울창하다.

오전 10시 40분쯤 아소산 분화구로 올라가는 로프카를 타는 곳에 도착했다. 오락가락하던 장맛비는 그치고, 시원한 바람이 산 정상을 향해 불어주고 있어서, 비 온 뒤의 따가운 햇볕 속에서도 전혀 7월의 더위를 느끼지 않게 한다.

차례를 기다려 로프카를 타고 올라가는데, 우승희 안내원은 우리는 무척 복이 많은 사람들이라며, 만일 바람이 반대방향에서 불었다면, 정상의 분화구는 폐쇄되기 때문에 여기까지 왔던 관광객도 대피소에서 대기하다가, 바람의 방향이 바뀌면 분화구를 볼 수 있지만, 그렇지 않을 경우 분화구를 보지 못하고 그냥 돌아가야 한다는 것이다. 분화구에서 분출되는 유독 가스가 인체에 유해하기 때문이란다.

우리는 다행히 바람을 등지고 올라가, 아소산의 여러 분화구 중 유일한 활화산의 화구에서 옥색의 유황수 위로 엄청나게 뿜어내고 있는 연기를 볼 수 있었다. 사진을 몇 장 남기고, 내려올 때는 로프카를 타지 않고, 다른 휴화산의 분화구와 옛날 용암이 흘러내렸던 흔적을 보면서 약 30분이 소요되는 길을 시원한 바람을 안고 걸어서 내려왔다.

야나가와 뱃놀이

아소산 분화구를 내려오다가 점심을 먹은 곳은 원숭이 쇼를 하는 극장이 있는 곳이다. 이곳 원숭이가 한국의 TV에도 출연하여 유명하다는 것이다. 점심은 일본식 주먹밥에 우동을 함께 먹는 간단한 식사였다.

식사 후 12시 40분쯤 출발하여 약 1시간 30분을 달려 야나가와(柳川)에 도착한다. 이곳은 수상 도시인 이태리의 베니스에서 곤돌라를 타고 도시를 돌며 관광을 하는 것처럼, '돈코부네' 라는 작은 보트를 타고 마을 사이에 있는 수로를 한 바퀴 돌아오는 관광코스인데, 중간중간 수로 위에 놓인 다리 밑으로 보트가 지날 때는 관광객들이 머리를 숙여야 한다.

마을과 마을 사이로 흐르는 수로는 폭이 가히 넓지 않다. 사공이 관광객들의 흥을 돋우기 위해 노래를 불러주고, 우리 일행 중에서도 젊은 친구가 답가로 〈비 내리는 호남선〉을 흥겹게 불러 모두 손뼉을 치며 장단을 맞춰 40여 분 동안의 뱃놀이가 지루하지 않았다. 주변의 가옥들은 옛날 전통가옥 그대로다. 이 마을에는 장어구이나 장어덮밥이 유명하다는데, 이 수로에서 잡히는 장어가 많아서 그런 모양이다.

캐널시티 하카타 자유 관광, 모모치 해변공원

캐널시티 하카타는 후쿠오카의 재개발 프로젝트로 1996년에 세워진 현대식 도시이다. 쇼핑몰, 영화관, 공연극장, 호텔, 오피스 등 다양한 형태의 업종과 시설들이 남북으로 흐르는 운하를 중심으로 세워진 곳이다. 이곳에서 1시간 가까이 자유 관광시간을 주어 각 가족들끼리 저녁 식사를 하고, 쇼핑을 하거나 취향에 맞는 관광을 하도록 했다. 이곳저곳을 구경하다가 식당가로 가서 장어 정식으로 저녁을 먹었는데, 가격은 우리나라와 큰 차이가 없었다.

우승희 안내원의 제안에 따라 내일 일정에 포함되어 있는 씨사이드 모모치 해변공원 관광을 오늘 소화시키기로 하고, 달려간 곳은 유명한 재일교포인 손정의 씨가 구단주로 되어 있는 일본 프로야구 '소프트뱅크'의 홈 돔구장이 있는 곳이다.

돔구장의 지붕을 한 번 열었을 때 발생하는 비용이 600억 원이라니 한국에서도 프로야구 발전을 위해 돔구장을 건설해야 한다는 이야기가 있었지만, 실현 가능성이 있을지 모를 일이다.

돔구장 가까운 곳에 일본 제일의 해변타워인 후쿠오카 타워가 높이 솟아 있고, 하카타 만에 접해 있는 인공 해변공원은 약 2.5km의 흰 모래사장이 이어지고 있다. 1시간쯤 관광을 마치고, 오늘의 휴식처인 겐카이 로얄 호텔을 향해 어두워지기 시작하는 현해탄을 바라보면서 한적한 일본 농촌 시골길을 달렸다.

일본 3대 도자기 마을 아리타, 우레시노의 오차노무라

셋째 날, 겐카이 로얄 호텔에서 뷔페식으로 조반을 마치고, 아리타(有田)의 도자기 마을을 향해 아침 8시 반 호텔을 출발할 때도 호텔 직원들은 호텔 문까지 나와 도열하여 손을 흔들어 우리를 환송한다.

호텔을 나설 때는 비가 올 것 같지 않던 날씨가 아리타(有田)에 도착할 무렵부터 빗줄기가 거세지더니, 정작 차에서 내려 언덕 위에 있는 신사에 들르려니 장대비가 그칠 줄 모른다. 모두 우산을 받쳐 들고, 1658년에 세워졌다는 도산신사를 향한다.

돌계단을 올라가니, 신사의 정문 격인 토리이(鳥居)가 세워져 있다. 도자기 마을답게 이 토리이는 도자기로 만들어 세워졌으며 지금은 아리타의 상징물이 되었다고 한다.

도산신사의 주신은 천황이지만, 신사 주변에 있는 비석이나 자기로 만들어 세워진 상을 볼 때, 부신으로 배향된 '이삼평' 을 위하여 신사를 세운 것이 아닌가 하는 생각이 들었다.

그는 우리가 알고 있는 바와 같이 임진왜란 때 우리나라에서 잡혀온 도공이다. 그에 의하여 아리타 지역의 이즈미야마에서 도자기의 원료가 되는 양질의 도석이 발견되고부터, 도자기를 굽기 시작한 것이 일본 도자기 공예의 시작이 되었고, 그리하여 그는 일본에서 도자기의 신으로 추앙받고 있는 것이다.

줄기차게 내리는 비 때문에 자세히 둘러볼 여유가 없어서, 사진만 몇 장 찍고 내려와 도자기 전시장을 구경하는데, 전시된 도자기의 높은 가격에 놀라지 않을 수 없었다. 오전 11시 40분쯤 우레시노(嬉野)를 향해 다시 버스에 올랐다.

우레시노시(嬉野市) 오차노무라로 이동하다가 중간에서 점심을 먹는다. 두부 전골에 밥과 된장국, 그리고 생새우가 나왔다. 생새우는 비릿하여 두부 전골에 넣어 익혀 먹으니 먹을 만하였다.

점심 후 오차노무라로 달리는 차창 밖으로 농촌의 풍경 속에 잘 다듬어진 녹차밭이 많이 보였다. 오후 1시쯤 오차노무라에 도착하여 녹차의 재배와 생산의 역사로부터 현재까지의 발전 과정과 녹차의 효과에 대한 설명을 듣고, 여러 가지 녹차 시음도 하고, 상품 구매의 시간을 거쳐 서둘러 다음 행선지인 남장원을 향한다. 역시 이곳의 종업원들도 우리 버스가 떠날 때 손을 흔들어 환송한다.

🌐 남장원

후쿠오카현 카스야군 사사구리에 있는 고야산 진언종파의 절로 1994년 청동으로는 세계 최대 규모의 석가열반상 청동와불상을 완성하였다고 한다. 연간 100만 명이 넘는 참배객이 들른다고 한다.

안내원 우승희 씨의 설명에 의하면, 일본에 불교가 번성할 때 국가에서 그 폐해를 줄이기 위해 우리나라의 흥선대원군의 서원철폐를 했던 것과 비슷한 사찰 철폐가 있었는데, 일본 전역에 있던 108개의 사찰 중 80개의 사찰을 보존하고 나머지를 철폐시켰다고 한다.

철폐된 28개 사찰의 흙을 신도들이 얼마씩 가져다 자기 집에 보존하다가 남장원이 건립될 때 이 사찰에 모음으로 옛날의 28개 사찰이 다 복원된 것으로 생각했다. 신도들이 전국 사찰 순례를 하면서 80개 사찰순례를 마치고 마지막으로 남장원을 순례하면 108개 사찰 순례를 마친 것으로 생각한다는 것이다.

108개의 사찰은 인간의 번뇌를 상징하며, 신도들의 108개 사찰 순례는 모든 번뇌를 잊기 위한 것이라 생각된다. 순례자들이 청동와불의 발바닥을 만지면 복을 받게 된다는 속설에 관광객들도 그렇게 흉내를 낸다고 한다.

다자이후텐만구

후쿠오카현 중부의 다자이후시에 있는 학문의 신 '스가와라 미치자네'를 모신 신사이다. 넓은 정원에 매화나무를 많이 심었는데, 다른 지역보다 매화꽃이 먼저 피어 매화의 명소로 알려져 있다고 한다. 이곳에서는 연간 100회 이상의 축제가 열린다고 한다. 이곳을 마지막으로 오후 6시쯤 공항으로 이동하여 가깝고도 먼 나라, 주마간산(走馬看山) 2박 3일간의 짧은, 그러나 무엇인가 생각해야 할 일본 관광여행의 일정을 마쳤다.

가을날의 시드니

2006년 5월 18일~23일

작년 5월, 35년간 다니던 직장을 퇴직하고 시드니(Sydney)에 다녀오려고 비행기 표까지 예약해 놓았었는데, 별안간 일이 뒤틀려 가지 못해 못내 아쉽게 생각해 오다가 마침내 지난 5월 18일 저녁 8시 인천발 시드니행 아시아나 비행기에 오르게 되었다.

시드니 하면 나폴리, 리우데자네이루와 더불어 세계 3대 미항(美港)으로 꼽힐 만큼 아름다운 곳이라는 것쯤은 알고 있어서 언젠가 한번 가보고 싶은 생각이 있기도 했고 하릴없는 퇴직자가 되어 시간에 구애를 받지는 않았지만, 외국 여행을 마음과 같이 자주 하지 못하던 내가 쉽게 짐을 꾸릴 수 있었던 이유는 한국에서 대학 졸업하고 버젓한 직장에 다니던 아들놈이 갑자기 바람이 나서 직장 때려치우고 공부한답시고 떠나서 3년째 그곳에서 고생하고 있고, 또 십수 년 전에 고국을 떠난 친구들도 몇 명 거기 있어서 관광도 하고 두루두루 보고 싶은 사람들도 만나보고 싶은 생각에 아내와 함께 짐을 챙겼던 것이다.

비행기는 어두운 인천공항의 활주로를 이륙하더니 이내 고도 12,000m에 비행속도 894㎞/h로 날아가기 시작하였다. 이런 속도로 10시간을 가야 목적지인 시드니 공항에 도착한다니 호주가 멀기는 꽤 먼 나라인 모양이다. 서너 시간 비행하는 가까운 나라에의 여행이야 몇 번 해보았지만 밤 시간에 10시간의 비행은 처음이라 꽤나 지루하고, 앉아서 잠을 자고 나니 상당히 고단했지만 이른 아침에 내린 시드니 공항의 공기는 가을날의 시원하고 상쾌함 그대로였다(시드니는 지금이 가을이다).

기내에서 작성한 입국 신고서에 너무나 정직하게 또박또박 기록한 덕분인지 아들을 위해 아내가 정성스럽게 준비한 깻잎, 멸치볶음, 오징어젓갈 등을 입국 심사대에서 모두 폐기처분 당하고(음식물은 성분표기가 된 공장에서 생산된 식품 이외는 반입이 허용되지 않는 것을 알지 못했다) 아까워 속상해하는 아내를 달래며 입국장으로 나가니 아들이 마중 나와 기다리고 있었다. 가지고 간 짐 보따리를 건네주고 잠시 이야기한 뒤에 저녁에 호텔에서 만나기로 하고 버스에 올라 여행사가 이끄는 관광길에 올랐다.

마음 같아서는 충분한 날짜를 잡아 여유 있는 여행을 하고 싶었지만, 갑자기 여행사를 통해 단기 관광으로 떠나게 되어 목적지에 대한 폭넓은 정보를 준비하지 못하고 그저 옛날에 갖고 있던 미미한 개인정보와 인터넷을 뒤져 얻은 단편적인 지식, 거기에 여행사 안내원의 설명을 여행에 참조하기로 했다. 다만 떠나기 전에 연락했던 주광수 동문의 전화번호와 연락이 끊긴 윤창근 동문을 찾아보기 위하여 시드니 한인교민회의 주소와 전화번호를 수첩에 적어 넣은 것 정도였다.

호주는 세계에서 여섯 번째로 큰 나라이지만(총면적이 7,682,300㎢ 즉 우리 한반도의 35배 그리고 남한의 78배), 인구는 약 2천만 정도라니 우리와 비교하면 사람들이 얼마나 넓게 살까 하는 생각부터 들었다. 그러나 내륙지방은 거의 사막이고, 사람들이 사는 곳은 주로 해안을 따라 이어지는 평원지대라고 한다. 그중에서도 시드니, 멜버른, 캔버라 등 대도시에 인구가 집중되어 있고 농축산업에 종사하는 사람은 그 인구가 많지 않다니 이런 현상은 한국의 현실과 비슷한 모양이다. 기후는 해양성 기후에 강수량이 적어 내륙지방의 사막화 현상이 심각하다고 한다.

4만 년 전부터 사람이 살기 시작한 호주는 당시 아시아 대륙과 멀리 떨어져 있지 않아서 보트로 항해가 가능했을 터이고 원주민(Aborigine)의 선조들은 인도네시아의 자바쯤에서 건너갔을 것으로 추정하며, 2만 년 전 해빙기에 해수면이 200m나 올라오면서 아시아 대륙과 멀어지게 되어 고립된 상태에서 농경문화가 늦어졌을 것으로 학자들은 추측한다.

토질은 대부분이 사암으로 모래가 다져져서 바위가 되어 있다는데 이는 수면이 올라올 때 육지가 융기하면서 생긴 현상이라고 한다. 버스를 타고 가면서 보니 도로를 건설하기 위해 산을 절개한 부분이 마치 콘크리트로 조성한 절벽처럼 보였다. 이 사암(沙岩)이 박물관의 벽에 사용되는 것은 습기를 잘 흡수하기 때문이라고 한다.

삼림의 75%가 유칼립투스(Eucalyptus 혹은 Gum Tree)라는 나무가 차지하고 있는데 그 종류가 무려 600여 종이라고 한다. 이 나무는 한국의 백일홍 나무처럼 성장하면서 껍질이 벗겨지는데, 껍질이 벗겨진 나무의 표면이 마치 시멘트로 만든 인조목같이 보이고 대단히 단단하여 드릴을 이용하지 않으면 못을 박을 수 없을 정도라고 한다. 그리고 코알라가 이 나뭇잎만 먹고 사는데 그놈은 하루 24시간 중에 18시간을 잠만 자는데 이 나뭇잎에 수면제의 원료가 들어 있기 때문이라고 한다. 더욱 특이한 것은 2년 전에 대형 산불이 나서 하늘을 덮은 거대한 연기를 한국의 뉴스 TV 화면으로 본 기억이 있는데, 그 화재 현장이 지금은 녹색지대가 되어 있었다. 바로 이 유칼립투스 나무의 덕분이라고 한다. 이 나무는 대형 화재 이후 타버린 나뭇가지에서 다시 새로운 잎을 피웠다고 한다. 뿌리를 사암 깊숙이 내려 지하수까지 뻗어 질긴 생명력을 발휘한다니 감탄할 수밖에 없다.

가이드의 설명에 의하면 이 나라는 자원이 풍부해서 지하에 묻혀 있는 자원만 팔아도 온 국민이 400년 동안은 일을 하지 않고도 지금과 같이 잘 먹고 잘 살 수가 있다고 하니 우리처럼 자원이 부족하고 국토가 좁은 곳에서 온 사람들에게는 부러움의 대상이 아닐 수 없다. G7에 속하는 국민소득 4만 불의 살기 좋은 복지국가. 그러나 그 땅을 지키고 살던 에보리지니라고 불리는 원주민들의 입장에서 보면 이 모든 것을 백인들에게 약탈당했다고 생각할 수도 있으리라.

1770년 4월 29일 영국의 쿡 선장이 이 땅을 발견하기 훨씬 이전, 15세기에 중국의 명나라 사람들이 이미 그곳을 다녀갔고 당시의 지도까지 만들었으며, 네덜란드 사람들 또한 1600년대에 이 땅을 다녀갔지만 그들은 이 땅의 가치를 모르고 하찮게 생각하거나 자국의 사정에 의하여 관심을 갖지 않는 동안, 식민지였던 신세계 미국을 잃게 된 영국이 이곳을 자국의 유배 정착지로 만들기 위하여 1788년 1월 26일 초대 총독 아더 필립 선장이 이끄는 11척의 선박에 780명의 죄수들과 이들을 감시할 군인들 및 그 가족들을 합해서 약 1,200명을 태우고 시드니 항구에 도착 상륙했는데, 뒤에 이날을 호주의 건국 기념일로 삼았다고 한다.

이때에 끌려간 죄수들은 흉악범은 몇 명 되지 않고, 신대륙 미국에 May Flower를 타고 건너간 사람들과 마찬가지로 신앙적인 범죄자와 산업혁명 이후 빈부의 격차가 심해지자 살기가 어려워진 빈민 노동자들 중에서 자원한 사람들이 대부분이었다고 한다.

그때 상륙한 영국 군인들은 뒤떨어진 문명 속에 선량하게 살아가면서 자기 땅을 지키려는 원주민(Aborigine)을 무참하게 참살하여, 그들이 흘린 피가 강을 붉게 만들었다고 하니 그 참상을 가히 짐작할 수 있을 것이다. 1850년대 이전까지 40만 명에 불과하던 인구가 골드러시를 거치면서 115만이란 급속한 인구의 증가를 거쳤고, 그 후 영국은 1901년 1월 1일 6개 주와 2개의 행정구역(New South Wales, South Australia, Queens Land, Tasmania, Western

Australia, Victoria and Australia Capital Territory, Northern Territory)을 형성하여 오늘날의 영연방을 만들었다. 빅토리아 여왕 시대에 이르러서는 지구상에 해가 지지 않는 대영제국을 이런 식으로 건설했던 것이다. 역사는 늘 승자의 편에서 쓰이고 있으니 오직 승자만이 정의가 되는 것이기도 하다.

나는 여기서 우리와 일본인들을 생각하게 된다. 과거 일본인들이 우리나라를 침탈하여 36년 동안 우리의 빛나는 역사를 왜곡(歪曲), 폄훼(貶毁)하였는가 하면, 우리의 언어와 민족성까지 말살하려고 별별 못된 짓을 서슴지 않았고, 우리의 모든 것을 수탈해 갔으면서도 그 죄과를 사죄하기는커녕, 오히려 그런 모든 짓이 우리를 위하여 도움이 되었다는 식으로 떠벌리는 자들이 있는가 하면, 지금까지도 우리의 영토를 자기들 것이라고 우겨대는 못된 일본인과 거기에 동조하는 너무나 똑똑한(?) 한국인들을 보면서, 이들이 착각 속에 살고 있는 것이 아니라 이들 또한, 우격다짐의 억지 정의를 만들어가고 있는 것이 아닌가 생각하게 되는 것이다.

지금은 호주 정부가 다민족문화를 표방하고 있음을 알 수 있는 것이다. 한국인들도 6만 명 정도가 시드니 여기저기에 모여 사는데, 재미있는 것은 한국인들이 사는 곳은 서울의 동네 이름을 붙여 부른다는 것이다. 즉 흑석동(Black Town), 왕십리(King' s Cross), 목동(Wood East) 등이다. 실제로 Wood East 거리에서 한국어 간판을 몇 군데서 보고 반가움에 모두들 놀라워했는데, 호주생활 10년째인 가이드 김성수 씨는 머지않아 호주에서도 한국인촌이 생기게 될 것이라 한다.

여행 중에 간간이 한국식당에서 식사를 하면서 교민들과 나눈 세상 살아가는 이야기들, 올림픽과 월드컵 개최 그리고 김대중 전 대통령의 노벨평화상 수상 이후, 호주 사람들이 우리 교민들을 보는 눈이 그렇게 달라질 수가 없었다고 한다. 불과 몇 년 사이에 이렇게 조국의 위상이 높아짐에 따라, 이제 어깨를 펴고 살아간다는 이야기를 들을 때는, 이것이 입담 좋은 김 씨의 재담으로만 들리지 않고, 모두들 숙연한 마음이 되어 우리가 일상에서 만들어가고 있는 조국의 미래가, 또 나라를 이끌어가는 지도자들의 무거운 책임이 얼마나 막중한가 다시 한번 생각하게 했다.

시드니 관광이야 대부분의 여행사에서 계획한 일정이 틀에 박힌 오페라하우스, 하버브리지, 블루 마운틴, 사막투어, 해양수족관 그리고 캡틴 쿡 크루즈에 탑승하여 항구를 한 바퀴 돌아오는 정도가 아닐까 한다. 그리고 빼놓을 수 없는 것이 와인 시음과 특산 건강식품 판매장이 뒤따를 것이다.

이야기가 너무 길어져서 가장 인상 깊었던 블루 마운틴(Blue Mountains)에 다녀온 이야기만 여기에 소개할까 한다. 시드니에서 자동차로 2시간 거리의 카툼바 지역에 위치한 블루 마운틴은, 유칼립투수의 나무에서 뿜어내는 휘발성 나뭇진이 햇빛에 반사되어 아지랑이처럼 푸르게 보여서 붙여진 이름이라고 한다. 또 특이한 것은 한국의 산처럼 높고 낮은 봉우리가 있지 않고 밋밋한 토산으로 한없이 뻗어 나간 하나의 산맥이다. 해발 1,000m인 에코 포인트까지 버스로 올라갔는데, 가면서는 그렇게 높은 줄을 몰랐으나, 올라가 전망대에서 바라보니 한눈에 보이는 그 장관은 가히 그들이 이곳을 호주의 그랜드캐니언이라고 자랑할 만하다고 느껴졌다. 영국의 엘리자베스 여왕이 이곳을 구경하면서 전망대가 조금만 더 앞으로 나갔으면 훨씬 좋을 것 같다고 말한 후, 엄청난 공사비와 기술을 투입하여 전망대를 몇 미터 앞으로 내밀었다고 한다. 우리는 여왕 덕분에 좋은 전망대에서 더 좋은 경치를 촬영할 수도 바라볼 수도 있게 된 셈이다. 전망대에서 바로 가까이 보이는 세 자매 봉우리와 끝없이 이어진 대협곡을 구경하고, 케이블카를 타고 순식간에 내려가면서 바라보는 푸른 나무숲과 깊은 계곡의 아름다움과 산책로를 걸으면서 그 숲이 품어내는 신선한 공기를 마시며 옛날 석탄을 캐던 광구를 구경하고 다시 경사 52도를 괘도차를 타고 올라가는 그 스릴도 한 번쯤 체험해볼 만하다. 내가 느낀 것은 이곳뿐만 아니라 모든 관광지에서 가능하면 자연을 있는 그대로 살려 보존하면서 가꾸었지 인공적인 조형물의 치장은 별로 없다는 것이다.

첫날 버스 투어를 마치고 호텔에 도착했을 때 곧바로 주광수 동문이 부인과 함께 와주어서 즐거운 시간을 갖게 되었다. 가지고 간 동창회원 명부와 작은 선물을 전해주고, 일정상 윤창근 동문의 소식을 알아볼 시간이 없을 것 같아 주광수 동문에게 추후 알아보도록 하였다. 주광수 동문에 의하면 시드니에도 몇 명의 후배 동문들이 있어서 가끔 골프모임을 한다고 한다.

3일간의 단체투어를 끝내고 마지막 날은 여행사의 일정을 오전으로 마치고 오후에는 아들과 시간을 같이 보내기 위해 여행사 일정을 포기했다. 저녁 시간은 시내에서 기차로 약 40분이 소요되는 흑석동(Black Town)에 사는 주광수 동문의 저녁 초대를 받아 푸짐한 저녁을 즐기며 서로 간의 살아온 이야기로 시간 가는 줄을 몰랐다.

다음 날 새벽에 호텔을 출발하여 시드니 공항에 도착한 시간이 아침 7시 그리고 8시에 탑승하여 10시간을 비행하여 오후 6시에 인천공항에 돌아오니, 5박 6일간의 짧은 기간이었지만 그런대로 기억에 남는 여행이 된 듯하여 가벼운 발길로 공항버스를 향했다.

유럽 한 바퀴

2006년 9월 6일~10월 6일

출발 ▶ 2006년 9월 6일

오후 1시 35분 인천공항에서 출발할 예정이던 대한항공 KE901기는 관제탑에서 중국 영공을 통과해야 하는 승인을 기다리느라, 출발 예정 시간보다 1시간 15분을 더 기다려 2시 50분에야 비로소 이륙하였다.

비행기는 서해 상공을 지나 천진, 북경, 울란바토르, 이르쿠츠크, 노보시비르스크, 옴스크 등 생소하게 느껴지는 도시들과 모스크바, 상트페테르부르크를 지나고, 우랄산맥을 넘어 스톡홀름, 헬싱키, 코펜하겐, 암스테르담을 거쳐 총거리 9,500㎞가 넘는 항로를 논스톱으로 고도 11,100m를 유지하며, 평균 그라운드 스피드 860㎞로 11시간 만에 파리에 도착하였다.

비행시간 동안 아내는 연신 영화를 보다 음악을 듣다 하면서도 지루하다고 하지만, 파리는 초행인 내 설렘은 상상의 날개를 펴게 하여 높은 하늘 위로만 지나온 여러 나라들을 더듬어 본다. 중국, 몽골, 러시아, 스웨덴, 핀란드, 덴마크, 네덜란드 그리고 프랑스. 아직 한 번도 밟아보지 못한 땅이지만 나는 상상 속에서 그 나라의 생소한 도시들을 더듬고 있을 때 "여러분은 곧 문화와 예술의 도시 파리의 샤를드골 국제공항에 도착하시겠습니다." 하는 기장의 안내 방송을 듣게 된 것이다.

드디어 어린 시절에 그렇게 동경하던 알퐁스 도데의 나라에 도착했다. 인천공항에서 짐을 부칠 때, 담당한 항공사의 젊은 직원이 "언젠가는 꼭 파리에서 살고 싶다"던 말을 듣고 막연하게나마 나도 한번쯤 와보고 싶던 곳, 어린 시절의 내 꿈을 생각하며 "꿈은 이루어진다는 말이 있지 않느냐?"라고 격려해주던 말을 생각한다. 몽테뉴, 볼테르와 루소, 고흐와 고갱, 세잔, 밀레, 마네, 모네, 푸생, 르누아르 그리고 뒤마, 위고, 스탕달, 지드, 생텍쥐페리, 플로베르, 사르트르 등 수많은 사상가, 화가, 문학가의 이름을 접했을 때마다 그들의 숨결이 여기저기 남아 있을 것 같아, 한 번쯤 와보고 싶어 동경하던 곳에 드디어 도착했다니 감개무량하다.

내 시계는 여전히 서울시간으로 9월 7일 새벽 2시 5분을 가리키고 있는데, 파리는 9월 6일 오후 7시 5분이다. 시곗바늘을 되돌려 이곳 시간에 맞추어 놓으면서, 나는 지나온 7시간을 되돌아가서 다시 사는 셈이 되었다고 생각하니, 후회되는 과거의 내 살아온 모든 시간을 이처럼 되돌려 놓았으면 하는 엉뚱한 생각까지 하게 된다.

짐을 찾아 나오니, 마중 나와 있어야 할 딸아이가 보이지 않는다. 두리번거리며 찾아보니, 입국장 정면 의자에 앉아 책을 읽고 있었다. 일찍 나와 기다리다 지친 모양이다. 예정보다 1시간 반을 늦게 도착하였으니 지칠 만도 하다.

며칠 전에 경미한 접촉 사고로 자동차가 공장에 들어가서 차를 가지고 나오지 못했다고 택시를 타자는데, 웬 한국 청년 한 사람이 다가와 말을 붙인다. 유학생인데 생활비를 보태기 위하여 자가용 영업을 하고 있으니, 택시 대신 자기 차를 이용해 달라는 것이다. 불법 영업인 셈이다. 요금을 물어보니 택시요금과 비슷하다고 하여 그의 차를 탔다.

딸아이는 대학을 졸업한 뒤 국내에서 근무하다가 4년 전부터 국제기구에서 근무하며, 자기 발전을 위해 항상 노력하는 믿음직스러운 딸이다. 지금도 파리에서 다시 학위를 받기 위하여 직장일과 공부를 병행하고 있지만, 시집을 보내 좀 편안한 삶을 살게 했으면 하는 것이 솔직한 부모의 마음인데, 그 마음을 모르지는 않을 터이지만 나이 서른이 넘도록 일과 공부밖에 모르니 한편 섭섭한 마음도 있고 안쓰럽기도 하다.

1년 전에 작은 집을 사서 수리하고 이사할 때 나는 직장일 때문에 와보지 못하고 제 엄마만 와서 이것저것 도와주기는 했으나, 들어와 보니 제법 정돈된 아담한 집이다. 아내와 딸아이가 짐을 풀어 정리하는 동안 나는 딸의 컴퓨터를 인계받아, 내 메일함을 점검하고 인터넷을 통해 서울 소식을 읽다 보니, 벌써 새벽 1시다. 꿈과 낭만의 도시, 문화와 예술이 꽃을 피운 곳 파리에서, 나는 황홀한 꿈을 꿀 새도 없이, 피곤한 잠 속에 빠져들어 가는 첫 밤을 맞았다.

🌐 센강, 파리 국립도서관, 식물원 외 ▶ 2006년 9월 7일

아침 8시 딸이 출근한 뒤, 아내와 관광지도 한 장을 들고 시내 산책에 나선다. 오늘의 목표는 우선 집 근처 길을 익히는 데 있다. 차를 타지 않기로 하고 걸어서 센강 쪽으로 간다.

파리는 오래된 도시치고 도시계획이 잘된 곳이라는 말은 들었으나, 도로며 건축물들의 고도부터가 서울과는 너무 달라서 거리에 나오면서부터 남의 나라에 와 있다는 생각을 더욱 강하게 만든다.

지역마다 건물의 높이가 높고 낮음이 없이 일정한 것부터 서울과 다르고, 공공건물이나 특수한 역사적 유물, 백화점 등 대형 매점을 제외하고는 거의 많은 지역이 주상복합건물이다. 서울처럼 대단위 아파트 단지가 없다는 것이다.

보통 7, 8층 높이인 일정한 모양의 건물 아래 1층은 상가, 그 위층들은 아파트인데, 상가와 상가 사이에 대문같이 아파트에 들어가는 입구가 따로 있고, 엘리베이터는 얼마나 작은지 3인용이라고 하지만, 우리 같은 사람은 겨우 두 사람이 탈 수 있을 정도다. 비효율적인지 프라이버시를 극도로 존중하기 위함인지 알 수가 없다.

서울의 도로는 보통 반듯한 삼거리, 사거리의 주도로가 있고 자리에 따라 이면도로가 있는데, 이곳의 도로는 서울의 도로에 비해 대부분의 도로가 좁기는 하지만, 보통 한 광장에서 육거리, 칠거리로 모든 건물에 진입하기 쉽도록 여러 개로 쪼개어 놓았고, 개선문광장같이 큰 곳은 12개의 거리로 통하는 곳도 있다. 그리고 대부분의 도로는 차도보다 인도가 훨씬 넓은 것이 특이하다. 이러한 도시의 정비는 1850년대 나폴레옹 3세 때 센 지사로 임명된 오스만 남작에 의해서 이루어졌다고 한다. 도로 가운데 덩그러니 건물이 서 있는 것을 몇 곳에서 보았는데, 그 건물을 살리기 위해서 도로를 갈라놓기도 한다. 아마도 그 건물의 공공성이나 역사성을 고려했으리라. 도로에 건널목이 많은 것도 도로가 인간중심이지 차량중심이 아니라는 증거다.

아름다움과 낭만의 상징처럼 생각되던 센강을 보고, 우선 상상했던 것과 너무 다르게 그 강폭이 좁은 것에 실망했다. 서울의 한강과는 비교되지 않고, 중랑천 정도의 작은 보잘것없는 강으로 생각되었다. 너무나 실망스러운 나머지, 나중에 백과사전을 찾아보니 그게 아니다. 파리를 남북으로 흐르는 이 강은 길이가 장장 776㎞나 되는 프랑스에서 세 번째로 긴 강이며, 강폭도 2㎞가 넘는 곳도 있다고 한다. 단지 파리 시내를 흐르는 동안 폭이 좁아졌으나, 상당히 큰 유람선이 늘 왕래하고 있는 것을 보고, 수량이 풍부하고 수심도 깊은 감히 내가 무시할 수 있는 그런 강이 아니었다는 것을 나중에야 알았다. 그래서 그토록 많은 사람들이 센강의 아름다움에 대하여, 또 그 위에 놓여 있는 많은 다리에 얽힌 사연과 추억들을 문학작품이나 영화 속에서 다루어 다른 사람들의 마음에까지 오래도록 남게 했는지도 모른다.

다리를 남쪽으로 건너면, 센강 바로 옆에 책을 펼쳐놓은 모양의 4개의 높은 현대식 건물이 넓은 공간을 가운데에 두고 직사각형으로 마주보고 서 있다. '프랑스 국립도서관' 인데 미테랑 전 대통령이 집권할 때 지었기 때문에 '미테랑도서관' 이라고도 부른다. 천만 권의 책을 수용할 수 있다고 하며, 중앙에 있는 참고 문헌 도서관에는 현재 40만 권 이상의 책을 가지고 있다고 한다.

도서관 내부도 구경해 보고 싶었으나, 지금이 여름 휴관 기간이라서 2주간 쉬고 있다는 설명을 40대 중반쯤 되어 보이고 마음씨 착해 보이는 여자에게서 들었다. 불어를 한마디도 못하는 내가 다짜고짜 영어로 물었더니, 다행스럽게도 내가 알아들을 수 있도록 유창한 영어로 말하는 것이었다.

수십 계단의 층계와 층계 위의 넓은 공간이 모두 시멘트가 아닌 두꺼운 널빤지로 깔려 있는데, 표면은 미끄럽지 않도록 널빤지 하나하나에 가는 골을 파 놓았다. 이 넓은 공간은 공연장으로 사용되기도 하고 조깅코스나 산책코스로도 이용되기도 한다고 하여, 나도 아내의 손을 잡고 갑자기 로맨티스트라도 된 듯이 천천히 거닐어 본다. 발에 느껴지는 촉감이 시멘트나 아스팔트 위를 걷는 것보다 훨씬 부드럽고 좋았다. 더구나 센강에서 불어오는 시원한 바람이 정신을 맑게 해주는 것을 느끼며, 도서관에서 오랜 시간 독서에 지치면 나와서 이렇게 산책을 하여 맑은 정신으로 다시 들어갈 수 있겠다는 생각을 했다.

그 많은 계단 역시 관람석이나 센강을 바라보며 휴식을 취하거나 독서를 할 수 있는 공간으로 사용될 듯싶다. 높은 계단 반대편 중앙 건물 옆으로 상당히 넓은 수목이 잘 가꾸어진 정원이 조성되어 있어, 도서관에서 내려다보면 신선한 푸름이 눈의 피로를 덜어줄 수 있도록 설계되어 있다.

다시 센강을 따라 설계된 식물원 내에 있는 '자연사박물관' 을 찾아 한참을 걸었다. 걷는 것 자체가 구경이고, 보는 것마다 배움이라는 생각으로 다리 아픈 것쯤은 참자고 아내에게 다짐한다.

그러나 평소 운동량이 부족하던 아내에게는 말할 것도 없거니와 매주 산을 오르던 내게도 상당한 부담이 되는 것은 앞으로 열흘 후인 17일부터 부지런히 따라다녀야 할 단체관광이 예정되어 있고, 그 전까지는 파리 시내 관광으로 계획을 세워놓았기 때문이다.

식물원과 자연사박물관에서 가장 중요한 볼거리는 '진화의 그랑드' 갤러리와 네 가지의 각기 다른 전시 파트라 한다. 두개골의 특징, 다양한 동물의 박제, 척추동물 두개골의 진화 과정을 보여주는 식물화석이 있다고 하지만, 아내와 나는 이런 것들에 대한 관심보다 숲과 나무들 사이를 걷는 것을 더 좋아하기 때문에 그런 곳의 관람은 생략하고, 식물원만 한 바퀴 돌기로 하였다.

이곳은 원래 왕립 병원의 정원 주변에 식물학교와 자연역사관, 약국 등을 짓도록 하여 세워졌다고 한다. 코르시카, 모로코, 알프스 그리고 히말라야에서까지 옮겨온 식물들이 있다. 하나의 거대한 자연생태공원에다, 아름다움을 가미한 자연 학습장이다. 길 따라 늘어선 거대한 나무들이며, 예쁘게 다듬은 키 작은 관목들과 형형색색 이름을 알 수 없는 예쁜 꽃들을 가꾸어놓은 화단이 있고, 여러 가지 잡초를 자연스럽게 자라도록 한 공간도 모두가 교육의 장으로 활용하고 있음을, 많은 관광객들에게 열심히 설명하고 있는 직원들을 보면서 (그 설명을 한 마디도 알아듣지 못했지만) 알 수 있었다.

집에서 여기까지 오면서 느낀 것은, 파리 시내에 숲이 많다는 것이다. 불과 4~5㎞ 반경을 걸어오면서 아름드리 수목이 우거지고, 연못이 포함된 넓은 공원을 세 곳이나 가로질러 왔다. 역시 충분한 산소를 공급할 수 있고, 시민들의 휴식 공간 또한 그만큼 많이 제공하고 있다는 것을 부럽게 생각한다.

유럽에서 가장 숲이 우거진 도시인 파리는 서울 면적의 1/4이지만, 역사적인 건축물들과 현대식 빌딩 사이로 수많은 정원과 공원 등 녹지

대가 조성되어, 도시의 활력소가 되고 있다고 한다. 도시 전체면적의 20%가 숲이라 한다. 전 국토가 남북한의 2.5배 정도인데, 지금의 인구가 6천만 정도이니, 150여 년 전에 벌써 오늘의 파리를 생각하면서 도시 정비사업을 했을 만큼 여유가 있었는지도 모른다.

돌아오면서 보니, 베르시 공원의 끝부분에 높은 제방이 있고 거기에서 인공 폭포가 쏟아지고 있어서, 다가가서 자세히 관찰해보니 그 물은 센강에서 모터로 퍼 올려서 강가 도로 밑을 지나, 10m 정도의 높은 제방을 넘어 공원의 연못에 물을 공급하고, 또한 시각적인 청량감을 주고 있었다. 그리고 그 제방 위에는 마로니에 가로수가 늘어서 있는 산책로가 있는데, 이곳을 산책하면서 센강의 흐름과 공원 숲의 푸름을 좌우로 동시에 볼 수 있는 여유로움을 제공하고 있었다. 한국의 도시계획 공학자들도 요즘은 신도시를 설계할 때, 이에 못지않은 친환경적 인간 중심의 도시설계를 하고 있으니, 앞으로는 비좁은 우리나라에서도 가장 효과적인 설계를 하여 이보다 훌륭한 도시가 곧 생겨나기를 기대해 본다.

🌐 **오페라하우스, 콩코르드 광장** ▶ 2006년 9월 8일

오늘 오전에는 집에서 500~600m 거리에 있는 도메니지엘역 광장에서 일주일에 두 번씩 오전에만 반짝 열리는 도깨비 장날이라고 하여, 아내를 따라 시장 구경을 갔다. 마치 서울의 아파트 단지 내에서 일주일에 한 번씩 열리는 장이나, 오일장에 있는 한국의 풍경과 다를 바가 없다. 싸구려 물건들을 쌓아놓고 소리를 질러대며 파는 모습이며, 과일장사가 맛을 보고 사라며 지나는 사람들에게 서비스를 제공하는 모습도 우리와 다르지 않았다.

조리된 육류 가공식품과 야채를 비롯한 많은 식료품에서부터 공산품에 이르기까지 모든 생필품들이 팔리고 있는데, 이들을 사기 위해서 오는 사람들도 있겠지만, 우리처럼 구경 삼아 나온 관광객들이 많은 듯하다. 장이 서는 4~5시간 동안은 많은 사람들이 붐비고 있어서, 일대의 도로가 차단되지만 시간이 지나면 언제였나 싶게 말끔히 정리되고 소방차가 와서 물청소를 한다. 아내는 포도와 토마토를 조금씩 샀는데, 집에 와서 맛을 보니 괜찮았다.

오후에는 시내 중심가에 위치한 여행사에 가서 잔금을 치르기로 한 날이어서, 10분 거리에 있는 꼬르 쌩뜨에밀리용이라는 지하철역에서 14호선 지하철을 20분쯤 타고 이 지하철의 종점인 쌩 라자르역에서 내려 딸과 만나 같이 여행사에 가는데, 중간에서 오페라하우스를 볼 수가 있었다.

1862년 나폴레옹 3세 때 샤를 가르니에가 설계하여 공사를 시작해 13년 만인 1875년에 완공하였다는 이 극장은 외부의 화려함뿐만 아니라 황제의 관람석과 2,200여 개의 관중석이 있는 강당 그리고 샤갈이 그림을 그려 화려하게 장식한 천장과 흰 대리석으로 장식된 발코니가 있는 대연회장 내부 또한 아름답다. 늘 화가들의 그림의 소재가 되었고, 그 그림들은 상류층 사람들의 장식용 진열품이 되었다고 한다.

들어가 보지는 못했지만 밖에서 사진만 몇 장 촬영하고 여행사에 들러 여행경비의 잔금을 계산하고, 콩코르드 광장으로 가기 위해 오페라의 거리를 따라 걸으면서 다시 나폴레옹시대의 과감한 개혁정신을 생각한다. 그때인들 어찌 반대하는 여론이 없었을까마는, 감히 황제의 권위에 맞섰던들, 그가 한 눈이나 깜짝하지 않았을지도 모른다. 자고로 진시황제를 비롯한 많은 독재자들이 위대한 유산을 남길 수 있었던 이유가 여기 있었으리라.

콩코르드 광장은 루이 15세의 동상을 세우기 위하여 건축가 쟈크 앙주에 의하여 설계되었는데, 프랑스 혁명으로 왕의 동상 대신 단두대가 세워져 2년 반 동안 무려 1,119명이 처형되었고, 그중에는 루이 16세를 포함하여 마리 앙투아네트, 샬로트 크로데, 혁명지도자인

당통과 로베스피에르도 포함되었다고 한다. 피가 피를 부르는 역사의 소용돌이를 생각하지 않을 수 없다. 피로 물들었던 이 광장은 1794년 공포정치가 끝난 후, 느낌을 부드럽게 하기 위하여 화목(和睦)이라는 의미의 콩코르드로 바뀌었다고 한다.

이 광장의 상징물인 오벨리스크는 3,200년 된 것으로 이집트의 룩소르에 있던 것을 이집트 총독이 루이 필리프 왕에게 증정하여 옮겨 왔다고 한다. 병인양요 때 이 나라 사람들이 강화도에 침입하여 우리의 문화유산을 탈취하여 갔던 일을 생각하게 하는 대목이다. '힘은 곧 정의다' 고 생각하며 남의 것을 빼앗아다 자기 것으로 만들어버리는 세상을 개탄하고 있을 것이 아니라, 힘을 길러 남이 나를 넘보지 못하게 해야 할 것이다.

개선문, 샹젤리제의 거리 외 ▶ 2006년 9월 9일

오전에 딸과 아내가 마른느 라 발레에 있는 할인 매장에 구경을 가기로 해서 같이 나섰다. 그곳은 파리 시내 중심가에서 전철로 약 50분 걸리는 외곽에 있는 곳이다.

파리는 파리 시내 중심가와(인구 약 220만), 일드프랑스라고 불리는 외곽지대로 나뉘어 있는데(도합 인구 약 1,100만), 마치 서울에서 전철을 타고 수원쯤 가는 듯했다. 집 근처 도메니엘역에서 전철을 타고 10분쯤 가다, 나숑역에서 다시 마른느 라 발레로 가는 차로 갈아타고 또 10분쯤 가니 도심에서 벗어난 시골 풍경이다. 여기저기 단층집과 이층집들이 빨간 지붕을 하고 초원 중간중간에 있는 것을 보니, 옛날 중고등학교의 미술 교과서에서 보던 불란서의 한가로운 시골 풍경 그대로다.

마른느 라 발레역은 오직 할인 매장을 위하여 있는 것이 아닌가 할 정도로 역 주변이 온통 매장 건물들이다. 드넓은 주차장에 수천

대의 자동차가 주차되어 있는 것을 보니, 사람이 많이 몰려와 있음을 직감할 수 있었다.

각 유명 브랜드들의 할인 매장이 한마을을 이루고 있으며, 대형 건물에는 많은 상품들과 더불어 사람들도 붐비고 있는 것이 마치 잠실의 롯데백화점을 방불케 했다. 파리를 방문하는 관광객들이 한 번씩은 다녀가는 곳이라 한다. 아내와 딸이 아이쇼핑을 하고 다니는 동안, 나는 벤치에 앉아 사람 구경으로 시간을 보내다, 결국 딸이 생일 선물로 옷 한 벌과 내 등산화 한 켤레만 샀는데 벌써 오후 3시가 다 되었다. 점심 후 다시 전철을 타고 개선문 광장으로 향한다.

개선문은 1805년 나폴레옹이 오스트리아와 러시아의 연합군을 격파했던 아우스털리츠(현 체코슬로바키아의 브르노 부근) 전투에서 승리한 장병들에게 "개선문 밑을 통과하여 집으로 돌아갈 수 있게 하겠다"는 약속을 하고 다음 해 건축가 장 샬그랭으로 하여금 공사를 시작하게 하였으나, 1814년 영국, 러시아, 오스트리아, 프러시아의 동맹군과의 전투에서 패하고, 엘바섬으로 추방당해 권력을 상실함과 함께 그 공사도 중단되는 곡절을 겪기도 하다가, 1836년에 드디어 완공되었다고 한다.

50m 높이의 이 개선문에는 많은 조각들과 승리한 전투의 이름이 새겨져 있다고 하나, 나는 가까이 가서 보지는 않고 멀리 떨어져서 사진만 몇 컷 촬영하고 나오는데, 마치 오늘이 무슨 기념일인지 샹젤리제 거리에서부터 군악대와 그 뒤를 따르는 일흔이 넘어 보이는 참전 용사들과, 목발을 짚거나 한쪽 팔이 없는 상이용사들과 상당수의 전쟁미망인인 듯한 할머니들이 질서 정연하게 개선문을 향해 행진을 하고 있었다. 제2차 세계대전 때 전사한 한 무명용사의 무덤을 이 개선문 밑에 만들고 그 희생을 기려주고 있다니, 이 나라 사람들의 정신은 가히 본받을 만하다.

십이거리로 나누어진 개선문 광장에서 제일 넓은 거리가 엘리제 궁으로 통하는 샹젤리제 거리이다. 차도가 왕복 6차선인데 비해, 인도는 가로수가 중간에 한 줄 더 있을 만큼 훨씬 넓어서, 오가는 사람들이 많은데도 한가롭게 보여 한결 여유가 있어 보인다. 도로변 카페에서 와인 한 잔씩을 놓고 앉아 담소하고 있는 나이 든 사람들도 그렇고, 벤치에 앉아 분수와 꽃밭, 누각이 있는 샹젤리제 정원을 감상하고 있는 사람들에게서도 그것을 느낀다.

1848년 7월 혁명으로 정권을 잡은 나폴레옹 보나파르트의 조카인 루이 나폴레옹은 1852년 나폴레옹 3세가 되어 많은 개혁을 단행하여, 오늘날의 파리를 만드는 기틀을 마련했고, 프랑스의 산업혁명을 이끌게 하였다고 한다. 개선문 광장에서 사방팔방으로 뻗어 나간 12개의 도로와 그 도로변의 질서 정연한 도시계획이 그때 단행되었다고 한다.

루이비통, 구찌, 샤넬, 아르마니, 에르메스 등 그 유명한 명품의 본 매장들이 이곳에 다 모여 있다고 하니, 이 거리야말로 명실상부한 세계 패션의 중심이 아닌가 한다. 이 명품들의 거리를 기웃거리다가 시간이 없어, 엘리제 궁전, 프티 팔레, 그랑 팔레, 알렉상드르 3세교 등 근처의 명소들은 다음으로 미루고 집으로 돌아왔다.

휴식 ▶ 2006년 9월 10일

이틀 동안 걸어 다닌 거리와 시간이 얼마인지 모르지만, 다리와 허리가 아픈 것이 평소 서울에서 등산했을 때보다 훨씬 더하다. 오늘은 하루 쉬는 것이 좋겠다고 하자, 아내도 하루쯤 쉬는 것이 다음 관광을 위해서 좋다고 찬성이다. 집에서 아내가 특유의 솜씨로 빈대떡을 부쳤다. 와인 한 잔을 들고 편한 자세로 마리 앙투아네트에 관계되는 책을 뒤적이다가 낮잠이 들었는데 일어나보니 어느덧 오후다. 다시 인터넷을 뒤지다 보니 하루가 너무 빨리 가버렸다.

마리 앙투아네트

신성로마제국의 황제이며 로트링겐의 공작 프란츠 1세와 합스부르크의 여제(女帝)이며, 외교에 능한 대단한 정치가였던 마리아 테레지아의 사이에서 열다섯 번째 자녀로 태어났다. 1770년 14세의 나이에 당시 왕세자였던 열다섯 살의 루이 16세와 결혼하였다.

프랑스 혁명 당시 콩시에르쥬리의 독방에서 76일간 갇혀 있다가, 10개월 전에 처형된 남편과 마찬가지로 콩코르드 광장에서 단두대의 이슬로 사라졌다. 어린 나이에 시집보낸 어머니 마리아 테레지아는 왕비로서의 지켜야 할 행동 강령을 하나하나 편지로 가르쳤다고 한다. 그러나 무능하고 사치에 빠진 남편의 실정은 마침내 프랑스 혁명을 유발하게 만들었고, 그녀 또한 사실과 다른 많은 죄를 뒤집어쓰게 된 것이다. 사치와 문란한 성의 유희에 빠졌었다는 그녀의 죄과는 사실과 다르다는 후세 사람들의 판단이 있었다고도 한다.

루브르박물관, 위고의 집, 퐁피두 센터 ▶ 2006년 9월 11일

꼬르쌩 떼밀리용역에서 지하철 14호선을 타고 세 정거장을 가다가 피라미드역에서 내렸다. 오늘은 루브르미술관을 비롯한 피카소미술관, 보주광장, 빅토르 위고의 집, 퐁피두 센터, 시테섬에 있는 노트르담 대성당과 요한 23세 광장을 둘러보기로 작정을 했다. 내부를 관람하는 것은 다음으로 미루고, 오늘은 지도를 보고 찾아가 위치만 확인하고 밖에서만 보기로 했다.

파리를 방문했던 사람치고 루브르미술관을 관람하지 않은 사람은 없으리라. 경내에 들어서자마자 그 큰 규모에 놀라지 않을 수 없다. 1190년 필리프 오귀스트가 바이킹의 침략으로부터 파리를 지키기 위해 건설한 성채였던 것을 프랑수아 1세가 르네상스 양식으로 개조한데다가, 그 후 카트린 드 메디치, 앙리 4세, 루이 12세, 루이 13세,

나폴레옹 1세, 나폴레옹 3세 등의 왕들이 400년에 걸쳐 개조하고 확장했고, 가장 최근에는 1969년 부속 건물의 일부를 사용하고 있던 재무부가 이전할 때, 건축가 M 페이가 입구에 금속과 유리만으로 피라미드를 설계하여 세웠다고 한다.

내부에 전시되어 있는 세계에서 가장 훌륭한 소장품들은 추후에 관람하기로 하고, 위치만 확인한 후 프륨 데 알 광장과 퐁피두 센터를 향해 발길을 돌렸다.

정원이 아름답게 꾸며진 프륨 데 알 광장은 역사가 오래된 과일과 야채를 파는 시장이었는데, 1979년에 현재의 거대한 복합 상가 건물로 지어졌다고 한다. 지하 2층과 3층에는 고급스러운 부티크에서부터 대형 상점들까지 줄을 지어 늘어서 있다. 지상에는 잘 꾸며진 정원이 사람들의 휴식 공간을 제공하고 있다. 광장 중앙에 생 와스타슈와 앙리드 말레가 조각한 커다란 얼굴을 한 손이 받쳐주고 있는 '레쿠트' 가 사람들의 눈길을 끌고 있다. 배도 고프고 다리도 아파서 그늘의 벤치에 앉아 점심을 먹는데, 많은 관광객들이 우리처럼 도시락을 준비해 와 먹고 있다. 점심을 먹고 휴식을 취한 후, 도로 표지판을 따라 10분 거리에 있는 퐁피두 센터를 찾았다.

이 건물은 퐁피두 대통령 시절 그의 요구에 의해 건축되었는데, 당대의 유명한 건축가들이 가장 합리적으로 설계를 하여 지어진 것으로, 세계가 알아주는 건물이라고 한다. 그러나 이 방면에 문외한인 나의 눈에는 외부의 모습이 마치 임시건물처럼 보였다. 엘리베이터를 비롯한 에스컬레이터, 수도관, 가스관 등이 모두 밖으로 노출되어 있어, 미관상 흉물스럽게까지 보였다.

그러나 내부에 전시되고 있는 예술품들은 프랑스뿐만 아니라 세계가 아끼는 진귀한 작품들이 있어, 입장하는 관람객들의 소지품까지 검사를 하고 있었다. 세계 각국에서 모여든 예술을 사랑하는 많은 사람들의 관심을 끌고 있는 건물이다. 건물 앞 광장에서는 각국에서 모여든 예술가들이 공연도 하고, 화가들이 관광객들을 상대로 돈을 받고 초상화를 그려주기도 한다.

내가 갔을 때에는, 한쪽에서는 몽골 사람들이 또 한쪽에서는 중국 여인 한 사람이 전통복장을 하고 자기들의 전통음악을 연주하며 컴팩트 디스크를 팔고 있었고, 인도 사람 또한 그들의 복장을 하고 잡다한 물건들을 팔고 있었다. 주변 역시 관광객들을 상대하는 상점들이 호황을 이루고 있었다.

퐁피두 센터에서 나와 지도를 보면서 피카소미술관을 찾느라 좁은 골목길을 한참을 헤매다가, 결국 가게에 들러 길을 묻고서야 찾았다. 생각보다는 좀 초라해 보이는 곳에 있다. 관람료가 6.5유로이니 원화로 8천 원이 조금 넘는 돈이다.

생애의 대부분을 프랑스에서 보낸 그가 사망하자, 프랑스 정부가 유족들로부터 유산 상속세 대신 그의 작품을 기증받아 소장하고 있다고 한다. 200개의 유화, 158개의 조각, 88개의 도자기, 3천 점의 판화와 데생, 콜라주 등이 소장되어 있어 피카소의 작품들을 한눈에 볼 수 있다고 한다.

달리는 말은 산을 다 보기도 전에 보주광장과 빅토르 위고의 집을 향해 재촉한다. 파리 사람들이 세계에서 가장 아름답다고 말하는 보주광장은 앙리 4세에 의해 만들어진 왕궁 자리인데, 원래 샤를 6세부터 앙리 2세가 머무른 저택이었으나 노스트라다무스의 예언대로 앙리 2세가 궁정에서 열린 마상 경기에서 사망하자 저택을 허물고 그 자리에 광장을 만들었다고 한다.

중앙에 루이 13세의 기마상이 서 있다. 보주 광장은 한 면에 9채씩, 총 36개의 호텔들로 둘러싸인 완벽한 대칭 구조를 이루고 있다. 남북의 중앙에는 왕과 왕비의 저택이 있었고, 리슐리의 추기경과 극작가 몰리에르 등 보주광장의 아름다움에 매혹된 당대의 실력가들이 이곳으로 이주해오면서 마레 지역은 파리 최고의 부촌으로 성장하게 되었다.

광장 6번지의 집에는 『레 미제라블』의 작가로 잘 알려진 빅토르 위고가 살았었는데, 이곳은 현재 박물관으로 개조되어 일반에게 개방되고 있다. 지금은 내부를 수리하고 있는지 문이 굳게 닫혀 있고, 시끄러운 작업도구 돌아가는 소리만 들린다. 그의 문패 앞에 서서 사진만 한 컷 촬영하고 발길을 돌렸다.

파리 시청 건물을 지나고 다리를 건너 시테섬에 있는 노트르담 대성당을 향한다. 센강에 둘러싸인 시테섬은 생 루이 섬과 함께 파리시의 시발이 된다. 2000년 전 켈트족이 외침을 방어하기 위하여 이 섬에 거주하기 시작하였고, '파리' 라는 오늘의 도시 이름도 여기에 살던 '파리시' 라는 부족의 이름에서 비롯되었다고 한다. 여기에는 거대한 스테인드글라스 창문으로 유명한 생트 샤펠 대성당, 최고 재판소와 콩시에르쥬리, 노트르담 대성당, 노트르담 박물관 등이 자리하고 있다. 노트르담은 성모마리아를 뜻하는 말이라고 한다.

노트르담 대성당(Notre—Dame de Paris)은 1163년 공사를 시작해 1245년 완성하였다. 13세기 이후 고딕 양식의 대표적인 걸작품으로 뾰족한 아치와 교차 돔을 주된 받침대로 두터운 벽체를 떼어내고 스테인드글라스로 색채 미술을 표현하였다. 나폴레옹이 대관식을 한 곳으로도 유명하다. 많은 관광객들에 떠밀려 노트르담 대성당 내부를 돌아보는데, 동쪽과 서쪽의 대형 장미 스테인드글라스 창문이 기억에 남을 뿐이다. 그 뒤편에 있는 요한 23세 광장에서 휴식을 취한다.

콩시에르쥬리

지금은 잘 단장되어 음악회나 포도주의 시음장으로 활용하고 있다는 콩시에르쥬리는 원래 사에르주 백작의 개인 저택이었던 것을 프랑스 혁명 당시 감옥으로 사용할 때, 마리 앙투아네트, 살로트코르테 등이 수감되어 있기도 했다고 한다. 밖에서만 돌아보고 내부에 들어가지는 않았다.

생트 샤펠

1248년 Saint Louis의 요구에 따라 Pierre de Montreuil가 지은 고딕식 성당으로 시테섬에 위치하고 있다. 이 성당은 웅장한 유리창으로 유명하다. 그 스테인드글라스는 프랑스에서 가장 아름다운 것으로 손꼽힌다. 13세기 중반 생 루이 왕에 의해 건축된 고딕 양식의 걸작품 중 하나다. 이 예배당 내부에는 성서 속의 이야기들을 표현해놓은 스테인드글라스가 있는데 햇빛이 비치는 스테인드글라스는 매우 아름답다.

파리는 온통 미술관이나 박물관 그리고 숱한 역사 유물들로 채워져 있어서, 도시 전체가 역사 유물의 전시관인 듯하다. 그리고 그 유서 깊은 건물의 외부에는 반드시 아름다운 조각들과 아울러 수많은 역사적 인물들의 조각상들이 있음을 볼 수 있다.

수천 년의 역사를 통하여 여러 왕조들이 수없이 바뀌면서도 수도는 변함없이 파리만을 유지해온 것도 이들이 얼마나 파리를 사랑하고, 아끼며, 자랑스럽게 생각하는가를 증거로 보여주는 것 같다.

에펠탑, 샤요궁, 앵발리드 ▶ 2006년 9월 12일

바스티유 감옥이 있던 자리에 세워진 오페라 극장과 혁명 기념탑. 오른쪽의 탑에는 혁명 당시 희생자들의 이름이 동판에 새겨져 있으며, 52m의 탑 꼭대기에 날개를 단 황금빛 자유의 수호신을 올려놓았다. 대한민국의 지휘자 정명훈 씨가 이 오페라 극장의 상임 지휘 감독으로 있었던 기억을 하면서, 버스를 타고 가다 바라보았다.

시내버스를 타고 에펠탑 쪽으로 가면서 지하철을 타는 것보다 시내를 더 많이 볼 수 있어서 좋았다. 87번 시내버스를 타니, 시내 여기저기를 돌아 센강을 건너 50분 만에 에펠탑 앞에 내려주었다. 1889년 혁명 100주년과, 국제 박람회에 때맞추어 세워진 높이 324m의 이 탑은 개선문과 함께 파리의 상징이 되고 있어, 파리를 가보지 않은 사람들도 모르는 사람이 없을 정도다. 1931년 엠파이어스테이트 빌딩이 세워지기 전까지 세계에서 제일 높은 건축물이었다는, 이 탑 아래 서서 올려 쳐다보니, 그 어마어마한 규모가 나를 주눅 들게 한다. 7,300톤이나 되는 강철을 사용했다고 한다.

낮은 언덕길을 올라가 샤요궁 분수 앞쪽에서 내려다보는 에펠탑의 전망은 가히 일품이다. 양편으로 키 큰 나무들이 반듯하게 늘어선 사이로, 약 8,000㎡에 달하는 거대한 들판인 샹 드 마리스(3월의 들판)가 길게 펼쳐져서 그 끝에 서 있는 육군사관학교까지 한눈에 들어오는 그 광활함을 볼 때, 나는 도시 안에서도 땅을 이렇게 여유롭게 사용하는 이 나라 사람들이 부러웠다. 원래 샹 드 마리스는 육군사관학교의 행군 장소로 사용되었던 것인데, 혁명기간 동안은 대대적인 집회가 열리기도 했다고 한다.

전망이 좋은 이곳에서 아내가 사진을 촬영하기 위해 나에게 폼을 좀 잡아보라고 하는데, 관광객 한 사람이 자기가 찍어줄 테니 같이 서라고 한다. 나중에 카메라를 되돌려 받으며 고마워서 어디에서 왔느냐고 물으니, 독일에서 왔다며 미소를 짓는다. 텁수룩한 수염을 기른 인상이 부드럽다. 나는 한국에서 왔다고 말하며 즐거운 여행을 하라고 말해 주었다.

그런데 서너 시간 후에 알렉상드르3세교 위에서 이 사람을 또 만나, 한 번 더 같은 신세를 지게 되었다. 관광하는 사람들의 코스가 비슷해서 만나는 사람을 자주 만나게 되나 보다. 서로 인사를 하고 알은체를 하면 다음에 만나면 이렇게 반가운 것을, 우리는 그렇지 않는 경우가 많아 스스로 즐거움을 만들기를 주저하고 있다.

1769년부터 1772년 사이에 지어진, 나폴레옹이 다녔던 육군사관학교 건물에는 현재 국방대학이 들어서 있다. 그 앞에 좀 특이하게 생긴 탑이 하나 세워져 있는데, 앞에서 보면 두 탑신 사이로 에펠탑이 정면으로 보이고 탑신을 유리로 덧씌워 놓았는데, 거기에는 여러 나라 언어로 글자를 써놓았고, 그중에는 한글과 한문으로 평화라고 쓴 글자도 있었다. 여기서도 사진 한 컷. 대충 건물만 둘러보고 늘어선 건물을 돌아, 좁은 도로 하나를 사이에 두고 있는 유네스코에 들렀다.

딸이 근무하고 있는 유네스코 본부 건물에는 피카소의 거대한 벽화와 후안 미로가 디자인한 도자기, 헨리 무어의 조각들을 비롯한 많은 현대 미술품들이 전시되어 있다. 교육, 과학, 문화를 통한 국제 평화와 안정을 목적으로 하는 국제 연합의 전문 기구이다.

1671년부터 5년에 걸쳐 루이 14세의 명령에 의하여, 노령 상이군인들의 보호시설을 위하여 세워진 앵발리드에는 황금으로 도금된 빛나는 돔 지붕의 교회가 유명하다.

이 아래 나폴레옹의 무덤이 있다. 돔 구조물 바로 아래 붉은 반암 석관으로 덮인 6개의 석관이 있고, 관 속에 또 다른 관이 들어가 있는 식으로 된 이 6개의 관에 나폴레옹의 유해와 유물들이 들어 있는데, 이는 루이 필리프 왕이 1840년 나폴레옹 사후 20년이 지나 센트 헤레나 섬에서 이 유해와 유물을 반환받아 옮겨진 것이라 한다. 그의 형제들과 아들의 묘도 같이 있으며, 제2차 세계대전 연합군 사령관이었던 마샬 포슈도 여기에 묻혀 있다고 한다.

또 이곳에는 군사박물관과 해방의 역사박물관이 같이 있는데, 군사박물관에는 주로 나폴레옹시대에 중점을 둔 프랑스의 승리와 패배를 엿볼 수 있다. 각종 무기와 군복, 박제된 말까지 전시되어 있다. 건물 내부와 밖에까지 각종 대포들이 수없이 많이 전시되어 있었다.

그 옛날 로즈 제독이 함대에 장착하고 강화도 앞바다에 와서 우리 선조들을 향해 쏘았을지도 모르는 대포를 배경으로 사진을 한 장 촬영했다. 넓은 도로변 공원의 나무 그늘을 따라 걸어 나오다 센강 위에 놓인 다리 중에서 가장 아름답다는 알렉상드르3세교에서도 기념사진을 촬영했다.

러시아와 프랑스의 동맹제휴와 1900년의 파리 만국 박람회를 기념해 건설된 이 다리는 러시아 황제인 알렉산더의 이름을 딴 것이다. '알렉상드르' 라는 왠지 모르게 화려한 그 이름만큼 이 다리는 많은 금속 장식과 꽃 장식, 그리스 여신 장식들로 볼거리가 많은 다리이기도 하다.

푸티 팔레 미술관으로 간다. 그랑 팔레와 길을 사이에 두고 마주보고 서 있다. 파리 시립 미술관이 같이 있으며, 1900년 국제박람회 때 프랑스 미술품의 전시장으로 사용되었고, 지금은 개인 소장가들이 기증한 전시품들이 중세, 르네상스, 18세기 등 시대별로 전시되어 있다고 한다. 이번에 7,200만유로(8,400만 달러)를 들여 개보수공사를 한 결과 상설 전시장 면적이 65%나 늘어났다고 한다. 재수가 좋은 날인지 재개관 기념일에 맞추어 오게 되어서 무료로 관람을 하게 되었다. 1층과 지하층에 전시되어 있는 수많은 미술품들을 그야말로 달리는 말을 타고 휙휙 지나가는 산을 구경하는 식으로, 한 바퀴 돌아 나왔는데도 1시간 반쯤 걸렸다.

엘리제궁으로 가는 도중 클레망소와 처칠의 동상을 길 하나를 사이에 두고 만날 수 있었다. 클레망소는 의사요, 언론인이며, 정치가로서 탁월한 지도력을 발휘하여 제1차 세계대전을 승리로 이끌어 프랑스 국민의 존경을 받았으며, 특히 전 유럽을 시끄럽게 하였던 드레퓌스 사건의 부당함을 에밀 졸라, 아나톨 프랑스와 함께 바로잡았던 일화로 해서, 프랑스의 양심으로 통하기도 했던 인물이다. 윈스턴 처칠은 영국의 수상이었지만 제1, 2차 세계대전을 프랑스와 같이 싸웠기 때문에 여기에 동상을 세운 것이 아닌가 한다.

엘리제궁은 1718년에 지어져서, 1873년 이래 공화국 대통령의 공식

관저로 사용되어 왔는데, 나폴레옹시대에는 그의 누이 카를린 뮈레와 아내였던 조세핀이 살기도 했다고 한다.

지금은 아래층은 집무실이고 2층을 대통령의 사택으로 사용한다. 경비들이 줄지어 늘어선 정문 앞 좁은 도로 건너에서 안을 들여다보니 의장대 복장을 한 군인들이 정렬해 있었다. 정문에서 사진 한 장을 촬영하고, 무슨 행사가 곧 있을 것 같아 기다리니 경비가 빨리 가라고 기다리는 관광객들을 재촉한다. 매년 9월 세 번째 주말에 맞는 '유럽 문화유산의 날'에는 평소에 경비가 이렇게 삼엄한 궁궐도 개방을 한다는데, 그런 때에 와보지 못한 것이 아쉽다. 궁궐 밖으로만 한 바퀴 돌아 나오니, 넓은 도로 옆으로는 오래된 정원이 있고 그 옆에 고급 카페들이 있다. 정원에 앉아서 쉬다가 클레망소역에서 집으로 오는 지하철을 탔다.

파리대학교, 팡테옹, 뤽상브르 ▶ 2006년 9월 13일

집 앞에서 87번 버스를 타고 시내를 돌아 센강을 건너 꼴레쥬 드 파리 정거장에서 내렸다. 파리대학교가 있는 곳이다. 외국 사람들에게는 소르본느 대학이라고 해야 쉽게 알 수 있지만, 지금은 파리국립대학교의 이름을 공유하는 13개의 대학(Academie de Paris)은 각각 고유 이름이 있으며 파리 시내와 근교에 흩어져 있다. 각 대학이 종합대학보다는 규모가 작으나 여러 학부를 포함하는 형태이다.

예를 들어 파리 제1대학은 라 소르본의 전통과 파리대학교의 법·경제학부를 계승했는데, 유서 깊은 역사, 팡테옹 신전 바로 맞은편에 위치한 법학대학의 건물에서 연유하여 팡테옹-소르본(Pantheon-Sorbonne) 대학이라 불린다. 프랑스와 유럽을 통틀어 가장 오래된 대학 중 하나로 꼽히며 4만여 명의 학생들이 법학·정치경제학·인문학·예술 학부를 다니고 있다.

파리 제2대학(팡테옹－아싸스)은 법학과 경제학과로 유명하며, 파리 제3대학(소르본 누벨)과 파리 제4대학(파리－소르본)은 예술 · 문학 · 인문과학 등을 중심으로 과거 철학과의 명맥을 유지하고 있다. 파리 제5대학은 르네 데카르트 의과대학으로 유명하고, 파리 제6대학(피에르, 마리 퀴리 대학)은 이공계열, 의약계열이며 파리 제7대학(쥬시유)은 문학 · 예술 · 인문과학 · 이공계열 · 의약계열로 유명하다. 그 밖의 파리 대학들은 파리 근교에 위치하며 역시 다양한 학부들로 구성되어 있다. 딸은 지금 제6대학에서 공부하고 있다.

1253년에 신부인 로베르 드 소르본이 16명의 가난한 학생들에게 철학을 공부할 수 있도록 설립했던 것이, 지금은 파리 최고의 상아탑이 되었다.

현재 유서 깊은 라 소르본 건물은 파리 1 · 3 · 4 · 5 등 4개의 파리 대학이 공유하므로 사실상 캠퍼스가 중복되어 있는 셈이다. 처음에 소르본 건물에 들어가면 미로 같은 구조 때문에 헤매는 경우가 많아 학생들이 서로 강의실 위치를 확인하는 모습을 자주 본다고 한다.

세계가 알아주는 명문대학의 정문이라고 하기엔 너무 좁고 높기만 한 철대문 앞에서, 나는 이 학교(캠퍼스는 다른 곳에 있지만)가 배출한 오직 한 여성, 마리아 스클로도프스카라고 불리던 퀴리 부인이 생각났을 뿐이다.

폴란드의 가난한 교사의 딸로 태어나, 많은 남매들 속에서도 향학열이 특별해 늘 꿈에 그리던 이곳 소르본느 대학에 와서 피에르 퀴리를 만나 사랑을 하게 되고, 두 딸을 낳아 행복을 얻게 되었으며, 그녀 자신은 두 번이나 노벨상을 수상하였는가 하면, 남편과 큰딸과 사위까지 노벨상을 받았고, 둘째 딸 에브 퀴리는 어머니의 전기를 써서 더욱 유명해졌던 그녀의 위대한 삶이 내 머릿속을 온통 차지하고 있었다. 폴란드와 프랑스가, 아니 세계가 그녀를 20세기의 가장 위대한 여성으로 추앙하고 있는 것은 당연한 일이다. 지금의 건물은 1806년 나폴레옹에 의하여 17세기식 건물로 지어졌다고 한다.

파리대학교를 돌아 뒤편에 팡테온의 웅장한 건물이 서 있다. 그리스어로 사원이라는 'Pantheon'에서 따온 것인데, 그리스나 로마에서 본받아 세운 것이 아닌가 생각된다.

건물 지하에는 프랑스를 빛낸 볼테르, 루소, 빅토르 위고, 에밀 졸라, 마리 퀴리 부부 등 80명의 대리석 관이 있다고 한다. 그러나 유명 정치인들은 이곳에 무덤을 만들지 않는 것이 관례라고 하는데, 오직 문교부장관을 지낸 앙드레 말로는 사후 수십 년이 지난 후에야 여기로 올 수 있었다고 한다.

아마도 그를 정치인으로 보지 않고, 사상가로 보았기 때문이리라. 이 나라 사람들이 존경하는 대상을 얼마나 객관적이고도 신중하게 선정하는가를 여실히 보여주는 점이다. 건물 오른편에 못생긴 작은 석상이 하나 서 있는데, 장 자크 루소라고 이름이 새겨져 있다. 인류에 끼친 공헌을 생각할 뿐, 모범적이지 못한 그의 사생활은 문제되지 않는다는 것이다.

여기서 걸어서 5분 정도의 거리에 유명한 뤽상부르 궁전과 공원이 있다. 지금은 상원 의회로 이용하고 있는 마리 드 메디치의 저택과 저택 앞에 가꾸어진 아름다운 정원을 누구나 관람하고, 이용할 수 있어서 많은 관광객과 젊은 남녀의 산책코스로 이용되고 있음을 볼 수 있었다.

벤치에 앉아 책을 읽거나 글을 쓰고 있는 젊은이들이 많아서 이곳이 도서관인 듯 착각할 정도다. 저택 옆 아름드리나무 그늘에 메디치 분수가 있어, 의자에 앉아 잠시 쉬면서, 그녀의 화려했으면서도 평탄치 못했던 삶을 생각해 보았다.

앙리 4세의 두 번째 왕비였으며, 이탈리아에서 시집올 때, 당시로써는 초유의 엄청난 지참금을 갖고 왔었다. 루이 13세를 비롯한 왕제 가스통 오를레앙, 에스파냐 펠리페 4세의 왕비인 엘리자베스, 영국의 찰스 1세의 왕비 앙리에트 마리, 사보이 공작부인 크리스틴 등

다섯 자녀를 낳은 어머니로서, 남편의 사망 후에는 루이 13세의 섭정까지 했던 그녀의 말년은 너무나 비참했다.

국외로 추방되어 화가 루벤스의 도움으로 겨우 살아갔을 정도로, 너무나 비참했던 것을 생각하면, 한때의 영화가 풀잎에 맺힌 이슬에 불과하다는 말이 실감이 났다. 그녀의 작은 조각상이 정원가 산책로에 서 있어도, 오가는 산책객들은 눈길 한 번 주지 않고 무심하게 지나치고 있었다.

🌐 튈르리 정원 ▶ 2006년 9월 14일

현재 루브르박물관 옆에 있는 튈르리 궁은 카트린 드 메디치를 위해 필리베르 드로름이 건립한 궁전이다. 카트린 드 메디치는 앙리 4세의 두 번째 왕비였던 마리 드 메디치와 마찬가지로 피렌체에서 4명의 교황을 배출한 메디치 가문 출신이다.

앙리 2세의 왕비로 남편 사후 3명의 아들을 왕으로 만들었고, 섭정 기간 동안, 피로 물들었던 종교전쟁의 소용돌이를 헤쳐 나왔던 강렬한 여제였다(앙리 4세의 첫 번째 왕비의 어머니이기도 함).

그 이후 혁명 때 베르사유 궁전에 살던 루이 16세 가족이 강제로 이주해와 살았던 궁전으로 파리 코뮌(1871년) 시가전 때 소실되어 그 정원만 남아 있다.

정원은 처음에 이태리의 피렌체식으로 만들어졌었지만, 후에 프랑스식으로 바뀌게 되었다고 한다. 그 옆에 있는 오랑주리박물관에서는 20세기 초기 회화 작품들을 볼 수 있었다. 루브르박물관과 콩코르드 광장은 이 정원과 일직선 상에 배치되어 있다.

파리 관광 메모 정리 ▶ 2006년 9월 15일~16일

오늘은 밖에 나가지 않고, 하루 종일 집에서 그동안 파리 시내를 관광하면서 메모했던 것들을 정리하였다.

내일은 샹베리, 제네바, 밀라노, 피사, 로마, 피렌체, 베니스, 인스브루크, 퓌센, 하이델베르크, 맨하임, 프랑크푸르트를 7박 8일 동안 그야말로 눈코 뜰 사이 없이 돌아다녀야 하는 단체관광을 떠나기 위해 출발하는 날이다. 생소한 곳들을 처음 가는 만큼 사전 정보를 준비해야 한다. 그동안 파리 시내를 둘러보고 기록한 것들을 동창 홈페이지에 보냈다.

단체관광 ▶ 2006년 9월 17일

12시 정각에 에밀졸라의 거리서 가까운 한국 식당 '사모'에서 이번 단체관광을 함께할 팀과 합류, 점심을 같이하도록 되어 있어서 일찍 집을 나섰다. 식당에 도착하여보니 너무 빨리 왔다.

가까운 곳에 있는 슈퍼마켓을 구경하다가 시간을 맞추어 다시 식당에 가보니, 영국을 거쳐 파리 시내를 관광한 미주지역으로부터 온 교포 24명과, 파리에서 합류하게 되는 8명의 관광객이 다 모였다. 총 32명의 단체관광단이다.

샹베리까지 가는 길

식사 후에 버스에 올라 파리를 벗어나 샹베리를 향한다. 이 버스는 관광객을 위하여 제조된 것이어서 2층 버스와 같이 되어 있는데, 아래층에는 관광객들의 짐을 싣게 되어 있고 사람은 높은 2층에 타게 되어 있어서, 운행 중에도 많은 것들을 볼 수 있어 편리하다.

포도주 산지로 유명한 보르고뉴 지방의 디종을 지나면서 보이는 평평한 들녘에 끝없이 펼쳐지는 푸른 초지에서 한가로이 풀을 뜯고 있는 육질이 좋기로 소문난 샤롤레라고 불리어지는 흰 소들과 초지 사이사이에 우거진 푸른 숲 그리고 포도의 본고장답게 끝이 보이지 않는 포도밭들을 지나, 리옹까지 가는 540㎞를 달려도 들판에 우거진 숲은 있으되, 높은 산은 보이지 않는다.

전 국토의 70%가 평야라니 그럴 만도 하다. 몽블랑에 가까운 샹베리에 접근하면서 산이 보이기 시작한다. 우리나라에 이렇게 평야에 숲이 있다면, 벌써 개발했겠다 하는 생각을 하면서도, 한편 땅 넓은 나라에 대한 부러운 생각도 금할 수가 없다. 평지에 뻗어 나간 고속도로변에는 군데군데 숲을 조성하여서 마치 산속을 달리는 듯 상쾌하다.

샹베리

인구 13만의 작은 도시 샹베리는 프랑스 동남부 론 알프 지방에 있다. 한때 사부아 공국의 수도이기도 했고, 몽블랑의 주도였으며, 또한 장 자크 루소가 젊은 시절 연상의 여인 바랑 부인과 10년을 함께 살았던 레샤르메트의 시골집이 가까운 곳에 있다.

밤 9시가 넘어 부슬부슬 비가 내리고 있을 때 메르꾸르 샹베리 호텔에 도착하였다. 저녁을 먹기 위해 현지의 식당으로 가면서 4마리의 코끼리가 네 방향으로 머리만 내밀고 있는 이곳의 명물 코끼리 분수를 보았다. 옛날 인도에서 엄청난 부를 축적한 코끼리를 좋아하던 어느 백작이 많은 재산을 이 도시를 위해 썼기 때문에 그를 기리기 위해 세운 것이라 한다. 식당에서는 생선요리와 바게트 빵, 셀러드와 파이가 저녁 식사로 나왔다. 밤에 보아도 비교적 조용하고 깨끗한 도시임을 알 수 있겠다.

제네바, 샤모니 몽블랑 그리고 밀라노 ▶ 2006년 9월 18일

제네바

아침 6시에 모닝콜이 울렸지만, 스위스에 간다는 설렘 때문인지 아내도 나도 잠은 그보다 훨씬 일찍 깨었다. 어젯밤 내리던 비가 그친 것 같기는 하지만 그래도 걱정이다. 날씨가 화창해야 몽블랑의 모습을 뚜렷이 볼 수 있을 터인데 하는 걱정을 하면서 호텔에서 뷔페식 조반을 마치고, 8시 30분 제네바를 향해 출발한다.

국경을 넘어 스위스로 간다. 국경 통과는 운전자가 탑승자 명단을 국경 검문소의 경찰에 제시하고 여행목적을 설명하는 것으로 끝이다. 스위스는 유럽연합에 가입하지 않고 있지만, 국경 통과가 까다롭지 않다.

제네바는 많은 국제기구가 들어서 있다. 세계무역기구(WTO), 세계기상기구(WMO), 유엔 난민 고등 판무관실(UNHCR), 국제전기통신연합(ITU), 세계지적재산권(WIPO), 국제노동기구(ILO), 국제보건기구(WHO) 등 200여 개의 유엔 산하 특별기구가 있는 국제도시이다.

조용하고 깨끗한 도시 제네바. 몽블랑 다리는 347㎢에 이르는 유럽 제일의 레만호의 끝부분에 놓여 있다. 도시 앞에 영국식 공원이 있고, 그 바로 앞에는 150m를 품어 올리는 레만호의 명물 젯토 분수가 호수 가운데서 시원한 물줄기를 분출하고 있어 보는 이들을 시원하게 한다.

몽블랑 다리 위에서 분수를 배경으로 나에게 포즈를 취하게 하고 아내가 사진을 몇 컷 촬영하고 있을 때, 낯이 익은 듯한 사람이 걸어서 지나가며 미소를 던진다. 같이 미소로 응답하면서, 낯이 익은 사람이라고 생각은 하면서도 지나칠 때까지 그가 미국 국무장관을 지낸 걸프전의 영웅, 파월 대장이었던 것을 기억하지 못했다. 반갑다고 인사라도 하면서 그의 이름을 불러주었더라면 그가 더 좋아했을 것이라는 아쉬운 생각을 했다.

몽블랑 다리 중간쯤 옆에 작은 섬이 있고, 그곳에는 루소의 동상이 세워져 있다. 그가 태어난 곳이고 볼테르와 스탕달, 레닌이 살기도 했던 곳. 그리고 릴케가 만년에 5년 동안을 이곳에서 살았고, 그의 무덤이 이곳에 있으며, 많은 문인, 철학자들이 살고 싶어 했던 곳. 제네바와 레만호를 뒤로하고 오면서 한국에서 오래전에 방영했던 〈레만호에 지다〉라는 TV 드라마가 생각났다. 아마도 남북 분단의 아픔을 주제로 했던 것으로 기억된다.

샤모니 몽블랑

3시간 정도의 제네바 관광을 마치고, 다시 국경을 넘어 프랑스의 샤모니 몽블랑으로 향한다. 이곳은 1924년 동계올림픽이 열리기도 했던 곳이다. 차가 몽블랑에 가까워질수록 높은 산들이 보이고, 수십 길 물줄기가 쏟아지는 폭포의 장관이 여기저기에서 펼쳐진다. 달리는 버스 안에서 사진을 찍으면서 물 떨어지는 소리를 듣는 듯 즐겁다.

산골 정취가 물씬 풍기는 현지의 식당에서 점심을 먹고 안개와 구름에 가려진 몽블랑을 바라보며, 해발 1,037m 지점에서 1,913m에 이르는 빙하의 계곡을 오르기 위해 전동열차를 탔다. 철길 좌우에는 너도밤나무, 자작나무 같은 낙엽교목과, 소나무, 전나무 등 침엽수들이 하늘을 찌를 듯 솟아 자라고, 각종 꽃들이 아름답게 피어 있다. 만년설이 바로 위에 쌓여 있는데, 자연의 신비스러움에 놀라지 않을 수 없다. 아주 천천히 올라가는 전동차 밑으로 아득히 펼쳐지는 구름의 바다. 전동차에서 내려 4,807m의 구름에 덮여 정상만을 가끔씩 보여주는 몽블랑을 바라본다.

1913m 지점이 전동열차의 터미널이다. 여기에서 다시 케이블카를 타고 빙하의 계곡 중간까지 내려가서, 다시 계단을 따라 걸어서 빙하까지 내려간다. 몽블랑의 만년설이 녹아 흐르다 멈추어 있는 빙하의 두께가 760m, 길이가 11㎞에 이르며, 그 빙하에 동굴을 뚫고

전기까지 연결하여 관광코스를 만들어 놓았다.

두꺼운 점퍼를 입고 들어갔지만 추위에 오래 버틸 수가 없다. 이 빙하도 기후의 온난화와 인간의 무절제한 발자취에 조금씩 내려오고 있다고 하니 얼마나 지탱될지 모를 일이다. 얼음동굴에서 나와 계단에서 올려다보면, 몽블랑이 구름 속에서 가끔씩 얼굴을 내밀기도 한다. 순간포착, 수없이 카메라의 셔터를 눌러대고, 아쉬움을 남기고 다시 전동차를 타고 내려온다.

밀라노

밀라노를 향해 바쁜 일정을 서두른다. 오후 4시 우리의 버스는 11.6㎞ 알프스의 터널을 통과하여 이태리 국경을 넘는다. 유럽연합의 국경은 이미 철폐되었다. 터널의 관리는 프랑스와 이태리가 공동으로 하고 있다고 한다. 터널을 통과하여 이태리 쪽 휴게소에서 뒤돌아보는 알프스는 또 다른 웅장한 미를 보여주고 있다. 역시 어디에서 보아도 알프스는 아름답다.

이태리의 북쪽 지붕 알프스를 뒤로하고 롬바르디아 평원을 가로질러 달린다. 이곳은 유럽에서 유일하게 쌀농사를 짓는다고 한다. 그러나 이 사람들도 역시 쌀이 주식은 아니란다. 쌀을 먹는 방법도 영 틀렸다. 우리처럼 가마솥이나, 압력밥솥에 쫀득쫀득하게 밥을 지어 먹었으면 좋으련만, 끓는 물에 쌀을 삶아 건져내서 푸슬푸슬한 알갱이 쌀을 소스에 섞어 먹는다니, 맛이 있을 이유가 없으리라.

가이드가 한번은 불란서 친구를 자기 집에 초대하여 쌀밥을 대접했더니, 그 친구 밥맛에 놀라면서 밥 짓는 방법을 물어서 알려주었더니, 당장 압력밥솥을 사더라고 한다. 역시 문화는 자기 것만을 고집할 것이 아니라 좋은 것은 받아들일 줄도 알아야 한다.

저녁 7시 30분에 밀라노에 도착하여, 불빛 찬란한 두오모 성당과 스칼라 오페라 극장, 두오모 광장 그리고 글로리아 백화점에서 겉만 보는 밤 관광을 한다.

성당의 전면은 보수공사로 가려져 있다. 대부분의 오래된 건축물들은 보수공사 또는 외부의 청소작업이 계속적으로 이어지고 있다고 한다.

불우하던 청년 베르디가 성공을 위해 무던히도 애쓰던 도시, 그리고 그의 성공을 예비했던 스칼라 극장을 수박 겉핥기식으로 지나고, 레오나르드 다빈치의 최고의 걸작이라는 〈최후의 만찬〉이 있을 산타 마리아 델레 그라찌에 성당의 내부를 보지 못하는 아쉬움을 남기고, 내일은 또다시 피사를 향해 떠나야 한다.

거리에는 전차가 달리고 있으며, 이태리 제2의 도시답게 밤인데도 사람이 북적대고 있지만, 어딘지 도시 전체적인 아름다움보다는 공업 도시적인 냄새를 풍기게 한다. 차를 타고 지나면서 보니 도로 가운데 분리대의 가로수 중간중간에 자동차들이 주차되어 있다. 주차장으로 활용하고 있는 모양이다. 변두리 지역이어서 그런지는 모르지만 도시미관과는 거리가 먼 것이라 생각되었다. 이곳은 우리나라의 안정환 선수가 뛰었던 프로 축구팀 'AC 밀란'의 본거지이고, 대구시와 자매결연을 맺은 도시이기도 하다.

이태리에 왔으니 이태리 음식인 스파게티와 파스타를 먹기 위해 현지 식당으로 갔는데, 익숙하지 못한 음식에 일행 모두들 불만투성이다. 밤 11시에야 호텔에 들었다. 밤에 들어와서 차를 타고 시내를 관통하여 두오모 광장 부근만 둘러보고, 식당에서 저녁 한 끼 때우고 호텔에서 잠자고 호텔에서 주는 뷔페식 조반을 드는 것이 밀라노 관광의 전부이다. 단체관광이란 이럴 수도 있다.

🌐 피사와 로마 ▶ 2006년 9월 19일~20일

피사까지 가는 길

아침 7시 50분 아침 식사를 마치자 곧바로 피사를 향해 출발이다.

이태리의 등뼈라고 하는 아페니노산맥을 따라 건설된 한국 경부고속도로의 모델이 되었다는 이태리 1번 고속도로를 따라 달린다.

유럽에서 관광버스는 매 2시간 내지 3시간을 달리면 20분의 휴식을 취하고 달려야 한다는 유럽연합의 고속도로 법규에 따라 버스는 시간이 되면 어김없이 휴게소에서 정차한다. 정차를 했는지 하지 않았는지는 자동차에 장착되어 있는 기록용 테이프에 운행 시간과 속도와 정차되어 있었던 시간이 기록된다고 한다. 가끔 교통경찰이 이 테이프의 제시를 요구하기 때문에 모든 관광버스 기사들이 법규를 준수한다고 한다.

휴게실에 들르면 모든 관광객들이 화장실에 들르게 되는데, 화장실 이용요금을 내야 한다. 0.3유로(370원 정도)의 요금을 내고 너무하다고 생각했었는데, 나중에 베네치아에서는 1유로(1,250원 정도)를 내기도 했다. 도둑이 따로 없다고 모두들 억울하게 생각을 했지만, 문화가 그러니 어쩌랴? 로마에서는 로마법을 따르는 것이라 하지 않던가?

2,000m가 넘는 고봉들이 즐비한 아페니노산맥을 따라 달리는 중간에 세계 최고의 품질을 자랑하는 이태리 대리석 산지로 유명한 까라라 지방을 지났는데, 커다란 산 하나가 대리석 채광으로 사라져 버렸고, 또 하나의 거대한 산이 잘리어 나가고 있었다. 고속도로를 달리며 보이는 주변의 큰 산들이 모두 하얗게 보이는데, 산 전체가 대리석이기 때문이라 한다.

앞으로 천년을 채광해도 다함이 없을 정도라니 대단하기는 하지만, 산맥의 중간이 사라진 뒤에 환경의 변화에 따르는 피해는 없을지 그것이 궁금했다. 여기에서 나오는 질 좋은 대리석이 미켈란젤로 작품의 소재가 되었음은 물론이고, 고대 로마 건축물들의 재료였고, 또한 현재에는 세계 곳곳에서 수입해가는 대리석의 주류를 차지한다고 한다.

피사

두오모 성당의 종탑이다. 두오무 성당은 이곳뿐만 아니라, 피렌체, 베니스, 로마 등 여러 곳에 있는데, 두오모라는 말이 돔에서 나온 말로 크다[大]는 뜻을 갖고 있다고 한다. 그래서 두오모 성당이라면 대성당이라고 해석해도 무방할 듯하다.

기울어진 피사의 사탑

피사의 사탑은 1174년부터 짓기 시작하였지만, 피렌체와의 전쟁으로 210년이 지난 후에 완공되었는데, 실제 공사기간만도 30년이 걸렸다고 한다. 건설 도중 한쪽이 내려앉는 것을 설계자가 알고 비방을 취하였지만, 해마다 조금씩 기울어져서 500년 동안 4.2m가 기울어졌다고 한다.

이태리 정부에서는 1996년 피사의 사탑 내부 진입을 폐쇄하고 첨단기술을 동원하여 2001년까지 보수공사를 한 후, 이제 피사의 사탑은 더 이상 기울어지지 않는다고 하지만 모를 일이다.

현재 탑의 기층 부분이 평지보다 1m 이상 내려앉은 상태이다. 높이가 54.5m인 이 사탑은 내부에 294개의 계단이 있어서 정상에 올라가 피사 시내 전경을 감상할 수가 있다고 하지만, 바쁜 일정 때문에 올라가 보지는 못했다.

"서울 대전 대구 부산 찍고"라 부르는 유행가 가사처럼 단체 관광이란 사진만 찍고 설명을 차 안에서 들으며 이동하는 것이다. 두오모 성당을 가운데 두고, 앞으로 세례당, 뒤쪽에 사탑, 이 3개의 건물이 피사를 찾는 단체 관광객들의 볼거리의 전부인가 한다.

로마로 가는 길

'모든 길은 로마로 통한다'고 했던가? 한때 세계의 중심이었던 곳, 그리고 현재도 전 세계 가톨릭 신자들의 마음의 중심이 되는 곳이 바로 로마에 있다.

로마를 향해 달리는 도중에 곳곳에서 이국의 색다른 풍경들이 계속해서 눈에 들어온다. 산꼭대기의 높은 벼랑 위에 세워진 많은 고성들, 하늘을 향해 곧게 자라 마치 병정들의 사열식을 보는 듯한 싸이프러스 향나무들의 멋진 모습, 그리고 들녘에 질서 있게 가꾸어진 우미인화(禹美人花)라고도 불리는 개양귀비꽃과 이름을 알 수 없는 많은 꽃들은 마치 한 폭의 그림과 같다.

절벽 위에 세워진 고성은 BC 7세기경에 피렌체의 토스카나 지역에 살았던 에트루리아인들이 살았던 성곽이라고 한다. 이들은 그들만의 언어와 문자를 사용할 정도로 발달된 문화를 갖고 있었으며, 건축기술과 축성기술 또한 대단히 발달되었던 모양이다. 그러나 고대 로마에 의하여 정복당한 후 지금은 그 종족과 문화가 사라졌다고 한다. 그러나 로마인들이 즐겼던 원형극장에서의 검투경기도 이들 문화의 부산물일 것이라는 이유는, 이들의 유적지에서 로마의 콜로세움과 같은 원형경기장의 터가 발견되었기 때문이다. 로마 사람들은 피정복자들의 발달된 문화를 받아들이고, 그것을 자기의 것으로 만들어 발전시켰기 때문에 그토록 많은 찬란한 문화와 유적을 남기지 않았나 생각이 든다. 그곳에는 지금도 사람들이 살고 있으며, 학교도 있고 관공서도 있어 차량이 통행할 수 있는 도로가 개설되어 있다고 한다.

로마

피사에서 3시간 정도 달려, 어스름이 들기 시작할 즈음 로마 시내에 들어서자, 제일 먼저 눈에 들어오는 것은 소나무 가로수였다. 마치 우산을 펼치고 있는 것처럼 가로수 터널을 이루고 있는 도로를 보고 소나무를 인공적으로 그렇게 만든 것으로 알았는데, 그렇지 않다고 한다. 이태리의 국목이 소나무라고 하는데, 이 소나무는 생태가 어느 정도 자라면 위에서 파라솔처럼 퍼져서 자란다고 한다.

가로수 터널은 고대 로마의 군인들이 전쟁에서 이기고 돌아와 환영하는 시민들 앞에서 행진을 할 때 그늘을 만들어주기 위하여 만들어진 것이라고 하는데, 지금의 가로수가 그때부터 있던 것은 아닌 듯하다. 아무튼 다른 곳에서는 보기 드문 명물임에 틀림없다. 저녁 식사를 위하여 '서울 식당' 이라는 한국 식당에서 오랜만에 한식을 맛있게 먹고, 레오나르도 다빈치 공항 근처에 있는 세틀리트 팔레스라는 호텔에 투숙한다.

바티칸박물관

수요일 아침, 오늘은 로마 시내관광을 하는 날이다. 호텔에는 한국인 전용식당이 마련되어 있을 정도로 한국인들이 많이 투숙하는 곳인 모양이다. 아침 7시 40분까지 식사를 마치고, 8시에 로마 시내관광이 시작된다. 호텔에서 버스가 30분 정도 달려 로마 시내에 있는 바티칸박물관에 닿았다. 벌써 400m 정도는 됨직한 입장을 대기하는 줄이 늘어서 있다.

하루에도 30만 내지 40만 명이 방문하는 박물관인데 2000년대 전에는 하루 100만 명이 넘는 방문자를 기록한 예도 5회 이상을 기록했다니, 사람의 물결에 떠밀려 무엇을 보고 나왔는지도 모를 정도이다.

박물관 앞 광장에서 내부에 전시되어 있는 전시품들에 대한 가이드의 설명을 듣고, 레오나르도 다빈치, 미켈란젤로, 라파엘로와 같은 당대 이탈리아를 대표하던 화가들의 작품을 대강대강 보면서 한 바퀴 돌아 나와, 다시 성 베드로 대성당으로 갔다.

성 베드로 대성당

드넓은 광장에 늘어선 줄을 따라 천천히 입구까지 30분은 걸려 들어섰다. 각양각색의 인종들이 몰려오는 곳이니만큼, 질서도 문제가 없지는 않지만, 각각 인솔한 가이드가 정리를 하고 있었다.

기존의 성당을 헐고 1506년 교황 율리우스 2세가 공사를 시작하여, 1615년 파울루스 5세 때까지 한 세기를 넘겨 완성한 성 베드로 대성당은 그 규모뿐만 아니라 화려함도 말로 다 할 수 없을 정도이다.

내부 돔에 사용한 순금을 1㎝ 넓이로 늘어놓으면 수십 킬로미터에 달한다고 하니, 보지 않아도 가히 상상할 수 있으리라. 르네상스 시대 최고 예술품들의 보고(寶庫)를 단 2시간에 돌아보고 기억에 남긴다는 것은 내게는 무리인 것 같다.

라파엘로가 초기 공사 감독 겸 그림제작을 맡았다가, 그가 죽은 후 그의 스승이었던 미켈란젤로가 이어받아 공사를 지휘하였고, 그 또한 생전에 공사를 마치지 못하였다고 한다. 그 엄청난 공사비를 충당하기 위하여, 각 기독교 국가에 무리하게 부담시킨 분담금과 면죄부의 발매가 부패의 발단이 되었고, 또한 종교개혁의 빌미를 제공한 셈이 되었으니, 이 화려하고 웅장한 성 베드로 대성당이 종교전쟁으로 인한 수많은 사람들의 희생을 가져오게 한 결과라고 말하면 너무 지나친 비약이 될 것인가 하고 광장에 나와 앉아 생각해 본다. 일행을 기다려, 다시 트레비 분수 쪽으로 발길을 돌렸다.

트레비 분수

서울의 잠실 지하 광장에 축소판 트레비 분수가 있다. 스페인 광장에 있는 이 분수에서 동전을 던지면 소원이 이루어진다며 모두들 뒤돌아서서 왼쪽 어깨너머로 동전을 던진다는 곳이다.

영화 〈로마의 휴일〉에서 오드리 햅번이 아이스크림을 먹던 것을 생각하며, 분수까지 가는 길목에 있는 아이스크림 가게에 들러 3유로(3,800원)짜리 크림을 한 개씩 사 들고 북적대는 광장에 가자마자, 역시 그 유명한 소매치기들이 극성이다.

우리 일행 모두가 가이드로부터 이들에 대한 주의교육을 단단히 받은 터라 조심들을 하는데도 자기의 주머니를 만지듯 한다. 관광객들이 손을 밀어내도 장난처럼 웃으며 물러날 뿐, 다시 주위를 배회하며 수작을 계속한다.

가이드가 그들에게 손짓으로 가라고 하니, 오히려 우리보고 빨리

가라는 손짓을 한다. 사람들이 북적대는 곳에서 아이스크림을 먹으면서 사진을 찍으려고 정신을 딴 곳에 두고 있을 때가 그들이 영업하기에 알맞은 시간이 되겠구나 하고 생각했다.

걸어서 베네치아 광장으로 옮겨 간다. 1936년 5월 9일 밤 "파시스트 정권이 수립된 지 14년이 되는 오늘 마침내 위대한 새 시대가 우리 앞에 펼쳐지게 되었다"고 40만 군중들을 선동하던 무솔리니의 모습을 상상해 본다.

그는 다시 1940년 9월 12일 마침내 제2차 세계대전에 참전할 것을 군중들 앞에서 선포한다. 그가 서 있던 건물의 발코니를 올려 보면서, 지나친 욕망과 무모한 전쟁으로 비참한 최후를 맞은 그의 삶을 다시 한번 생각해 본다. 자신을 따르던 파르티잔들에게 애인과 함께 사살된 그는 그렇다 치고, 무모한 지도자를 따르던 이탈리아의 국민들이 전후 패전국의 국민으로 겪어야 했던 고난은 누가 보상해 줄 수 있었을까? 그러나 그들은 지금 국민소득 3만 불 시대를 구가하며, 경제 대국으로 세계를 선도하고 있으니, 우리가 부지런히 뒤따라가야 할 때이다.

"왔노라, 보았노라, 찍었노라, 그리고 느꼈노라" 이는 우리를 안내한 가이드가 관광객들의 발걸음을 재촉하면서 한 말이다. 빨리빨리의 한국 문화라고 말들 하지만 단체관광의 문화야말로 볼 시간, 찍을 시간, 그리고 느낄 시간은 주지도 않으면서 무얼 느꼈느냐고 묻는 가이드가 야속하기도 하지만, 모든 일정을 정해진 시간에 소화해야 하기에 그의 서두름을 나무랄 수도 없다.

로마는 고대와 중세와 현대가 공존하고 있는 곳이라는 생각을 하게 된다. 발굴한 옛 유적지 위에 새로 세운 로마 시청사로 쓰고 있는 건물이, 그 곁에 있는 바울과 베드로가 갇혀 있던 지하 감옥을 그대로 보존하며 그 위에 세워진 교회가, 또 BC 753년 로물루스에 의해 건설되었던 티베르 강변의 유적지, 판테온 신전, 개선문, 수천 명이 사용할 수 있는 공공 목욕탕과 황제의 목욕장터, 로마의 상징처럼 남아 있는 콜로세움 등등 지금도 발굴 중인 수많은 유적들이 시내에 그대로 보존되고 있으니, 이 모든 것들이 그것을 여실히 증명하고 있으며, 이것이 또한 로마 사람들의 콧대를 높이는 자랑거리일지도 모른다.

시청 청사 앞에 명상록을 남긴 철학자 마르쿠스 아우렐리우스 황제의 동상이 있어, 그 밑에 서서 사진을 한 장 찍는다. 언덕을 내려가 발굴된 유적지를 보다가 케자르를 화장시켰던 아주 보잘것없는 작은 화장터를 본다. 누군가 한 줌의 꽃다발을 갖다 놓았다. 개선문으로 가는 중간에 옛 로마인들이 마셨다는 우물에서 나도 물을 마셔 본다. 도시계획을 위해 로마를 불태워 버린 폭군 네로가 스스로 세웠다는 황금 동상이 있던 곳을 바라보면서 콜로세움 앞 광장에서 휴식을 취한다.

존재하고 있는 모든 것들은 결국 이렇게 사라져 가고, 무서운 권력을 휘두르던 사람들 또한 사람들의 기억에서 잊히고 말 것이라는 생각을 하면서, 나는 마르쿠스 아우렐리우스 황제의 명상록의 한 부분을 떠올린다.

"사후의 명성에 연연하는 자는, 자기를 기억하는 모든 사람들도 또한 자기 자신과 마찬가지로 곧 죽을 것이며, 또한 그들의 후손들도 곧 사라져, 자신에 대한 모든 기억은 마치 타오르다가 이내 꺼져 버리는 불꽃처럼 마침내 시간의 흐름 속에서 사라져 버리고 만다는 것을 깨닫지 못한다." 돌아보니 뒤쪽 언덕에 초기 로마의 유적들이 석양에 검은 그림자를 드리운다.

🌐 플로렌스, 베네치아 ▸ 2006년 9월 21일

플로렌스

5시 30분 기상, 6시부터 호텔 식당에서 아침을 먹고, 오늘은 LA에서 온 10명이 우리와 헤어진다. 그들의 코스는 나폴리와 시실리를 돌아와 로마에서 미국행 비행기로 귀환하기 때문이다.

나와 같이한 8명이 17일 파리에서 합류하여 총원 34명이 같은 버스로 투어를 하다가 4일 만에 10명과는 작별을 하고 이제 24명만이 플로렌스를 향해 7시에 출발한다.

꽃의 도시, 피렌체 또는 플로렌스라고도 부르는 이곳은 로마에서 230㎞ 서북쪽에 위치하고 있는 토스카나 지방의 중심지이다.

단테, 마키아벨리, 레오나르도 다빈치, 미켈란젤로, 라파엘로 등 수많은 천재 예술가들을 낳았고, 중세 이탈리아를 주름잡기도 했던 메디치 가문의 고향이다.

지금은 신흥 공업도시로 발달하였지만, 그 옛날 르네상스를 이끌었던 플로렌스의 번영과 영화는 말이 필요하지 않다. 플로렌스 시내를 안고 흐르는 아르노강 위에는 이름난 다리들이 많지만, 그중 가장 오래된 1345년에 건설된 베키오 다리가 있으며, 주변에 있던 푸줏간들을 모두 없애고 여기에 금·은 세공인, 보석상들을 들여 놓은 것은 메디치 가문이라고 한다.

『로마인 이야기』, 『나의 친구 마키아벨리』 등의 저자로 유명한 시오노 나나미가 이태리인 의사와 결혼해서 정착했던 곳이 베키오 다리 근처이기도 하다.

이 도시에서 가장 오래되었다는 바티스테로 산 조반니 세례당은, 고딕 양식의 두오모 성당과 나란히 서 있다. 청동문에 성서의 장면들이 새겨져 있어서, 천국의 문이라고 이름을 붙였다고 하는 이 문 앞에서 인파를 헤집고 사진을 찍고, 위대한 시인 단테의 생가와 메디치 광장에서도 설명을 듣고 사진 찍기에 바쁘다.

식당에서 점심을 먹으며 잠시 쉬고, 가이드가 안내하는 백화점에서 이태리 명품들을 아이쇼핑만 한다. 10시 가까이 되어 도착한 피렌체에서 점심시간을 포함하여 4시간 만에 다시 버스에 올라 베니스를 향해 출발하여 피렌체를 빠져나오다가, 미켈란젤로 언덕에서 차를 주차시키고 다시 피렌체의 전경을 사진에 담는다.

오후 2시 버스는 다시 북쪽을 향해서 달린다. 산타 트리니타 다리 위에서 바라보는 석양의 아름다운 피렌체 풍광을 자랑하는 사람들이 많다지만, 석양까지 머무르지 못하는 우리는 미켈란젤로 언덕에서 내려다보는 한낮의 피렌체의 모습에 만족할 수밖에 없다.

피렌체에서 5시간 이상을 달려 오후 7시가 다 되어 베니스에서 자동차로 30분 거리에 있는 휴양지 아바노에 도착하여 알렉산더 팔레스 호텔에 도착하였다.

베네치아

도착 2시간 전에 휴게소에서 전화를 했더니 제프가 가족들과 함께 벌써 호텔에 와서 기다리고 있다고 연락이 왔다.

제프는 내가 퇴직하기 전 회사에서 같이 근무한 유능한 젊은이인데, 부모가 타이완에서 미국에 이민하여, 미국에서 태어난 아시아계 미국인이다. 그 부모가 한국을 방문했을 때, 나와 식사를 같이 한 일이 있는데, 나이가 나와 비슷해서 이야기가 통했고, 그 후부터 제프는 나에게 한국 문화에 대해 많은 자문을 구하기도 했었는데, 마침내 한국인 신부를 맞아 결혼하고 예쁜 딸을 얻었다고 좋아했던 친구다.

지금은 베니스에서 1시간 거리에 있는 아비아노에 살고 있어서, 내가 이태리에 여행할 것이라고 메일을 보냈더니 가족과 함께 호텔로 나온 것이다. 반갑게 만나 살아가는 이야기를 하다가, 호텔 뒤에 있는 레스토랑에서 처음으로 맛보는 이태리 정식 요리로 저녁을 같이 하면서 많은 이야기를 하다가 밤늦게야 제프네 식구들이 돌아갔다.

9월 22일 아침 일찍 허둥대며 조반을 마치고, 베네치아의 산마르코 성당으로 가기 위해 아드리아해 위에 놓여진 4㎞의 자유의 다리를 건너간다.

셰익스피어의 『베니스 상인』으로 잘 알려진 곳, 또한 베니스국제 영화제로도 우리에게 알려졌고, 물 위에 떠 있는 도시로 유명한 곳이다. 게르만 민족의 대이동 때, 그들의 약탈을 피하여 물 위에 말뚝을 세워 2m의 진흙층에 송판과 자갈, 화산재의 흙을 채워 만든 인공섬이 112개에 기존의 6개 섬을 합하여 총 118개의 섬으로 된 수상도시답게 177개의 운하와 400여 개의 다리로 연결되어 있는 곳이기도 하다. 산마르코 성당은 이태리의 4대 성당 중에 하나로 마가복음을 쓴 마가의 무덤이 있는 곳이라고 한다.

성당 앞에 99m 높이의 산마르코의 종탑(Campanile di San Marco)이 있고, 광장을 디귿 자형으로 둘러싼 건축물들은 각각 200년의 시차를 두고, 1200년, 1400년, 그리고 1600년대에 지어졌다고 한다. 여기에 괴테와 바그너가 즐겨 찾던 카페가 있으며, 그들이 자주 들렀던 카페는 지금도 그때 모습 그대로 유지하고 있다고 한다. 또 작곡가 비발디와 유명한 멋쟁이 난봉꾼 카사노바의 고향이기도 하며, 비발디의 작품 〈사계〉 중에서 〈봄〉과 〈여름〉의 배경이 된 곳도 베니스이며, 그들이 살던 집을 보존하며 하나의 관광자원으로 활용하고 있다.

산마르코 광장에서 가장 오래된 1200년대에 지어졌다는 성당의 우측 건물에 베니스가 자랑하는 유리와 크리스털 공업의 제품들을 판매하고, 그 전통적인 제조과정을 보여주며, 관광객들에게 고가로 판매하고 있는 전시장에도 들러서 화려한 크리스털 제품들을 구경하고 한 바퀴 돌아 나와서, '통곡의 다리' 를 구경한다. 당시 최고 재판소와 감옥을 연결하는 다리가 통곡의 다리인데, 재판소에서 형이 확정된 사람이 이 다리를 건너 감옥으로 들어가게 되면 살아서 나오지 못했기 때문에 가족들이 그 다리를 건너는 죄인을 바라보며 통곡했기 때문에 붙여진 이름이라고 한다.

중국 식당에서 점심을 먹고, 곤돌라를 타고 좁다란 운하를 지나면서 헤밍웨이와 피카소가 머물던 호텔, 괴테가 살던 집, 마르코폴로의 생가 등 다 기억할 수 없을 정도로 많은 유명인들의 스쳐 지나간 흔적들을 알려주는 가이드의 설명을 들었지만, 그곳을 다시 지나간다고 해도 다시 생소하게 느껴질 것만 같다.

바닷물이 건물 출입구까지 차오르는 베니스의 건물들을 보면서 나는 생각한다. 현대의 첨단 과학을 자랑하는 이들이 점점 물속으로 가라앉고 있는 118개의 섬으로 된 이 거대한 도시를 어떻게 유지할 것인가를….

다행스럽게도 유네스코가 1960년대 중반에 과학적, 기술적 방법을 동원해 유서 깊은 베네치아시를 구하자는 전 세계적인 운동을 시작했으며, 1988년부터 도시의 범람을 예방하기 위한 표본 실험을 시작했다고 한다. 그러나 아직도 이 웅장한 건물들과 수천 년 세월의 무게를 어떻게 지탱할 수 있을지 그 결과는 알 수가 없다.

곤돌라가 건물들 사이를 돌아 나오자, 우리는 택시라고 하는 보터보트로 갈아타고 잔잔한 아드리아해의 푸른 물결 위를 쾌속으로 항해한다. 좌측에 점점 멀어져 가는 하얀 대리석으로 된 아름다운 교회의 돔 지붕이 화려하게만 보이지 않는 것은 괜한 나의 기우인지 모른다. 버스를 주차시켜 놓았던 선착장에 나오니, 1회 사용료가 아마도 세계에서 최고로 비쌀 듯한 1유로(1,250원)짜리 화장실이 우리를 기다리고 있었다. 심술궂게 생긴 아주머니가 요금을 꼬박꼬박 챙겨 받고 있었다.

🌐 인스브루크로 가는 길 ▶ 2006년 9월 22일

오후 2시 15분에 버스는 오스트리아의 인스브루크로 가기 위해 베니스의 서쪽에 있는 레시니산맥의 기슭에 있는 베로나 지역을 지나게 된다. 밀라노의 동쪽에 위치한 이 도시에는 아디제강이 반원을 그리며 흐른다.

이곳에 연간 150만 명의 관광객이 찾는 이유는 간단하다. 바로 셰익스피어의 『로미오와 줄리엣』의 실제 고향이라는 이유 때문이다.

줄리엣이 살던 집에 그녀의 동상을 세워놓았는데, 남자들이 동상의 가슴을 만지면 행운이 찾아온다는 속설 때문에 얼마나 많은 관광객들이 가슴을 쓰다듬고 갔는지 특별히 한쪽 가슴만 닳아 반짝반짝할 정도이다.

그녀가 살았다는 낡고 작은 집을 헐고, 그 자리에 1930년대에 새로이 집을 지으면서 근사한 발코니도 만들었다고 하는데, 이는 관광객들의 애절한 상상을 위한 것이 아닌지?

주변의 넓은 들판은 모두가 포도밭이요, 가파른 산 중턱까지 계단식 포도밭을 가꾸어 놓았다. 안개비가 도로를 촉촉하게 적시는 모데나 지방을 지나, 오후 6시 15분에 이태리와 오스트리아의 국경을 지난다. 요들송의 본고장, 순박함의 상징, 알프스 소녀의 예쁜 복장이 떠오르는 티롤 지방의 산촌이 계속 눈앞에 펼쳐진다.

알프스에서 가장 아름답다는 티롤 지방, 독일어와 이태리어가 공용어인 지방이다. 이곳은 역사의 변천과 함께 오스트리아와 이태리가 4번을 번갈아 차지했던 곳이라 한다. 합스부르크 시대부터 인스브루크는 이 지방의 주도이다. 차창 밖으로 펼쳐지는 그림엽서 같은 풍경을 향해 셔터를 계속 눌러대는 동안에도 차는 달려 어둠이 질 무렵 인스브루크에 도착했다.

인스브루크

해발 574m의 고원에 위치한 '알프스의 장미' 라고 불리는 인구 14만의 깨끗하고 유서 깊은 도시. 석회석이 섞인 빙하가 녹아 우유빛 물이 흐르는 '인강 위에 놓인 다리' 를 뜻하는 이름이 인스브루크(Innsbruck)라고 한다.

해발 2,334m의 노르드케테(Nordkette : 북쪽의 쇠사슬)산과 크고 작은 알프스의 아름다운 봉우리들이 도시를 바로 뒤에서 감싸 안고 있는 이곳에서, 1964년과 1976년에 동계올림픽을 개최한 것으로 우리에게도 생소하게 느껴지지 않는 곳이며, 마리아 테레지아의 거리에서 바라다보이는 노르드케테산이 많은 산악인들을 유혹하기도 하고, 겨울 스포츠를 좋아하는 사람들이 즐겨 찾는 곳이라고 한다.

알피니 파크 호텔에 들어간 것이 오후 8시, 저녁 식사 때를 막 맞춘 시간이다. 친절하고, 예의 바른 호텔 종업원들이 마음에 든다. 호텔에서 저녁 식사를 마친 후, 일부는 민속공연을 관람하기 위하여 공연장으로 가고, 우리 연배의 세 부부는 룸에서 간단한 와인파티로 피로를 풀었다.

아침 6시에 일어나 가방을 챙겨놓고 식당으로 내려오는데, 프런트에서 나이가 듬직한 종업원이 "안녕하세요?"라고 우리말로 인사를 한다. 이태리에서 느끼던 분위기가 아니다. 즐거운 마음으로 아침 식사를 하고, 다시 방으로 가서 가방을 갖고 내려와 버스에 올라 마리아 테레지아의 거리로 간다. 세계의 가장 아름다운 거리 중에서 7위를 한 거리답게 도로 바닥이 깨끗이 물청소가 되어 있을 정도다. 노르드케테산을 배경으로 기념사진을 찍으면서, 18세기 유럽 역사의 중심에서 막대한 영향력을 발휘했던 여성이 남겨놓은 유산들을 보면서, 나는 마리아 테레지아라는 위대한 여성을 생각하게 된다.

그녀는 1717년에 태어나고 1780년에 죽었다. 오스트리아의 대공, 헝가리와 보헤미아의 여왕(1740년~1780년 재위), 신성로마제국 황제 프란츠 1세(1745년~1765년 재위)의 황후, 신성로마제국 황제 요제프 2세(1765년~1790년 재위)의 모후였으며, 프랑스의 루이 16세의 왕비였던 마리 앙투아네트의 어머니. 열여섯 명의 자녀를 낳아 정략결혼을 시켜 전 유럽에 영향력을 행사했던 여제였으며, 오스트리아 왕위계승전쟁(1740년~1748년), 7년 전쟁(1756년~1763년), 바이에른 왕위계승전쟁(1778년~1779년)까지 치르면서도 위축되지 않고 외교와 정치력을 발휘했던 것이다.

마리아 테레지아는 18세기 유럽의 세력 각축전에서 가장 중요한 인물이었다. 그녀는 이질적인 나라들이 모여 있는 합스브루크 군주국에 어느 정도의 통일성을 부여했다. 매력적인 자연스러움을 가진 왕녀로서 합스브루크 왕가의 통치자들 가운데 가장 유능한 인물 중 하나였고, 어떤 역사가에 따르면 '합스브루크 왕가에서 가장 인간적인' 인물이었다고 한다.

건물의 테라스마다 예쁜 꽃들로 장식한 거리에서 막스밀리안 1세의 기념관이 된 황금 지붕의 집, 품위 있게 보전하고 있는 고풍스런 옛 궁전과, 인강 위에 놓인 다리 등을 둘러보며 사진을 찍는 2시간가량의 시내 관광을 마치고, 독일의 퓌센으로 가기 위하여 다시 길을 재촉한다.

퓌센 ▶ 2006년 9월 23일

독일의 퓌센으로 이동하는 길은, 양쪽 옆에 나무숲이 울창한 12번 고속도로다. 저속으로 차가 달리는 동안에 버스에서는 요들송이 계속해서 흘러나오고, 창밖으로는 그림 같은 알프스의 풍경들이 자꾸만 우리의 눈앞에 다가오고 있다.

초원 위에서 풀을 뜯는 소들은 초지의 넓이에 비하여 너무나 그 숫자가 적다. 의아하게 생각되어 물어보니, 대부분 목초를 생산하여 수출하기 위한 초지들이라는 안내자의 대답이다. 그러고 보니 하얀 비닐에 말린 목초를 묶어 쌓아놓은 것들이 여기저기서 눈에 띈다.

여행 안내자가 국경을 넘어 독일에 들어왔다는 이야기를 해서야 우리는 지금 독일에 와 있다는 사실을 알게 된다. 비운의 젊은 왕 루트비히 2세에 대한 이야기를 들으며, 슈반가우 숲속에 있는 호엔슈반가우 성과, 거울같이 맑은 백조의 호수 그리고 골짜기를 사이에 두고 있는 백조의 성이라고 불리는 노이슈반슈타인성을 보기 위하여 가고 있다.

점심시간에 맞추어 도착한 백조의 성. 주차장 바로 앞에 있는 식당에서 우선 점심을 먹고, 빵 몇 조각씩을 들고 백조의 호수로 가서 백조에게 먹이를 준다. 오리와 백조들이 관광객에게서 먹이를 받아먹으며, 기꺼이 사진도 같이 찍으라고 모델이 되어주기도 하는데 익숙해져 있었다.

퓌센에서 4㎞쯤 떨어진 곳에 있는 호엔슈반가우성은 바이에른 공국의 막시밀리안 2세가 지어, 루드비히 2세가 어린 시절을 보낸 곳이며, 노이슈반슈타인성은 열여덟 살에 왕이 된 루트비히 2세가 세웠다. 디즈니랜드의 모델이 되었을 정도로 동화 속에 나오는 그림과 같은 노이슈반슈타인성은 바그너를 위하여 세웠다고 할 정도로 벽화를 온통 바그너 음악의 주제들을 묘사해 놓았다고 한다. 4층 음악실 벽에는 파르시팔의 생애를 묘사했고, 서재에는 탄호이저의 모험담을 그려놓았으며, 큰 응접실은 로엔그린을 주제로 한 그림으로 꾸며 놓았다.

루트비히 2세 그는 차라리 왕이 되지 않았더라면, 비운의 주인공이 되지 않고 멋진 예술 애호가로 낭만적인 삶을 살았지 않았을까 하는 생각을 하게 된다. 바그너를 너무 존경하고 그의 천재성을 아꼈던 것이, 그리고 많은 그의 부채를 갚아주었음은 말할 것도 없고, 무리하게 재정을 쏟아부으며 노이슈반슈타인성을 스스로 설계하여 건축한 것이, 많은 귀족들의 시기와 질투를 유발하여 엉뚱한 오명을 뒤집어쓰고 의문의 죽음을 맞게 된 것이리라.

성의 뒤쪽 수십 길 계곡 위에 놓여진 '마리엔 다리' 위에서 사진을 찍는 것으로 성의 내부를 관람하지 못하는 아쉬움을 간직한 채, 아름다운 알프스의 마지막 지방 퓌센을 뒤로하고, 남부 독일의 평원을 달려 대학의 도시 하이델베르크로 향한다.

하이델베르크로 가는 358㎞의 로맨틱 가도, 언뜻 듣기에는 아름다운 로맨스라도 일어날 듯하지만 그래서 붙여진 이름이 아니라 그 옛날 로마 병정들이 독일을 침공할 때 이 길을 통해서 왔기 때문에 붙여진 이름이라고 한다.

하나같이 붉은 지붕에, 벽에는 하얀 회칠을 한 농촌집들이 띄엄띄엄

마을을 이루고, 쭉쭉 뻗은 전나무 숲이 끝없이 이어지는 넓은 평원이 아름답다. 군데군데 노란 유채꽃이 아직도 피어 있어, 지금이 9월 하순인데 겨울이 오기 전에 씨앗을 맺어 수확할 수 있을까 걱정을 했더니, 이 지방은 늦가을까지 기온이 높아 이모작을 하고 있다는 안내자의 설명이다.

중간에 예의 고속도로 휴게소에서 화장실에 들르니, 이태리와는 또 다른 문화를 경험할 수 있었다. 여기에서는 0.5유로를 지불하고 화장실에 들어가면 영수증과 같은 티켓을 받게 되고, 그 티켓은 매점에서 물건을 살 때 현금과 같은 가치를 발휘한다. 즉 매점에서 물건을 사는 사람에게는 화장실을 무료로 사용하게 해준다는 식이다. 이태리보다는 합리적인 것 같지만, 나라마다 지방마다 자기들의 문화가 따로 있으니, 여행자들이야 거기 맞추어야 할 뿐이지 다른 도리가 없다.

하이델베르크

하이델베르크대학교 앞 광장에 버스가 도착한 것은, 17세기 때 전쟁으로 일부가 파괴되었다는 대학 뒤 언덕에 있는 온통 붉은 대리석을 사용해 건축한 고성에 석양의 붉은 노을이 처연한 잔영을 남기고 있는 오후 6시가 넘었을 무렵이다.

독일에서 제일 먼저 세워진 하이델베르크대학교, 영화 〈황태자의 첫사랑〉의 배경이 되었던 곳, 그리고 헤겔, 야스퍼스 등 독일을 대표하던 철학자들이 이곳에서 학생들을 가르치던 곳이며, 노벨상 수상자를 7명이나 배출한 도시 전체인구의 1/4이 학생인 곳이기도 하다(인구 13만 중에서 3만 명이 학생이다).

학교 설명을 대강 듣고, 한국인이 경영한다는 상점에 들러 가벼운 선물들을 구매하고, 네카어강 위에 놓인 카를테오도어 황제의 이름을 따온 다리에서 건너다보이는 숲속의 오솔길에 있는, 괴테가 사색을 하며 거닐었을 '철학자의 거리'를 뒤로하고, 어둠이 짙어지는 거리를 지나 버스에 오른다.

자동차로 30분 거리에 있는 신흥 공업도시 맨하임에 있는 노보텔 맨하임 호텔에서 여장을 풀고 저녁을 먹고 나니, 인스브루크를 떠나 퓌센과 하이델베르크를 점만 찍고 다닌 오늘의 강행군이 끝이다.

프랑크푸르트, 다시 파리로 ▶ 2006년 9월 24일

아침 7시 30분까지 서둘러 조반을 마치고, 프랑크푸르트로 가기 전에 로렐라이 언덕을 찾기 위하여 아우토반이라고 하는 독일이 자랑하는 고속도로를 달린다. 이곳은 속도제한이 없다고 하지만, 관광버스만은 예외이다. 90㎞의 변함없는 속도를 유지하는 퇴직을 몇 달 앞둔 버스기사의 안전운행이 여행기간 내내 우리를 편안하게 해주었다.

프랑크푸르트공항 근처를 지나면서 방음벽 담장을 뒤덮은 덩굴식물의 눈부신 하얀 꽃이 인상적이다. 멀리 지나면서 보기에는 한국의 인동초 덩굴과 비슷하게 생기기는 했는데, 나중에 로렐라이 언덕 위에서도 볼 수 있어서 자세히 보니, 향기부터가 다르고 꽃 모양도 판이하다.

꽃 이름을 알고 싶어 한 송이 꺾어서 간직했다가 프랑크푸르트의 교포가 운영하는 '길손 식당' 에 와서 물어봤더니 꽃 이름을 아는 사람이 없었다. 고속도로를 벗어나, 로렐라이 언덕으로 가기 위하여 라인강 물줄기를 따라 이어진 국도를 달리면서도 드넓은 포도밭이 계속된다.

라인지구는 독일 최대의 포도주 생산지라고 한다. 이곳에서는 맛좋은 아이스 와인도 생산한다는데, 서리가 내릴 때까지 포도 수확을 미루다가, 약간 얼어 있는 상태의 당도가 높아진 포도를 수확하여, 두 번의 블렌딩 과정을 거쳐 아이스 와인을 제조하는데, 보통 와인을 생산할 때의 여섯 배의 포도가 소요된다고 한다. 한계령 고개를 오르듯 꼬불꼬불한 언덕길을 돌아 올라간 로렐라이 언덕. 도로에서 볼 때는 절벽 위에 좁다란 봉우리가 있으리라는 상상을 하면서 올라가 보니, 넓은 고원지대가 형성되어 있어서, 소 떼가 한가로이 풀을 뜯고 있는 농촌마을이 평화롭다. 언덕에서 내려다보는 라인강 물줄기는 회색빛이다.

옛날부터 전해오는 쓸쓸한 이 말이
가슴속에 그립게도 끝없이 떠오른다.
구름 걷힌 하늘 아래 고요한 라인강
저녁 빛이 찬란하다 로렐라이 언덕.

어렸을 때 부르던, 시인 하이네가 썼다는 노랫말이 생각난다. 비교적 잔잔하게 흐르는 라인강 물줄기가 로렐라이 절벽 부근을 흐르면서 굽이치며 급물살을 이루기 때문에 뱃사람들은 더욱 조심을 해야 했건만, 130m나 되는 절벽 위의 풍광과 주변의 수려한 경관에 한눈팔던 뱃사람들이 강 가운데 있는 바위에 부딪혀 배가 뒤집히게 됐다. 그 이야기를 바탕으로 문학가들이 로렐라이라는 금발의 마녀가 노래를 부르며 뱃사람을 유혹해서 배가 뒤집히게 했다는 슬픈 전설을 만들어냈다. 그 전설이 생각나서 하얀 대리석으로 만들어 놓은 맥없이 덤터기만 쓰게 된 마녀상 앞에서 기념사진을 찍고, 강 건너 산 위의 아름다운 집들을 카메라에 담아 간직했다.

기념품을 파는 가게 앞에는 큰 도토리나무가 잘 익은 도토리를 주렁주렁 매달고 있었고, 아까 버스가 프랑크푸르트공항 부근을 달릴 때 보던 덩굴 식물의 화려한 꽃 덤불이 무더기로 피어 있어서 주변을 한결 환하게 해주고 있다. 다시 버스에 올라 우리가 내려오는 동안에 관광객을 태운 유람선들과 화물선들이 계속해서 라인강을 거슬러 올라가고 있었다.

왔던 길을 되돌아 프랑크푸르트공항으로 가서, 미주 쪽에서 온 일행 중 오전 비행기를 타게 될 8명을 보내고, 나머지 16명이 다시 시내로 들어와서 교포가 운영하는 '길손 식당'에서 점심을 같이 먹었다. 이 식당에는 한국의 저명인사들이 다녀갔다는 증표를 액자에 넣어 벽에 걸어놓았는데, 고은 시인의 서명도 볼 수 있었다. 다른 곳에서 먹던 한식보다 훨씬 푸짐하고, 김치도 듬뿍듬뿍 넉넉하게 준다. 이곳 프랑크푸르트에는 농장을 경영하는 교민들도 있어서 한인들이 운영하는 식당에 저렴하게 재료를 공급해준다고 한다.

휴식을 취한 후 오후 비행기를 타게 될 8명을 다시 공항에서 작별하고 나니, 이제 버스에는 8명만 남아 파리를 향해 떠난다. 공항에서 나오는 길에 축구 경기장을 지나오는데, 지난 월드컵 경기 때 우리 선수들이 토고 선수들과 경기를 펼친 곳이라 한다. 차범근 씨가 선수시절 이곳에서 뛰었을 것으로 생각되기도 한다.

사실 프랑크푸르트에서는 버스를 타고 공항까지 왕래만 했을 뿐, 식당에서 점심 한 끼 먹은 것이 전부이다. 괴테의 생가에 들릴 수 없을까? 하고 가이드에게 문의했으나 시간이 허용되지 않아 섭섭하지만 버스에서 가이드의 설명으로 대신하자는 것이다. 제2차 세계대전 당시 그의 고향 집에 보관되어 있던 많은 유품들이 이웃 주민들에 의해 모두 도난당했던 것으로 알았는데, 전후 기념관을 개관했을 때 없어졌던 그 많은 유품들이 빠짐없이 되돌려졌었다고 한다. 전쟁 와중에서도 위대한 문학가의 유물을 하나라도 보전하기 위하여, 이웃 주민들이 그 유품들을 몇 개씩 나누어 갖고 피란했다는 이야기를 들으면서, 나는 독일 국민들의 그러한 정신이 오늘의 부와 선진 문화국가 독일을 이룩한 것이 아닌가 하는 생각을 하게 되었다.

프랑크푸르트는 유럽의 다른 도시들과 다르게 현대식 고층 빌딩들이 많다는 특징을 갖고 있다. 오후 1시 50분에 출발하여 마인강 위에 놓인 다리를 건너 맨하임의 북쪽을 지날 때 커다란 벤츠 마크가 있는 공장을 보았다. 아마도 세계 모든 사람들이 타고 싶어 하는 벤츠 자동차를 만드는 공장인 듯하다.

우리의 버스는 계속해서 서쪽으로 달려 4시에 국경을 지난다. 이곳에서도 여행객들은 그대로 차에 앉아 있는 동안 기사가 여행자 명단을 들고 세관에 가서 신고만 하면 그냥 통과하게 된다.

국경을 통과하면 프랑스의 동북지역인 알자스와 로렌지방이다. 이곳도 1871년 이후 프랑스 땅이었다가 독일 땅이 되기를 몇 번 거듭하여 지금은 프랑스 땅이 되었다. 중학교 국어교과서에 실렸던 알퐁스 도데의 단편 「마지막 수업」이 생각나는 곳이다. 프랑스 국민들의 애국심을 유발시키기 위해 쓴 글이라고는 하지만 너무나 감동적으로 읽던 기억이 새롭다.

7시간 이상 달려 밤 9시 30분에야 파리에 도착하니, 시드니에서 공부하고 있던 아들이 와서, 제 누나와 마중을 나왔다. 4년 동안을 서로 떨어져 살던 온 식구가 한데 모였다.

센강 유람선, 몽마르트르 언덕 ▶ 2006년 9월 25일~26일

다시 파리에서 바토 무슈 — 센강 유람선

딸이 출근한 후, 아내는 아들과 함께 시내 관광을 나갔다. 나는 오전 동안 컴퓨터에 여행기를 메모하고 정리하다가, 저녁에 에펠탑 아래에서 센강 유람선을 함께 타기로 약속했다. 6시쯤 시내버스를 타고 나갔다. 시내 관광을 마친 아내와 아들이 퇴근시간에 맞추어 딸이 근무하는 사무실에 들러 7시 반에 같이 약속장소에 나왔다. 처음으로 가족 전체가 함께 시내에서 모였다.

모두들 좋은 모양이다. 말이 많지 않던 아내도 연신 아이들과 이야기를 하고, 딸내미는 샹 드 마리스 잔디밭에서 자동셔터를 장치해 놓고 전체 가족사진을 찍는다.

에펠탑에 점등이 되고, 샤요궁에도 불을 켰다. 센강의 선상 유람은 밤에라야 제격인 모양이다. 밤 9시에 에펠탑 부근의 선착장을 출발하여 한 시간 동안 시테섬을 돌아오는 코스라서 승선할 시간이 아직 이르다.

샤요궁 쪽으로 걸어가서 불 켜진 에펠탑을 보는 것도 장관인데, 매시간마다 10분씩 벌어지는 폭죽을 터트리는 것 같은 찬란한 불빛 쇼는 더욱 황홀하다. 사요궁 쪽으로 가다가 저녁을 먹기까지 배가 너무 고플 것 같아 빵을 두 개 사서 벤치에 앉아 넷이서 나누어 먹는데, 8시에 예의 그 반짝거리는 에펠탑의 불놀이 쇼가 시작된다.

아들이 연신 사진을 찍는다. 파리의 야경은 또 하나의 볼거리임에 틀림없다. 파리 시내에 있는 거의 대부분의 유서 깊은 건축물들이 유람선을 타고 가는 동안 눈에 들어온다. 방송을 통해 그 건축물들과 센강 위에 놓여진 36개나 되는 그 많은 다리들에 대한 설명이 여러 나라의 언어로 이어진다.

다리 하나하나가 모두 예술품들이다. 다리를 건너면서는 보이지 않을 교각이나 난간에 수많은 조각을 장식하고 심지어 금박까지 입힌 것은 유람선을 타고 가는 사람들에게 보이기 위함이었을까? 다리는 교통수단을 위한 다리일 뿐이라는 기존의 내 고정관념을 완전히 바꾸어 놓았다. 이 나라 사람들이 도시의 아름다움을 위해 얼마나 세심한 정성을 쏟았는가 하는 것을 알 수가 있었다.

파리에 오기 전에는 센강 위에 놓인 다리라고는 오직 미라보 다리만을 아름답게 상상하고 기억했을 뿐이었는데, 정작 와서 보니 알렉상드르3세교나, 퐁네프 다리 등 대부분의 다리들이 미라보 다리에 비교되지 않을 정도로 훨씬 아름답고 정교한 예술품으로 내 마음을 사로잡았다.

우리 연배의 사람들이 미라보 다리를 생각하고 있는 것은, 아마도 기욤 아폴리네르가 자신이 이루지 못한 첫사랑과의 슬픈 사랑 이야기를 아름답게 표현한 시 「미라보 다리」 때문일 것이라 생각이 되어 여기 그의 시를 옮겨본다.

미라보 다리 아래 센강이 흐르고, 우리들의 사랑도 흘러간다.
그러나 괴로움에 이어서 오는 기쁨을 나는 기억하고 있나니
밤이여 오라 종이여 울려라 세월은 흐르고 나는 여기 있네.
손에 손을 잡고서 얼굴을 마주 보자.
우리들 파리의 다리 아래로 영원한 시선의 나른한 물결이 흘러가는 동안
밤이여 오라 종이여 울려라 세월은 흐르고 나는 여기 있네.
사랑은 흘러간다 이 흐르는 강물처럼 사랑은 흘러간다.
얼마나 인생은 느리고 또 얼마나 희망은 강렬한가.
밤이여 오라 종이여 울려라 세월은 흐르고 나는 여기 있네.
날이 가고 내일이 지나가고 가버린 시간도 옛사랑도 다시는 돌아오지 않네.
미라보 다리 아래 센강이 흐르고, 밤이여 오라 종이여 울려라
세월은 흐르고 나는 여기 있네.

센강 위에 놓여진 36개의 다리 중에는 2개의 전차 전용다리와 2개의 자동차 전용 다리가 있지만, 루브르박물관 옆에 있는 데자르 다리, 에펠탑 근처의 드빌리 다리, 오세르 미술관 옆에 있는 솔페리노 다리 등은 보행자 전용 다리라고 한다.

이러한 보행자 전용 다리들은 강을 건너기 위한 다리로서의 구실뿐만 아니라 시민들의 휴식 공간으로도 활용되고 있다는데, 우리 서울에서도 잠수교를 보행 전용 다리로 만든다는 반가운 소식이 있다. 언제쯤 시행될지는 모르지만 기대된다.

배가 시테섬과 생 루이섬을 한 바퀴 돌아오는 한 시간 동안, 밤바람이 차가워 아내는 옷을 얇게 입은 것을 후회하고 있었다. 지하철을 타고 집에 오니 11시가 다 되었다.

몽마르트르 언덕

딸내미는 출근을 하고, 아내와 아들과 함께 몽마르트르 언덕까지 갔다. 몽마르트르는 순교자들의 시체를 쌓아두었던 언덕이라는 의미에서 붙여진 이름이라고 한다.

20세기에는 가난하지만 예술을 사랑하는 사람들이 이곳으로 모여들었다. 언덕 위 성당 옆에 포장마차 같은 정사각형의 카페가 있는데, 그 주변에 빙 둘러 화판을 놓고 관광객들에게 그림을 팔기도 하고 초상화를 그려주기도 한다.

언덕 위에 서 있는 비잔틴 양식의 하얀 성당 사크레 쾨르는 19세기 말 보불전쟁 후 시민들의 사기를 높이기 위해 건립된 것으로 건축을 시작한 후 40년 만인 1914년에 완성되었다고 한다. 날씨가 맑은 날에는 50㎞ 내의 파리 시내 전경이 한눈에 들어올 정도로 환상적인 전망을 가지고 있다.

사진을 몇 장 찍고 내려오다 한적한 벤치에서 준비해간 점심을 먹고 파리 시내를 내려다보면서 한참을 쉬다가 내려와, 전철을 타고 팡테옹과 뤽상부르 궁전과 낙엽이 지기 시작하는 뤽상부르 공원에 들르기로 했다. 아들이 가보지 못한 곳들이니 파리의 가을을 만끽할 수 있게 해주고 싶은 생각에서다. 뒷날에는 좋은 추억으로 남으리라.

🌐 루브르박물관 ▶ 2006년 9월 27일

지난번에 루브르박물관 외부만 구경하고, 내부에 들어가지 못해서 오늘은 아들과 함께 갔다. 아침 일찍 갔는데도 입장하려는 관광객들의 행렬이 길게 늘어서 있다. 줄을 서 있자니 너무 오래 기다려야 할 것 같아, 옆 광장에 서 있는 잔 다르크의 동상과 카루젤 개선문을 배경으로 사진을 촬영하고, 박물관과 연결되어 있는 튈르리 공원을 산책하며 시간을 보낸다.

파리에 개선문은 3개가 있다. 1806년에 나폴레옹 1세가 시작하여 1836년 나폴레옹 3세 때에 완공한 개선문 광장에 있는 본 개선문과 1808년에 세워진 루브르박물관에서 튈르리 공원 쪽으로 있는 카루젤 개선문 그리고 1989년 프랑스 혁명 200주년을 기념해 파리의 부도심 라 데팡스 지역에 세워진 높이 110m에 폭이 106m인 신개선문이다.

신개선문, 이 거대한 대형 아치는 프랑스 혁명 200주년을 기념하기 위해 건축되었고, 세계적인 행사와 각종 비즈니스 모임을 행할 수 있을 만큼 규모가 크고, 첨단 시설이 갖추어져 있으며 이 세 개의 개선문은 일정한 간격을 두고 일직선 상에 위치하므로 날씨가 맑은 날에는 한눈에 볼 수 있다고 한다. 이곳은 직접 가보지 못하고, 멀리서서 바라보기만 하였다.

중국계 미국인 건축가 L. M. 페이의 설계로 건축되었다는 유리 피라미드 입구에서 소지품 검색을 받고 매표소에 내려가서 자동판매기에서 1인당 8.5유로씩 하는 입장권을 구입하여 입장하였다.

관람안내 책자를 들고 들어갔지만, 1층부터 3층까지 미로같이 이어진 전시실을 찾아 30만 점의 전시품들을 다 관람할 수 있기는 너무나 힘든 일이다. 사진 촬영이 허용된 몇몇 조각 작품들 앞에서 사진을 촬영하면서 모나리자, 비너스상 그리고 화려한 나폴레옹 3세의 아파트 등을 둘러보고 나서 17~18세기의 그림들을 보는 것만도 4시간이 넘게 걸렸다.

입구 쪽으로 나와 탁자와 의자가 준비되어 있는 공간에서 준비해간 점심을 먹고, 다시 들어가서 이집트, 아라비아 쪽의 미술품들을 보면서 나는 다른 나라들의 문화유산들을 여기에 옮겨온 배경이나 과정을 생각해보지 않을 수 없었다.

그리고 저 콩코르드 광장에 세워진 거대한 오벨리스크나 이 박물관 안에 전시된 벽 자체를 떼어다 옮겨놓은 벽화나 그 육중한 스핑

크스 같은 유물들을 옮겨놓으려는 생각을 했던 그 당시 사람들의 마음을 어떻게 읽어야 할지 얼른 생각이 떠오르지 않았다.

분명 빼앗아 왔으면서도 그들은 세계적인 문화유산을 잘 보존하기 위해서였다고 변명을 하고 있으니 그대로 믿어야 할까? 아니면 오늘날 그 후손들이 세계로부터 관광수입을 올리게 하기 위함이었을까? 복잡한 생각을 해서인지, 많이 걸어서인지 다리도 아프고 허리도 아파서 점심 후에는 2시간 정도를 관람하고 우리 세 식구 모두 지치고 말았다.

베르사유 궁전 ▶ 2006년 9월 28일~29일

베르사유 궁전

아침 9시가 조금 넘어 집을 나섰지만 버스로 40분, 지하철을 타기 위하여 기다리는 시간을 합해 1시간, 베르사유에 도착하고 보니 11시 30분이 넘었다. 전철역에서 5분 정도 걸어가니, 광장에 대형 관광버스들이 꽉 들어차 있다. 줄을 서서 한참만에야 20유로짜리 궁궐 전체를 관람할 수 있는 패스포트 3장을 사서 들어갔다.

부르봉 왕조의 영화와 몰락을 한꺼번에 안고 있는 이곳, 또한 프랑스의 영광과 굴욕을 간직한 곳이 바로 이곳 베르사유 궁전이라는 생각이다.

1871년 프러시아의 빌헬름 1세가 이곳에서 독일 황제로서 대관식을 가졌던 것은 프랑스인들에게 치욕을 안겨 주었으며 프랑스인들은 그때의 굴욕을 갚기 위하여 1919년 제1차 세계대전의 종말을 결정짓는 베르사유 조약을 이곳에서 맺음으로 독일의 무릎을 꿇게 한 곳이기도 하다.

지금은 각국의 정상회의가 가끔 이곳에서 열기기도 한다는데, 여기에 참석하는 사람들이 그 내부의 화려함을 보면서 절대왕정시대의 영화와 그 화려함 속에 가려진 그 당시 이 나라 백성들의 고통을 동시에 볼 수 있을지가 궁금하게 느껴졌다.

이곳은 루이 13세의 전용 사냥터와 사냥 때 사용하던 별궁이었는데, 루이 14세가 1668년부터 본격적으로 확장하기 시작하여 50년 동안 국력을 쏟아부어 호화로운 궁전과 드넓은 정원을 완성하였다고 한다.

루이 14세는 5살에 왕위에 올라 세계 역사상 전무후무한 72년의 재위 동안 "짐이 곧 국가다"고 말하며 스스로를 태양왕이라고 지칭하던 장본인이다.

그러나 그의 왕위를 이어받은 증손자 루이 15세와 루이 15세의 아들인 루이 16세는 사치와 호화로운 생활로 결국 국고는 바닥이 나고, 이로 인한 왕조의 몰락을 자초하여, 결국 분노한 시민 혁명군에 의하여 이곳에서 끌려 나올 수밖에 없었다.

건물 2층 왕실 사람들이 거처하던 곳에서 창밖으로 보이는 광활한 정원의 모습을 걸어서 다 돌아다니려면 몇 시간이 소요될지 알 수가 없다.

십자형으로 조성된 뱃놀이를 할 수 있는 호수의 폭이 센강을 능가할 정도이고, 아름다운 조각에서 물을 뿜는 엄청나게 큰 분수만도 라톤, 넵튠, 아폴론, 거울 등의 이름으로 불리어지는 그 숫자가 헤아릴 수 없을 만큼 많다.

이름 모를 갖가지 꽃들로 아름답게 꾸며진 화단과 울창한 수목이 우거진 숲은 기하학적으로 설계되었다고 하지만, 그 사이사이로 조성된 산책로를 다 합하면 수십 킬로미터는 넉넉할 듯하다. 당시에는 정원을 관리하던 정원사가 귀족이 되었다고 하니 당시의 왕을 위하는 사람들이 얼마나 대접을 받았는가를 보여주는 것이다.

이 넓은 정원을 관람하기 위하여 자전거를 빌려 타고 다니는 사람들, 4인용 전동차를 빌려 타고 다니는 사람들, 기차처럼 여러 칸이 연결된 차량에 탑승하고 다니며 구경하는 사람들 등 각양각색이다. 자전거를 1시간 빌리는 데 6유로(7,500원), 4인용 전동차가 1시간에

28유로, 기차도 1인당 비슷한 수준의 요금을 받는다고 하는데, 아무튼 1시간에 다 돌아다닐 수가 없을 것 같아 차라리 걷기로 하고, 2시가 다 되어 늦은 점심을 먹은 후 약 4시간을 쉬엄쉬엄 사진도 촬영하면서 걸어 다녔다.

화려한 대궁전에서 드넓은 정원을 지나 루이 14세가 권좌에서 물러난 후에 왕비와 조용히 살기 위하여 지었다는 아름다운 홍반 대리석 기둥이 유명한 그랑(大) 트리아농과, 그의 정부였던 마담 퐁파드르를 위하여 지었던 프티(小) 트리아농에도 가볼 만한 곳이다.

태양왕은 처음 생각으로는 적당한 시기에 왕좌를 아들에게 물려주려고 했었겠지만, 정작 그가 죽을 때까지 권좌에서 물러날 줄을 몰랐고, 그랑 트리아농에서 조용한 만년을 지내기는커녕 72년을 권좌에 있다가 베르사유 왕의 방에서 죽음으로, 왕권은 증손자인 루이 15세에게 넘겨주는 결과를 낳았다. 프티 트리아농은 루이 16세가 상속을 받아 마리 앙투와네트에게 선물하였고, 그녀는 이곳에서 취미생활을 하기도 했는데, 가축 사육장이 딸린 그곳에서 손수 소젖을 짜기도 했다고 한다.

절대 권력자들은 항상 당대의 백성들에게는 혹독했을지라도 후세 사람들에게는 많은 관광자원을 남겨준다는 아이러니를 실감하면서 오후 6시가 넘어서야 궁을 나와 다시 전철을 타고 돌아왔다.

두 번째 타는 파리행 비행기

2009년 5월 5일~6월 3일

2006년 9월에 아내와 함께 탔던 파리행 비행기를 2년 반이 넘어 다시 타게 되었지만, 마음이 설레는 것은 그때나 2년 반이 지난 지금이나 마찬가지다. 가지고 갈 짐을 챙기느라 새벽까지 잠을 잘 수가 없었고, 짐을 다 싸놓고도 잠이 쉬 들지 않아 두 시간 정도 눈을 붙이고 새벽 4시에 잠이 깨었다.

작년부터 불어닥친 세계 경제 불황의 한파가 우리 서민들의 삶까지 옥죄고 있는데다, 또 갑자기 멕시코에서 발생하여 급속히 번지고 있는 신종 독감(Swine Influenza)이 세계를 공포에 떨게 하고 있어 모두들 해외여행을 꺼리고 있는 때, 감히 여행을 생각한다는 것이 일면 사치스럽고 일면 무모하다는 생각이 들기도 했다.

그렇지만 이런 때임에도 길을 떠나는 우리 부부를 이렇게 들뜨게 하는 것은 항공사에 축적된 보너스 마일리지로 세금만 내는 항공권을 딸아이가 보내줘서 단지 돈 들이지 않고 여행한다는 즐거움보다는, 우리가 아무런 도움을 주지 못했어도 제힘으로 오랫동안 직장생활을 하면서 끈기 있게 노력하여 원하던 학위를 받게 된 대견스러운 딸을 만나 직접 축하라도 해주고 싶은 마음이 더 크기 때문이었다.

아침 7시 10분쯤 공항에 도착하여 탑승수속을 하다가 부쳐야 할 짐의 무게가 기준을 초과하게 되어 초과한 부분만큼 덜어내 택배비용으로 거금 14,000원을 들여 처제 집으로 보내고, 기준에 정확히 맞추고서야 수속을 마친 것은 초과된 1kg당 53,000원씩 추가로 지불을 하고 나면 배꼽이 배보다 훨씬 크게 되는 결과가 될 것 같아서였다. 사실 두 사람의 짐이 3, 4kg 정도 초과된 것쯤 눈감아 줄 것으로 착각하고, 짐이 기준보다 약간 초과된 줄을 알면서도 그냥 갖고 간 우리의 생각이 잘못이었다. 항공권을 저렴하게 판매하기 때문에 더 엄격한 기준을 적용하는 항공사의 방침이 있었던 것을 미리 알았더라면 공항에서 짐을 덜어내고 다시 포장하는 수고와 불필요한 돈 14,000원은 지출하지 않았을 것이다.

9시 20분에 출발할 에어프랑스 267기는 공항 사정에 의하여 20분쯤 늦게 이륙하였다. 탑승할 때는 몰랐는데 이륙 한 시간쯤 후에 화장실을 가면서 보니 빈 좌석이 너무 많은데 놀랐다. 역시 경제 불황에 세계를 휩쓸고 있는 신종 독감(SI)의 영향이 큰 모양이다. 어젯밤의 부족한 잠을 기내에서 보충하려고 했지만, 깊이 잠들지 않는다. 비행기가 우랄산맥을 넘을 무렵 창밖을 내려다보니 솜털구름 위로 밝게 빛나는 5월의 눈부신 햇빛이 참으로 아름답다. 지난번에는 밤 시간의 비행이어서 볼 수 없었던 하늘에서 내려다보는 이곳 시베리아의 지상 모습을 볼 수 있는 것도 내게 주어진 행운이라는 생각이 든다. 구불구불 산을 휘어 감고 흐르는 강, 곧게 그어진 도로, 균형 맞춰 나누어진 경작지와 도시의 구획이 마치 한 장의 도시계획 도면을 보는 것 같다.

11시간을 넘게 비행하여 서울 시간으로 오후 9시가 넘어 파리의 샤를 드골 공항에 도착하였는데 이곳은 한낮이 조금 지난 오후 2시를 막 지나고 있었다. 이곳은 서머타임을 시행하여 서울과의 시차가 정확히 7시간 차이가 난다.

샹티이 콩데미술관, 말박물관 ▶ 2009년 5월 8일

파리에 도착하고 보니 출발 전의 수면부족과 비행 중의 피로 때문에 아내와 나 모두 지쳤다. 거기다 도착해서 시차 극복의 어려움까지 겹쳤으니 쉬고 싶은 생각뿐이었다. 이틀 동안 겨우 밥만 먹고 계속 잠자는 것으로 시간을 보냈더니 피로가 좀 풀렸다.

오늘은 마침 딸아이가 쉬는 날(유럽 전승 기념일)이기도 하여 아내가 간단한 도시락을 준비했다. 파리에서 가까운 곳에 있는 중세의 고성이 있는 샹티이(Chantilly)로 나들이를 하기 위해서다. 말은 안 했지만 어버이날이라고 딸아이가 계획을 세워놓았던 모양이다.

샹티이는 파리에서 북쪽으로 약 42㎞ 떨어진 피카르디 지방 우아즈주의 휴양지로 잘 관리된 샹티이 숲 근처에 있는데, 콩데박물관이 있는 성, 공원, 경마장 등으로 유명한 곳이며 18세기에는 고급 레이스와 아름다운 자기 생산으로 유명했다고 한다.

늦은 아침을 먹고 11시가 넘어 집을 나오니 공휴일인데도 파리 시내의 교통은 별로 붐비지 않는다. 도심을 빠져나와 푸른 초원과 여기저기 노란 유채꽃이 만발한 아름다운 시골길을 40분쯤 달리니 숲 속으로 이어지는 직선의 한가한 도로가 나온다.

12시가 조금 넘어 드넓은 샹티이 고성에 도착하여 주차장을 찾아 차를 세우려는데, 성안에는 우리가 주차할 만한 빈 공간이 없어 할 수 없이 시내 쪽으로 나가 겨우 차를 세웠다. 나중에 관람을 마치고 나오다 보니 경마장 옆 푸른 잔디밭 위에 많은 차들이 주차되어 있었다.

관광객들을 위하여 특별히 주차를 허용했던 모양인데 아무런 표지가 없어 우린 그걸 몰랐었다. 이 도시의 이름은 처음 이곳에 사유지를 만들었던 갈리아의 로마인 칸탈리우스에서 따온 것이라고 한다. 14세기에 인공호수 안에 암석으로 된 작은 섬 위에 성을 세웠고, 16세기에 앙리 드 몽모랑시 원수가 1528년부터 1531년까지 피에르 샹비주로 하여금 설계하여 다시 세우게 하였다고 한다. 한동안 왕가의 소유였던 것을 17세기 왕실의 세력가이던 콩데가의 소유가 되었고 18세기 말 프랑스 혁명으로 파괴되었던 것을 19세기에 콩데가의 마지막 계승자인 오말공이 1876년부터 1883년까지 르네상스 양식으로 재건하였다고 한다.

차를 세우고 나오다가 처음 만난 곳이 말박물관이다. 말박물관에는 말 240마리와 사냥개 400마리 이상을 넣을 수 있는 18세기의 거대한 축사가 현재도 일반에게 공개되고 있다. 경마장은 1834년 문을 열었으며 프랑스 자키 클럽의 연례 경마대회가 6월에 열리며, 지금은 관광객들에게 14유로씩 받고 승마 쇼를 관람시키고 있었다. 주변의 숲이 당시 귀족들의 사냥터였던 모양이다. 입장권을 사려고 건물 안쪽으로 들어가 보니 마구간 특유의 고약한 냄새 때문에 쇼 관람을 하고 싶은 생각이 나지 않는다. 쇼 관람은 포기하고 밖에 있는 드넓은 잔디 깔린 경마코스를 둘러보면서 사진을 몇 장 찍고, 400m 떨어진 콩데박물관으로 발길을 돌렸다.

현재 콩데박물관으로 쓰이고 있는 이 성은 1886년 소장품, 도서관, 주변 공원 등과 함께 오말공에 의해 프랑스 학사원(學士院)에 유증(遺贈)되었다고 한다. 입장료는 1인당 11유로를 받는다. 옛날 영화에서 보던 대로 호수에 둘러싸인 성은 다리가 앞쪽과 뒤쪽에 두 개 있었다. 그 다리를 통해서만 안으로 들어갈 수 있도록 되었다. 비상시에는 그 다리도 부산의 영도다리처럼 들어 올려버리면 성은 완전히 섬이 되어버린다. 도서관에는 수만 권의 장서가 4면 벽을 채우고 있었고 중앙에는 당시 주인들의 필사본이 전시되어 있었다.

박물관의 훌륭한 미술 수집품 가운데는 이태리 르네상스 때의 화가들과 16세기 때 궁정화가들인 장 클루에와 프랑수아 클루에가 그린 진귀한 초상화들이 포함되어 있다.

박물관 내부는 보수한 지 130년이 되었지만 사용한 재료는 말할 것도 없고, 벽에 있는 문양이나 조각품들의 호화로움이 아직도 그대로 남아 있어서 당시 귀족들의 생활을 짐작할 수 있었다. 특히 교회의 기도실과 고해성사를 하던 곳은 별로 넓지는 않지만 호화로운 조각 작품과 화려한 스테인드글라스의 유리창 그리고 고급 목재를 사용한 벽에 장식한 정교한 문양들은 사진으로 담아오고 싶어서 사진을 여러 장 찍었다.

교회를 나오면서 이 성의 주인 역시 종교전쟁 당시에는 앙리 4세와 마찬가지로 대단히 영향력 있는 위그노(프랑스의 신교도들)의 지도사였지만, 후에 로마 가톨릭으로 개종할 수밖에 없었던 상황을 생각했다. 콩데미술관과 도서관 그리고 교회의 기도실과 박물관을 관람하다가 배가 고파 중간에 나와서 준비해간 점심을 먹고 다시 돌아보고 나오는데 4시간이 넘게 소요되었다. 아픈 다리도 쉴 겸 시원한 잔디밭과 숲길을 따라 천천히 걸어가다 보니 숲속에 농촌 마을이 있다. 한국의 민속촌같이 옛 농가를 카페로 활용하면서 관광객들을 상대로 영업을 하고 있었다.

오후 5시가 넘어 돌아오면서 넓은 유채밭의 노란 꽃들이 얼마나 예쁘던지 길가에 차를 세워 놓고 사진을 몇 장 찍고 돌아왔다.

🌐 뱅센느 숲(Vincennes) ▶ 2009년 5월 11일

요즘 이곳 파리의 날씨는 아침에 일기예보를 확인하지 않으면 예측할 수가 없다. 거의 날마다 흐린 날씨가 많고, 아침에 순간적으로 이슬비가 내리다 또 금방 개이기도 한다. 출장을 가면서 딸아이가 제 출장기간 동안 여행사에 알아봐서 프랑스의 서북쪽 끝에 있는 관광지인 몽생미셸에 단체관광으로 다녀오시는 것이 좋겠다는 말을 하고 떠났는데, 아내는 여행사를 통해서 가는 것보다 TGV를 타고 갔다 오는 것도 괜찮겠다고 한다. 몽생미셸까지 직접 가는 기차는 없어서, 르네(Rennes)에서 내려 다시 버스를 타고 또 택시를 타든가 걷든가 하는 복잡한 노정이기는 해도 그런대로 여행의 묘미는 있을 듯하여 노르망디 쪽으로 가는 기차표를 알아보기 위하여 인터넷에서 여행사 몇 군데를 찾다가 신통치 않아서 기차역에 가서 직접 알아보고, 근처에 있는 뱅센느 숲을 산책할 요량으로 간편한 복장으로 시내 지도를 손에 들고 걸어서 리옹(Lyon)역으로 나갔다.

리옹역 안내소의 젊은 여직원은 내 말을 전혀 알아듣지 못한다. 우리의 대화가 답답했는지 차표를 예약하러 왔다가 기다리고 있던 한 할머니가 통역을 해주신다. 리옹역에서는 노르망디 쪽으로 가는 기차(TGV)가 없다는 것과 몽파르나스(Montparnasse)역에서 르네(Rennes)로 가는 TGV를 타야 하는데, 몽파르나스역까지 가려면 여기서 지하철 6호선을 타야 한다면서 지하철 6호선을 타는 방법과 몇 정거장을 지나서 내리라는 것까지 아주 세세히 설명해주셨다. 그러나 오늘 기차를 타러 나온 것도 아니고 단지, 기차 시간과 요금을 알아보기 위해 나왔었기 때문에 몽파르나스역에는 다음에 가서 알아보기로 하고, 우리는 뱅센느 숲을 찾아가기 위하여 왔던 길을 되짚어 오는데 길가에 사람들이 웅성거리고 경찰도 몇 명 있어서 웬일인가 하고 자세히 보니, 경찰들이 천으로 얼굴을 가린 한 사람의 죽은 듯한 노숙자를 들것에 옮겨 싣고 있었다. 서울에도 지하철역에 노숙자들이 있지만, 파리에는 더 많은 노숙자가 있는 것 같다. 노숙자가 죽게 된 원인이 기아(飢餓) 때문인지 아니면 다른 사고인지는 모르겠지만, 가난은 나라님도 구제하지 못한다는 옛말은 옛말만이 아니고 현대에도 특히 사회보장제도가 잘 되어 있다는 경제 대국들인 OECD 국가들에서도 이런 사람들이 많다는 것은 비극이다.

다시 우산이 없어도 괜찮을 정도의 이슬비가 내리는데, 지도를 보면서 가로수가 늘어선 인도를 따라 40분쯤 천천히 걸어가니 비는 그치고 우리가 찾는 뱅센느 숲이 나타났다. 파리시의 동쪽 끝에 위치한 곳이다. 이곳은 옛날 궁중의 사냥터였던 곳인데 14세기 때 샤를 5세가 궁성을 쌓아 베르사유 궁궐이 완성될 때까지는 왕궁으로도 사용된 곳이라고 한다. 뱅센느 성 건립은 12세기에 뱅센 일대를 뒤덮고 있던 숲에 울타리를 치고 왕실 사냥터로 삼은 것이 계기가 되었다고 한다. 현재 남아 있는 숲은 동물원, 경마장, 체육경기장을 갖춘 공원으로 되어 있다.

4월부터 5월까지 축제기간이라는(어림짐작으로 불어는 영어와 스펠이 약간 비슷한 단어들이 많아서) 큰 광고판을 보고 숲속으로 난 산책길을 따라가니, 아름드리 수목이 울창하고 이름을 알 수 없는 각종 나무들엔 예쁜 꽃이 한창이다. 넓이를 헤아릴 수 없을 만큼 큰 숲속에 호수도 있고, 그 안에는 섬도 있다.

백조와 오리들이 한가롭게 떠 있는 호수에 빈 보트들이 매어 있는 것을 보니 주중이기 때문인 모양이다. 화단이 잘 가꾸어진 호숫가 산책길에는 조깅하는 사람들이 간혹 있기도 하지만, 대부분 한가한 노인들이다.

축제가 열리고 있는 곳은 따로 울타리가 있고, 각종 놀이시설과 매점들이 들어차 있는데 입장료를 받는지 입구에 관리인들 몇 명이 지키고 있어서 밖에서 사진만 몇 장 찍고, 울창한 숲길을 걷기 위해 뒤돌아섰다.

센강 따라 걷기 ▶ 2005년 5월 13일

센강을 따라 걸으면서 아름답기로 이름난 센강 위의 그 많은 다리들을 사진으로 담기도 하고, 시내 길도 알아둘 겸 지도를 들고 집을 나와 강 옆에 있는 '미테랑 국립도서관' 쪽으로 갔다. 다리의 사진을 찍으면서 강변 북로를 따라 1시간 30분쯤 걸려 '시테섬'까지 걸어서 가는데, 길이 중간에 막히기도 하고 좁아지기도 하여 산책하기에 여간 불편한 것이 아니다. 나중에 돌아오면서 강변 남로 길을 따라 오는데, 길가에 화단도 잘 가꾸어져 있고 넓은 길을 기마경찰이 순시도 하는 것을 보니 (이 기마경찰도 관광효과를 노린 하나의 상품이 아닌가 하는 생각을 하면서) 산책할 사람은 강의 남쪽 길을 택해야 하고, 우리가 갔었던 북쪽 길은 중간에 있는 센강 유람선의 선착장이나 선상 식당을 이용할 사람들을 위한 주차장 및 도로였던 것이 아닌가 생각되었다.

시테섬

파리의 기원이라고 할 수 있는 이 섬은 2000년 전 켈트족이 처음 이곳에 거주하기 시작했고, 여기 살던 부족의 이름이 '파리시' 였기 때문에 '파리' 라는 지금의 이름이 되었다고도 한다. 면적은 훨씬 좁지만 서울의 여의도처럼 센강이 섬을 에워싸고 갈라져서 흐르고, 또 생 루이 섬과 다리로 연결되어 있으며, 유명한 노트르담 대성당과 요한 23세 광장이 있고, 스테인드글라스 창문으로 유명한 생트 샤펠 대성당 그리고 최고 재판소와 시에르주 백작의 저택을 감옥으로 사용했던 콩시에르쥬리가 있는 명소이다. 전에 에펠탑 근처에서 출발하는 센강의 유람선을 탔던 때 이 섬을 돌아가면서 방송으로 강가의 유서 깊은 건물들을 설명하던 기억이 난다.

식물원

시테섬에서 센강을 따라 '미테랑 국립도서관' 쪽으로 오다가 자연사박물관 옆에 있는 식물원에 들렀다. 이곳은 옛날 왕립 병원의 정원 주위에 식물 학교와 자연 역사관, 약국 등을 지었다고 한다. 파리에서 가장 큰 공원 중에서 하나라고 하는데, 큰 나무가 터널을 이루는 산책길이 길게 이어져 있고, 각종 예쁜 꽃을 잘 가꾸어 놓았다.

입구에 많은 스쿨버스들이 주차되어 있었는데, 들어가서 보니 유치원생들로 보이는 아기들로부터 초등학생, 중등학생들까지 많은 학생들이 단체로 체험학습을 나와서 선생님들의 설명을 열심히 듣고 있었다. 산책을 하면서 예쁜 여러 가지 색의 아네모네와 아이리스꽃 사진을 많이 찍고 집에 돌아오니 5시 30분이다. 오늘도 1시간 정도 앉아서 쉬었던 시간을 제하고도 4시간은 넉넉히 걸은 셈이다.

🌐 모네의 정원 지베르니(Giverny) ▶ 2009년 5월 21일

파리에서 북서쪽으로 약 85㎞쯤 떨어진 곳에 '모네의 정원'이 있는 지베르니(Giverny)라는 작은 마을이 있다. 모네(Claude Monet, 1840년~1926년)가 노르망디 지방을 여행하다 이곳을 발견하고 너무 좋아 지금의 집에 세(貰)를 얻어 살다가 얼마 후 매입하고 주변의 땅까지 사들여 오늘의 정원을 만들었다고 한다. 그의 나이 43살 되던 때인 1883년부터 86살에 생을 마감하던 1926년까지 43년 동안, 정확하게 생애의 절반을 이곳에 살면서 손수 디자인하여 가꾸었던 아름다운 정원은 물론 마을 전체가 그가 남긴 많은 작품의 소재가 되었던 곳이다.

그림을 공부하거나 미술품을 애호하는 사람들이 많이 찾는 곳이라고 하지만, 우리 같은 보통 여행객들도 가볼 만한 곳이라기에 크게 기대하지는 않고 딸이 가자는 대로 따라나섰다.

그러나 고속도로를 따라 펼쳐지는 시원한 초원과 여기저기 숲이 우거진 시골길을 따라 달리는 동안 목적지는 제쳐두고라도 우선 가는 길이 참 좋은 코스를 선택했구나 하는 생각을 하게 되었다.

오후 1시가 넘어 도착했는데, 두 군데나 있는 꽤나 넓은 주차장에 빈자리가 없어 약 30분 동안 빙글빙글 돌다가, 마침내 빠져나가는 차를 발견하고 그 자리에 차를 세웠다. 우선 배가 고파 주차장 옆 풀밭에서 준비해간 점심부터 먹었다. 다른 사람들도 그렇게 하는 것처럼….

이곳뿐만 아니라, 파리 시내는 물론이고 대부분의 관광지의 카페에서 식사를 하려면 우리 같은 서민들에게는 부담이 너무 크다. 식사가 1인당 20유로 이상(약 36,000원), 음료수가 3유로(5,400원)씩이니 3명이 한 끼 식사를 하려면 우리 돈으로 최소 12만 원 이상을 써야 하니, 웬만한 사람들은 가능하면 우리처럼 집에서 먹을 것을 준비해가는 모양이다.

점심을 먹고 모네의 정원에 가기 위하여 마을로 들어갔다. 먼저 온 사람들이 입장하기 위하여 기다리고 있는 줄이 약 200m나 늘어서 있는데 그 줄이 도무지 줄어드는 기색이 없다.

기다리다가 어찌 된 영문인지 알아보기 위하여 출입구 쪽으로 가보았더니 입장한 사람들의 혼잡을 피하기 위하여 관람을 마치고 나오는 사람의 수만큼만 입장을 시키고 있었는데 한참을 기다려서 한두 사람씩 들어가고 있었다.

차례를 기다려 입장을 하려면 어림잡아 4시간 이상 기다려야 할 것 같아 모네의 집 관람은 포기하고, 가까운 곳에 있는 '아메리캥 지베르니 미술관'과 주변에 조성된 아름다운 정원 그리고 모네가 잠들어 있는 무덤을 찾아보기로 했다.

많은 훌륭한 예술가들이 그랬던 것처럼 모네 역시 젊은 시절에는 그 예술성을 인정받지 못하고 어려운 시절을 보냈다. 그러던 그가 인상주의 미술의 선구자가 된 것은 낙선자 전람회(Salon des Refuses)에 출품한 〈풀밭 위의 점심〉과 〈올랭피아〉로 혹독한 비난의 대상이 되었던 것을 계기로 마네(1832년~1883년), 드가(1834년~1917년), 세잔(1839년~1906년), 시슬레(1839년~1899년), 르누아르(1841년~1919년) 등과 함께 새로운 회화에 대한 토론과 연구를 통하여 강렬한 빛과 자연을 소재로 한 미술활동을 시작하였다.

1874년 그들의 첫 전람회인 '화가, 조각가, 판화가, 무명예술가협회전'을 열었고, 이때 출품된 그의 작품 〈인상, 해돋이(Impression Sunrise〉의 제명(題名)을 따서 한 미술기자가 '인상파 전람회'라고 조롱 섞인 기사를 신문에 발표함으로 인상파라는 이름을 얻게 된 기원이 되었다고 한다.

마을 골목을 지나면서 사진을 찍는데 지나던 관광객 두 사람이 뒤에서 손을 흔들며 반가워한다. 이들의 천진스런 모습도 여행에서나 만날 수 있는 재미있는 일일 것이다. 마을 전체가 정원이고 그림의 소재이며 관광상품이다.

마을 외곽으로 나가는 곳에 작은 교회가 있고, 옆에 지금 한창 보수공사 중인 모네의 기념관의 외부에 화판을 든 만년의 모습 사진이 걸려 있었다.

교회를 안고 뒤로 돌아가면 공동묘지가 있고, 그 아래 맞은편에 그다지 화려하지 않은 모네의 가족묘가 있다. 묘 위에는 그가 생전에 가꾸었던 정원의 꽃들만큼 화려하지는 않지만, 그래도 평소 좋아하던 자연스런 꽃들이 피어 있어 그의 영혼을 달래주고 있는 듯하다.

강렬한 빛 속에서 그림을 그리다가 시력의 손상을 가져왔지만 '시력을 잃는 한이 있더라도 화실에서보다는 그 강렬한 빛 속에서 그림을 그리겠다' 고 했던 그의 정열과 영혼이 편히 쉬고 있는 무덤을 뒤로하고 나는 또 한 명의 불운했던 천재 화가 빈센트 반 고흐를 만나기 위해 오베르 쉬르 우아즈(Auvers Sur Oise)를 찾아 떠난다.

빈센트 반 고흐가 잠들어 있는 곳 오베르 쉬르 우아즈

빈센트 반 고흐(Vincent van Gogh)가 스스로 생을 마감하기 전 마지막 70일간 모든 정열을 불태우며 수많은 불후의 명작들을 남겼던 곳, 오베르 쉬르 우아즈(Auvers Sur Oise)는 지베르니에서 파리 쪽으로 30분쯤 되돌아 달려가다 갈라져 들어간다. 오후 5시가 넘어서 고흐의 자취를 찾아가기 위하여 모네의 정원과 그의 무덤이 있는 마을 지베르니를 출발하여 왔던 길을 되짚어 돌아간다. 다시금 내 눈앞에 펼쳐지는 이국의 5월 푸른 초원, 이 무슨 엉뚱한 생각일까? 마치 내가 오랫동안 그리워하면서 찾아가지 못하던 유년시절의 고향을 찾아가는 기분이다. 참 이상하다. 나는 내 생의 3/4을 도시에서 살았고 농촌에서 살았던 기간은 그만큼 짧았지만, 내 마음의 밑바닥에는 그 짧았던 세월이 더 많은 부분을 차지하고 있으니, 지금도 바보처럼 현재보다는 과거를 안고 살고 있는지 모른다.

10여 분을 달려가다 중간에 강과 숲이 아름답고 물레방아가 돌아가는 곳에 아름다운 카페가 있어 잠시 차를 멈추고 고향 같은 그곳의 사진도 몇 장 찍는다.

오베르에 도착하여 처음 들른 곳이 고흐 공원. 그의 사후 10년이 지나서야 사람들이 그에 대하여 관심을 가지게 되었지만, 이곳이 고흐 공원으로 명명되고, 동상까지 세워진 것은 훨씬 후의 일이 아닌가 생각된다.

불과 70일을 이 마을에 살면서 72점의 명화를 남겼지만, 당시의 사람들은 그의 유작들을 한갓 이름 없는 가난한 화가의 보잘것없는 습작에 불과한 것들로 생각했을 것이다. 1890년 37세의 젊은 나이에 고흐가 스스로 생을 마감한 충격에 세상에서 그 누구보다 형을 존경하고 사랑했던 동생 태오마저 병사하고 만다. 두 달 사이에 시아주버니와 남편을 잃게 된 태오의 아내가 그의 유품들을 소중하게 정리하여 고향 네덜란드로 돌아갔을 때, 그녀의 가족들은 쓸데없는 것들을 내다 버리라고 푸대접했지만, 그녀는 고흐가 세상을 떠난 지 10년 후에 전시회를 통해 세상 사람들로 하여금 그의 천재성을 인정하도록 만들었던 것이다.

일찍이 형의 천재성을 믿고 어려움 속에서도 물질적, 정신적 든든한 후원자가 되었던 동생 태오와 태오의 아내가 아니었다면 위대한 천재도 세상에 빛을 보지 못하고 영원히 묻혀져 버렸을지도 모른다.

남편마저 세상을 떠나고 홀로 남게 된 그녀는 형제간에 주고받은 668통의 편지를 모아 책으로 발간하였고, 생전에 단 한 점의 그림밖에 팔리지 않았던, 이름 없이 살다가 간 시아주버니의 천재성을 세상에 알리기 위하여 노력한 그녀의 열정이 아니었다면 지금 세계 미술경매시장에서 사상 최고가에 팔리고 있는 그의 그림들이 어떻게 보존될 수가 있었을까를 생각하게 한다. 가난과 병마와 고독 속에서 37년의 짧은 인생을 살다 간 천재 화가 빈센트 반 고흐. 당시에 그와 가까이 지낸 사람들은 동생 부부 말고도 그를 치료했던 가셰박사와 편지를 전해주던 우체부 그리고 고갱과 같은 후기 인상파 화가들 몇 명이 있었지만, 동생 부부를 제외하고는 대부분이 다 그의 곁을 떠나고 말았다. 뜻이 맞아 이곳까지 내려와 같이 그림을 그리며 서로를 격려하던 친구 고갱도 그의 괴팍했던 성격 때문에 애절한 만류에도 불구하고 그 곁을 떠나버렸고, 그와의 결별이 병세를 더 악화시켜 자기의 귀를 자르게 되는 결과를 가져오기도 했을 것이다. 그의 재능을 인정하고 가까이 지내며 그를 치료해주던 가셰박사도 그의 딸과의 관계 때문에 나중에는 경계하며 멀리하게 되었다.

그의 그림 〈오베르의 교회〉의 실제 모습은 지금 보수공사를 하고 있었다. 동생 태오는 형의 생활비와 그림 그릴 뒷바라지를 하기 위하여 갓 태어난 아이의 우윳값이 모자랄 정도였고, 조카가 영양실조로 입원치료를 받아야 할 처지에 있었던 것을 알게 된 고흐는 이 모든 것들이 자기 때문이라는 죄책감에 스스로 생을 마감할 결심을 했을지도 모른다고 말하는 사람들도 있지만, 하루에 한 작품 이상씩 제작하는 바쁜 일정에서 시간이 얼마 없다는 편지를 쓰기도 했던 것을 보면 자기에게 주어진 시간을 그리고 남겨야 할 유산을 미리 알고 있었던 것은 아니었을까?

나는 책을 통해서 그의 이야기를 읽거나 그의 그림을 대할 때마다 생각했었다. 피를 나눈 동생은 동생이었으니 그럴 수 있다지만, 그런 남편에게 바가지를 긁을 만도 한 동생 태오의 아내는 어떻게 그렇게 시아주버니의 뒷바라지를 불평 없이 할 수 있었을까?

그리고 그들의 사후 존경과 사랑으로 끈끈하게 이어졌던 우애를 세상에 알리는 일까지 할 수 있었던 그녀가 한없이 존경스럽다는 생각을 금할 수가 없었다. 그가 마지막으로 살았던 하숙집을 찾아보고 마을 안에 있는 그가 그렸던 그림의 현장과 그가 거닐었던 골목길을 따라 걸으면서 불운했던 한 위대한 예술가가 남긴 유산들을 떠올려 보면서 그가 동생과 함께 잠들어 있는 공동묘지를 찾아가려다가 돌아갈 시간이 너무 늦을듯하여 발길을 돌려 돌아왔다.

5월 22일 늦은 시간까지 전날 다녀온 지베르니와 오베르의 잔상을 정리하여 블로그에 올리다 남겨두었던 부분을 다음 날(5월 23일) 올리려고 컴퓨터를 켰다가 노무현 전 대통령의 서거 소식에 충격이 너무 컸다. 26일까지 아무것도 할 수가 없었다. 무엇을 하고 싶은 의욕이 일어나지 않아 멍청히 있다가 27일에야 정신을 가다듬었다. 속마음으로만 좋아하던 그분의 영전에 꽃 한 송이 바치지 못하고 영결식까지 마친 6월 1일에야 나는 서울에 돌아갔다. 부디 편안한 안식이 있는 세상에서 영면하시기를 진심으로 빌었다.

몽수리 공원에서 만난 토마스 페인 ▶ 2009년 5월 16일

벼룩시장을 찾아

파리에 있는 벼룩시장 중에서 한 군데를 구경하려고 했었다. 인터넷을 검색하여 찾아보니 규모가 크고, 고가의 화려하고 값비싼 좋은 물건들이 있는 시장은 북쪽 외곽 포르트 드 클리냥쿠르(Porte de Clignancourt)역 근처 로지에르 거리(Rue des Rosiers)에 있고, 의류나 생활용품 등이 많이 판매되는 곳은 동쪽 외곽 포르트 드 몽테레이유(Porte de Montreuil)역 근처에 있으며, 남쪽의 포르트 드 방브(Porte de Vanves)역 근처의 시장에서는 값이 제일 저렴한 물건들이 판매되고 있다고 하여 먼저 그곳을 가보기로 하고 오전 11시 조금 넘어서 집을 나섰다.

우리처럼 구경할 시간이 넉넉한 사람들은 버스나 지하철을 타고 다니는 것보다 웬만하면 걸어 다니면서 보는 것이 하나를 보더라도 더 자세히 볼 수 있다는 생각 때문에 오늘도 걷기로 작정을 한 것이다. 집을 나서기 전에 미리 지도를 보고 목적지까지 가면서 지나갈 곳을 점검했다. 프랑스국립도서관에서 센강을 따라 이어지는 길, 케드 라 가르(Quai de la Gare)를 따라 동쪽으로 가다가 외곽 순환 도로를 만나면, 메세나 로(BD Massena), 켈레르만 로(BD Kellermann), 쥬르당 로(BD Jourdan)를 거쳐서 브렌느 로(BD Brune)에서 포르트 드 방브(Porte de Vanves) 전철역으로 가면 우리가 찾는 벼룩시장을 갈 수 있었다. 중간에 몽수리 공원이 있어서 거기 들러 집에서 준비한 점심도 먹고 산책도 할 참이었다. 처음 강변로를 따라 외곽도로까지 갈 때는 '시내 중심가와 많이 다른 파리의 모습이구나' 하고 생각을 했는데, 외곽도로를 따라 걷다 보니 길도 넓고 거리도 깨끗한 것이 마치 한국 어느 도시의 외곽 신흥 개발지역을 보는 듯하다. 또 한자(漢字)로 표기되어 있는 여행사며 식당의 간판이 많은 것을 보니 중국인들이 모여 사는 곳인 모양이다. 한참을 걷는데, 서울의 잠실 운동장 규모의 종합경기장에서 운동경기가 진행 중인지 함성이 울려 퍼지기도 한다. 사진을 몇 장 찍으면서 천천히 걸으니 오후 2시가 넘어 일차 목적지인 몽수리 공원이 나타난다.

토마스 페인

길가에 공원으로 들어가는 옆문이 있어 들어가니 가까운 곳에 황금색 도금을 한 동상이 서 있다. 가까이 가서 보니 토마스 페인의 동상이다. 토마스 페인(Thomas Paine, 1737년~1809년)은 영국에서 태어났으나 미국의 독립과 프랑스 혁명에 결정적인 역할을 한 사람이다. 젊은 시절 영국에서 세무공무원으로 있을 때 공무원들의 부조리를 척결하기 위하여 건의서를 상부에 올렸다가 오히려 직장에서 쫓겨나기도 했었다. 그가 운명적으로 미국 독립선언서를 작성한 제퍼슨을 만난 후, 미국으로 건너가 신문기자로 활동하다가 혁명가로 변신, 당시 미국과 유럽에 가장 큰 영향력을 끼친 세계적인 인물이 되었던 것이다. 제퍼슨의 독립선언서에 대부분 그의 주의 사상이 채택될 정도였으나 결국은 그의 영향력으로 기득권을 차지한 사람들에게 배척을 받았다. 하지만 후세 사람들은 존경의 표시로 동상을 세웠을 것이다.

그가 쓴 『상식(Common Sense』과 『인권(Rights of Man』이 미국과 프랑스 국민들을 독립전쟁과 혁명의 대열에 적극적으로 동참케 했다는 평가를 받고 있다. 그는 『상식』의 서문에서 당시의 미국 사람들에게 "그릇된 것에 대하여 아무 생각도 하지 않는 것이 오랜 습관으로 굳어지면, 그 그릇된 것은 표면상 '옳은 것' 처럼 보이게 된다. 이렇게 될 경우 처음에는 습관을 지키려는 무서운 아우성이 일어난다. 그러나 소동은 곧 가라앉기 마련이다. 시간은 이성보다 더 많은 개종자를 만들어낸다."라고 그의 생각을 주지시켰던 사람이다.

파리국제교류재단 뜻밖의 안내자

아내가 그의 동상 아래 나를 세워놓고 사진을 찍고 있는데, 지나가던 우리 또래의 부부가 말을 걸어온다. 나는 불어를 못 하지만 영어로는 대화가 통할 수 있다고 했더니 유창하게 영어로 이야기한다. 그들의 눈에도 우리가 어설픈 이방인으로 보였는지 파리에 언제 왔고 언제까지 머물 것이며, 어디에서 왔느냐 등등 이야기를 하다가, 자기들이 이 공원 건너에 있는 파리국제교류재단(Cite Internationale Universitaire de Paris)의 인도관(印度館)에서 인도 문화소개의 일환으로 요가 홍보행사를 하는데, 자기들은 그 행사를 돕기 위해 가고 있다면서 우리가 원하면 40개국의 건물들과 그 나라에서 온 유학생들, 연구원들의 생활과 문화를 안내해 주겠다는 것이다. 나중에 이야기를 나누다 알게 되었지만, 자기들은 건축 디자인 일을 하다 은퇴하였으며, 10년 이상 요가를 수련해오고 있고, 지금은 프랑스와 인도 문화교류회에서 자원봉사를 하고 있다고 했다.

이곳의 관광은 우리의 계획에 전혀 없었지만, 나는 생각 못 했던 행운을 기꺼이 받아들이기로 하고 그들 부부의 뒤를 따랐다. 그렇지 않아도 우리끼리 돌아다니면서 불어를 몰라서 설명해놓은 것을 보고도 '그게 그건가 보나' 하고 그냥 지나치기가 일쑤였는데, 내가 알아들을 수 있는 말로 안내하는 자원봉사를 하겠다는데 고맙기가 이루 말할 수 없었다. 거기다 자기들이 들고 가는 이 가방에는 행사에 참석하는 사람들에게 제공하기 위해 집에서 손수 만든 음식이 있는데 우리에게도 제공해주고 싶다며 즐거워한다.

파리국제교류재단(Cite Internationale Universitaire de Paris)

1924년부터 짓기 시작하여 현재 세계 40개국의 문화관을 갖고 있으며 각 나라의 문화관마다 그 나라 출신 젊은 학생들이 기숙사로 사용하면서 서로 문화를 교류하고 있다. 아쉽게도 이곳에 한국 문화관은 없었다.

먼저 들어간 인도 문화관에는 아래층 홀에 간디의 흉상이 유리 상자에 보호되어 중앙에 세워져 있고, 그 옆 조금 아래쪽에는 머리와 수염이 모두 하얀 도인 같은 시인 타고르가 프랑스의 시인 로망 롤랑과 대화하는 모습의 사진이 벽에 걸려 있다. 안내에 따라 2층으로 올라가니 큰 홀에 백 명이 넘을 듯한 사람들이 의자에 앉아 행사를 기다리고 있었다. 프랑스인 행사 진행자에게 우리를 소개하면서 불어를 모른다고 소개한 모양이다. 젊은 행사 진행자가 내게 영어로, 모든 행사가 불어로 진행될 터인데 끝까지 참석하겠느냐고 묻는다. 우리는 상관없이 그냥 참석하겠다고 말하고 권하는 의자에 앉았다.

안내한 아주머니가 종이접시에 담아다 주는 음식을 먹으면서 참여하였다. 컴퓨터 프로그램으로 인체 사진에 표시한 각 부위의 역할에 대한 설명이 1시간 정도 이어지고 인도 음악을 들으면서 명상하는 시간, 인도 무희가 고유의 무용을 보여주었는데, 이는 무용이라기보다 진솔한 신앙 기원을 보고 있는 느낌이었다.

인도관을 나오니 벌써 오후 4시가 지났다. 스웨덴, 멕시코, 러시아, 노르웨이, 독일, 일본 등의 기숙사는 밖에서만 대강 보고 사진만 몇 장 찍고 다음으로 들어간 곳이 국제관이다.

이곳은 극장, 음악당, 식당, 회의실, 넓은 공연실 등이 모두 갖추어진 곳인데, 여기 기숙사에 거주하는 학생들뿐만 아니라 일반 시민들도 이용할 수 있는 곳이라고 한다. 처음 공연실로 들어가니 동양의 젊은이들이 자기의 민속무용을 공연하고 있는데 인도네시아나 말레이시아 학생들인 것 같다. 우리의 젊은이들도 이들처럼 우리의 고유 전통문화를 다른 나라에 알리는 기회가 주어지지 않았음이 안타깝다. 아마도 당시 우리의 국력이나 외교가 지금 같는 못했기 때문이리라.

벼룩시장

오후 5시가 넘어 밖으로 나오니 파리 특유의 날씨답게 갑자기 비가 내린다. 비가 그칠 때까지 기다렸다가 가겠다고 했지만 굳이 자기들 차로 포르트 드 방브역까지 태워다 주겠다고 해서 또 신세를 졌다. 차 안에서 그분들이 한 가지 중요한 정보를 주어서 우리의 오늘 계획이 하나 늘어났다. 오늘 파리 시내의 박물관의 밤 특별행사를 하기 때문에 시내에 있는 모든 박물관이 무료로 개방을 한다는 것이다. 그래서 아내가 전부터 관람하고 싶어 하던 오르세박물관을 늦더라도 가기로 했다. E-mail 주소와 전화번호를 교환하며 화요일 이후에 자기 집을 꼭 방문해 달라는 말을 하고 우리를 내려 주었다.

포르트 드 방브역에서 벼룩시장을 찾기가 막막하다. 몇 번을 물어서 500m쯤 떨어진 곳을 찾아갔더니 아까 내린 비 때문인지 벌써 짐을 거둔 점포도 있다. 잡다한 물건들을 팔고 있는 노점상들이 넓은 광장에 들어차 있는 것이 마치 성남의 모란시장과 흡사하다. 민속복장을 하고 민속춤을 추면서 관광객을 끌기도 하고, 전래 동화 같은 극을 연출하는지 옛날 복장의 남녀가 칼, 활 또는 망치 같은 소품을 들고 있기도 한다.

원래 무엇을 사기 위하여 간 것도 아니고 구경만 하기 위해서 갔기 때문에 사진만 몇 장 찍고, 오르세박물관으로 가기 위하여 지하철을 타러 가는데, 다시 길을 잃었다. 처음 온 곳에서 모르는 길을 묻는 것이 수치가 아닌데도 될 수 있으면 길을 묻지 않고 추측하여 길을 찾다가 낭패를 본 것이 처음은 아니다. 할 수 없이 행인에게 길을 물어보니 반대방향으로 가라는 것이다.

오르세박물관 무료 관람

오후 7시쯤 오르세박물관역에서 내리니 줄을 선 관람객이 박물관 앞 광장을 메우고 있다. 한참을 기다려 우리가 입장할 무렵 뒤를 돌아보니 역시 줄을 선 관람객은 광장을 가득 메우고 있다. 평소 입장료가 7.5유로(약 13,000원)인데 오늘 무료입장을 시키기 때문일까? 사람들이 공짜를 좋아하는 것은 세상 어디에서나 마찬가지인 모양이다.

오르세미술관은 1848년부터 1914년 시기의 모든 미술작품을 선보이고 있는 곳이다. 우리에게 잘 알려진 로댕의 조각, 마네, 모네, 르누아르, 고흐, 고갱, 밀레 등 수많은 작가들의 그림과 우리가 알지 못하는 유명한 사람들의 작품들이 수를 헤아릴 수 없을 만큼 많이 전시되고 있다.

평소 관람시간은 매일 아침 9시 반부터 저녁 6시, 매주 월요일은 휴관이며, 목요일은 저녁 9시 45분까지이고 입장마감은 오후 5시와 목요일은 저녁 9시, 전시실 퇴실은 오후 5시 반과 목요일은 저녁 9시 15분인데, 오늘만은 특별 예외로 올 나잇 개방한다고 한다.

우리는 엘리베이터로 5층으로 올라갔다가 2층으로 내려와 관람하는 동안 우리가 아는 화가들의 많이 보아왔던 그림들의 사진을 찍고 대충 돌아 나왔는데도 3시간이 넘게 걸렸다. 저녁 11시가 넘어 박물관을 나와 집에 돌아오니 밤 11시 40분이다. 오전에 집을 나온 지 12시간 만에 피곤한 다리를 하고 돌아왔지만 다른 날보다 소득이 많았던 날이다.

🌐 파리에서 만난 화가 장 폴 씨 ▶ 2009년 5월 27일

지난 5월 16일 몽수리 공원에서 우연히 만나서 생각하지도 않았던 파리국제교류재단을 둘러볼 수 있도록 친절히 안내해주었던 폴(Allard Jean Paul)과 자클린느(Jacqueline) 부부 생각이 났다.

그날 벼룩시장을 구경하려는 우리를 자동차로 태워다 주기까지 하면서 자기들의 집을 꼭 한번 방문해 달라고 전화번호와 자기 집을 찾아오는 교통편까지 메모해주었었다. 처음 만난 사람에게 베푸는 친절이 진실된 것 같아서 참 좋은 사람들이라는 생각을 했었다. 또 그들이 그날 밤(5월 16일)이 '미술관의 밤 행사' 이기 때문에 전 유럽 42개국 2,750군데의 모든 미술관이 무료로 밤 12시까지 개방한다는 정보도 알려주어서 우리는 15유로(약 27,000원)를 들이지 않고 오르세미술관을 관람할 수도 있었다.

서울로 돌아오기 전에 꼭 찾아보려고 했었는데, 그동안 그들이 스페인의 바르셀로나에 살고 있는 딸에게 다녀왔고, 그사이 우리는 파리 시내 구경, 지베르니의 모네 정원과 오베르의 빈센트 반 고흐가 살던 곳을 다녀왔고, 5월 23일 이후 4일 동안은 아무 곳에도 가지 않고 집에만 있어서 오늘에야 전화로 오후 우리의 방문이 괜찮겠느냐고 물으니 환영이란다.

그들이 살고 있는 곳은 파리시의 외곽 일드프랑스의 이베트역에서 가까운 곳에 있다. 알이알(RER)이라고 하는 시내를 관통하여 외곽까지 가는 전철은 메트로라고 하는 시내만 운행하는 전철과 연계되기는 하지만 명칭은 구분되어 있다. 시내버스와 시내 전철을 같이 활용할 수 있는 표가 1.6유로인데 비하여 그 값이 거리에 따라 다르기는 하지만 상당히 비싼 편이다. 서울에서 수원 정도의 거리에 1인당 4.2유로이니 우리 돈으로 7,500원쯤 하는 셈이다. 1시간 걸려 내린 곳이 Gif Sur Yvette역이다.

역에 도착하여 전화하면 차를 가지고 나오겠다고 하였지만, 휴대폰을 가지고 있지 않아서 공중전화를 이용하려는데, 공중전화가 카드로만 사용하게 되어 있었다. 전화카드도 없어 망설이고 있다가 지나가는 고등학생으로 보이는 여학생에세 사정을 이야기하니 자기 휴대폰을 사용하라고 한다. 전화를 끝내고, 휴대폰의 사용 요금을 주려는데 한사코 사양을 한다. 고마운 마음만 전하고 보냈다.

오래지 않아 나온 장 폴 씨의 차가 작은 숲을 지나 역시 숲속에 있는 마을 그의 집에 도착하여 안내하는 거실로 들어가니, 이건 거실이 아니라 하나의 작은 화랑이다. 눈이 동그래진 내가 미술관처럼 무슨 그림이 이렇게 많느냐고 물으니, 자기가 그린 그림이라고 하며 2층에 있는 그의 화실을 보여주는데 또 놀랐다. 스스로 아마추어 화가라고 말하지만, 내 눈에는 그가 아마추어의 수준을 훨씬 벗어난 중견 화가쯤 될 듯싶다.

한국에는 한 번도 가보지 않았다면서도 그의 아내를 그리면서 배경으로 한국의 전통가옥을 그려 넣을 만큼 한국의 문화와 전통을 좋아한다고 한다. 물론 동양에서는 인도를 제일 좋아하여 2년 전 5개월 동안이나 인도를 여행하면서 그림을 그리기도 하고, 스케치도 해와서 그 후 그린 대부분의 그림들이 그때 스케치했거나, 받았던 영감들이라고 한다.

그를 처음 만났을 때, 그는 내게 엔지니어링 회사에서 디자이너로 근무했다고 해서 은퇴 후 한가하게 놀고 있으면서 요가로 건강을 지키는 평범한 사람인 줄만 알았었다.

그런데 그는 일 년에 한두 차례씩 예술가들과 일반인들에게 자기의 집을 공개해 자기의 작품을 평가하게 하고, 토론을 즐기는데 금년에도 6월 15일부터 2일간 개방을 한다고 한다.

나는 그의 그림 한 점을 갖고 싶은 마음이 있었지만, 이야기를 하는 도중에 그가 자기의 그림에 얼마나 애착을 갖고 있는가 하는 것을 느껴 감히 말을 꺼내지 못하고, 다만 멀지 않은 장래에 당신이 유명한 화가가 되었다는 소식을 듣게 되기를 희망한다고 말해주고, 그때는 나도 당신의 그림 한 점쯤 갖게 될 수 있기를 바란다고 말했더니 그도 즐거운 마음으로 그렇게 되기를 바란다며 환하게 웃었다.

자기의 그림을 설명하면서 포즈를 취해주는 장 폴 씨는 마음이 참 부드러운 사람이다. 자클린느는 베트남의 호지밍시에서 태어나 두 살 때까지 그곳에서 살다가 파리로 오게 되어서인지는 몰라도 부부가 모두 동양의 종교나 철학에 관심이 많은 사람들이다.

거실과 화실 그리고 2층 화실로 올라가는 계단의 벽에도 지하 침실로 내려가는 계단에도 모두 그림들로 채워진 집 안은 말 그대로 미술관이다.

집안과 정원까지 보여준 그들은 이제 그들의 산책코스인 마을에 연이어 있는 숲으로 우리를 안내하겠다고 해서 기꺼이 따라나섰다. 자동차가 충분히 다닐 수 있을 만큼 넓은 마을 길, 집과 집 사이에 있는 울타리와 정원들이 모두가 예술적으로 가꾸어 놓은 화원이라고 해야 좋을 듯하다.

조용한 마을을 벗어나 숲속으로 난 산책길을 들어서니 울창한 상수리나무들이 하늘 높이 솟아 있다. 이 마을이 조성된 것이 29년이 되는데, 그들은 그때부터 여기 살기 시작했다고 한다.

산책을 하다가 전망이 좋은 곳에서 건너편 숲속의 아름다운 마을을 카메라에 담았다. 예술가들이 보여 사는 마을다운 그림 같은 풍경이다. 숲길을 돌아 나오니 한 시간쯤 소요된 듯하다.

다시 그들의 집으로 돌아와 차와 쿠키를 대접받았는데, 우리가 가지고 간 홍삼차를 내왔다. 건강에 좋은 차라고 자랑을 했더니, 그들도 잘 알고 있었다. 홍삼차는 외국인들에게도 홍보가 많이 된 모양이다. 차를 마시는 도중에 인도여행 때 그곳에서 샀다는 한국의 둥굴레차를 보여주면서, 사용설명서나 상품명이 모두 한글로만 표기되어 있어서 한글을 모르는 자기들은 어느 나라 제품인지 알 수가 없었다고 한다. 외국에 수출하는 기업들은 상품 포장에 대해서도 생각해볼 문제인 것 같다.

🌐 알렉상드르3세교와 그랑 팔레 미술관 ▶ 2009년 5월 18일

앵발리드 앞 넓은 길을 따라 알렉상드르3세교를 건너 그랑 팔레와 푸티 팔레 미술관을 지나면 바로 샹젤리제가로 이어진다.

로댕박물관에서 나와 큰길을 따라 나오니 많은 사람들이 시위를 하고 있었다. 오늘 VIP가 이 길을 지나게 되는 것을 이용하기 위한 듯하다. 군중들의 얼굴을 보면 인도 계통의 사람들인 것 같은데, 스피

커를 들고 선창하는 사람을 따라 손에 피켓을 들고 구호를 외치는 폼이 무엇을 주장하는 것이 아니라 호소하고 있는 듯하다.

플래카드에 프랑스 대통령, 반기문 유엔 사무총장, 독일 총리와 그 외 유럽의 국가원수들의 사진이 있고, 그 아래 팔다리에 심한 상처를 입은 어린아이들의 사진이 있는 것을 보니 아마도 유엔과 서방 선진국들에게 어떤 피해를 입고 있는 어려운 지역을 지원하는 정책을 요구하는 듯하다.

파리에서 가장 아름답고 화려한 장식을 한 다리인 알렉상드르3세교의 난간 네 귀퉁이에는 아름다운 조각에 황금 도금으로 장식되어 있다. 파리를 찾는 사람들 중 이 다리를 지나는 사람들은 한 번씩 이 다리와 그랑 팔레 미술관을 배경으로 사진을 찍는다.

1892년 러시아와 프랑스의 동맹을 기념하기 위하여 1900년 파리에서 개최되는 국제박람회를 위해 1896년부터 짓기 시작하여 1900년에 완성되었다는 것이다.

다시 사진을 몇 장 찍고 다리를 건너 그랑 팔레 미술관과 푸티 팔레 미술관이 길을 사이에 두고 마주 보고 있는 길을 따라가면서 또 사진을 찍는다. 특히 그랑 팔레의 지붕 네 귀퉁이에 있는 전차를 모는 말의 청동상이 유명하고, 푸티 팔레의 입구 문이 역시 금 도금으로 화려하게 장식되어 있어 보는 사람마다 경탄하게 한다.

미술관 관람은 하지 않고 건물 이부이 사진만 찌고, 그냥 샹젤리제 거리로 걸어갔다. 그 길에서는 윈스턴 처칠, 볼리바르 그리고 클레망소와 같은 위대한 사람들이 변함없는 모습으로 자리를 지키며 2년 전과 마찬가지로 나를 반갑게 맞아주었다.

개선문에서 콩코르드 광장을 통하고 튈르리 정원을 지나 루브르 박물관까지 일직선으로 연결되는 파리 시내에서 가장 넓은 길이다.

1805년 아우스터리츠 전투에서 나폴레옹이 전쟁터에서 군인들의 사기를 진작시키기 위하여 이 전투를 끝내면 여러분들은 개선문을 통과하여 집으로 돌아갈 것이라고 약속을 하고 공사를 시작했지만,

사람의 일이란 내일을 알 수 없는 것처럼 유럽 천하가 그 이름에 벌벌 떨던 나폴레옹마저도 그 약속을 지키지 못할 줄을 누가 알았으랴. 이 개선문은 그의 사후 15년이 지난 1836년에야 완공되었다.

프랑스 혁명 당시 수많은 사람들이 처형된 장소인 콩코르드 광장은 루이 15세가 동상을 세우기 위하여 만들었다고 한다. 그러나 그곳에 동상 대신 단두대가 세워질 줄을 누가 예측이나 했겠는가? 파리시의 정중앙에 위치한 이곳이 그 끔찍한 처형 장소에 화합이라는 뜻의 콩코르드라는 부드러운 이름을 붙임으로 사람들의 아픈 기억을 잊게 하려 했다. 지금 이 광장의 상징물인 오벨리스크는 이집트의 룩소르에 있던 것으로 이집트 총독이 루이 필리프 왕에게 선물하여 이곳에 세워졌다고 한다. 곧바로 이어지는 튈르리 정원을 지나면 루브르박물관이다. 처음 방문했을 때 내부를 다 보지 못했지만 일부라도 관람했기 때문에 오늘은 외부만 잠시 둘러보고 센강 쪽으로 발길을 돌렸다.

루브르박물관을 나와 센강을 따라 걸으면 볼거리가 많다. 강가에 화판을 놓고 그림을 그리고 있는 화가들도 있고 강가 시멘트벽 난간에 매달린 노상 점포에서 그림이나 골동품, 서적을 팔고 있는 상점들도 즐비하지만 행인들에게 지장을 줄 정도는 아니다. 강 양쪽으로 이름 있는 건물들과 파리에서 가장 오래된 다리인 퐁네프 다리도, 관광객들을 싣고 다리 밑을 끊임없이 지나가는 유람선도 다 이곳의 관광상품들이다.

퐁네프라는 이름은 '새 다리'라는 뜻을 가졌지만, 퐁네프 다리는 파리에서 가장 먼저 지어진 것으로 1578년 앙리 3세가 시작하여 1607년 앙리 4세가 완성하고 이름까지 붙였다고 한다.

콩시에르쥬리는 원래 시에르주 백작의 사저였는데, 1391년부터 1914년까지 감옥으로 개조되어 사용했던 것을 지금은 깨끗하게 보수하여 음악회와 포도주 시음회가 열리고 있다고 한다.

오후 1시쯤 에펠탑 아래서부터 걸어서 돌아다닌 시간이 4시간쯤 되었다. 시테섬에서 다시 시내버스를 타고 집으로 돌아오니 5시 반이다.

🌐 에펠탑에서 시테섬까지 ▶ 2009년 5월 18일

토요일, 우연히 친절한 프랑스 부부(장 폴과 자클린)를 만나게 되어 일정에 없던 파리국제교류지역 관광과 오르세미술관 관람으로 12시간이나 돌아다니고 집에 와서 관광일기를 정리하느라 늦게까지 컴퓨터에 매달려 새벽 3시까지 시간을 빼앗기고 나니 너무 피곤하여 어제 하루를 쉬었지만, 그래도 피곤하여 오늘까지 집에서 쉬려고 했는데 오전에 날씨가 너무 좋다.

요즘 거의 매일 흐리고 비가 내리고 바람이 불었는데 이렇게 좋은 날 집에 있기가 너무 아쉬워서 오후에 시내 구경을 가자고 아내를 꼬드겼다. 12시가 넘어 집을 나와 근처의 버스 정류장에서 시내버스를 탔다.

파리에 처음 왔을 때도 시내 구경을 다니면서 탔던 같은 노선이어서 지나는 길들이 대강 눈에 익었다. 2년 전 처음 왔을 때, 말로만 듣던 센 강 위의 다리들, 바스티유 광장 역사의 현장에서 보던 오페라 극장의 건물, 파리 대학 옆에 세워진 철학자들의 동상들을 보면서 '아하, 이 모든 것들이 여기에 이렇게 있구나' 하며 감격하던 생각이 다시 새롭다.

에펠탑 앞 잔디광장(상 드 마리스)은 일부가 보수공사를 하느라 출입을 통제하고 있었고, 평화의 문이 서 있는 부근의 잔디밭은 관광객들과 산책 나온 젊은이들이 들어가 사진을 찍기도 하고, 둘러앉아 점심을 먹기도 하고 일광욕을 즐기기도 한다. 우리도 사진을 몇 장 찍고 벤치에 앉아 준비해간 점심을 먹었다.

에펠탑 앞의 상 드 마리스 잔디광장을 지나 평화의 문에서 육군대학 옆을 지나 10분 정도의 거리에 '전쟁기념관' 이나 '나폴레옹의 무덤' 이라고 할 수 있는 앵발리드가 있다.

건물 꼭대기에 황금으로 도색을 하였기 때문에 오늘 같은 날은 유난히 찬란한 황금빛이 더욱 빛난다. 프랑스가 가졌던 많은 무기들이 전시되어 있고, 지금 교회로 사용하고 있는 이 건물 지하에 나폴레옹이 잠들어 있다.

오늘은 대단한 행사가 있고 VIP들이 방문하는 날인 모양이다. 경비가 삼엄하고, 일부는 출입이 통제되고 있었다. 정문에는 방송국의 카메라가 대기하고 있었고, 경비 경찰들이 촘촘히 서 있고 건물 외곽에 기동 경찰차들로 바리케이드를 둘러치고 있기도 하고, 옛날 나폴레옹 군대의 복장을 한 기마병들이 행군해 들어가고 있는 것도 볼 수가 있었다.

프랑스 사람들에게는 위대한 영웅이었던 나폴레옹도 정복을 당했던 당시 오스트리아, 이태리, 스페인이나 이집트의 입장에서는 우리가 일본 침략 시의 이토 히로부미를 보던 시각과 다르지 않았으리라. 앵발리드의 건물을 둘러싸고 있는 이 대포들의 모양이 한국의 강화도에서 보던 모습과 비슷하지만 우리의 것들은 적을 방어하기 위한 것들이었는데 이 대포들은 남의 나라를 침략하기 위하여 있었던 것은 아니었을까?

삼엄한 경비가 펼쳐지고 있는 앵발리드 건물을 돌아 로댕박물관을 찾아가는데 태극기가 금방 눈에 들어온다. 외국에 나가면 누구나 애국자가 된다고 하는 말이 있다. 1966년 군인으로 월남에 파병되었을 때 태극기를 보면서 국내에서 느끼지 못하던 애국심 비슷한 느낌을 가졌던 기억이 난다. 우리 대사관이 아닐까 하고 가까이 갔다. 예상대로 우리 자랑스런 대한민국의 대사관이었다. 문이 굳게 닫혀져 있었고, 작은 샛문에 벨이 있고 용무가 있는 사람은 벨을 누르고 인터폰을 통해 연락을 하라는 안내문을 붙여 놓았다. 모국에서 보던 외국 대사관의 모습과는 너무 다르다.

딱히 용무도 없고 연락할 일이 없어서 아름다운 우리의 태극기만 한 번 더 올려다보고 나오다가 앵발리드의 경비를 서고 있는 경찰에게 로댕박물관의 위치를 물어 앵발리드 건물의 바로 옆길을 따라가니 가까운 곳에 로댕박물관이 나온다.

박물관이 월요일은 문을 닫는다는 것을 생각하지 못했다. 담장

사이로 넓은 정원과 내부에 있다는 전시실 건물이 보일 뿐이다. 밖에서만 둘러보고 외부 건물의 사진만 한 장 찍고 돌아섰다.

집을 떠나는 것과 집에 돌아온다는 것 ▶ 2009년 6월 3일

역시 파리의 상징은 에펠탑과 센강이다. 5월 30일, 며칠간 방 안에만 박혀 있다가 내일이면 서울로 돌아가야 한다는 생각을 하니 아쉬움이 남는다. 가보려고 생각은 했었지만, 미쳐 가보지 못한 곳들을 찾아가 보고 싶어서 아내에게 나가자고 했더니 아내는 집에 남아 딸내미 집 안 청소도 해주고, 밑반찬 준비도 해주고 싶다고 하기에 오후에야 카메라를 들고 혼자 나섰다.

〈인터내셔널 헤럴드 트리뷴(International Herald Tribune)〉지는 횃불을 상징하는 이 기념물을 에펠탑과 샤요궁 사이를 달리는 센강 북변도로 가운데에 세웠다. 이 아래에 있는 지하도에서 1997년 8월 31일 한 파파라치의 추적을 피하려던 영국의 왕세자비 다이애나가 교통사고로 죽었다. 그녀를 숭배하던 사람들은 이곳에 한동안 조화를 바쳤고, 그 때문에 사람들은 이 상징물을 보면 〈헤럴드 트리뷴〉지를 생각하는 것이 아니라 다이애나를 떠올렸다고 한다. 마치 그녀를 추모하기 위해 세운 상징물인 것처럼…. 또 하나의 파리의 상징, 상제리제 거리는 개선문에서 콩코르드 광장을 지나 튈르리 정원과 루브르 박물관까지 일직선으로 연결되어 있다.

영화로도 우리에게 익숙한 〈나는 고발한다〉라는 공개서한을 소설가 에밀 졸라와 함께 신문에 발표하여 드레퓌스 사건을 파헤친 언론인 출신 정치가 클레망소의 동상과 '프랑스의 콧대' 라고 알려졌던 드골의 동상도 상젤리제 거리에서 볼 수 있다.

파리에도 노점상은 있다. 센강을 따라 규격에 맞추어 늘어서 있는 노점상들은 행인들에게 큰 불편을 주지 않는다. 이름 없는 화가들이 그린 그림을 비롯해서 각종 기념품들과 고서적들을 팔고 있었다.

5월 31일, 현지시간 오후 1시 30분 출발하는 에어프랑스는 11시간을 날아 6월 1일 아침 7시 30분에 인천공항에 도착했다. 2년여 전에 다녀왔던 파리를 두 번째 다녀왔지만, 처음 다녀올 때 구경하지 못했던 많은 것들을 보았고, 사진도 많이 남겼다.

무엇보다도 딸아이가 운전하여 다녀온 샹티이, 지베르니, 오베르에서 이름만 듣고 사진에서만 보던 고흐와 모네가 살았던 마을을 내가 직접 거닐면서 그들을 생각할 수 있었던 경험은 오랫동안 기억에 남을 것이다. 그리고 현역 화가 장 폴 씨 부부를 만나 그들이 살고 있는 숲속의 마을에 초대받았던 일도 잊을 수 없는 추억이 될 것이다. 무슨 인연으로 우리는 전혀 예상하지 않던 곳에서 우연히 만나 서로가 따뜻한 정을 느낄 수 있었을까? 예정되었던 내 삶의 한 부분을 채운 것은 아니었을까?

5월 5일 아침 일찍 집을 떠났다가 28일 만에 집에 돌아왔다. 〈홈 스위트 홈〉의 노랫말이 생각난다. 오랜만에 딸내미도 보고, 외국 구경도 하면서 좋은 시간을 보냈지만 역시 편안한 것은 내 집이 최고다. 떠날 때 설레는 것은 돌아올 집이 있기 때문이라고 말을 하지만, 사람은 떠나고 없었어도 집은 그냥 묵묵히 우리를 기다리고 있었다.

그동안은 파리에서 돌아다니며 찍은 사진들을 대충 정리하여 블로그에 올렸지만, 마지막 파리를 떠나기 전날 찍어두었던 사진을 올리지 못하고 남겨두었었다. 여독 때문에 정리하지 못했던 것들을 그날의 사진을 보면서 기억을 되살려 본다. 엊그제 일도 까맣게 생각이 나지 않을 때가 있지만, 사진을 보면 메모해두었던 것처럼 그때의 생각이 생생하게 떠오른다. 그래서 빛바랜 옛날 사진을 보았을 때도 20년, 30년 된 그날의 추억들이 어제의 일같이 무지개처럼 영롱한 빛으로 우리의 마음에 되살아난다.

스위스 국경지대와 프랑스

2012년 10월 20일~12월 27일

아침 9시 30분에 인천을 출발하는 비행기를 타기 위하여 서둘러 새벽 5시에 집을 나섰었다. 인천에서 파리까지 12시간, 파리공항에서 2시간 대기, 파리에서 제네바까지 1시간, 집을 출발한 지 20시간이 넘어서야 목적지에 도착했지만, 그래도 이곳은 여전히 같은 날 오후 5시가 조금 지났었다. 몸은 피곤했지만, 공짜로 8시간을 얻은 것 같아 횡재한 기분이 들었다. 도착하고 오전 동안 집에서 편하게 쉬고, 오후에 스위스와 프랑스의 국경 근처 작은 전원도시인 페르네에 있는 볼테르(1694년~1778년)의 장원(莊園)을 찾았다. 마을 이름이 페르네 볼테르인 이곳 시청 옆 동서로 달리는 도로 한가운데에 그의 동상이 세워져 있다.

볼테르의 동상을 배경으로 사진을 한 장 찍고, 그의 장원을 찾아가는데, 장원 앞길 옆에는 공동묘지가 있다. 이곳 사람들은 공동묘지를 마을 안에 둔다. 가족들이 자주 찾아와서 꽃을 가꾸기도 하고, 묘지 안 곳곳에 설치되어 있는 수도꼭지에서 나오는 물로 묘비와 대리석으로 된 석관 덮개를 정성스레 닦으며 추모의 정을 이어가는 것을 보니, 명절에나 한두 차례 성묘를 하면서 교통지옥을 걱정해야 하는 우리네 문화보다 더 합리적이라는 생각이 들었다. 공동묘지

바로 뒤편에 볼테르의 저택이 있다.

커다란 철문은 잠겨 있고 작은 건물로 들어가는 좁은 문을 통해 들어가니 기념품을 팔기도 하는 방을 통해서 관람객들이 출입을 하도록 되어 있다. 비교적 깨끗하게 보전되어 있는 장원은 마을 서쪽에서 남북으로 달리는 쥬라산맥을 뒤로하고 앞쪽엔 멀리 융프라우의 설산을 바라보고 있는 족히 수만 평은 됨직한 넓은 하나의 영지이다. 이 영지는 그가 1758년 말에 사들였다고 한다. 숲과 목장까지 있는 말 그대로 거대한 장원(莊園)이다. 장원 전체가 마을보다 높직한 곳에 위치해서 사방의 경관을 조망할 수 있다. 앞으로는 멀리 만년설을 머리에 이고 있는 융프라우의 웅장하고 멋진 모습이 한눈에 들어온다. 저택 2층의 발코니는 그야말로 환상적인 전망대다. 저택은 1층의 두세 개의 방만 개방되고 다른 방들은 잠겨 있었다. 저택 앞에는 영지의 사람들을 위한 교회가 지금도 보존되어 있고, 드넓은 정원 앞에는 양들이 풀을 뜯고 있는 목장이 펼쳐져 있으며, 저택의 뒤에는 넓은 후원과 숲이다. 아름드리 마로니에가 후원 중간중간에 있는데, 떨어진 너도밤이 수북하고 보라색, 흰색의 바이올렛이 한창 피어 있다. 후원과 목장 사이에 가로수 터널을 이룬 흙길 산책로가 있어 그 옛날 볼테르가 사색에 잠겨 걸었을 그때를 상상하며 필자도 아내와 함께 한참을 걸어 보았다. 한마디로 자연이 그대로 살아 숨 쉬고 있는 것이 몸으로 느껴진다. 이곳에서 그는 스스로 "앞발은 로잔과 제네바에 걸치고 뒷발은 페르네와 투르네에 걸침으로써, 스위스와 문제가 생기면 프랑스로 가고, 프랑스와 문제가 생기면 스위스로 가는 식으로" 자신의 안전을 도모했다고 한다. 그가 죽은 지 230여 년이 지난 지금 세계가 훌륭한 유산을 남긴 위대한 사상가로 존경하고 있지만, 살아 있는 동안에는 개혁적인 사상 때문에 종교적인 면에서나 정치적 면에서 박해를 받기도 하여, 3년 동안의 영국 망명 시절을 포함하여 국외에서 보낸 시간이 꽤 길었던 것을 생각하면 파리에서 태어나 파리에서 생을 마친 그였지만, 일생을 조국 프랑스에서만 안락하게 살 수는 없었던 모양이다.

오후에는 제네바 시내를 돌아보았다. 2006년도에 아내와 함께 단체 관광으로 몽블랑에 가면서 쫓기는 시간에 레만 호수의 젯토 분수 앞에서 사진 몇 장 찍는 그야말로 주마간산(走馬看山)식으로 지났던 곳이다.

여유를 갖고, 유엔 유럽 본부인 팔레데나시옹(Palais des Nations)을 비롯한 22개의 국제기구와 250개 이상의 비정부기구가 들어서 있는 신시가지 지역과 구시가지까지 겉모습만이라도 둘러 볼 계획이다. 레만 호수를 바라보고 세워진 제네바의 신도시 지역은 구시가지의 동쪽에 위치하며, 호수를 따라 몽블랑 다리까지 이어지고 몽블랑 다리를 지나면 구시가지다. 구시가지는 신시가지와 다르게 건물들이 일정한 높이로 파리의 중세 고풍스러움을 그대로 닮았다. 건물과 건물 사이에 난 도로는 좁지만 바닥은 모두 일정한 규격의 돌을 깔아 도시의 품격을 높이고 있다. 구시가지의 중심은 역시 높은 언덕 위에 있는 미술역사 박물관, 생 피에르 성당과 시청 청사가 모여 있는 곳이다.

팔레데나시옹(Palais des Nations)의 건너편 광장인 '에스플라나드 데 나시옹' (유엔 기념광장)에는 좀 색다른 조형물이 설치되어 있다. 다름 아닌 '지뢰 없는 세계' 를 열망하는 상징물인 '부러진 의자' 이다. 제네바의 명물이 된 '부러진 의자(Broken Chair)' 는 높이 12m에 4개의 다리 중 왼쪽 앞다리가 부러져 있는데 지뢰를 밟아 다리를 잃은 사람의 육신을 상징한다. 레만 호수는 그 면적이 583㎢이라니 가히 그 넓이가 바다와 같다. 알프스의 청정지역이라서 그럴까? 언제 보아도 깨끗한 물이다. 호수 건너편은 우리에게도 잘 알려진 생수 에비앙의 산지인 에비앙 지방이다.

호숫가에 큰 건물이 있는데, 이 건물이 국제연합을 처음으로 탄생시킨 윌슨 대통령과 처칠 수상의 회담 장소였고, 유엔이 탄생된 후 유엔 본부로 사용하던 건물이다. 그 옆에 있는 호텔 이름이 프레지던트 윌슨 호텔인데 2012년도 숙박료가 세계에서 가장 비싼 호텔로 이름이 올라 있다(펜트하우스 하루 숙박료가 한화 7,500만 원일 뿐만 아니라 아무나 예약할 수도 없다고 한다).

구시가지의 생 피에르 성당의 청동 첨탑은 구시가지의 어디에서도 보일 정도로 높다. 칼뱅은 이 성당 부근 교구에 살면서 정기적으로 설교를 하며, 종교개혁을 완성하기 위해 심혈을 기울였다고 한다. 제네바 시청 청사 표지판은 국제적십자사를 창설하기 위하여 처음 회의를 가졌던 장소를 기념하기 위해 부착한 것이라 한다. 토요일이어서 근무하는 직원들은 없었다. 올라가는 계단 대신 완만한 경사로를 따라 3층까지 올라가니 경사로 마지막엔 대회의실 문 앞에 다다른다. 왔던 기념으로 사진 한 장 남겼다.

엊그제까지도 맑던 가을 날씨가 오늘은 무슨 심술이 났는지 흐린 구름으로 주변의 가까운 산들까지 그 모습을 감추어 버렸다. 집으로 점심을 먹으러 왔던 딸내미가 우리를 태워다 회사 근처의 보타닉 가든 앞에 내려주고 회사로 들어가면서 구경을 마치고 연락을 하란다.

보타닉 가든은 세계무역기구(WTO)와 세계기상기구(WMO)를 동서와 남북으로 찻길 하나씩을 사이에 두고 바로 건너에 있는 식물원이다. 식물학자 Augustin Pyramus de Candolle(1778년~1841년)이 설립했다. 넓은 공간에 크고 작은 나무들이 무성하고, 여기저기 유리 온실마다 각 기후대의 희귀식물들이 잘 자라고 있어서 일종의 식물 박물관이다. 식물원의 중앙에는 알프스의 모형을 만들어 놓았는데 식물, 토양, 바위까지도 알프스의 것들을 그대로 옮겨다 놓은 듯 고산지대를 재현했다. 지금은 특별히 어린이들을 위한 놀이 시설도 갖추고 있으며, 소규모의 동물원까지 갖춘 공원으로 자연학습장 겸 휴식공간으로 발전된 것이 아닌가 하는 생각이 들었다. 한두 시간 정도의 휴식공간으로 찾는 시민들이 한가롭게 산책하는 모습을 볼 수 있다.

식물원 구경을 마치고 호숫가 산책길을 따라 몽블랑 다리 곁에 있는 루소섬으로 걸어갔다. 레만 호수의 물이 흘러 론강으로 들어가는 곳에 인공으로 섬을 만들고 루소섬이라 이름하여 그의 동상을 세웠다. 바다같이 넓은 호수의 물은 백조들이 한가롭게 노닐고 있는 몽블랑 다리 밑을 통해서 좁아진 론강으로 서서히 흘러 들어간다.

🌐 브베(Vevey), 몽트뢰(Montreux) ▶ 2012년 10월 27일

며칠간 흐리던 날씨가 어제 오후부터 기어이 추적추적 늦가을 비를 뿌리기 시작했다. 어젯밤 아내와 함께 내일은 제발 비가 그쳐 주기를 그렇게 바랐건만, 아침에 창밖을 내다보니 비는 오지 않지만, 하늘엔 여전히 먹구름이 드리워져 있었다. 며칠 전부터 딸내미 차로 브베와 몽트뢰의 관광 계획을 세워놓았었기에 이런 날씨에도 어쩔 수 없이 예정했던 대로 출발키로 했다. 딸내미는 아내와 내게 미리 준비해놓았던 방한모까지 건네주면서 몽트뢰는 여기보다 기온이 3~4도 차이가 나기 때문에 겨울 복장을 해야 한다고 당부한다. 평상복장으로 나갈 준비를 했었는데, 집을 나서면서 내복과 두꺼운 스웨터까지 껴입고 털모자까지 썼다.

브베(Vevey)는 제네바(Geneve)에서 자동차로 달려 약 1시간이면 닿을 수 있는 거리의 레만 호수를 끼고 있는 스위스의 서남쪽에 위치한 아름다운 도시다. 영국 출신의 세계적인 희극배우 찰리 채플린이 1952년에 미국의 영주권을 포기하고, 이곳에서 그의 만년의 보금자리로 잡을 만큼 유명인들이 살고 싶어 하는 곳이며, 세계적인 식품회사인 레슬레의 본사도 이곳 브베(Vevey)에 있다고 한다.

붉고 노란 단풍이 아름다운 색감으로 숲을 단장한 사이로 난 고속도로를 달리면서 '말로만 듣고 상상하던 스위스의 산자락 농촌 풍경이 과연 이렇구나' 하는 감탄을 하면서 연신 카메라의 셔터를 눌러대곤 하였다. 기어이 찬비가 내리기 시작하는 브베의 길가 주차장에 차를 세우고 물안개가 맑은 수면을 감추어버린 레만 호숫가의 가파른 언덕에 지어진 아름다운 집 사이로 속삭이듯 조그만 소리로 떨어지는 작은 폭포와 그 곁으로 이어지는 포도밭과 낙엽 쌓인 길을 지나 가파른 언덕 위의 아름다운 라운지 바 'LE DECK' 이라는 카페에서 값비싼 샤슬라(Chasselas)라는 브베산 화이트 와인을 마셔보는 과분한 여유도 누렸다.

브베의 정말 전망이 좋은 카페 'Le Deck' 에서 값비싼 와인도 마시고, 날씨는 비록 흐리고 가끔씩 빗방울 소리를 듣기는 했지만 사진을 많이 남기고 다시 서서히 몽트뢰를 향해 떠났다. 몽트뢰까지 가는 길은 여행객들을 매료시키기에 충분할 만큼 아름다운 길이었다. 날씨가 좋았으면 하는 아쉬움은 남았지만. 안개구름이 시야를 살짝살짝 가리는 모습도 그런대로 멋이 있는 풍경이라고 생각하였다.

브베에서 15분 정도 거리의 몽트뢰에 도착하니 비가 점점 더 내리고 바람이 차가워 카메라 셔터를 누르는 손이 곱을 정도였다. 레만 호수의 동쪽 끝자락을 품에 안고 높은 산을 등에 지고 세워진 도시 몽트뢰. 세계 각국의 재력가들이 가장 살고 싶어 하는 도시 중 첫째로 꼽히는 아름답고 깨끗한 곳이며, 레만 호수를 남쪽으로 바라보는 높은 산 중턱에는 모두 오래된 고급주택들로 채워져 있으며, 시내에는 고가의 상품들을 판매하는 상점들이 거리를 즐비하게 메우고 있어서 구경하는 나의 마음을 움츠러들게 하였다. 시내를 구경하다가 부동산 회사의 유리창에 부착된 매물 안내 쪽지를 본 딸의 설명에 의하면 웬만한 재력가가 아니면 감히 이곳에서 살고자 하는 엄두를 낼 수 없겠다. 시내에 있는 방 2개짜리 작은 아파트의 가격이 서울 강남의 40평대 아파트 가격보다 비싸다니 스위스의 국민소득이 우리와 차이가 많기는 하지만, 이런 살기 좋은 도시의 부동산 가격은 놀라움 그 자체이다.

영국의 시인 바이런의 「시옹성의 죄수」라는 서사시로 더 유명해진 시옹성은 시내 중심지역에서 자동차로 10분쯤 가야 하는데, 다음에 기회가 있으면 찾기로 하고, 호숫가를 지나면서 사진을 몇 장 찍고 시내 구경 후 급격히 내려간 기온 탓도 있었지만 어둡기 전에 집에 돌아가기 위해서 귀가를 서둘렀다. 왔던 길을 되짚어 돌아오는데, 빗방울은 눈발로 변해버렸다.

스위스에서는 고속도로에 톨게이트가 없다. 모든 차량에는 고속도로를 통행할 수 있는 통행 티켓을 부착해야 하는데, 일 년마다 갱신하는 그 티켓 요금이 40스위스프랑(한화 약 48,000원)이라니 아주 저렴하다 할 수 있으며, 톨게이트를 운용하는 경비가 절약됨을 감안할 때 합리적인 제도가 아닌가 생각된다.

한국에서도 고속도로를 이용하지 않는 사람들은 다소 억울하기는 하겠지만 톨게이트에 근무하는 인력을 다른 곳에서 흡수할 수만 있다면, 이 나라의 제도를 도입하는 것도 좋겠다는 생각을 하면서 돌아왔다.

쥬라에 오르는 길을 찾아서 ▶ 2012년 10월 31일

이곳에 와서부터 날마다 책상에 앉기만 하면 쥬라산맥의 영봉들이 초대하지 않아도 나를 찾아 창문으로 들어온다. 거기다 며칠 전부터는 하얀 모자를 쓴 모습을 뽐내면서, 은근히 한 번은 꼭 자기에게 와 달라고 유혹까지 하기 시작한다. 산을 좋아하는 사람이 찾아가는 길을 모른다는 핑계로 못 가겠다고 거절할 수도 없는 노릇이어서 그래 내 한 번은 그대를 찾아주마 하고 불현듯 약속을 하고 말았다. 그러나 모르는 길을 어떻게 찾아갈까 길을 잃고 헤맬까 걱정도 되었지만, 어제는 아내가 슈퍼마켓에 가는 시간에 맞춰 운동 삼아, 길도 알아볼 겸 하여 함께 집을 나섰었다.

산 쪽으로 난 길을 따라 마을도 지나고 숲도 지나면서 한적한 이국의 시골길을 한 시간쯤 걸었는데도 그 봉우리들은 여전히 거기 그 거리만큼에서 미소만 짓고 있다. 길을 물으려 해도 지나가는 사람도 없어서 그냥 집으로 돌아왔었다.

날씨가 풀려서 쥬라의 봉우리에 쌓였던 눈이 녹기 시작한다. 아침 10시에 다시 쥬라로 가는 길을 찾기 위해 집을 나섰다. 어제 가지 않았던 새로운 길을 찾을 만큼 어제보다는 마음에 여유도 생겼다. 시골 마을을 지날 때 본 잘 다듬어진 생 울타리가 참 멋지다는 생각이 들어 사진으로 간직하기도 하고, 숲과 숲 사이에 있는 넓은 초원에서 소와 말들이 한가롭게 풀을 뜯고 있는 평화로운 목장을 지나는 숲길에서는 그냥 지나가기가 너무 아쉬워 한참 심호흡을 하면서 그 맑고 신선함을 내 몸속에 깊이 담아두기도 했다.

그 길에서 어린 소녀를 만나 산을 가리키며 영어로 길을 물으니 쥬라, 쥬라 하면서 산 이름만 말한다. 이 나라 말을 구사하지 못하는 내가 잘못이지 그 소녀가 무슨 잘못이냐 싶어 고맙다는 인사만 하고 다시 모르는 길을 계속해서 걸었다. 숲에 길이 막히고, 동서로 달리는 차도가 나와서 그 길을 따라 걷다가 길가 농가에서 한 노인을 만나 다시 길을 물으니 여기서도 10㎞를 더 가야 등산로까지 갈 수가 있다고 한다. 노인이 가르쳐준 길을 따라 걷다가 드디어 남북으로 난 길을 찾았는데, 2차선 차도에 인도가 없어 걷기에 조금 위험한 길이었다. 2시간 가까이 걸었고, 쥬라에 훨씬 가까이 접근했으니 여기까지도 큰 수확이라 생각하고 되돌아왔다. 집으로 돌아올 때는 방향만 짐작하고, 갔던 길이 아닌 새로운 길을 택했는데, 다행스럽게도 중간에서 페르네 볼테르라는 도로의 방향표지판을 발견하고 마음이 편해졌다. 며칠 전에 방문했던 샤토 볼테르(볼테르의 성)를 지나면서 입구에서 다시 사진 몇 컷을 찍었다. 집에 와 샤워를 하고 늦은 점심을 먹고 나니 벌써 쥬라에 절반은 갔다 온 기분이다.

쥬라를 더 가까이하기 위해 어제 1시간 넘어 길을 찾아 걸었으니, 오늘은 어제까지 찾았던 길에서 1시간 정도 더 걸어서 2시간 정도 걷다가 돌아올 생각으로 배낭도 휴대폰도 없이 홀가분한 차림으로 아침 9시 45분에 집을 나섰다. 출근하던 딸이 태워다 주겠다는 것을 근무에 지장이 있을까 걱정이 되어 운동 삼아 그냥 걷겠다며 산에 오르는 것은 주말에나 계획하고 있으니, 그때나 태워다 달라고 말하고 그냥 출근하도록 보냈다. 혼자 집에 있을 아내에게도 오후 2시쯤에는 돌아올 것이라 말하고, 와서 슈퍼에 같이 가기로 약속도 했다.

농촌 마을에서 사람 만나기가 가뭄에 콩 나듯 어려운데, 마침 개를 데리고 산책하고 있는 한 부부를 만났다. 쥬라를 오르기 위해 길을 찾는데 가까운 길을 아느냐고 물으니, 대뜸 차를 어디에 파킹 했느냐고 되묻는다. 차는 가져오지 않았고, 그냥 걸어서 등산로 입구를 찾아가고 싶다고 말했더니, 친절하게 길을 가르쳐주며 걸어가기에는 먼 거리라며 고개를 저었지만, 아무튼 고맙다고 말하고 사진을 찍어도 되겠느냐고 물었더니 부부가 흔쾌히 모델이 되어주었다. 다시 고맙다고 말하고 가르쳐준 길을 따라 한참을 걸었는데, 웬 자동차 한 대가 길가에 서더니 내게 손짓을 한다. 가까이 다가가 보니 아까 길을 가르쳐준 그 부부였다. 등산로 입구까지 태워다 줄 테니 차를 타라는 것이다. 이런 고마운 사람들이 어디 있을까? 고맙기도 했지만, 나와 헤어진 뒤 집에 가서 차를 가지고 내 뒤를 따라온 그 부부에게 미안해서 어쩔 줄 몰라 하는데, 괜찮으니 빨리 타라고 자꾸 재촉을 한다.

몽쥬라(Monts Jura)라고 하는 등산로 입구 마을까지 태워다 준 부부가 내가 돌아갈 길을 걱정한다. 사례를 하고 싶었지만, 극구 사양을 해서 사진만 한 장 더 찍고, 나의 두 다리를 두드리면서 당신의 자동차보다 더 튼튼하니 걱정하지 말라는 농담을 하면서 친절한 다니엘 씨 부부에게 고맙다는 인사를 하고 그들을 돌려보냈다. 참으로 친절한 사람들이다.

관광국으로의 한국이 절실한 우리도 외국에서 오는 관광객에게 이 나라 사람들 이상으로 친절하다면 다시 가보고 싶은 한국이 되지 않을까? 오늘 등반까지는 생각하지 않았었는데, 다니엘 씨 부부의 친절에 날마다 나를 유혹하던 쥬라를 품에 안기 위해 땀을 흘리게 되었다. 이곳은 실은 등산객들보다는 스키어들에게 더 사랑을 받는 곳이라고 한다. 그러나 눈이 쌓이지 않아서 스키시즌이 시작되지 않았고, 따라서 리프트카도 운행되지 않는 모양이다.

산에 오르기 전에 리프트카 출발지의 직원에게 왜 지금은 운행을 하지 않느냐고 물었더니 10월 23일부터 개장한다는 안내판과는 다르게 금년에는 눈이 늦어 12월에야 개장한다고 한다. 산에 오르기 위해 눈 없는 슬로프와 리프트 와이어가 늘어진 밑으로 올라갈까 하고 입구에 들어서니 숲속에 등산로가 보였다. 노란 낙엽이 수북이 깔린 등산로를 택하여 그늘진 길을 따라 올라가니, 나무 끝에 매달렸던 겨우살이 가지가 여기저기 떨어져 있는가 하면, 쓰러진 나무 밑동에는 큰 영지도 눈에 띈다. 배낭을 가져왔더라면 큰 수확을 했겠다 하는 생각이 들었다.

숲길과 슬로프를 통해 1시간 40분쯤 올라가니 넓은 분지로 된 리프트카의 종착역이다. 날마다 나의 창문으로 찾아와 나를 유혹하던 쥬라의 두 봉우리가 바로 눈앞에 서 있다. 쌓였던 눈이 다 녹아버리고, 이제는 맨살을 드러내고 있는 그녀들을 나는 두 팔을 벌리고 가슴에 안았다. 함께 심호흡도 했다.

멀리 독일에서 출발하여 스위스의 서북쪽에서부터 서남쪽을 거쳐 프랑스까지 360㎞를 달려 내려온 긴 산맥 중에서 1,700m대의 수많은 봉우리들 중에서 겨우 한 봉우리이기는 하지만, 그래도 가까이에서 직접 가슴으로 안아보았다는 것은 내게는 큰 행운이 아닐 수 없다. 그러나 행운 뒤에는 고통도 따르는 법, 다니엘 씨 부부에게 농담 섞어 큰소리는 쳤지만, 기실 돌아갈 일이 걱정도 되고, 집에서 기다릴 아내 생각도 나서 빗방울이 떨어지기 시작하는 쥬라를 뒤에 남겨두고 1시 30분쯤 귀가를 서둘렀다.

자동차로 15분 가까이 갔던 길을 되짚어 오려니 걸어갔던 길과는 다르게 생소한 느낌이 들어 어리둥절할 때가 많았다. 그러나 방향을 남쪽으로 잡고, 직선 길이 있으면 무조건 그 길을 택했다. 직선 길이 막히고, 동서로 난 도로와 연결되면 다시 동쪽 길을 잡아 걷다가 사람을 만나면 물으려고 했지만, 걸어 다니는 사람이 없어 불안하기도 했다. 휴대폰을 두고 온 것이 후회되기도 하고, 걱정할 아내 생각에 미안하기도 하다. 불안한 상태로 한참을 가니 마을이 있다. 물어보니 내가 가는 길이 맞다고 한다. 점심을 준비하지 않아 배가 고팠지만 적당한 먹을거리를 사먹을 곳도 찾지 못하여 아픈 다리로 그냥 걸었다. 하산하여 2시간 넘게 걸어서 오후 4시 반쯤 드디어 어제 왔던 지점에 도착하니, 집에 다 온 기분이다. 오후 5시가 넘어 집에 돌아오니 걱정된 아내가 밖에 나와 기다리고 있었다. 미안했다.

'고국에 보낸 편지'

이곳에 온 지도 벌써 열흘이 넘었군요. 시간은 정말 빨리도 지나가고 있습니다. 여기는 지금 가을이라고는 하지만 기온은 초겨울입니다. 방 책상에 앉으면 곧바로 창문을 통해 바라다보이는 쥬라산매의 영봉들이 어제까지도 안 그러더니 오늘 아침에 보니 하얀 모자를 머리에 얹고 있군요. 그리고 시내의 기온도 0도에서 12~13도까지 일교차가 심하고, 비가 그친 오늘은 찬 바람이 집 앞의 나무를 마구 흔들며 낙엽을 재촉하더니 기온도 영하로 내려놓았습니다.

어제는 늦가을의 찬비가 추적추적 내리고 있는 중에도 딸이 운전하는 자동차로 고속도로를 한 시간쯤 달려서 레만 호숫가의 도시인 브베(Vevey)와 몽트뢰(Montreux)를 다녀왔습니다. 브베나 몽트뢰는 다 같이 스위스의 서남부에 있는 보(Vaud)주(스위스는 26개의 주가 모여 연방국가를 이루고 있음)에 있으며, 또한 스위스의 사법 수도(스위스는 행정수도(베른)와 사법수도(로잔)가 각각 다른 곳에 있음)이며 주도이기도 한 로잔(Lausanne)과도 가까운 곳에 있습니다. 알프스와 쥬라산맥 사이에 있는 레만 호수가 내려다보이는 북쪽에 위치하고 있어서 경치가 정말 아름다운 도시입니다.

붉고 노란 단풍이 아름다운 색감으로 숲을 단장한 사이로 난 고속도로를 달리면서 '말로만 듣고 상상하던 스위스의 산자락 농촌 풍경이 과연 이렇구나' 하는 감탄을 하면서 연신 카메라의 셔터를 눌러대곤 하였지요.

멀리 산자락에 황금색의 물결을 보면서 혹시 유채꽃이 이 차가운 날씨에도 저렇게 만발하였을까 하고 생각했었는데, 가까이 지나면서 보니 모두 수확을 마친 포도밭의 단풍 든 포도 잎들이 그렇게 보였던 것이었습니다.

적당한 습도와 맑고 깨끗한 공기, 아침저녁의 심한 일교차가 이곳의 산야를 이렇게 아름답게 채색해 놓았지 않나 생각했습니다. 찬비가 내리는 브베의 길가 주차장에 차를 세우고 물안개가 맑은 수면을 감추어버린 레만 호숫가의 가파른 언덕에 지어진 아름다운 집 사이로 속삭이듯 조그만 소리로 떨어지는 작은 폭포와 그 곁으로 이어지는 포도밭들을 지나 가파른 언덕 위의 아름다운 카페에서 값비싼 브베산 화이트 와인을 마셔보는 여유도 부려보았습니다.

정말 전망이 좋은 카페에서 날씨는 흐리고 가끔씩 빗방울 소리를 듣기는 했지만 여행객들을 매료시키기에 충분할 만큼 아름다운 길이었습니다. 날씨가 좋았으면 하는 아쉬움은 남았지만, 안개구름이 시야를 살짝살짝 가리는 모습도 그런대로 멋이라고 생각하였답니다.

브베에는 유명한 희극배우 찰리 채플린이 1952년부터 그 생을 마치던 1977년까지 살았던 곳입니다. 또 세계적인 식품회사 네슬레의 본부가 있는 곳이기도 합니다. 몽트뢰 또한 세계 각국의 재력가들이 가장 살고 싶어 하는 도시 중 첫째로 꼽히는 아름답고 깨끗한 곳이며, 레만 호수를 남쪽으로 바라보는 높은 산 중턱에는 모두 오래된 고급주택들로 채워져 있으며, 시내에는 고가의 상품들을 판매하는 상점들이 거리를 즐비하게 메우고 있어서 구경하는 나의 마음을 조금은 움츠러들게 하였습니다.

브베에서 15분 정도 거리의 몽트뢰에 도착하니 비가 더 내리고 바람이 차가워 손이 곱을 정도였습니다. 레만 호수의 동쪽 끝자락을 품에 안고 높은 산을 등에 지고 세워진 도시 몽트뢰 시내 중심가의 고풍스런 건물들에는 고급 상가와 업무용 집무실과 아파트들이며, 시내에서 바로 이어지는 산 중턱에까지 호화저택들이 마을을 이루고 있습니다.

시내를 구경하다가 부동산 회사의 유리창에 부착된 매물 안내를 본 딸의 설명에 의하면 재력가가 아니면 감히 이곳에서 살고자 하는 엄두를 낼 수 없겠습니다. 시내의 방 2개짜리 작은 아파트의 가격이 서울 강남의 40평대 아파트 가격보다 비싸다니 말입니다. 스위스의 국민소득이 우리와 차이가 많기는 하지만 이런 살기 좋은 도시의 부동산 가격은 놀라움 그 자체입니다.

호숫가를 지나면서 사진을 몇 장 찍고 시내 구경을 마치고는 급격히 내려간 기온 탓도 있었지만 어둡기 전에 집에 돌아가기 위해서 귀가를 서둘렀습니다. 왔던 길을 되짚어 돌아오는데, 어느새 빗방울은 눈발로 변해버렸습니다.

스위스에서는 고속도로에 톨게이트가 없습니다. 모든 차량에는 고속도로를 통행할 수 있는 통행 티켓을 부착해야 하는데, 일 년마다 갱신하는 그 티켓 요금이 40스위스프랑(한화 약 48,000원)이라니 아주 저렴하다 할 수 있으며, 톨게이트를 운용하는 경비가 절약됨을 감안할 때 합리적인 제도가 아닌가 생각됩니다. 한국에서도 고속도로를 이용하지 않는 사람들은 다소 억울하기는 하겠지만 톨게이트에 근무하는 인력을 다른 곳에서 흡수할 수만 있다면, 이 나라의 제도를 도입하는 것도 좋겠다는 생각을 하면서 돌아왔습니다.

다음에 다시 또 전하겠습니다. 모두들 안녕히 계십시오.

'이천 년을 품은 꿈'(파도 님의 답장)

가을빛은 감나무 열매 속에서 익어가고 가을 향기는 산중 단풍나무 잎 속에 숨었구나~ 가을을 만나, 시를 담아 보낸 것 같은 편지(E-mail)를 보고 놀랐습니다. 갑자기 왜 스위스에 가게 된 건가요? 난, 잘못 온 편지이려니! 생각도 해봤지요. 평소 E—mail도 자주 주고받는 일도 없었고, 그런데 웬 뜻밖의 해외 소식이 너무 반갑고 놀랍습니다. 해외여행 가신 경위는 나중에 듣기로 하고, 언제 귀국하시렵니까? 나도 서울을 떠나 6월 8일엔 '스위스 인터라켄' 산악도시로 이동, 높은 산속의 많은 폭포와 눈 덮인 산속, 띄엄띄엄 집들 경관, 이국적인 아름다움을 보았던 생각이 납니다. 'Top of Europe' 다운 해발 3,454m '융프라우 요흐'를 전기열차로 등반했지요. 6월 1일부터 12일간 유럽 6개국을 친구 부부들과 여행 갔었지요. 휴재 아우님도 아무쪼록 즐겁게 여행하시기 바랍니다.

— 걷지 못할 때까지 기다리다가 인생을 슬퍼하고 후회하지 말고,

몸이 허락하는 한 가보고 싶은 곳에 여행하라. 행복하게 늙어가는 데 필요한 조건처럼 Value Up 하려고… 우리들에게 주어진 최선은 그저 동일한 삶의 지평에서 서로의 회전(回轉)을 존중하면서 공존(共存)하는 것밖에 없다. 우리들이 스스로 돌기 위한 채찍질이라고 할 수 있다. 그런 생각을 할 때 "여행을 하라" 충고하는 말이 생각나고 또 실감했습니다. 감사합니다. 안녕히 다녀오세요. 동행과 일행과 행복한 여행 하시기 바랍니다.

2012년 10월 29일 서울에서 홍재 올림.

장광 이장섭 님의 답장

며칠 제향 등으로 메일을 못 보다 오늘에서야 열어보고 형의 글이 온 것을 보아 이제야 답을 올립니다. 그제, 29일은 예전에 같이 갔었던 옥산사 추향제 일이라 종합 1기 회원 9명과 구정모 친구랑 제향에 다녀오면서, 심곡서원, 조광조 묘소, 심온 선생 사당, 혜령군 묘소 등을 돌아보고 왔습니다. 모두들 보람 있는 탐방길이었다고 합니다. 서울에 올라와서는 서초동 색밭 막국수집에서 막걸리 한 잔씩 하고 헤어졌습니다. 몇 년 전 형이 다녀와서 올려주신 옥산사 제향 사진을 기억하며 이구동성으로 형의 자리 비움을 아쉬워하였습니다. 보내주신 서한 처음에는 반가움에 얼른 읽고 나중에 다시 내용과 눈앞에 어리는 경치를 음미하면서 천천히 다시 보았습니다. 그야말로 비 내리는 음산한 거리를 걸으며 레만호의 풍광을 바라보는 그런 기분입니다. 객지에서 여러 날, 건강에 유의하시고 종종 안부 주시기 바랍니다. 감사합니다.

시인의 마을 답장

안부의 글 3번 잘 받아보았습니다. 훌륭한 딸을 두어서 여행도 다니시고, 정말 부럽습니다. 난 어제 외손자들과 케이블카 타고 남산을 들러 서울 구경도 하고, 산책길을 따라 멋진 숲속 길을 걸어서 장충동에 내려와, 장충동 족발에 막걸리 한잔하고 왔습니다. 아직까지 마음의 여유가 없어 가슴이 답답합니다. 요즈음은 11월 4일 마라톤 풀 코스를 신청하여, 연습 중입니다. 답장은 자주 못 하지만, 보내준 글은 잘 보고 있으니, 종종 보내주시기 바랍니다. 잊지 못할 좋은 여행이 되고, 서로가 더욱더 건강한 모습으로 만나기를 바랍니다.

창섭 님의 답장

보내준 메일 재미있게 읽었다네. 그리고 유럽여행기도 다 읽어보았네. 내가 여행하는 기분이었어. 쥬라에 갔을 때 시간이 부족하거나 길을 잃어 집에 찾아가지 못하면 어떡하나 내가 걱정되더군. 외국에서 초행길에 겁도 없었다고 생각되는군. 그런 여행이 추억에 남을 거야. 아무쪼록 즐겁고 행복한 여행 되길 바라네.

휴일을 맞은 딸이 우리 부부를 태우고 스위스의 지도 한가운데의 중앙고원(미텔란트)에 위치하고 있는 루체른을 향해 오늘도 고속도로를 달린다.

창밖으로 스쳐 지나가는 눈 덮인 알프스의 준봉들과 호수들, 노란 단풍으로 물든 숲과 녹색의 초원에 세워진 빨간 지붕의 농가들, 거기에 기분 좋게 느껴지는 깨끗한 공기는 관광국 스위스가 자랑하는 청정한 나라의 상징임에 틀림없다. 가끔씩 눈에 들어오는 도로 표지판도 유럽의 다른 나라들보다 초행자라도 당황하지 않게 설계되었다고 한다. 그러나 공용어가 바뀌는 주(칸돈)마다 바뀌는 표지판의 언어를 이해해야 하는 것은 운전자의 몫이란다.

알다시피 이 나라는 국토의 40%를 차지하고 있는 동쪽 지역의 알프스산맥과 30%를 차지하는 중앙고원(미텔란트) 지역, 그리고 10%를 차지하고 있는 서쪽 지역의 쥬라산맥 등 3개 지역으로 나뉘어지는데, 보통 2,000m 이하의 산들은 숲을 제외한 대부분이 거의 초지로 개발이 되어 있어서 국민의 6%를 차지하고 있는 농민들의 주요 소득원이 된다고 한다. 스위스는 국토가 우리나라 남한 넓이의 절반보다 좁은 나라이기는 하지만, 국민소득이 세계 최상위 그룹에 속할 만큼 우리보다 훨씬 잘사는 부러운 나라이다.

아침 9시 30분 집을 나와, 로잔(Lausanne)의 외곽을 지나고, 로몽(Romont)과 프리부르(Fribourg)를 거쳐 베른(Bern)을 지나, 중간에 급유를 하고 1시간쯤 더 달려 루체른(Luzern)에 도착한 것은 12시가 조금 지나서였다. 내내 평균 시속 110㎞로 달렸으니, 어림잡아 총거리 300㎞는 달려온 듯하다. 이곳 고속도로의 제한 속도는 시속 120㎞라니까 적당한 속도로 운전한 셈이다. 주차요금을 내지 않아도 되는 노변 주차장의 빈자리를 찾아 차를 세우고, 주변의 광장에서 열리고 있는 거리의 장터를 구경한 후에, 구시가지로 가는 길을 찾아 호숫가로 갔다. 루체른 여행에서 사람들이 제일 먼저 찾는 카펠교는 1,333년에 세워진 유럽 최초의 목조다리라고 한다. 지붕까지 있는 이 다리의 트러스에는 17세기에 화가인 하인리히 버그만이 루체른의 역사와 중요 사건들을 112장의 목판에 그려 붙여 놓았다고 한다.

루체른 중앙역과 호수 사이에 세워진 KKL Luzern. 이곳은 루체른 문화복합센터라고 한다. 여기에서는 매년 봄, 여름, 가을에 열리는 세계 최고의 클래식 음악 축제 중의 하나인 루체른 페스티벌(Luzern

Festival)이 열리기도 한다고 한다.

1,800석 규모의 콘서트홀은 단풍나무 마감재를 사용하여 어쿠스틱 효과를 극대화한 것으로 세계적인 수준이라고 하는데, 들어가 보지 못했다.

건물 1층에 'World cafe' 라는 곳이 있어서 휴식도 취할 겸 들어가 자리를 잡았다. 여기에는 세계 각국의 음식이 준비되어 있는데, 김밥도 있었고 녹차도 있어서 우리는 케이크에 녹차를 마셨는데, 분위기와 다르게 값은 생각보다 저렴한 편이었다. 관광시간을 절약하기 위해서 고속도로를 달리면서 집에서 준비한 김밥 도시락과 샌드위치를 점심으로 먹었기 때문에 배가 부른 상태였다.

월드 카페(World cafe)에서 나오면 바로 호숫가에 유람선 선착장이 있고, 호수에 산 그림자가 드리워질 만큼 가까이에 눈 덮인 알프스의 산들이 호수를 감싸고 있다. 해발 2,132m의 숲이 깊다는 필라투수(Pilatus)산, 3,020m의 '눈의 천국' 인 티틀리스(Titlis)산과, 1,801m의 '산의 여왕' 으로 불리우는 리기(Rigi)산 등이 호수 주변에 있는 산들이라고 하는데, 어떤 산이 필라투스이고 티틀리스인지 또 리기산인지 알 수는 없었지만, 모두 다 올라보고 싶은 산들이다. '골든 라운드 트립(Golden Round Trip)' 은 유람선을 타고 톱니바퀴 열차와 케이블카, 곤돌라, 버스까지 타고 해발 2,132m의 필라투스산에 올라가 루체른 호수 주변의 환상적인 파노라마를 조망할 수 있는 코스라고 한다. 미리 알았더라면 예약을 했을 텐데 하는 아쉬움으로 호수와 산을 배경 삼아 사진만 남길 뿐이다. 사진을 찍으면서 로이스강과 카펠교 양편의 구시가지를 구경하고 다니다 보니 벌써 오후 4시 반이 넘었다. 중간에 베른(Bern)과 몽트뢰의 시옹성을 사전에 답사하였다가, 기회가 되면 시간을 갖고 다시 오기 위해서 귀가를 서둘렀다.

루체른에서 1시간을 달려, 이 나라의 행정수도가 있는 오래된 도시 베른에 도착하여 아래 강 위에 놓인 다리를 건널 쯤 벌써 어두워지기 시작했다. 여름철에는 오후 10시까지도 밝다는데, 겨울철에는 아침에도 7시가 다 될 쯤에야 밝아지더니, 저녁에도 5시만 넘으면 어두워지기 시작한다. 주차할 공간을 찾다가 다시 다리를 건너 강 언덕 한가한 도롯가에 차를 세우고 아래 강으로 내려가 베른의 야경을 잠시 구경하고, 시내의 아케이드가 늘어서 있는 거리를 따라 걷다가 다시 몽트뢰의 시옹성의 위치를 확인하고 돌아왔다. 집에 오니 밤 9시가 넘었다.

🌐 프랑스의 시골길 걷는 즐거움 ▶ 2012년 11월 7일

가을을 보내려는 봄비 같은 이슬비가 3, 4일을 오락가락하더니, 오늘은 모처럼 해가 비친다. 흰 눈에 덮여 있던 쥬라산 봉우리들도 언제였던가 싶게 쌓였던 눈이 다 녹아버리고 제 본모습을 보이고 있다.

0도까지 내려갔던 기온은 정상을 찾은 것인지? 아니면 이상 고온인지는 몰라도 영상 10도가 넘어 온화한 느낌이다. 비에 젖던 창밖 관목의 노란 잎들이 무게를 이기지 못하고 땅 위에 내려와 앉아서는 지난날의 영화를 그리워하고, 듬성듬성 아직도 가지에 남아 매달린 놈들은 제 미모를 조금이라도 더 오래 간직하여 버티려고 안간힘을 쓰고 있는 모습 같아서 안쓰럽다. 이곳 프랑스의 페르네 볼테르에도 서서히 가을이 가고 있다.

운동부족으로 체중이 늘어날까 걱정이 되어, 걷기 운동으로 체중도 줄이고, 이국의 풍경도 즐길 겸 하여 오늘도 낯선 길을 걷기 위해 아침 11시 반쯤 집을 나섰다. 북쪽의 쥬라산 쪽을 향해 새로운 길을 찾아, 어제까지 가지 않았던 넓은 도로를 따라 인도와 자전거 길이 마련되어 있는 길을 걷는다. 처음 가는 길을 갈 때는 돌아올 길을 기억하기 위해, 가끔씩 도로 표지판과 주변 풍경도 카메라에 담아 놓아야 한다. 1시간쯤 걷다가 돌아오면 2시간 운동이 될 테니 하루 운동으로는 충분하리라.

도로 표지판에 디종이 188㎞로 표시되어 있다. 디종(Dijon)은 우리에게도 잘 알려진 포도주 보졸레 누보의 생산지인 부르고뉴(Bourgogne) 지방의 중심도시이다. 지도를 보니 파리의 남동쪽에 있는 제네바와 지척인 이곳 페르네 볼테르에서는 북쪽에 위치한 디종(Dijon)과 서쪽에 위치한 리옹(Lyon)이 비교적 가까운 곳에 있는 큰 도시로, 리옹(Lyon)은 120㎞쯤 떨어져 있다.

도로 옆으로 이어지는 마을을 지나니, 단풍이 지고 있는 숲과 넓고 푸른 초지 그리고 이제 막 밀과 보리의 푸른 새싹이 돋고 있는 밭이 펼쳐지는 농촌의 풍경에 마음을 사로잡혀 걷다 보니 1시간을 넘게 걸었다. 맑던 날씨가 다시 어두워지더니 또 빗방울 소리가 들리기 시작하고, 도로는 자전거 길과 인도가 끊긴다. 서둘러 왔던 길을 되짚어 돌아오니 오후 1시 반이 넘었다. 우산도 없이 나선 길인데 비가 많이 내리지 않아서 다행이다.

시옹성(Chateau de Chillon) ▶ 2012년 11월 9일

며칠 전 루체른에 다녀오면서 어두워질 무렵이었지만, 사전 답사로 위치만 확인하고 돌아온 시옹성을 보기 위해, 늦은 점심을 먹고 차분하게 집을 나섰다.

시옹성은 보(Vaud)주의 동남쪽 끝부분에 위치했으며, 제네바에서 동쪽으로 약 130㎞쯤 떨어져 있는 레만호의 진주라 불리는 몽트뢰의 동쪽 끝에 있다.

로마제국이 지배하던 9세기에 알프스를 넘어오는 이태리나 프랑스의 상인들로부터 통행세 징수를 목적으로 레만호의 바위섬에 세워졌다는 이 고성의 역사는 한국의 신라 건국과 비슷한 시기인 BC 58년 사냥꾼들인 헬베티아족들이 카이사르에게 정복되어 로마의 지배를 받던 시기부터 시작되는 스위스의 역사만큼이나 많은 변천을 거듭하여 오늘에 이르렀다고 한다.

시옹성은 12세기에 프랑스 사부아 공국의 소유가 되어, 왕의 여름 별장으로 사용되기도 했고, 1536년 베른이 공격하여 빼앗아 260년 동안을 지키다가, 1798년 보 혁명으로 다시 베른인들이 물러가게 된 이후, 1803년 보(Baud)가 정식으로 스위스 연방의 주로 승격되면서부터 지금까지 보 지방정부가 이 성을 소유하게 되었다고 하며, 현재의 건물은 사부아 시대에 건축가 피에르 메니에르가 지금의 형태로 재건한 것인데, 다시 19세기에 대대적인 복원이 이루어졌다고 한다.

그러나 정작 이 성이 유명하게 된 것은 종교개혁가였던 프란시스 보니바르(Franncois Bonivard) 수도원장이 사부아 왕에게 붙잡혀서 1532년부터 4년 동안 쇠사슬에 묶인 채로 지하 감옥에 갇혀 지낸 것을 소재로 하여 쓴, 바이런의 서사시 「시옹성의 죄수」가 발표된 이후였다고 한다.

「시옹성의 죄수」의 한 부분을 여기 올린다.

> 쇠사슬을 벗은 영원한 정신!
> 자유, 너는 지하 감옥에서도 환히 밝도다.
> 그곳에서 네가 머물 곳은 뜨거운 열정
> 사랑만이 속박할 수 있는 열정이어라.
> 자유여, 너의 자손들이 족쇄에 채워져
> 차갑고 습기 찬 햇빛 없는 어둠 속에 내던져질 때
> 그들의 조국은 그들의 순국으로 승리를 얻고
> 자유의 영예는 천지에 퍼지리라.
> 시옹! 너의 감옥은 성스러운 곳
> 저의 슬픈 바닥은 제단
> 그의 발자국에 닿은 너의 차가운 돌바닥은
> 마치 잔디처럼 되어버렸구나

누구도 이 흔적을 지우지 마라.
그것은 폭군에 항거하여 신에게 호소한 자국이니!

16세기 종교개혁을 추진하려 했던 제네바의 수도원장 보니바르(Bonivard)가 사보이 공국의 왕에게 잡혀 1532년부터 1536년까지 4년 동안 지하 감옥의 기둥에 쇠사슬로 묶여 지내다가 풀려났던 역사적인 곳을 300년 후에 바이런이 찾아와서 그때의 이야기를 서사시(敍事詩)로 남겨 이 시옹성을 더욱 유명하게 했다는 것이다.

도착하여 성의 내부를 관람하기 위하여 입장료 12스위스프랑을 내고 입장권을 샀다. 사부아 공국의 전성기 때는 시옹성을 왕의 여름 별장으로 사용하였고, 지하를 포도주의 저장고로 사용하기도 했지만, 종교분쟁 때 개혁자들을 가두는 감옥으로도 사용하였다. 성 내부로 들어가 2시간 이상을 돌아보면서 사진을 찍기도 했다.

스위스 최고의 치즈를 생산하는 마을 '그뤼에르' 그리고 고성(古城)

▶ 2012년 11월 11일

출발할 때부터 비가 오락가락하더니, 고속도로를 2시간 가까이 달려 그뤼에르(Gruyeres)에 도착할 때는 우산을 챙겨야 할 정도로 제법 많은 양의 비가 내리기 시작한다. 마을 입구의 주차장에 차를 세우기가 바쁘게 전후좌우 어디를 봐도 화가들의 아름다운 작품 대상으로 펼쳐지는 마을을 향해 카메라의 셔터를 눌러댄다. 마을을 둘러싸고 있는 알프스의 높은 봉우리들은 구름으로 가려져 있지만, 그 큰 산자락에 여기저기 매달려 있는 마을과 푸른 초원은 말 그대로 잘 그린 한 폭의 그림으로 다가온다.

머릿속에 그려보던 스위스라는 나라와 가장 많이 닮은 곳이 바로 여기구나! 하는 생각에 잘 왔다는 생각이 들었다. 이 마을은 스위스의 서중부에 위치한 프리부르(Fribourg)주의 산간 구릉지대에 있는 스위스에서 제일 맛이 좋은 치즈를 생산하는 이른바 치즈마을로 통하는 곳이다.

13세기에 세워졌으며 리스트(Liszt)의 피아노와 코로의 회화작품 등이 소장되어 있는 그뤼에르 고성 또한 이곳에 많은 사람이 찾는 이유이기도 하다.

주차장 옆에 있는 치즈 전시판매장을 들렀다. 치즈의 생산 공정을 견학하는 데는 따로 10스위스프랑씩 하는 입장권을 사서 들어가야 한다. 치즈공장에는 들어가지 않고, 곧바로 그뤼에르 성으로 갔다. 그뤼에르 고성을 향해 다시 차를 움직일 때는 다행스럽게도 비가 그쳤다.

그뤼에르 고성을 2시간 정도 돌아보고 나와서, 성 밖에 조성된 아름다운 산책로를 돌아오는 데 40분 소요, 점심시간이 훨씬 지나서 시장기도 들었다. 치즈마을에 왔으니 스위스에서 가장 맛 좋은 치즈 요리를 먹기로 했다. 퐁듀를 먹을까? 라끌레뜨를 먹을까? 망설이다가 라끌레뜨로 결정했다.

'퐁듀' 는 치즈를 냄비 같은 그릇에 우유처럼 녹여서 빵에 발라서 꼬챙이에 빵을 찍어 들고 먹는다고 하는데, 우리는 치즈를 전기 그릴에 얹어 약한 열기로 녹여가면서 녹아 흐르는 치즈를 접시에 덜어다가 감자와 빵에 얹어 먹는 '라끌리에뜨' 를 주문했다. 꿩 알만큼 작은 삶은 감자를 나무통에 담아 빨리 식지 말라고 천으로 덮어 나오고, 빵과 오이, 양파 피클이 따라 나왔다. 1인분이 25스위스프랑이다. 좀 비싸다는 생각을 했지만, 먹고 나니 생각보다 배가 부르고 맛도 괜찮다는 생각이 들었다.

돌아오는 길에 주도(州都)인 프리부르(Fribourg)에 들렀다. 스위스의 26개 칸톤(州) 중에서 몇 안 되는 불어와 독일어를 공용으로 사용하는 주(州)이다. 그래서 지명도 불어로는 '프리부르' 이고, 독일어로는 '프라이부르크' 라고 발음한다.

세계 최초로 설치되었다는 퓌니퀼레르(Funiculaire)가 경사도

45도 정도의 언덕을 오르내리는 것이 명물이라고 한다. 몇 군데 사진을 찍으며 돌아다니다 보니 날이 어두워지기 시작하여 귀갓길에 올랐다.

몽살레브 등산로 찾기 ▶ 2012년 11월 12일

지난번 제네바의 구시가지를 구경 다니다 보니, 서쪽 건너편에 큰 산이 남북으로 길게 버티고 있어서 샤모니 몽블랑은 거의 다 가려지고 겨우 흰 봉우리만 그 산 뒤에서 살짝이 모습을 드러내 보이고 있었다. 그 산에 올라가면 몽블랑이 눈앞에 다가올 것 같은 호기심에 무슨 산인가 하고 물어보았더니 몽살레브 즉, 살레브산이라고 한다.

전설에 신이 레만호를 만들 때, 그 흙을 파다가 쌓아 놓은 것이 1,097m 높이의 살레브산이 되었다고 한다. '우옹이산(愚翁移山)' 이라는 말이 생각난다.

며칠 전 제네바 기차역에 나가 1개월 동안 버스와 전철을 횟수에 상관없이 탈 수 있는 승차권을 96프랑에 구매했었다. 1회 승차할 때마다 탑승 구간에 따라 다르긴 하지만, 최단 거리라도 5프랑 가까이 주어야 하니, 한 달 동안 최소 20회 이상 승차할 사람에게는 매번 승차권을 사는 것보다 이 승차권이 훨씬 저렴하다.

이제 버스노선도에 시내의 명소가 가깝거나, 산에 오르기 쉬운 승강장을 표시하여 들고 나서면 낯선 길이라도 1개월 동안 별걱정이 없게 됐다.

생각했던 '몽살레브'의 등산로를 찾기 위해, 혼자서 집을 나섰다. 페르네 볼테르 시청 앞에서 'F' 노선의 버스를 타고, 국제연합 유럽본부(나숑) 앞에서 내려 '8번' 노선 버스로 갈아타고, 두안(Douane)이라는 '8번' 노선의 종점까지 갔다. 종점에서 산을 향해 200m쯤 걸어가니, 지키는 사람도 없는 국경 검문소가 있다. 검문소만 지나면 프랑스 땅인 '오뜨 사부아' 지방이니, 몽살레브도 지난번에 올랐던 쥬라산과 마찬가지로 당연히 프랑스에 있는 산이다.

몽살레브 바로 아래에 건축용 모래와 자갈을 생산하는 공장이 있었다. 등산로를 물어볼래야 통 사람은 만날 수 없고, 공장으로 드나드는 큰 트럭만이 분주히 지나다닌다. 거기에 가면 사람을 만나겠구나 싶어 안으로 들어가 길을 물으니, 말이 잘 통하지 않는다. 이런 때는 보디랭귀지가 최고다. 그러나, 그 사람은 자기 생각으로 'Telepherique'만 되풀이한다. 즉 케이블카로 올라가라고 그쪽으로 가는 길을 알려준다.

나는 걸어서 올라가는 길을 찾는데, 그는 자기 생각으로 쉽게 가는 길을 알려준다. 할 수 없이 케이블카 승강장으로 가서 다시 물어봐야겠다 싶어 고맙다는 표시로 손을 흔들어주고 케이블카의 출발지를 찾아갔으나 입구 문이 잠겨 있고, 오르내리는 케이블카도 보이지 않는다. 마침 주차장에 차를 세우고 내리는 사람이 있어 말을 걸었더니, 10월, 11월, 12월은 운행을 하지 않는다고 한다. 그러나 걸어 올라갈 수 있는 등산로는 자기도 모른단다. 여기까지 오는 길을 알았으니 오늘은 여기까지만 하고, 내일 다시 와서 알아봐야겠다고 돌아서 오는데, 길가에 식당이 있어 혹시나 하는 생각으로 들어가 물으니, 젊은 주인이 유창한 영어로 친절하게 길을 알려주어 등산로 입구를 확인하고 돌아왔다. "뜻이 있는 곳에 길이 있다"

몽살레브에 오르다 ▶ 2012년 11월 13일

아침 9시 배낭에 물과 빵 그리고 과일 몇 개 넣어 메고, 어제처럼 버스를 탔다. 아침 출근 시간이어서 상당히 번잡하다. 3칸을 연결한 버스의 맨 뒤에 앉아서 바라보니 우리나라의 출퇴근 시간의 대중교통의 혼잡보다는 덜하지만, 러시아워의 대중교통의 혼잡은 우리와

별 차이가 없는 모양이다.

10시 15분 등산로에 도착하여 올라가는데, 사람들이 지나간 흔적은 있으나 주중이어서인지 등산하는 사람이 별로 없다. 바위절벽 같은 급경사에 지그재그로 길을 만들어서, 오르는 데 크게 숨차지 않게 했다. 아무도 없는 길을 혼자서 20분쯤 올라가니, 언제 뒤에서 따라왔는지 한 젊은이가 봉쥬르 하고 인사를 하고는 앞질러 올라간다. 뒤따라가면 되겠지 하고 따라가는데, 얼마나 빨리 가는지 금방 보이지 않는다.

50분쯤 올라가니 등산로 입구에서 보이던 능선 위의 큰 건물 앞에 도착한다. 절벽의 끝에 올라와서 보니, 웬걸 여기는 평지일 뿐 아니라 교회당과 높은 빌딩은 물론 자동차가 다닐 수 있는 아스팔트 포장된 도로까지 있는 큰 마을이 있다. 반대방향에는 평지로 이어지는 길이 있음을 알 수가 있었다.

산으로 가는 포장도로도 있었지만, 별도로 등산로가 표시되어 있어서 숲속 능선으로 이어지는 등산로를 따라 올라간다. 이곳에 와서부터 1개월 가까이 되지만, 화창한 날은 별로 없었다. 우중충한 날씨에 비도 비 같지 않은 이슬비가 간간이 내리는 날이 많았다. 낙엽이 수북하게 깔려 있는 젖은 흙길이어서 꽤나 미끄럽다. 조심조심 천천히 올라가다 배도 고프고 다리도 아파서 시계를 보니 12시가 넘었다. 준비해간 빵과 물과 과일 그리고 몽살레브의 신선한 기운으로 허기를 채웠다.

오후 1시쯤 정상에 올라가니 자욱한 운무가 시야를 가린다. 산 정상이 이럴까 싶게 잔디가 깔린 꽤나 넓은 초원에 어린이들을 위한 놀이기구까지 갖추어 놓은 공원이 있었다.

샤모니 몽블랑을 가까이에서 보려던 생각은 무너져버렸다. 10m 앞도 볼 수 없는 짙은 운무가 얄미웠지만, 이런 날씨에 혼자 여기 왔던 것도 언젠가는 추억으로 남으리라. 일찍 어두워지는 날씨를 감안하여 북쪽으로 이어지는 길은 포기한다. 쾌청한 날에 다시 오마 작별인사를 남기고, 오후 1시 반쯤 올라온 길로 하산한다.

🌐 미술역사박물관(Musee d'Artet d'Histoire) 관람

▶ 2012년 11월 15일

며칠 전에 딸이 박광진 화백의 작품전시회 초대장을 주면서 시간을 내서 한번 찾아가 보라고 했다. 그분이 어떤 화가인지 평소 몰랐던 분이었지만, 제네바에 와 있는 때 그분을 아는 기회가 될 것 같아 주소가 적힌 초대장을 들고 집을 나섰다. 모르는 주소를 찾아가려면 시간이 걸리겠다 싶어서 미술역사박물관부터 관람을 한 후 찾기로 했다. 지나는 길에 생 피에르 성당에도 다시 들렀다.

미술역사박물관 안으로 들어가니, 내 앞에 들어가던 사람이 안내원에게 인터넷으로 예약했다며 입장료를 지불하고 있었다. 무료입장이 가능한 것으로 알고 왔다가, 그냥 나가야 하나 생각하다가, 밑져야 본전이다 생각하고, 나는 예약을 하지는 않았는데 들어갈 수 없겠느냐고 물으니 이쪽은 유료로 예약해야 되지만, 이쪽은 예약하지 않아도 입장이 가능한 무료라며 각각 다른 입구를 가리킨다.

예약하고 돈 내고 들어가는 전시실에는 귀중한 작품들만 있나 하는 생각에 무료 전시실을 관람하고 나와 알아보니, 유료인 쪽은 지금 미국의 사진작가인 데이비드 더글라스 던컨이 1956년부터 1973년까지 찍은 피카소의 작품을 전시하는 곳이라고 한다. 사진으로 보는 피카소의 작품 전시회인 셈이다.

박광진 화백의 전시회 관람

미술역사박물관을 나와 박 화백의 작품을 전시하고 있는 갤러리를 찾느라고 제네바 구시가지를 한참 헤매다가 찾고 보니, 몇 번이나 지나친 생 피에르 성당 옆 구시청 건물과 같은 주소였다. 어떤 주소를 찾아갈 때, 거리에서 만나는 사람에게 묻다간 낭패 보기 일쑤라는 것을 체험했다. 친절한 척 잘 모르면서도 엉뚱한 곳을 알려주는 사람들은 대부분 관광객들이다. 반드시 건물 안으로 들어가 그곳에 근무하고 있는 사람에게 물으면 거의 실수가 없다.

The Sound of Nature라는 주제로 Galerie Daniel Besseiche에서 작품을 전시하고 있는 박광진 화백은 1935년 서울에서 출생하여 1958년 홍익대학교를 졸업하고, 서울의 여러 대학의 강단에서 강의도 하였고, 1980년부터 유럽과 미국에서 많은 작품 발표를 한 분으로 소개되고 있는 한국의 현역 원로 화가이다.

미술역사박물관에서 5분 거리에 있는 갤러리를 40분을 돌아다니다 찾아 들어가니 관람객은 없고, 예쁜 여자가 혼자서 갤러리를 지키고 있었다. 박 화백을 잘 아느냐고 묻길래 그렇지는 않고, 여행 중인데 어떻게 초대장을 얻게 되어 왔다고 말하니 친절하게 안내한 후 작품을 좋아하게 되었느냐고 묻는다. 물론 좋아하고 아주 훌륭한 작품이라고 말하면서 기념으로 당신 사진을 한 장 찍어도 되겠냐고 하니 기꺼이 포즈를 취해주었다.

몽쥬라 최고봉(1,700m) ▶ 2012년 11월 23일

지난번 창문으로 빤히 바라보이는 몽쥬라의 한 봉우리에 다녀온 후, 쥬라산맥 큰 줄기의 최고봉에도 올라보겠다고 계획을 세웠었는데, 그 후 몽쥬라는 일주일이 넘도록 운무 속에 깊이 숨어서 내게 그 모습을 보여주지 않고 있었다.

초행에 운무 속에서 잘못 길을 잃고 헤맬까 저어되어 날씨가 맑아지기만 기다리고 있기가 너무 답답하기도 하여서 그제는 1시간, 어제는 1시간 30분쯤, 길을 물으며 찾아가다가 돌아왔었다. 가시거리가 50m도 되지 않아서 그 길이 확실한 등산로인 것만 확인하고, 돌아선 지점에서 보이지 않는 정상을 얼마나 남겨놨었는지도 모른 상태였다.

오늘은 집에서 편하게 쉴 생각으로 읽을거리를 찾아 책상에 앉았는데, 아침 11시쯤 정말 오랜만에 햇빛이 비친다. 산 쪽으로 눈을 돌리니 희미하게나마 산의 윤곽이 나타나 보인다. 이때다 싶어 얼른 옷을 갈아입고 배낭에 주섬주섬 몇 가지 먹을 것을 챙겨 넣고 집을 나섰다.

버스가 페르네 볼테르에서 정확히 25분을 달리면 GEX 마을의 우체국 앞에 도착한다. GEX 시청사를 지나 산 쪽으로 경사 20도의 포장된 도롯가에 마을이 이어지고, 마을 끝에서도 포장도로는 계속되어 띄엄띄엄 있는 넓은 목장과 산속의 별장 같은 예쁜 집들을 보면서 30분을 더 걸으면, 우측 산 쪽으로 꽤나 넓은 포장되지 않은 등산로가 보인다.

고개를 들어 올려다보니, 오늘은 정상의 선명한 모습이 바로 눈앞에 나타난다. 전륜 구동 자동차라면 쉽게 올라갈 수 있는 길을 15도 내지 20도의 경사를 유지하면서 작은 모퉁이를 돌고 돌아 '之' 자를 만들며 올라간다. 어제 왔던 곳에서 산 정상을 바라보니 손에 잡힐 듯 가깝게 보인다. 어제 안개 속에서도 상당히 멀리까지 왔었던 셈이다.

1시간을 더 올라온 길에 급경사가 없어서 숨차지는 않았어도 다리가 아프다. 연이어 3일을 걸었으니 그럴 만도 하다. 자리를 잡아 쉬면서 점심을 먹는다. 꽤나 늦은 점심이어서 별것 아닌 음식도 꿀맛이다. 하잘것없는 음식을 맛있게 먹을 수 있다는 것도 행복이다.

점심 후, 한 시간쯤 더 올라가니 오후 3시 반 1,172m 봉우리다. 봉우리라기보다 평평한 초원이다. 대피소 같은 집이 한 채 있다. 사람이 있나 기웃거려 보니 문이 잠겨 있다. 겨울철 폭설이 내릴 때를 위한 것인가?

정상이 바로 눈앞에 보이지만 길은 돌아 올라가야 하기 때문에 얼마를 더 올라가야 할지 미지수다. "어두워지기 전에 돌아오라"던 아내의 말이 생각나서 더 올라가는 것이 망설여졌다. 마을에서도 5시만 되면 어두워지는데 산에서야 더 빨리 어두워질 것도 걱정이 되고, 더구나 지난번 일찍 오겠다고 나갔다가 어두워진 후에 돌아와 걱정시킨 전력도 있었고… 아내는 외국에서 모르는 산길에 혼자 나서는 것이 늘 불안한 모양이다. 돌아서서 남쪽을 보니 하얀 융프라우, 서쪽에는 샤모니 알프스의 몽블랑이다.

뒤에는 엎드리면 코가 닿을 것 같은 몽쥬라를 두고 앉아서 쉬면서 하산을 결정했다. 이제 눈 감고도 찾아올 수 있는 곳이니, 아쉽지만 다음엔 아침 일찍 출발하여 반드시 정상에 오를 것을 다짐하면서 내려왔다.

버스정류장에서 차를 기다리는데, 등산복 차림의 부부로 보이는 50대 남녀가 미소를 지으며 다가온다. 산에서 아무도 만나지 못했었는데, 그들은 어느 길을 갔었을까 하고 몽쥬라를 갔다 오는 길이냐고 물으니 그렇단다. 그들은 올 때도 같은 버스를 타고 왔었다고 나를 기억하지만, 내가 차에서 내려 승강장의 시간표에서 돌아갈 버스 시간을 확인하는 동안 먼저 다른 길로 올라갔던 모양이다.

그들의 구사하는 영어가 유창하여 어느 나라 사람이냐고 물으니 역시 예상대로 미국 사람이라고 한다. 한국에서 왔다며 인사를 청하니 웃으며 그렇게 생각하고 있었다며, 동양인은 동양인인데 일본인이나 중국인으로 보이지 않았다는 것이다.

세계노동기구(ILO)에서 근무하고 있다며 자기 이름은 Claig이고, 미시간이 미국의 고향이라고 자기소개를 한다. 추수감사절 휴무기간 동안 부부가 같이 산에 갔다 온다며 내게 퇴직했느냐고 묻길래 퇴직한 지 아주 오래되었다고 말하며 나이가 일흔이 되었다니 깜짝 놀란다. 버스를 타고 오면서 많은 이야기를 나누고 헤어지면서 산행에서 또 만날 수 있기를 기대한다기에 나도 그러길 바란다며 따뜻하게 그들의 손을 잡아주고 헤어졌다. 낯선 곳에서 미소로 대하는 사람을 만나면 낯설게 느껴지지 않아서 좋다.

제네바에서 16 • 눈 쌓인 몽쥬라에서 ▶ 2012년 11월 29일

밤사이 겨울비가 왔나 보다. 창밖 아스팔트 포도가 젖어 있다. 멀리

쥬라산은 온통 흰 눈인데 마음이 먼저 거기 가 있고 몸은 뒤늦게야 집을 나선다.

등산로 입구엔 앞서 지나간 흔적이 없고 옅게 깔린 눈길 위에 만들어지는 호젓한 내 발자국이 쥬라의 길을 연다. 뽀드득뽀드득 즐거움을 만드는 소리와 금년 들어 첫 만남의 멋진 설화가 마냥 나를 행복의 나라로 이끌고 간다. 멈출 줄도 알아야 위태롭지 않다 했던가? 하지만 돌아선 내 발자국에 아쉬움이 남겨져 한동안 적막한 쥬라를 지키고 있겠지.

제네바에서 17 • 호수의 마을 안시(Annecy) ▶ 2012년 12월 1일

안시(Annecy)는 프랑스의 남동부 론알프 지방 오뜨 사부아주의 주도이고, 제네바에서는 남쪽으로 약 50㎞ 떨어져 있으며, 프레알프스의 산등성이를 가로지르는 협곡 입구에 있는 넓은 안시 호숫가에 세워져 있는 유서 깊은 도시이다.

로마의 지배하에 있다가 10세기부터 제네바 백작들의 소유가 되었고, 1401년 사부아 공국에 합병되었으며, 종교개혁 기간 중 1535년에 칼뱅의 종교개혁에 반대하던 수도원 관련 기관들이 옮겨오고, 제네바 대신 주교의 소재지가 되면서 중요 도시로 부각되었다고 한다.

11시가 되기 전에 집을 나섰지만, 국경 근처의 도로정체가 심해서 30분 이상이나 지체되어 12시 반쯤 되어서야 도착했다. 안시 호수는 레만 호수 다음으로 프랑스에서 두 번째로 넓다고 한다. 넓은 호수 건너 알프스 산자락에는 스위스의 그림 같은 마을, 남쪽에는 안시의 신, 구시가지가 펼쳐지는데, 호숫가에는 마을보다 먼저 넓은 공원이 조성되어 있다. 그 공원 사이로 호수에서 연결되는 운하가 신, 구시가지를 가르며 지나간다.

구시가지에 차를 세우고, 먼저 고성(古城)으로 올라갔으나 현재

박물관으로 사용하고 있는데, 오전 10시부터 2시간과 오후 2시부터 3시간만 관람할 수 있다고 하여 다시 거리로 내려왔다. 15세기 당시의 거리와 역사적인 건물들을 잘 보존하고 있는 구시가지의 좁은 길은 작은 돌로 포장되어서 깨끗하였고, 길가의 석조건물들은 대부분 상가와 음식점으로 이용하고 있다.

이 건물은 과거에 사부아에서 떨어져 나가 칼뱅주의자들의 지역이 되었다가 열정적인 가톨릭교도인 사부아 공작 샤를 에마누엘이 되찾은 지역이었다. 프란키스쿠스는 공작의 보호 아래 대부분의 샤블레 주민들을 로마 가톨릭 신앙으로 되돌아오게 했다. 1602년 12월 8일 제네바 주교로 축성되었다. 지금은 박물관으로 사용하고 있다고 한다.

건물과 건물 사이를 호수에서 끌어들인 물길이 흐르게 하였는데, 물길바닥도 넓은 돌을 깔아 그 위로 맑은 물이 흐르게 하여 깨끗한 도시의 이미지를 더욱 높여주고 있다. 산과 호수, 넓은 공원 그리고 깨끗한 도시환경이 외국의 관광객들을 모여들게 하는 이유인 것 같다.

점심을 먹은 후 구시가지의 상점을 구경하는데, 특히 가구점에서 본 상품들은 품질도 물론 고급품들이기는 하지만 그 가격이 상상을 초월할 만큼 고가여서 놀랐다.

우연한 행운이라고 해야 할까? 일부러 찾아간 것이 아닌데도 지나다가 장 자크 루소가 살았던 집을 발견했다. 1728년 16세였던 장 자크 루소가 드 베르셀리(de Vercellis) 부인의 시종과 구봉 백작의 서기를 겸하면서 이곳에서 보냈는데, 1829년에 그가 살던 집에 표지판을 부착해두고, 집 뒤에는 조각상을 세워놓았다.

구시가지를 한 바퀴 돌아보고 호수 쪽으로 갔다. 호숫가에 조성된 넓은 공원을 따라 운하가 설치되어 있고, 그 운하 위로 호수와 프레알프스를 한눈에 볼 수 있는 아름다운 다리가 있는데, 그 이름이 연인들의 다리(Pont des Amoureux)라고 한다. 연인들이 이 다리에서 뽀뽀를 하면 그 사랑이 영원할 수 있다는 전설을 만들어 사람들을 유혹하고 있다.

이곳을 즐기기에는 여름철이 제격일 것 같은데, 겨울철에도 꽤나 많은 사람들이 붐빈다. 천천히 걸어서 호숫가를 지나 다시 구시가지로 들어오니 여기는 벌써 크리스마스 축제라도 하는 듯, 갖가지 치장을 한 가게에서 크리스마스 때 사용할 용품들을 팔고 있었다. 관광객들이 모두 이곳으로 모여들었는지 북새통을 이루고 있었지만, 그 속에서도 따끈한 '뱅쇼' 라는 와인을 한 잔 마실 여유는 있었다.

오후 5시 전부터 어두워지기 시작한다. 이곳저곳 시가지의 상점들을 구경하다 돌아왔다.

제네바에서 18 • 볼테르 박물관(Institut et Musee Voltaire)

▶ 2012년 12월 6일

어제 눈 쌓인 몽쥬라에 다녀와서 피곤하여 집에서 쉬려고 했는데, 모처럼 날씨가 너무 좋아 그대로 집에 있을 수가 없어서 볼테르 박물관을 찾아 나섰다. 관광지도를 들고 유엔 유럽 본부 앞에서 11번 버스로 갈아타고 가다가 델리스 버스정류장에서 내렸다.

페르네에 있는 샤토 볼테르와는 별도로 같은 시기에 살았던 집인데, 그가 말했던 바와 같이 그의 계몽주의 운동이 프랑스 정부와 문제가 될 때는 이곳에 와 살았고, 스위스 정부와 말썽이 생기면 페르네 쪽으로 가서 살기 위해 두 곳에 거처를 마련했던 모양이다.

길을 물어 200m쯤 걸어서 찾아가니 높은 빌딩 사이에 넓은 정원을 갖춘 2층 아담한 건물이 있었다. 입구에 25라는 번지가 큼직하게 부착되어 있고, 정문 돌기둥에 1755년부터 1765년까지 그가 살았던 기간이 새겨져 있었다.

볼테르 박물관은 제네바 시내의 델리스가 25번지(Las Delices, rue des Delices 25)에 있는 그가 살던 집이다. 볼테르 박물관이라는 큰 현판이 입구에 걸려 있을 것을 상상하고 찾아갔는데, 그런 것은 없고 건물 현관문에 동판으로 만든 작은 표지가 있을 뿐이다.

문을 열고 들어가려고 하니 안에서 잠겨 있고, 초인종이 있어 눌러보아도 대답이 없다. 정원 벤치에 앉아 있는 학생으로 보이는 젊은이에게 오늘 박물관 문을 열지 않느냐고 물어보니 오전에 열었었다고 한다. 다시 현관으로 가서 초인종을 길게 누르니 그때야 사람이 나와서 오후에는 2시부터 5시까지 문을 연다고 한다.

지금이 오후 1시이니 오후 문을 열 때까지는 1시간을 더 기다려야 했다. 하릴없이 시내를 돌아다니다 2시에 다시 와서 초인종을 누르니 관리인이 나와 웃으며 오른쪽 방부터 왼쪽으로 돌아 2층 방까지 관람 순서를 알려준다. 첫 번째 방에는 그의 유품과 그와 인연이 있었던 사람들의 초상화를, 두 번째 방에는 책으로 가득 채워져 있다. 이 모든 책이 그가 읽은 책들이냐고 물어보니 그렇지는 않고 그의 사후에도 다른 사람들의 저작을 수집한 것이 포함되어 있다고 말해준다. 세 번째 방에는 그가 소장했던 그림인 듯한 작품들과 그의 논문들이 진열되어 있었다. 2층으로 올라가니 자그마한 방에 그의 석고상이 관람객을 맞고 있었으며, 벽에는 그의 사진과 서간인 듯한 것들이 진열되어 있었다.

제네바에서 19 • 숲길 산책 ▶ 2012년 12월 9일

오후에 주변을 간단히 산책할 요량으로 가족이 함께 집을 나섰다. 볼테르의 성(Chateau de Voltaire)에 들를까 하고 보니, 겨울철에는 개방을 하지 않는다고 문에 안내문이 붙어 있다. 아내와 나는 들어가 보았지만, 딸은 여기 살면서도 들어가볼 여유를 갖지 못했다고 한다. 성의 담장을 따라 한 바퀴 돌아보려고 미끄러운 눈길을 살금살금 돌아오려는데, 왕복 3㎞의 산책로가 있어 그 길을 걸었다.

목장과 숲을 지나는 일직선으로 된 산책로의 이름 또한 볼테르 길이다. 도로를 하나 가로질러 가는데, 지하 통로를 만들어서 제네바 공항의 활주로까지 연결되어 있다. 오후 시간이어서 산책객이 많은 편이다. 천천히 걸어서 돌아오니 1시간 30분 정도가 소요되는 거리였다. 가끔 걸어볼 만한 좋은 길이다.

제네바에서 20 · 도자기 박물관(Musee Ariana)

▶ 2012년 12월 11일

유엔 유럽 본부의 건물 서쪽 가까이에 있는 이 박물관(Musee Ariana)은 Gustave Revilliod(1817년~1890년)라는 제네바의 한 예술품 수집가에 의해 19세기 말에 지어졌으며, 이 궁궐 같은 건물은 도자기와 유리공예, 회화와 판화, 조각, 화폐 그리고 희귀서적과 모든 형태의 응용예술품 등을 수장할 수 있도록 특별하게 설계되었고 건물 자체가 하나의 위대한 문화유산인데, 건물을 둘러싼 넓은 토지와 수많은 소장품들과 함께 제네바시에 기증하였다고 한다.

'예술 역사박물관' 으로 불리던 이 박물관을 1936년 '아리아나 박물관' 으로 다시 개관하면서 유럽과 중동, 아시아 지역에서 더 많은 고가의 도자기와 유리공예품들을 수집하여 중세에서 현대에 이르는 도자기 22,000점과 유리공예품 2,500점을 보유하게 되어 이들을 지역과 시대별로 구분하여 전시하고 있다고 한다.

박물관을 설립한 구스타프 씨의 사진 앞에서 직원들에게 말을 걸었더니, 어느 나라에서 왔느냐고 물으면서 다음 주 화요일인 12월 18일에 특별한 행사가 있는데, 그날 다시 참석해 달라면서 초대장까지 준다. 그날은 참석자들에게 음식도 제공하니 꼭 참석하라면서 초청자 명단에 이름과 국적을 기록해 달라고 한다.

외국인이라서 더 친절을 베푸는지 모르겠지만 아주 친절하게 관람

순서까지 자세히 일러주었다. 동양 여러 나라들의 도자기들을 돌아보고 사진을 찍기도 하고 나오면서 다음 주의 초청에 꼭 참석하겠다고 말하고 아리아나 도자기 박물관을 나왔다.

🌐 제네바에서 21 • 몽트뢰 크리스마스 특설 거리시장

▶ 2012년 12월 15일

몽트뢰의 크리스마스용품 특설 시장이 한번쯤 가볼 만하다고 하여 지난번 들렀을 때, 추운 날씨 때문에 제대로 구경을 못 한 브베까지 함께 다녀왔다.

아름다운 레만 호숫가 산책길 약 1㎞ 거리에 임시로 설치된 크리스마스 용품을 판매하는 시장인데, 크리스마스트리에 장식하는 전기기구에서부터 어린이용 선물들, 과자와 음료, 각종 음식 재료, 시계 등 예쁜 옷가지까지 성탄 시즌에 알맞은 모든 용품들이 판매되고 있었고, 관광객들을 위하여 다양한 음식들도 즉석에서 먹을 수 있도록 간이식당도 마련되어 있었는데, 그 안에는 분위기 있게 화덕에 모닥불까지 피워서 몸을 녹일 수 있는 효과도 얻게 했다.

지난번 안시에서 본 크리스마스용품 시장보다 규모가 훨씬 크고, 행사를 준비한 시 당국의 노력도 훨씬 돋보였다. 외국 관광객들을 의식한 듯, 스위스 전통 복장을 한 관악단의 밴드 연주도 눈길을 끌었고, 러시아, 중동, 동유럽을 비롯한 몽골 등 각국의 특산물도 판매하고 있어서 외국인들에게는 관광코스로 인기가 있겠고, 내국인들에게도 다른 나라의 성탄 문화를 느낄 수 있는 기회를 제공하고 있어서 실제 물건을 구매하는 사람들보다 구경 삼아 온 사람들이 더 많은 듯하다.

엊그제까지 많은 눈이 내렸었지만, 어젯밤 비가 내려서 대부분의 눈은 다 녹았고, 날씨도 영상 7도로 포근한 편이어서 지난번 왔을 때보다 훨씬 느긋하게 많은 풍물을 구경하고, 추위 때문에 제대로 구경하지 못한 호숫가 산책로를 다시 걸으며, 만년을 이곳에서 보냈다는 찰리 채플린의 동상과 함께 기념사진도 남겼다.

아리아나 박물관(식문화 작품 전시장 개관행사) ▶ 2012년 12월 18일

지난주에 초대받았던 오늘의 행사는 'FOOD Reflections on Mother Earth, Agriculture and Nutrition'이라는 주제의 전시외 오프닝 행사이다.

저녁 6시 30분 행사 시작 시간보다 이르게 가족과 함께 참석하였다. 먼저 기존의 도자기 및 유리공예품 그리고 회화 전시실을 아내와 딸을 위해 다시 둘러본 후, 다시 오늘부터 새롭게 전시하는 음식관련 작품들을 전시하고 있는 전시실을 관람했다.

총 13개국의 작가들이 27점의 작품을 출품하였는데 스위스(8점), 브라질(4점), 이태리(3점), 프랑스와 인도가 각(2점), 스페인, 쿠바, 그리스, 일본, 미국, 벨지움, 아르메니아, 세르비아에서 각 1점씩 출품되어 전시하고 있었다.

제네바에서 22 • 몽쥬라의 눈길을 가족과 함께 ▶ 2012년 12월 22일

며칠 전 혼자 적설량이 30~40㎝는 충분히 내린 몽쥬라에 다녀왔는데, 그제와 어제 기온이 높고 비가 내린 덕분에 마을에는 눈이 거의 녹았지만, 산에는 아직도 흰 눈이 쌓여 있어 눈 위를 걷는 즐거움을 가족들과 함께 즐기기 위해 점심을 먹은 후 자동차로 같이 집을 나섰다. 몽쥬라의 등산로 입구에는 아직도 쌓여 있는 눈이 발목 위까지 올라올 정도였다. 차를 세워놓고 5분 정도 올라가니 빗방울 소리가 들리기 시작하여 다시 자동차에 가서 우산을 가져다 받치고 천천히 올라가는데, 빗방울이 점점 굵어지기 시작한다. 마을에서는 맑던 날씨가 산에 오니 변덕을 부린다. 눈 위에 내리는 빗방울과 영상 5, 6도 되는 기온에 등산로에 쌓였던 눈이 녹기 시작하여 발자국이 푹푹 파일 정도이다.

그러나 산속의 맑은 공기와 숲속에 쌓인 눈을 보면서 걷는 눈길의 촉감이 좋아서 딸과 아내가 좋아하는 것을 보니 같이 오기를 잘했다는 생각이 들었다. 등산로 주변의 전나무 고사목에 돋아나는 버섯을 놀란 표정으로 바라보며 연신 카메라의 셔터를 눌러대기도 하고, 작은 열매를 보면 달려가 카메라를 들이대기도 한다. 아름드리 고사목의 밑동에는 파란 양탄자처럼 보드라운 이끼가 앉아 있고, 그 위에 새로 난 어린 전나무가 자리를 잡고 자라고 있다. 천천히 걸어 2시간쯤 올라가니 눈길이 점점 깊어진다. 돌아오면서 즐거워하는 딸과 아내의 모습이 행복해 보였다.

제네바에서 23 • 에비앙, 나무뿌리 조형물 전시회

▶ 2012년 12월 23일

에비앙은 프랑스의 남부 론알프스 지방에 있는 조그마한 휴양도시의 이름이지만, 우리에게는 생수 이름 에비앙으로 더 많이 알려져 있다. 생수 에비앙은 하루에 600만 리터를 생산하여 전 세계 120여 개국에 수출하여, 세계에서 가장 많이 팔리는 미네랄 워터라고 하니 도시이름 에비앙보다는 생수의 상표인 에비앙이 더 알려질 수도 있을 듯하다. 레만호를 사이에 두고 에비앙에서 빤히 바라다보이는 건너편은 스위스의 로잔이다.

1790년에 근처에 살던 한 남자가 이곳의 물을 먹고, 요로결석이 완전히 치료되었다는 소문이 퍼지면서 사람들이 모여들기 시작했고,

까샤(Cachat)라는 이 샘의 주인이 1826년 물로 병을 치료하는 수 치료센터를 세워, 프랑스와 스위스의 부자들이 몰려들어 도시가 발전하게 되었으며, 1878년에는 의학계의 인증까지 받아서 이 샘물의 수요가 폭발적으로 증가하게 되었다고 전해진다.

제네바대학교 근처에서 열리고 있는 벼룩시장을 구경하고 싶다는 아내의 말에 에비앙 가기 전에 들르기로 하여, 근처의 종교개혁기념관까지 다녀가기로 하였다. 벼룩시장에 들르니 골동품들은 자취를 감추어버리고, 성탄절 큰 대목장이어서인지 식료품과 의복을 파는 시장이 되어 있었다. 골동품을 구경하려던 아내는 허탕을 치고, 종교개혁기념관을 들르려던 계획도 시간을 아끼려고 광장에서 사진만 몇 장 찍고, 몽블랑 다리를 건너 제네바 시내를 빠져나가 에비앙을 향했다.

에비앙으로 가는 도중에 있는 토농(Thonon)에 들렀다. 이곳 역시 레만 호숫가에 있는 작지만 오래된 도시이며, 역시 양질의 생수를 생산하는 곳이라고 한다.

12세기에 세워졌다는 교회에 들렀다가 호숫가 산책길에서 잠시 휴식을 취하고 다시 에비앙으로 출발한다.

에비앙에 도착하니 뜻밖에도 나무뿌리 조형물 전시회가 열리고 있었는데, 전시되는 작품의 숫자도 엄청나게 많았지만, 전시장은 시내 거리의 대부분을 차지하고 있을 뿐 아니라 호수에까지도 작품이 전시되고 있었다. 옛날 동화의 주인공들을 주로 다룬 작품이 주를 이루고 있어서 어린이들과 함께 나온 부모들과 외국 관광객들이 많아서 어떤 전시회보다 대성황을 이루고 있었다.

주최하고 있는 에비앙시에서도 홍보에 대단한 열의를 보인 듯하고, 안내하는 요원들도 특별한 복장에 갖가지 악기를 연주하게 하는가 하면, 코믹한 퍼포먼스를 통하여 관광객들의 즐거움을 돋우고 있어서 전시되는 작품의 예술성과는 상관없이 관광상품으로 성공작이라는 생각이 들었다.

세계적으로 유명한 생수의 산지에 왔으니, 지금은 생수 기념관으로 변했지만, 맨 처음 생수를 생산하던 원조 샘이 있던 곳을 구경하고, 그 맞은편에서 관광객들이 마실 수 있도록 계속 물이 흘러나오고 있는 에비앙의 샘물을 마셔보기도 했다. 구경하고 있는 동안 날이 어두워졌지만, 형형색색의 휘황찬란하게 장식한 조명 덕분에 어둡지 않게 구경할 수 있기 때문인지 관광객들이 돌아갈 줄을 모른다. 호텔과 카지노, 카페가 즐비한 호숫가의 아름다운 산책로와 멋진 건물들도 옛 시가지 못지않은 훌륭한 관광거리가 되고 있다.

호숫가 카페에서 따끈한 코코아 한 잔씩을 마시고, 다시 계속하여 카메라의 셔터를 눌러대다가 늦게야 귀가를 서둘렀다. 참 좋은 구경거리였다.

제네바에서 24 • 집으로 오는 길 ▶ 2012년 12월 27일

제네바에서 70여 일 만에 집으로 돌아오는 길은, 길도 멀었지만 시간도 퍽 오래 걸렸다. 12월 27일 오진 11시 50분에 비가 내리는 제네바 공항을 출발한 KLM 0865기는 1시간 50분 정도 지나서 암스테르담 공항에 내려주고는 4시간을 더 기다리게 했다. 그동안 면세점을 돌아다니면서 아이쇼핑도 하고 라운지에서 점심을 먹으면서 편안한 휴식도 취할 수 있어서 지루하지는 않은 편이었지만, 암스테르담에서 인천까지 비행시간 9시간 30분에 제네바에서 온 1시간 50분과 비행기를 갈아타기 위해 기다린 4시간을 합하면, 출발에서 인천까지 총 15시간 20분이 소요되었다. 이제 서울에서 멈추어 있던 내 일상의 시곗바늘은 다시 재깍재깍 소리를 내며 돌아가기 시작할 것이다.

여행지에서 보낸 편지

페르네 볼테르에서 보내드리는 제1신 ▶ 2013년 7월 10일

작년 10월에 이어 두 번째 방문입니다. 새벽 3시에 일어나 아내를 도와 짐을 꾸려 6시에 집을 나섰지만, 인천공항에 도착하여 탑승 수속을 마치고, 9시 반에 이륙한 에어 프랑스 0267기는 12시간 만에야 파리에 도착합니다. 드골 공항에서 2시간 후에 출발해야 할 제네바행 비행기가 연착하는 바람에 다시 1시간을 더 기다려서야 탑승, 1시간을 날아 제네바 공항에 도착하여 시골 마을인 페르네 볼테르에 도착했습니다. 집을 나선 지 꼭 16시간 만이군요.

전날의 수면 부족, 긴 비행의 여독, 시차에서 오는 신체 리듬의 불균형 현상이 복합하여 쏟아지는 졸음을 억제하지 못하게 한 모양입니다. 도착하자마자 곧바로 깊은 잠에 빠져들었지요. 물론 젊었을 때와 다른 것을 보면 나이 탓도 있나 봅니다.

페르네 볼테르에서 보내드리는 제2신 ▶ 2013년 7월 11일

어제는 초저녁부터 9시간 이상을 푹 잔 덕분인지 4시쯤 잠이 깨었습니다. 5시가 되기도 전에 날이 밝아오며 하늘의 별들은 서서히 희미해지기 시작하네요.

나는 볼테르의 산책길을 걷기 위해서 더 자고 싶어 하는 아내를 집에 두고 혼자서 조용히 집을 나섰지요. 230여 년 전 볼테르가 걸었던 이 길은 볼테르가 살았던 샤토 볼테르에서 직선으로 2㎞가 넘는 아름다운 숲길입니다.

아름드리 참나무 숲 터널의 길이 끝나는 곳은 제네바 공항의 활주로 울타리 가에 아직 수확하지 않은 밀밭이 가로막고 있군요. 60대 중반의 볼테르가 산책하던 230년 전 당시에는 제네바 공항의 활주로는 없었겠지만, 직경 2㎞에 길이 약 4㎞ 정도의 평지의 숲은 그때도 지금처럼 맑은 공기를 뿜어내고 있었을 것이고, 숲 끝으로 이어지는 밀밭과 숲 사이의 길가에는 그때도 지금처럼 형형색색의 예쁜 들꽃들이 산책하던 볼테르를 반갑게 맞았을 것입니다.

돌아오면서 하얀 개망초 꽃, 노랗게 핀 비수리 꽃, 빨간 우미인 꽃, 멀리서 보면 예쁘지만 정작 꺾으려면 잎과 줄기에 가시가 돋친 엉겅퀴 꽃을 포함하여 몇 개의 들꽃을 더 꺾어와 식탁의 화병에 꽂아주니 아내와 딸이 좋아하는군요.

페르네 볼테르에서 보내드리는 제3신 ▶ 2013년 7월 15일

지금 서울에는 장맛비가 오락가락하고, 남부지방은 기온이 34도까지 오르는 삼복(三伏)더위가 한창이라는 소식이군요. 여기는 아직 낮 기온이 높아야 26~27도에, 종종 시원한 바람까지 불어서 그늘에 있으면 덥다는 느낌이 들지 않는군요. 특히 새벽 산책 시간에는 한국의 가을 날씨쯤으로 착각할 정도입니다.

이곳에 온 이후에도 아직은 하루도 거르지 않고 평소대로 1, 10, 100, 1,000, 10,000의 생활습관을 지키고 있습니다. 치매 예방운동이라고 친구가 가르쳐준 운동인데, 우리 연배의 모든 분들께 권해드리고 싶은 생활 습관입니다.

즉,
1은 매일 한 가지 이상 선한 일 하기
10은 매일 크게 10번 이상 웃기
100은 매일 백 글자 이상 외워 쓰기
1,000은 매일 천 글자 이상 읽기
그리고 10,000은 매일 만 보 이상 걷기입니다.

아침 식사를 마치면 인터넷 검색을 한 후, 특별한 일이 없으면 독서하는 시간을 늘리는 것이 요즘의 일과입니다만, 어제 시드니에 있는 아들이 도착하여서 되도록이면 같이 보내는 시간을 많이 가지려고 합니다.

어제는 아침 산책을 혼자서 했었지만, 오늘은 점심을 먹은 후 가족이 함께 샤토 볼테르에 들렀다가 볼테르의 숲길 산책로를 돌아왔지요. 저녁엔 이 나라의 독립기념일 행사 중의 일부인 화려한 불꽃놀이 축제도 구경하였습니다. 다시 또 전해드리겠습니다.

페르네 볼테르에서 보내드리는 제4신 ▶ 2013년 7월 17일

어제는 '재즈 페스티벌' 이 열리는 몽트뢰(Montreux)로 가는 길에 레만호가에 있는 아름다운 작은 마을 브베에서 잠시 쉬었습니다. 호숫가 경사진 포도밭은 세계 자연유산에 등재된 곳이고 루보 와인을 생산하는 곳으로도 유명하지요. 이 포도밭 위에 있는 작은 카페 'The deck' 은 푸른 호수와 넓은 포도밭이 내려다보이고 호수 건너에는 봉우리에 만년설을 이고 있는 알프스의 준봉들이 바라보이는 전망이 아름답고 분위기까지 좋은 곳이어서 작년에 이어 이번에도 또 들렀답니다. 작년에는 가을이어서 포도를 수확한 후 단풍 든 포도 잎이 정말 아름다웠지만, 금년은 날씨 탓인지 아직 포도알이 덜 자라서 늦가을에나 수확할 수 있을지 모르겠군요.

몽트뢰는 해마다 여름철이면 국제 재즈 페스티벌이 열리죠. 관광객들이 많이 모이는 곳이어서 철마다 독특한 축제를 열어 호숫가의 길가 양쪽으로 임시 가게를 설치하여 많은 먹을거리와 관광상품을 팔면서 손님들의 흥미를 끌고 있더군요. 작년에는 12월에 '크리스마스 용품전' 이 열릴 때 들렀었지만, 여름철의 '재즈 페스티벌' 에도 정말 많은 인파가 몰려들어 활처럼 휘어진 레만 호숫가의 임시 가게 사이로 다양한 인종의 물결이 넘쳐나고 있더군요. 공연 입장권을 예매한 아들과 딸은 공연장으로 들어가고, 우리 부부는 그 물결 따라 호숫가를 흘러 다니다가 공연이 끝난 뒤 늦게야 집으로 돌아왔답니다.

🌐 페르네 볼테르에서 보내드리는 제5신 ▶ 2013년 7월 18일

오늘은 아들, 딸과 네 식구가 함께 이탈리아의 밀라노에 다녀왔습니다. 페르네 볼테르에서는 400㎞가 넘는 곳인데, 가는 데만 약 4시간이 소요되었습니다.

프랑스에서 스위스를 거쳐서 다시 프랑스를 지나면서, 만년설이 쌓여 있는 샤모니 알프스의 몽블랑을 바라보면서 20개가 넘는 터널을 지나기도 하고, 험준한 산길을 돌아돌아 이태리 땅에 도착하여 이태리의 등뼈라고 하는 아페니노산맥을 옆으로 바라보면서 달리는 산골 마을과 마을을 지나면서 고대 에트루리아족의 고성을 바라보기도 하였습니다. 이 길은 2006년에 우리 부부가 단체관광으로 달렸던 길이지만, 초행인 아들과 딸을 위해 다시 달려보게 되었습니다.

밀라노 하면 뭐니뭐니 해도 레오나르도 다빈치가 전성기에 17년 동안이나 활동한 그의 고향과 같은 곳일 뿐 아니라 두오모 성당이 제일 먼저 떠오르는 곳이지요.

두오모 성당은 바티칸에 있는 성 베드로 성당과 런던에 있는 세인트 폴 성당, 쾰른에 있는 대성당에 이어 세계에서 그 규모가 4번째로 클 뿐만 아니라 높이가 157m 너비가 92m에 135개의 첨탑과 3,400개의 조각품으로 외부를 장식한 건물이라니 건물 자체가 가히 예술품이라 할 수 있겠습니다.

또한 1386년에 시작하여 1813년에야 완공되어 400년 이상의 기간 동안 공사를 하였다니 얼마나 많은 공사비와 정성이 들였을 것인가 짐작이 갑니다.

지금은 이태리 최대의 공업도시로 세계적인 섬유산업의 첨단을 걷는 곳이지만, 시내의 중심가 건물들은 중세의 고풍스런 멋을 그대로 지니고 있더군요. 또 우리나라의 성악가 조수미가 무대에 섰던 그 유명한 라 스칼라 극장도 두오모 성당과 가까운 곳에 있었습니다. 시내를 한 바퀴 돌아 성당 앞과, 다빈치의 동상 앞에서 사진을 찍으면서 많은 시간을 보내다 돌아왔습니다. 다시 또 보내드리겠습니다.

페르네 볼테르에서 보내드리는 제6신 ▶ 2013년 7월 19일

어제는 연이틀 동안 장거리 운전을 한 딸도 딸이려니와 저도 아침 운동과 겹친 여행의 피로 때문에 쉬고 싶은 생각에 아이들과 집사람만 제네바 시내 관광을 하도록 하고, 저는 집에서 독서를 하면서 휴식을 취했습니다. 이곳에 와서부터 시오노 나나미의 『이탈리아에서 보내온 편지』 1, 2권을 읽고, 세 도시 이야기를 읽기 시작했습니다. 여행의 피로를 푸는 데는 독서가 효과적이라는 생각입니다.

페르네 볼테르에서 보내드리는 제7신 ▶ 2013년 7월 20일

오늘은 프랑스의 조용한 호수의 도시인 안시(Annecy)라는 곳에 다녀왔습니다. 이곳 페르네 볼테르에서 자동차로 1시간 남짓 걸리는 비교적 가까운 곳에 있는 유서 깊은 도시입니다. 저와 아내는 작년 가을에도 들렀던 곳이지만, 초행인 아들을 위해서 다시 들렀지요. 지난번 돌아보았던 코스를 그대로 다시 돌아보고, 식당에 들어가 점심을 먹고 돌아왔습니다.

다시 또 보내드리겠습니다.

페르네 볼테르에서 보내드리는 제8신 ▶ 2013년 7월 22일

어제는 가족이 함께 해발 2,002m의 몰레종(Moleson)에 다녀왔습니다. 이곳은 거대한 알프스의 작은 한 봉우리에 불과하지만, 산행 준비 없이도 다녀올 수 있다고 하기에 가족이 함께 나설 수 있었습니다.

스위스 프리부르(Fribourg)주의 그뤼에르(Gruyeres)에서 꽤나 경사진 산속 아스팔트 숲길을 자동차가 10분쯤 달리면 넓은 주차장과 어린이 놀이기구가 있는 몰레종의 초입입니다.

여기에서 푸니쿨라가 1,520m 지점까지 우리를 태워다 줍니다. 다음은 케이블카로 갈아타고 정상까지 가야 하는데, 케이블카를 기다리는 동안 안개 속에서 가끔 모습을 보여주는 수많은 알프스의 봉우리들을 감상할 수도 있고, 군데군데 지어놓은 목장과 풀을 뜯고 있는 젖소들의 워낭 소리에서 진정한 평화로움을 느낄 수도 있습니다. 또 이렇게 험준한 곳에까지 이렇게 좋은 초지와 목장을 만들어낸 이 나라 사람들의 근면성과 도전 정신을 볼 수도 있었습니다.

정상을 100m쯤 남겨놓은 곳이 케이블카의 종착지인데, 꽤나 넓은 곳이어서 큰 식당과 야외에 여러 개의 테이블과 의자를 놓아서 걸어서 올라온 비교적 젊은 사람들과 케이블카로 올라온 노약자들이 맥주 컵이나 아이스크림을 들고 함께 휴식을 취하기도 합니다. 철재로 높이 만든 전망대에 올라갔지만, 안개구름이 시야를 가려서 금방 내려오고 말았답니다.

여기저기 낮은 곳에는 녹지 않은 눈이 남아 있는데, 주변은 온통 그야말로 아름다운 야생화의 바다입니다. 노랑, 빨강, 분홍, 흰색, 보라색의 바다에 빠진 가족들이 정신없이 카메라의 셔터를 눌러대며 헤어나올 줄을 모릅니다.

걸어서 정상까지 올라가니, 때마침 안개가 걷히고 사방으로 높고 낮은 알프스의 수많은 봉우리들이 한눈에 들어옵니다. 구름이 다시 이 모든 것을 가려버리기까지 한순간이었지만, 시원한 시야에 맑은 공기가 마음과 가슴을 청결하게 씻어 내려주는 듯했습니다.

다시 케이블카로 1,520m 지점까지 내려와서, 이번에는 푸니쿨라를 타지 않고, 알프스의 청량한 공기 속에서 싱그러운 풀 냄새와 젖소들의 배설물 냄새를 함께 맡으며 천천히 걸어서 내려오면서 이런 것이 행복이 아닌가 생각했습니다.

오늘은 가족들이 피곤한지 늦은 시간까지 잠에서 깨어나지 않고 있어서 한가롭게 이 글을 보내드리고 있습니다. 가족들이 모처럼 휴식을 취하는 동안 저는 독서삼매경에 빠져야 할 것 같습니다. 다시 또 전해드리겠습니다.

🌐 페르네 볼테르에서 보내드리는 제9신 ▶ 2013년 7월 24일

지난 토요일 몰레종(Moleson)에 다녀와서 소식을 전해드리고 이제야 다시 전해드리게 되는군요. 지난 일요일은 가족이 편안히 집에서 휴식을 취하고, 다음 날 아들은 임지인 시드니로 떠나고, 딸내미도 화요일부터 휴가를 마치고 출근을 하여서 그 후엔 집사람과 저만 집에 남게 되었습니다.

지금도 서울에는 장마가 걷히지 않았다는데, 이곳은 작년 가을에 왔을 때는 거의 매일처럼 오락가락하는 이슬비가 내리더니, 여름철인데도 요즘은 별로 비가 내리지 않아서 이상할 정도입니다. 기온도 서울보다는 낮은 편이어서 심하게 덥다는 생각이 들지 않지만, 역시 여름이라서 햇빛은 상당히 따가운 편입니다.

요즘은 아침 운동과 독서로 시간을 보내고 있지만, 다음 주부터는 작년에 올라 다녔던 쥬라산과 몽샬레브에도 가끔씩 오르고, 제네바 시내의 박물관도 찾아다닐 생각입니다. 다시 또 소식 전해드리겠습니다. 안녕히 계십시오.

알프스의 야생화 사진을 보내드립니다.

🌐 페르네 볼테르에서 보내드리는 제10신 ▶ 2013년 7월 27일

그제 7월 25일, 드디어 쥬라산의 5개 봉우리를 종주했습니다. 서울을 떠나기 전부터 마음속으로 계획했던 산행이었지요. 작년 겨울에 왔을 때, 집 창문 밖으로 빤히 바라다보이는 눈 덮인 하얀 봉우리들이 자꾸만 저를 유혹하는 바람에 몇 번이나 올라가 보려고 시도했었지만, 그때는 오후 5시만 되면 어두워지는 짧은 겨울 해도 문제였고, 또 등산 지도마저 없이 처음 가는 산인데다, 등산객도 많지 않아서 어쩌다 만나는 사람들에게 길을 물어가면서 겨우 1,172m까지만 올라갔다가 혼자서 가는 길은 위험하다며 만류하는 바람에 아쉽게 되돌아 내려왔던 경험이 있었지요.

그 아쉬웠던 기억이 지금 저의 체력에는 다소 무리가 되리라는 생각을 하면서도, 밤 10시까지 어두워지지 않는 긴 여름 해와, 매일 아침 산책으로 다져진 제 두 다리를 믿고, 자신만만하게 배낭을 챙겨 아침 7시에 집을 나섰습니다. 젝스(Gex)라는 등산로 입구 마을까지 버스로 30분을, 다시 30분을 더 걸어가서 쥬라산 등산로의 들머리에 도착할 수 있었습니다.

15도 정도의 경사도가 낮은 등산로 주변은 아름드리 전나무의 빽빽한 숲이 시원한 그늘을 만들어주었고, 가끔씩 여기저기 군락을 이루는 야생화가 싱그럽게 향기를 뿜어주는가 하면 지저귀는 새소리에 바람도 산들거려서 산책하는 기분으로 2시간쯤 걸어갑니다.

여기까지는 작년 겨울에도 눈을 밟으며 몇 차례 왔던 길이어서 힘들이지 않고 아주 수월하게 갈 수가 있었지요. 어느 산이나 오르고 내리는 길은 여러 코스가 있기 마련이어서 쉬운 길을 물으려 해도 통 사람을 만날 수 없었는데, 능선으로 올라가기 전 갈림길 쉼터에서 물을 마시며 올라갈 길을 생각하고 있을 때, 마침 40대쯤 되어 보이는 한 남자가 초등학생으로 보이는 어린 딸을 데리고 올라와서 그의 도움으로 쉬운 등산로를 찾을 수 있었습니다.

능선으로 가는 중간쯤에서 그들은 평이한 길을 따라 먼 길로 돌아서 가고, 저는 조금 가파르고 힘이 들겠지만 바로 능선으로 가는 지름길을 택했지요.

1,100m 지점에서부터는 키 큰 나무는 전혀 없고, 경사도 45도쯤의 푸른 초원에서 풀을 뜯는 소 떼의 워낭 소리만 평화롭게 울려 퍼집니다. 초원이 끝나는 곳에서부터는 자갈과 바위가 이어지는 급경사 길이어서 길을 잘못 선택했나 후회가 되기도 했지만, 뜨거운 햇볕에 구슬땀을 흘리며 1시간 반쯤 더 올라가니 암벽의 끝, 생각도 못했던

평원의 초원이 펼쳐집니다.

해발 1,500m의 암벽 너머에는 전혀 다른 세계가 있을 줄이야! 정말 감탄사가 절로 나왔습니다. 여기에도 깊은 웅덩이에는 아직 녹지 않은 눈이 남아 있었지만, 주변의 초원에는 아름다운 야생화가 절정을 이루고 있었습니다.

11시 반인데도 다리도 아프고 허기가 느껴집니다. 준비해간 얼음물로 목을 축이고, 아내가 싸준 찰밥 한 덩이로 점심을 때웁니다. 초콜릿과 샌드위치는 간식으로 남기고, 이제 초원 위를 사뿐사뿐 걸어 올라갔다 내려갔다 하면서 5개의 봉우리를 지나는 동안 가끔씩 마주오는 등산객들도 만납니다. 올라올 때 전혀 보지 못했던 등산객들이 반대편에서 상당수가 오는 이유를 목적지에 도착해서야 깨닫게 되었습니다. 페르네 볼테르에서도 보이던 높은 타워가 있는 봉우리에는 반대쪽에서 올라오는 케이블카의 종착역이어서 대부분의 등산객들을 여기까지 태워다 주면 그들은 제가 올라온 길로 하산을 하면서 산행을 즐기고 있었습니다.

오후 2시 10분 산행을 시작한 지 6시간 10분 만에 목적지에 도착하였습니다. 주라산의 최고봉으로 생각하고 목표를 세웠던 이곳이 최고봉이 아닌 것을 표지판을 보고야 알 수 있었습니다. 이곳을 향해 오면서 1,595m의 봉우리도 지나왔는데, 여기가 1,540m라니 의아했지요.

정상이 1,700m가 넘는 것으로 알고 올라왔는데 표지판에 1,540m라고 적혀 있어서, 주변에 있는 젊은이에게 물어보니 주라산 최정상은 제가 지나온 능선의 뒤편에 있는 봉우리라고 합니다. 아뿔싸 해발 200m 가까이 차이가 나는 봉우리도 산 아래서 보면 비슷비슷해 보이고, 봉우리에 높은 타워를 세워놓아 보기에도 웅장해 보여서 그곳이 최정상이려니 짐작한 것이 순전히 저의 착오였습니다. 케이블카의 종착역인 이곳에는 통신 타워와 레스토랑도 있었고, 전망대에서 내려다보면 레만 호수와 제네바 시내의 모습이 한눈에 들어옵니다.

휴식 후 2시 30분 젊은이가 가르쳐준 가장 가까운 길을 따라 내려오는 길에는 올라오던 길에서보다 더 무성한 야생화의 물결 속을 지나왔지요. 나무숲까지 내려와 다시 남은 간식으로 허기를 채우고 내려오는데, 1리터쯤 가지고 갔던 물이 떨어져 걱정이 되었습니다. 하산길이라서 크게 갈증 걱정은 하지 않아도 되겠지만, 그래도 이곳에서는 산에 물도 귀할 뿐만 아니라 흐르는 물이 있어도 마실 수가 없는 것은 석회가 다량 포함되어 있기 때문입니다. 그런데 천만 다행으로 길가에서 1805년 나폴레옹 황제 때 만들어졌던 샘을 발견하고 갈증을 해소할 수가 있었습니다. 시원한 물을 실컷 마시고, 빈 패트병 두 개에 물을 채워 내려왔지요.

젝스의 버스 정류장에 도착하니 오후 4시 40분, 버스를 기다렸다 집에 돌아오니 오후 5시 30분이었으니, 아침 집을 나선 지 10시간 반 만에 돌아왔고, 산행시간만 9시간이 소요되었습니다. 이번 주말까지는 푹 쉬어야 할 것 같습니다. 다시 소식 전할 때까지 건투를 빕니다.

페르네 볼테르에서 보내드리는 제11신 ▶ 2013년 7월 30일

요즘 서울은 긴 장마전선이 물러가고, 더위가 한층 더 기승을 부리겠군요. 저는 지난주에 제8신에서 보내드린 바와 같이 몽쥬라의 장거리 산행을 하고 돌아온 후, 주말을 휴식을 위해서 집에서 독서를 하면서 편안히 보냈습니다.

이곳에는 지난 일요일 오후부터 월요일 오전까지 모처럼 단비가 내리더니 날씨도 더 시원해졌습니다. 아침 산책길에 전에는 조용하던 개울 물소리가 요란해진 것을 보면 봄 이슬비같이 내린 비였지만, 그 양은 꽤나 많았던 모양입니다.

딸은 오늘 오스트리아의 빈으로 출장을 떠났고, 8월 2일에 돌아올 때까지 집에는 우리 부부만 남게 되었습니다. 그간 집에서 가까운 몽샬레브에나 한 번 더 가볍게 다녀올까 합니다.

책을 읽다가 마음에 와닿는 대목을 가끔씩 메모를 하기도 합니다. 어제 메모한 한 구절을 보내드립니다.

> "그대가 올바른 길을 찾아낼 수 있고, 올바른 지침에 따라 판단과 행동을 조율할 수 있다면, 그대는 행복의 잔잔한 물결을 타고 생애를 보낼 수 있다. 모든 인간에게는 공통된 두 개의 사실이 있다. 그 하나는 남에게 방해받지 않는 것이요, 그 둘째는 정의를 실행하는 데 전력을 기울이는 것이다. 이를 위해서는 욕망도 물리치지 않으면 안 된다."
>
> — 마르쿠스 아우렐리우스의 『명상록』에서

오늘은 해남 미황사의 금강 스님께서 보내신 메일에서 메모한 법구경의 한 장입니다. 좋은 말씀이어서 같이 보내드립니다.

譬如厚石 비유하자면 두터운 돌은
風不能移 바람이 능히 옮기지 못하는 것과 같이
智者意重 슬기로운 사람은 뜻이 무거워
毁譽不傾 비방과 칭찬에도 기울지 않는다.

— 『법구경(法句經)』

페르네 볼테르에서 보내드리는 제12신 ▶ 2013년 8월 5일

소식 전해드린 지 일주일도 넘은 것 같군요. 장마는 끝났는데도 대기의 불안정에 의한 국지성호우가 사람들을 놀라게 하고 있다는 그곳 소식은 인터넷을 통해 듣고 있습니다. 이곳의 여름 날씨는 장마가 없다고 하는군요. 며칠 전 하루 동안 비가 내리더니 그 후론 그냥 햇볕은 강하지만, 바람이 가끔씩 불어 별로 심하게 덥지는 않은 여름 날씨입니다.

저는 오늘 론강을 따라 프랑스의 남동부 지방 프로방스로 떠납니다. 론강은 스위스 중남부의 알프스의 빙하에서 발원하여 레만 호수에 잠시 머무르다가 몽블랑 다리 아래서 서쪽으로 흘러 프랑스로 들어가 구불구불 복잡한 갈지(之) 자를 그리면서 쥬라산맥을 통과하고, 리옹에서 주요 지류인 손강과 합류하여 남쪽으로 방향을 바꾸어, 큰 지류인 이제르, 뒤랑스, 아르데슈 강을 받아들이면서 다시 알프스산맥과 마시 프랑 트랄 사이의 빙하들이 파놓은 골짜기와 분지를 통과하며 프랑스의 동남부 프로방스 지방을 적시면서, 마르세이유까지 유구한 세월 동안 장장 813㎞를 흘러 유럽 대륙에서는 유일하게도 지중해로 직접 흘러 들어가는 큰 강입니다.

론강을 따라가면서 프랑스 남부 특유의 밝은 햇빛에 빛나는 푸른 초원과 그 사이사이에서 고대부터 발달했던 도시들, 그들이 간직해 온 문화유산을 몇 곳이나마 들러보기 위해 1박 2일 일정으로 길을 떠납니다.

다녀와서 다시 소식 전해드리겠습니다.

페르네 볼테르에서 보내드리는 제13신

• 오랑주 — 로마 원형극장과 개선문 ▶ 2013년 8월 7일

8월 4일, 아침 8시 30분에 집을 나와서 알프스 계곡으로 난 길을 따라 남쪽으로 내려갑니다. 첫 목적지를 오랑주(Orange)로 잡고 달리다가 론 강가의 작은 마을 뽕생 에스프리에 들렀는데, 관광안내소의 문이 닫혀 있어서 론강 위에 놓인 다리 위에서 사진만 몇 장 찍고, 멋진 가로수 길을 따라 달려 내려가 오랑주(Orange)에 도착한

시각은 오전 11시 30분이 조금 넘었습니다.

여기에도 역시 관광안내소의 문은 닫혀 있습니다. 딸내미가 식당으로 들어가 로마 원형극장 가는 길을 물어 쉽게 찾아갈 수 있었지만, 페르네 볼테르에서 3시간 조금 넘게 내려왔는데, 이곳의 기온은 35도가 넘으니 기온 차가 5~6도 정도는 되는가 봅니다.

오랑주(Orange)는 프로방스 알프코트디쥐르 지방의 보클뤼즈주에 있는 조그만 도시입니다. 1999년 통계로 인구가 3만 명이 되지 않았다고 하니 지금은 어떤지 모르겠습니다. 론강이 도시의 오른쪽으로 흐르고 있어서 비옥한 평야를 갖고 있으며, 로마시대의 유적은 로마 초대 황제인 아우구스투스(BC 27~AD 14)가 그의 양부 줄리어스 시저가 갈리아 전쟁에서 승리한 것을 기리기 위해 세운 개선문과 그 전쟁에서 공을 세운 장병들을 속주에 나가 살게 하면서 로마와 같은 여건을 만들어주기 위하여 지은 로마 원형극장이 지금까지 남아 있습니다. 특히나 원형극장은 2,000년이 지난 지금도 각종 공연이나 연주회를 개최하고 있는데, 그 음향 반응이 현대의 시설보다 우월하다고 하니, 당시 로마 사람들의 건축기술을 짐작할 수 있겠습니다. 규모 면에 있어서도 계단식 벤치에 1,100명을 수용할 수 있었다고 하며, 벽의 길이가 102m, 높이가 38m라고 합니다. 중앙 벽면에는 높이 3.7m의 아우구스투스의 동상이 있다고 하는데 들어가 보지는 못하고, 밖에서 사진만 찍고 개선문을 향해 발길을 돌렸습니다.

페르네 볼테르에서 보내드리는 제14신

• 고르드의 산간 마을과 세낭크 수도원 ▶ 2013년 8월 8일

오랑주(Orange)에서 로마 원형극장과 개선문을 보고 시내를 대강 돌아다니다 보니 어느덧 오후 2시가 되었습니다. 시간과 경비를 절약하기 위해서 준비해간 도시락을 차에서 먹으면서 고르드(Gordes)를

향해 달려갑니다.

이곳은 프로방스의 뤼베르동 지역의 험준한 산을 넘어 산자락에 있는 아주 오래된 마을입니다. 여기는 프랑스의 귀족들로부터 땅을 기증받아 시토회의 수도원 중 하나로 1098년에 설립된 로마 가톨릭 수도회로 백의수사들이 수도하던 세낭크 수도원(Senanque Abby)이 지금까지 잘 보존되어 있고, 주변에는 향기로운 라벤더밭이 잘 가꾸어져 있어서 관광객들이 모여들기도 한다고 합니다.

넓은 포도밭과 과수원 사이로 난 시골길을 지나면서 교회의 첨탑과 오래된 마을들을 보기도 합니다. 1시간쯤 평지를 달리다가 산간으로 접어들면 점점 경사도가 높아지고 웅장한 암봉을 바라보면서 아스팔트 포장된 산길을 구불구불 30분쯤 올라가면 다시 평평한 길이 나오고 시야가 확 트인 길이 됩니다.

험준한 암봉의 고개를 구불구불 넘어오면 산 아래 펼쳐지는 농촌 풍경이 한눈에 들어오는 곳에 차를 멈추고 쉴 수 있는 공간을 마련해 두었습니다. 그리고는 곧바로 마을이 이어집니다. 이곳에는 석회암이 많아서 집은 물론이고 담장도 돌을 사용하여 멋을 부려 놓은 것을 볼 수 있습니다.

주차장에 차를 세우는 데 6유로의 비싼 주차비를 받습니다. 올라오면서 그렇게 많은 차를 보지 못했었는데, 상당히 넓은 주차장에는 차들이 가득합니다. 지대가 상당히 높은 곳인데도 오후 4시에 페르네 볼테르에서는 느끼지 못하던 강한 햇볕에 더위를 느끼게 됩니다.

카페 앞에서 제 키보다 큰 와인 병 앞에서 포즈를 취해 보고, 오래된 큰 건물 앞 광장에서도 다른 사람들처럼 카메라의 셔터를 계속 눌러대면서 그 광장을 지나 비좁은 골목길을 돌아보기도 합니다. 역시 마을에서 내려다보는 전원 풍경이 그림같이 아름답습니다.

고르드의 산간 마을을 구경하고, 다시 산길을 돌아 나와 계곡 깊숙한 곳에 있는 세낭크 수도원에 도착한 시간은 오후 6시쯤 되었습니다.

주차장에 들어가기 전에 보라색의 라벤더밭이 있어 차를 세우고, 사진을 찍었지요.

상당히 늦은 시간이지만, 여기도 주차장에 차들이 많은 것을 보면 고르드에 왔던 관광객들이 당연히 지나가야 하는 코스인가 봅니다. 늦은 시간이어서 수도원에는 들어가지 못하고 밖에서 사진만 찍고, 올라왔던 길을 되짚어 농촌마을에 딸내미가 인터넷으로 예약한 오늘의 잠자리를 찾아가야 합니다.

페르네 볼테르에서 보내드리는 제15신

• 방투산이 보이는 포도밭 가운데 조용한 숙소 ▶ 2013년 8월 8일

오후 8시 반쯤 농촌의 포도밭 가운데 있는 숙소에 도착했습니다. 포장된 도롯가에 아름드리 프라타나스 가로수에 안내판이 부착되어 있고, 그 큰 가로수가 집 앞 입구까지 약 200m쯤 포장되지 않은 길가에 죽 늘어서 있어서, 그 주변은 동서남북이 모두 포도밭인 이 집이 얼마나 오래된 집인 것을 말해주고 있었습니다.

길가 주차 공간에 차를 세우고 들어가니 60대 초반으로 보이는 집주인이 반갑게 맞아주었습니다. 우리가 묵게 될 방은 3층 서쪽 창문이 보이는 곳인데, 가운데에 화장실이 한 개 있고 그 앞에 휴식 공간까지 있으며, 양쪽에 침대가 있는 방이 있는 꽤 넓고 깨끗한 공간이었습니다. 맨 아래층은 응접실과 식당이 있는데, 여기에는 피아노도 있고, 당구대까지 갖추어 있었습니다. 2층과 3층만 객실로 이용하고 있는데 방값은 농촌이기 때문에 아침 식사를 포함해도 도시의 1/3 값밖에 받지 않는 저렴한 가격이라고 합니다.

저녁 식사는 음식을 준비해온 가족들이 직접 조리해 먹을 수도 있어서 먼저 도착한 몇 가족은 바비큐 그릴에 고기를 굽고 있기도 했지만, 우리는 마을의 식당으로 가기 위해 주인에게 예약을 부탁하고

가는 길을 물어 밖으로 나왔습니다.

숙소에서 나와 자동차로 15분쯤 가서 마을이 있는데, 숙소 주인이 가르쳐준 식당을 찾지 못해 행인에게 식당을 물으니 교회를 지나, 오른쪽은 식당이고 왼쪽에 카페가 있는데 교회도 카페도 식당도 이 마을에는 하나씩밖에 없다면서 꽤나 먼 길을 5m만 가면 찾게 될 것이라고 웃으며 가르쳐 주었습니다. 식당에 들어가니 자리를 준비해 놓고 기다렸는데, 곧바로 음식을 주문하였지만 음식이 나올 때까지는 상당히 기다려야 했습니다.

멀리 바라보이는 산이 방투산(Mont Ventoux)입니다. 1,912m 높이이니 우리나라 한라산보다는 낮은 산이지만, 이곳 프로방스 지방에서는 유명한 산인 모양입니다. 산 이름이 프로방스 방언으로 '바람 부는 산' 이라는데, 실제로 바람이 많아서 날씨가 나쁠 때는 산행을 금지시키고 있다는군요. 아침에 일찍 일어나 밖으로 나오니 은은한 라벤더 향이 기분을 상쾌하게 합니다.

아침 8시 30분 숙소에서 제공하는 빵과 주스 그리고 따뜻한 차로 간단한 아침 식사를 마치고 출발합니다. 어젯밤 3층 우리 옆방에서 지낸 가족은 독일의 라이프치히에서 왔다고 하는데, 젊은 부부와 열 살쯤 된 큰아들과 그 아래 8살쯤 된 작은아들을 데리고 왔는데 아침 식사를 같이했습니다. 우리가 식사를 마칠 무렵 네덜란드에서 온 부부도 식사를 하러 나오더군요. 우리는 아비뇽(Avignon)을 거쳐 아를(Arles)까지 다녀서 제네바로 돌아갈 것이라고 하니 그들은 어제 그곳을 다녀왔고, 이제 라이프치히로 돌아가는 길이라고 합니다. 서로 좋은 여행이 되기를 바라면서 헤어졌습니다. 우리는 이제 아비뇽으로 가기 전에 프로방스의 베니스라고 불리는 소르그(L'lsle sur la Sorgue)를 들렀다가 갈 요량으로 출발합니다.

🌐 페르네 볼테르에서 보내드리는 제16신 ▶ 2013년 8월 9일

프로방스의 베니스 일 쉬르 라 소르그(L'Isle sur la Sorgue)

'프로방스의 베니스'라 불리는 마을로, 중세시대에는 작은 어촌이었고, 물레바퀴가 부지런히 회전하며 만들어낸 전력으로 종이와 직물을 생산하던 프로방스 섬유산업의 중심지였다고 합니다. 지금은 전통 방식을 고수하며 물레를 이용해 옷감을 짜는 곳이 한 곳밖에 남아 있지 않지만, 골목 사이사이 흐르는 작은 운하와 그 어귀에서 돌아가는 물레방아는 시간을 거슬러 중세 유럽으로 우리를 안내하는 듯합니다.

숙소에서 조반을 마치고 8시 30분 조금 지나서 출발하여 한 시간 만에 이곳 소르그에 도착하였습니다. 마을이 깨끗하고 골목골목마다 크고 작은 수로에 맑은 물이 흐르고 있어서 작은 수로 바닥에는 수초가 자라고 있었습니다. 마을을 동에서 서로 한참을 걷다가 중요한 사실 한 가지를 발견하였습니다. 도시의 중앙에는 동서로 큰 수로가 있는데, 동쪽에서 서쪽으로 물이 흐르는 것을 보고 갔는데, 서쪽으로 한참 걷다 보니 물의 흐름이 서에서 동으로 흐르고 있었습니다.

아마도 이 도시의 수로를 설계할 때 어디에선가 동쪽과 서쪽으로 물을 보내서 서쪽에서는 동쪽으로 흐르게 하고, 동쪽에서는 서쪽으로 흐르게 하여 중앙에서 남북의 작은 수로들로 물을 흘려보내도록 설계된 모양입니다. 도시 중앙의 동서로 난 수로는 넓고 흐르는 물의 양도 많지만 남북으로 흐르는 수로는 이보다는 좁습니다. 물이 유입되는 부분에는 수량도 풍부하고 낙차를 이용한 물에 산소도 공급하여 깨끗한 수질을 유지시키고 있는 모양입니다. 이러한 물레바퀴를 이용하여 전력을 생산했다니 지금 사람들은 상상하기가 어렵겠습니다.

유럽에서는 어디를 가나 느끼는 것이지만, 오래된 도시에는 그 도시의 연륜만큼이나 오래된 교회가 있고, 그 화려한 내부는 중세 교회의

부와 당시의 훌륭한 예술가들의 솜씨를 말해주고 있다는 것입니다. 그래서 가는 곳마다 교회에는 들어가 봅니다. 오전 10시 반이 넘어서 우리는 아비뇽을 향해 다시 출발합니다.

은송 엄마 2013년 8월 9일 14시 31분

시숙님! 은송 엄마입니다. 방학이라 근무 중에 짬이 나서 들러 보았습니다. 재미나고 흥미로운 여행기 잘 보고 있습니다. 형님, 보람, 정욱이도 잘 지내지요? 안부 전해주십시오. 여행기도 좋지만 가족의 모습이 너무 행복해 보여서 저도 함께 행복해지는 걸 느낍니다. 건강 유의하시고 잘 지내고 오세요. 늘 관심 두는 열렬한 애독자가 있다는 거 잊지 마시고요. 형님께도 전해주세요~(^_^)

운중풍월(雲中風月) 2013년 8월 9일 20시 38분

네, 동생과 제수씨에게 떠날 때 얘기도 못 하고 왔고, 따로 소식을 전하지도 못했는데, 이렇게나마 서로 안부를 전하게 된 것도 다행입니다. 제수씨께서 애독자시라니 제가 더 행복합니다. 그리고 정욱이는 일주일가량 휴가를 내서 왔다가 돌아갔고, 그 기간 동안 보람이도 휴가를 내서 온 가족이 오랜만에 함께 여행을 다녀오기도 했었지요. 우리는 8월 14일 비행기를 타면 서울에는 15일에 도착할 것입니다.

며칠 남지 않았지만 그동안 가족들 건강하시기를 바랍니다. 돌아가면 시간을 내서 형님, 형수님, 동생, 제수씨가 함께 식사하는 시간을 가졌으면 합니다만, 시간이 어떨지 모르겠군요. 돌아가서 연락드리겠습니다.

페르네 볼테르에서 보내드리는 제17신 • 아비뇽 — 교황청

▶ 2013년 8월 9일

11시가 조금 넘어 아비뇽에 도착하자 첫눈에 들어오는 것은 도시를 둘러싸고 있는 웅장한 성벽이었습니다. 적당한 자리를 찾아 차를 세우고 관광안내소를 찾아가는데, 36도를 넘는 이곳의 기온이 햇볕 속을 걸을 수 없게 만듭니다. 그늘을 따라 걸어야 할 정도입니다. 지금 서울의 더위도 이 정도가 아닐까 생각하였습니다.

우리는 여기에서 '교황청'과 '생 베네제의 부서진 다리'를, 그리고 시내의 골목을 몇 군데 둘러보고 아를(Arles)로 향할 생각입니다. 여행을 하면서 유서 깊은 한 도시에서 그곳의 역사와 문화유적의 자취만 둘러보려 해도 미리 준비한 자료를 가지고 며칠을 찾아보아도 다 볼 수 없겠지만, 우리처럼 '말 달리면서 지나치는 산 구경' 하는 식의 여행에서야 별도리 없는 일입니다. 그저 사진이나 많이 남겼다가, 한가할 때 차분히 여러 기록을 찾아보면서 '아! 이곳이 그런 곳이었구나!' 하며 느낄 수밖에 없겠지요.

이곳은 아시다시피 프랑스의 동남쪽 론강의 하류에 위치한 프로방스 지방의 오래된 도시입니다. 이곳에 교황청이 있게 된 것은 프랑스의 베르트랑 드 고(Bertrand de Got)가 교황(클레멘트 5세)이 되었는데, 1309년 로마로 가기를 거부하고 여기 아비뇽의 성당에 머물게 된 것에서 시작되었다고 합니다. 1417년 마르티누스 1세가 교황에 선출되고 교황청을 로마로 옮길 때까지 7명의 교황이 바뀔 때까지 무려 108년 동안(잠시 로마로 복귀한 시기가 있기도 했지만) 실제적인 교황청은 로마가 아닌 이곳 아비뇽에 있었다는군요.

이는 14세기 초에 있었던 교황권과 세속권의 권력다툼(서임권 투쟁), 그리고 부패한 로마 교황청의 갈등에서 비롯되었고, 시 외곽을 둘러싸고 있는 그 요새 같은 성곽은 총길이가 4.3km이며, 당시의 교황들에 의해 건설되었다고 합니다. 당시 유럽에 건설되었던 성곽들 중에서는 그 보존상태가 가장 우수하다고 합니다. 아무튼 제가 찾아보려는 교황청이나 생 베네제 다리는 당시에 살았던 백성들에게는 지배자들의 권위와 갈등으로 세워지고 부서지는 동안 많은 고통을 주었을지 모르지만, 남아 있는 그들이 남긴 그 유산들이 지금은 많은 관광객들을 불러들이고 있습니다.

입장료가 1인당 6유로나 하는 교황청 내부로 들어가려는 관광객들이 길게 줄을 서서 기다리고 있었습니다. 이는 당시 이태리의 거장 시몬 마르티니(Simone Martini)와 마테오 조반네티(Giovanetti)가 화려하게 장식한 내부의 장식을 구경하려는 사람들일 것으로 생각이 들었지만, 시간에 쫓기는 우리는 밖에서 건물의 외부만 사진을 찍으면서 구경하고 교황 청사 뒤 언덕에 있는 교황청 공원으로 올라갔습니다.

성 베네제가 하느님의 계시를 받아 1177년에 시작하여 1185년까지 8년에 걸쳐 완공되었다고 하는 이 다리(Pont Saint Benezet in Avignon)는 1226년 루이 8세가 아비뇽을 점령할 당시 파괴되었고, 그 후 복구하였으나 1603년 대홍수로 또다시 파괴되고, 지금은 4개의 교각과 아치만 남아 있습니다. 그 이후 복구되지 않고 그대로 보존되고 있으며, 아비뇽 주민들이 도시의 상징으로 간주하고 있는 것은 교황청이 아니라, 프랑스의 민요 “우리는 춤을 추네, 우리는 춤을 추네 아비뇽 다리 위에서 우리 모두는 둥글게 원을 그리며 춤을 추네”로 시작하는 〈아비뇽의 다리 위에서〉로 널리 알려진 이 생 베네제 다리라고 합니다.

창건 당시에는 21개의 교각과 22개의 아치가 걸쳐진 총길이 920m에 폭이 4m의 돌다리였다고 합니다. 다리의 북쪽에 성 베네제를 기리기 위해 생니콜라 예배당이 14세기에 세워졌으며, 지금도 그 흔적이 남아 있습니다.

언덕 위 공원에서는 아비뇽 시내는 물론이거니와 시내 서쪽으로 흐르는 론강과 그 위에 있는 유명한 부서진 아비뇽 다리가 다 내려다보입니다. 그늘에서 잠시 휴식을 취하고 우리는 다리를 향해 내려갑니다.

교황청 앞 광장의 카페, 교황 청사와 교회들 그리고 언덕 위의 교황청 공원에서 내려다보는 아비뇽 시내의 모습과 이 도시의 유구한 역사와 권력의 부침을 말없이 지켜보며 흐르는 론강의 푸른 물결을 바라보고, 이 지역 주민들이 이 도시의 상징으로 생각하는 '부서진 아비뇽의 다리' 인 Pont Saint Benezet in Avignon을 돌아 시내로 들어오니, 더위에 지치고 다리도 아파서 그늘에서 쉬다가 생각하지 않던 앙리 4세를 만납니다. 그의 동상 앞에서 사진을 남기게 된 것도 우연한 행운이 되겠지요.

오후 3시가 다 되어 초콜릿과 빵으로 간단한 점심을 때우면서 '점심은 마음에 점 하나만 찍으면 된다' 는 말을 생각하며 서둘러 아를(Arles)을 향해 떠나기 위해 햇빛에 뜨거워져서 한증막같이 된 자동차 속으로 들어갑니다.

페르네 볼테르에서 보내드리는 제18신
• 아를 — 고흐가 빛을 찾아온 도시 ▶ 2013년 8월 9일

행운은 언제 어떻게 찾아와 우리에게 기쁨을 주게 될지 모릅니다. 집을 떠날 때, 도중에 아름다운 해바라기꽃밭을 만나 사진을 많이 찍었으면 좋겠다고 아내가 말했었는데, 여기까지 내려오면서 몇 군데 해바라기밭을 지나쳤지만, 거의 모두 이미 노란 꽃잎을 다 떨구어버리고 까만 씨앗이 맺기 시작한 것들뿐이었습니다. 우리는 섭섭했지만 이미 시기를 놓쳐 그런 사진을 찍을 수 없겠다고 말하면서 한참을 내려왔었습니다. 그런데 우연하게도 이곳에서 때늦게 만개한 해바라기꽃밭을 발견하고 기대하지 않았던 행운에 우리는 환호하면서 길가에 차를 세웠습니다.

해바라기의 꽃바다에 정신이 팔려 거의 30분을 지체하고 아를(Arles)의 시청사 앞에 도착하니, 오래된 오벨리스크가 우리를 맞아주었습니다. 파리의 콩코르드 광장에 있는 오벨리스크는 이집트의 룩소르에 있던 것을 옮겨다 놓았다는데, 이곳에 있는 것은 어떤 것일까 하고 가까이 가서 보아도 설명해 놓은 안내판이 없었습니다. 단지 오래되어서 여기저기 보수한 흔적과 몇 군데 모서리가 떨어져나간 부분을 보았을 뿐입니다.

이곳은 론강이 마르세유의 북서쪽에서 삼각주를 이루며 갈라지는 카마르그 평야에 있는 작은 도시(1990년 통계에 의하면 인구 5만여명)이기는 하지만, 브리태니커의 기독교 역사에 의하면 서로마제국의 중요한 도시로서 AD 314년 콘스탄티누스 황제 시절 서로마제국의 그리스도교 주교들이 참석한 최초의 아를 공의회(Council of Arles)가 열렸다고 하니 도시가 발달된 역사는 오래된 곳이라 할 수 있겠습니다. 그러나 6세기에 서고트족에게 함락당한 뒤 다시 730년 이슬람교 침략자들에게 함락되는 비운을 겪기도 했다고 합니다.

그 후 10세기에는 나중에 아를 왕국으로 알려진 부르군트 왕국의 수도가 되었으며, 12세기에는 이탈리아 공화국들과 비슷하게 무역과 항해에서 막강한 독립국으로 떠올랐으며, 1239년 프로방스에 흡수되었다고 합니다. 구도시를 둘러싸고 있는 성곽은 로마시대에 건설된 것이며, BC 1세기에 건립된 고대 로마의 원형격투기장은 2만명을 수용할 수 있으며 지금도 투우경기나 연극공연에 사용하고 있다고 합니다. 비슷한 시기에 세워진 원형극장 또한 지금도 각종 음악회가 열릴 정도로 비교적 잘 보존되고 있었습니다. 시청사 옆에 있는 생 트로핌 교회는 7세기에 세워졌으며 여러 차례에 걸쳐 개축

되었다고 하는데, 12세기의 로마네스크식 외관이 뛰어난 로마네스크 및 고딕 양식의 회랑 등으로 이루어져 있습니다. 장식이 잘 조화된 주요 현관에는 성자들과 사도들의 모습이 새겨져 있기도 합니다.

로마시대의 원형극장을 발굴할 때 나온 〈아를의 비너스〉 등 많은 미술품들은 현재 루브르박물관에서 소장하고 있다고 합니다. 밖에서도 훤히 들여다볼 수 있는 이 극장에 매표소가 있고, 입장료를 6유로씩이나 받고 있어서 우리는 그냥 밖에서 사진만 찍었습니다.

BC 1세기에 세워졌다는 이 원형경기장은 지금도 투우 경기장이나 연극 공연장으로도 사용하고 있다는데 외부를 닦아내는 공사를 했는지 색깔이 아주 깨끗하여 고대의 유적 같은 느낌이 들지 않더군요. 세월의 때가 남아 있는 그대로 유지 보존할 수 있었으면 하는 생각을 하였습니다.

1888년 고흐가 아를에 왔던 당시의 실제 카페(Cafe La Nuit)에 들렀습니다. 노란색 벽칠을 한 건물은 빈센트 반 고흐가 이곳에 처음 왔을 때 하숙을 하였고, 집을 얻어 이사를 한 후에도 가끔 들러서 '입셍트' 라고 하는 쑥으로 만든 독한 술을 마시곤 했다는 카페입니다. 이 카페의 여주인 지누 부인이 〈아를의 여인〉의 주인공이며, 가난한 고흐와 고갱을 위해 모델료를 받지 않고 기꺼이 모델이 되어주기도 했으며, 반 고흐가 정신병을 치료하기 위해 요양원에 입원했을 때는 그의 뒷바라지까지 해준 마음씨 고운 여자였다고 합니다. 지금도 카페 앞에 그런 안내문을 세워두고 있습니다.

아를의 여인

'아를의 여인' 이라는 제제(提題)가 많은 사람들의 귀에 익숙한 것은 아마도 프로방스 출신인 소설가 알퐁스 도데(1840년~1899년)의 출세작인 단편집 『풍차방앗간 소식』 안에 그 유명한 단편 「별」과 함께 들어 있는 〈아를의 여인〉과 그 단편을 1872년에 3막 5장으로 된

희곡으로 다시 만들어 상연할 때, 부수음악으로 작곡된 비제(1838년~1875년)의 모음곡 '아를의 여인' 곡명도 있을 뿐 아니라, 가난했던 천재 화가 고흐에게 모델료도 받지 않고 기꺼이 모델이 되어준 '카페 드 라 가르' (역전 카페)의 안주인 지누 부인을 그린 〈아를의 여인〉이라는 명화 때문이 아닐까 합니다.

마음씨 좋은 카페의 여주인 지누 부인은 넉살 좋은 고갱이 "당신의 그림이 루브르박물관에 걸리게 될 거예요"라는 말을 하기 전부터 이들의 천재성을 인정하였으리라 생각됩니다. 그렇기 때문에 무료 모델을 자청했을 것이고, 후에 고흐가 정신병의 치료를 위해 요양원에 있을 때, 그 뒷바라지까지 해주었는지도 모르지요. 고흐가 여기에 머무르는 1년여의 기간 동안에 200여 점의 명화를 남겼다고 하는 것은, 돈도 사랑도 결핍되었던 그에게 따뜻한 인정을 베풀어 준 카페의 여주인 지누 부인의 온정이 아니었을까 하는 생각을 하였습니다.

19세기에 그 많은 후기 인상파 화가들이 아를(Arles)로 모여든 이유가 남쪽 프로방스 지방 특유의 구름 한 점 없이 맑고 투명한 하늘과 강렬한 햇빛 그리고 짙은 색깔의 아름다운 꽃들과 푸른 론강 주변의 넓은 들판 말고도 여기에는 아름다운 젊은 여인들이 많다는 것도 한 이유였다고 합니다. 고흐 역시 아름답고 젊은 여인을 모델로 좋은 그림을 그리고 싶었겠지만, 가난한 화가가 그런 모델을 쉽게 구할 수가 없었겠지요. 고흐가 불러서 늦게야 아를에 온 고갱은 어느 날 갑자기 공짜 모델을 구했다고 고흐에게 큰소리를 쳤다고 합니다. 알고 보니 고흐가 처음 여기 왔을 때 하숙을 하던 카페의 40대의 여주인이었지요.

같은 모델을 상대로 고갱은 〈밤의 카페〉에서 이 여인을 퇴폐적인 술집 분위기에 미소 짓고 앉아 있는 여인으로 표현했고, 고흐는 독서를 하다가 사색에 잠긴 지성적인 여성으로 표현한 것을 보면 두 사람의 이 모델을 두고 표현하고자 하는 생각이 달랐던 모양입니다.

덥고 목도 마르고 땀을 닦으며 목을 축이고, 시청 건물 아래층 계단에 앉아 잠시 휴식을 취하고, 이틀 동안의 강행군을 끝마치고 페르네 볼테르로 돌아갈 계획이었습니다. 그런데 아내는 한 번 오기가 쉽지 않은데, 기왕에 왔으니 돌아가는 길에 퐁 뒤 가르(Pont du Gard)에 들렀다 가자고 합니다. 아내는 모국의 TV 방송에서 그 다리를 소개하는 모습을 본 적이 있었던 모양입니다. 오늘 우리의 일정에는 없었지만 딸내미도 그래야 한다며 우리는 귀로에 한 군데 더 들르기로 하고, 오후 6시가 가까운 시간에 차에 올랐습니다.

페르네 볼테르에서 보내드리는 제19신
·르 퐁 뒤 가르(Le Pont du Gard) ▶ 2013년 8월 10일

아를에서 제네바로 돌아오는 길, 고속도로를 타고 40분쯤 달려 도착한 퐁 뒤 가르는 로마의 초대 황제인 아우구스투스의 사위이자 부관이며 장군이었던 마르쿠스 빕사니우스 악라파(BC 62~AC 12)가 설계하였다고 합니다. 카이자르가 갈리아전쟁을 승리로 이끈 후 그의 수많은 퇴역군인들을 로마에 수용하기 힘들어 각 점령지에 속주를 만들어 그들을 분산 주둔시켰는데, 님(Nimes)시도 당시 인구 6만이나 되었다고 합니다. 거기에 필요한 물을 공급하기 위하여 가르 강물을 끌어들이기 위한 수로가 바로 이 다리를 겸한 수로입니다. 모국에서도 EBS 방송에서 소개된 바가 있다고 합니다.

전체가 3층 아치로 이루어져 있고, 총길이는 275m에 높이는 47m이고 1층은 폭 15.5~24.5m가량의 6개의 커다란 아치들이 강을 가로질러 놓여 있으며, 2층은 같은 크기로 11개의 아치가 있고, 수로가 있는 3층은 폭 4.6m의 작은 아치 35개로 구성되어 있습니다. 로마의 유명한 여러 건축물과 마찬가지로 몰탈을 쓰지 않고 건설된 것이 특징이라고 합니다. 이 다리는 5세기에 심하게 부서졌으나 1743년 복원되었고, 그 뒤 고속도로용의 또 다른 다리가 기단 부분과 나란히 덧붙여 건설되었다고 합니다. 님은 아비뇽에서 남쪽으로 40㎞ 떨어진 곳에 있습니다. 다리 아래에는 깨끗한 물이 흐르고 있는데, 상류에서는 물놀이도 할 수 있게 허용하고 있나 봅니다. 2천 년 전 사람들의 건축기술이 대단하다는 것을 느낍니다. 아치를 쌓아 올린 돌의 무게도 어마어마할 것 같은데 정교하게 쌓아 올린 것하며, 무슨 장비를 이용해서 쌓았을까? 상상할 수가 없었고, 그 오랜 시간을 버틴 정교한 기술도 경탄하지 않을 수 없습니다.

수원지 위제스에서 님까지 50㎞의 수로 중 가르동 강 계곡을 가로지르는 이 수도교는 600m 떨어진 채석장에서 캐낸 석회암으로 건설했으며, 수돗물이 지나가는 수로는 디귿(ㄷ) 자 형태로 높이 7m, 폭 1.4m의 홈이 파여 있고, 물이 새지 않도록 진흙과 돌가루로 코팅한 후 윗부분에는 네모난 마름돌을 덮어 수로를 보호했다고 합니다.

AD 50년경에 세워진 이 수로교는 로마인들의 기술력을 말해주고 있습니다. 수로의 낙차는 수원지에서 목적지까지 50㎞의 차이가 17m에 불과하다고 합니다. 이는 1㎞당 낙차가 34㎝를 유지했다는 것이고, 수원지인 위제스 근처의 외르 샘에서 님까지의 직선거리는 20㎞이지만, 언덕이 있으면 언덕을 따라 구불구불 돌고, 산을 만나면 터널을 뚫고, 계곡을 만나면 다리를 놓는 방식으로 님의 저수장까지 가는 길이 50㎞였다고 합니다. 1985년 유네스코가 지정한 세계문화유산으로 등재되었습니다.

매표소에서 입장권은 자동차 1대와 탑승객 5명까지 18유로를 받는데, 자동차를 타고 온 사람들의 수가 5명이 되지 않더라도 요금은 동일하다고 합니다. 우리도 3명이지만 5명분 요금과 같이 낼 수밖에 없었지요. 그런데 매표소 주변을 공원처럼 잘 꾸며 놓았는데 거기 있는 뽕나무 밑동이 어른의 한 아름이 넘을 듯합니다. 프로방스 지방을 돌아다니면서 이렇게 큰 뽕나무를 많이 보았는데, 아마도 옛날에는 이 지방에 잠업이 발달하지 않았나 생각됩니다.

오후 8시가 다 되어서 집을 향해 출발해서 고속도로를 달려 집에 돌아오니 밤 12시 가까이 되었네요. 이틀 동안 오랑주를 시작으로 고르드 산간 마을과 세낭크 수도원 그리고 소르그, 아비뇽, 아를을 거쳐 이곳 퐁 뒤 가르까지 마라톤으로 왕복 950㎞를 달려오다 보니 어디서 무엇을 보았는지 기억이 가물가물해집니다. 사진을 보면서 기억할 수 있을 것으로 믿고 게으름을 피우며 그때그때 메모를 하지 않은 것을 후회하게 되는군요. 다시 또 전해드리겠습니다.

페르네 볼테르에서 보내드리는 제20신

• '스위스 알프스'의 거대한 자연 속에서 ▶ 2013년 8월 11일

8월 10일 토요일, 우리는 페르네 볼테르에서 로잔으로 가는 고속도로를 따라 좌측의 쥬라산맥과 오른쪽의 레만 호수 건너편 멀리 보이는 융프라우의 눈 덮인 하얀 봉우리들을 바라보며 스위스 알프스의 아름다운 자연 속을 달려갑니다.

로잔과 브베 그리고 몽트뢰를 지나, 시옹에서부터는 레만 호수는 끝나고 본격적으로 알프스의 산속으로 난 도로가 이어집니다. 길 양편의 높은 산에서는 더 높은 봉우리의 빙하가 녹아내리는 물이 폭포수가 되어 흘러내리기도 하고, 가파른 산비탈에 잘 가꾸어 놓은 포도밭도 계속 이어집니다. 여기서 흐르는 물이 론강의 시원이 되어 레만 호수로 흘러 들어갑니다.

시옹을 지나 에이글이라는 조그만 산간 마을의 주유소에서 기름을 보충하면서 언젠가 제가 신었던 등산화의 상표가 생각났습니다. 역시 이 마을이 알프스 등산의 초입이기 때문에 등산용품의 상표로 마을 이름을 사용한 것 같군요.

2시간쯤 달려 크랑—몬타나 직전에 시에르라는 곳에서 좌측 방향에 있는 마을로 들어갑니다. 이곳에서 가까운 크랑—몬타나에는 세계

에서 가장 높은 해발 3,000m에 조성된 골프장이 있어 골프애호가들이 즐겨 찾는 곳이라고 합니다. 우리는 1,500m쯤에서 차를 세워두고 걸어서 트래킹 코스를 따라 올라갑니다.

계속해서 차량이 다닐 수 있는 도로가 있기는 하지만, 여기서부터는 사유지이기 때문에 관광객들의 차량은 들어갈 수 없도록 차단되어 있습니다. 주변에는 넓게 펼쳐진 초원의 풀 속에서 물 흐르는 소리가 나서 다가가 살펴보니 아주 작은 개천이 흘러내려서 그 차가운 알프스의 물에 손을 담가보기도 합니다. 이름을 알 수 없는 야생화들이 만발하여 저마다 그 자연미를 발산하고 있어서 무척 아름답습니다. 이 높은 곳에도 군데군데 작은 마을도 있고 교회도 있는 아주 전망이 좋은 곳이어서, 잠시 교회도 들러보고 남쪽 멀리에 보이는 수많은 알프스의 영봉들과 그 유명한 마터호른을 바라보기도 하였습니다.

우리는 포장된 도로를 따라 1,900m까지 약 400m의 갈지(之) 자로 된 완만한 길을 걸어서 올라가며, 때론 풀밭에 앉아 사진을 찍기도 하면서 이 거대한 알프스의 신선한 바람에 날리는 한 점 티끌이 되어 날아다니는 착각에 빠져 한가롭게 올라갑니다.

해발 1,900m에 조그만 폭포도 있고, 카페와 목장이 있습니다. 폭포에서 흐르는 물을 도랑을 만들어 흐르게 하고 중간중간에서 작은 수로를 만들어 초원에 흘러 보내기도 합니다. 또 목장에는 얼룩빼기 젖소, 까만 육우, 산양들과 말도 있습니다. 그 대신 가축들의 수가 많지는 않고, 그저 몇 마리씩 있습니다. 관광객들의 볼거리를 위한 것인 듯 생각이 듭니다. 카페에서는 여러 가지 음식이 있지만, 카드 결제가 되지 않고, 현금만 받는다고 하여 현금을 준비하지 않았던 관계로 음식 맛은 보지 못하고 집에서 준비해간 찰밥을 먹었지요.

우리가 쉬는 곳에는 건너편에서 바라볼 수 있는 봉우리들의 이름과 높이를 안내판에 큰 사진으로 세워놓았는데, 건너편에 가까이 보이는 알프스의 그 많은 봉우리들의 이름을 확인할 수 있었지요. 만년설이 덮여 있는 산들은 보통 4,000m가 넘는 봉우리들입니다. 이 거대한 알프스는 아시는 바와 같이 프랑스에서 시작하여 스위스와 이탈리아를 거쳐 오스트리아까지 장장 1,200㎞에 이르는 산맥입니다. 4,807m의 최고봉 몽블랑을 비롯하여 4,478m의 마테호른, 4,158m의 융프라우 등 3,000m 이상의 봉우리가 53개에 이르고, 4,000m 이상 되는 봉우리도 24개나 된다고 합니다. 4,638m의 몬테로사가 스위스에서는 가장 높은 봉우리가 된다는군요.

시원한 곳에서 한 번 쉴 숨을 두 번씩 쉬면서 깨끗한 공기로 폐를 청소하고 집에 돌아오니 오후 7시입니다.

알자스 지방 둘러보기

2016년 11월 23일~26일

독일과의 접경인 이곳 알자스 지방은 프랑스의 동북쪽에 있는 보주산맥과 라인강 사이에 넓게 펼쳐진 평원으로 면적이 8,280㎢, 인구가 1,829,000명(2007년의 통계), 주도는 스트라스부르이다. 지금은 프랑스의 땅이지만, 르네상스 이전부터 독일과 프랑스의 분쟁지역이었으며, 1871년 보불전쟁 이후에만도 4차례나 독일과 프랑스가 서로 빼앗고, 빼앗기기를 반복하였던 어찌 보면 수난의 땅이다. 그러나 지금은 독일계와 프랑스계 주민들이 양국 문화를 조화시켜서 그들의 고유한 전통문화를 전승하며 경제적으로도 포도 재배와 와인의 수출로 큰 부를 이루고 있다고 한다.

스위스의 제네바에서 고속도로를 따라 북쪽으로 베른과 바젤을 거쳐 국경 검문소를 지나면 프랑스의 알자스 지방에 진입하게 된다. 자동차로 달려 4시간 정도 걸렸다. 알퐁스 도데가 보불전쟁에서 패한 프랑스가 이 지역을 독일에 빼앗기게 되었을 때를 배경으로 쓴 단편소설 「마지막 수업」이 소년 시절 필자의 애국심을 일깨워주기도 했었기 때문에 알자스는 지금도 필자에게 바로 일제시대 우리의 말과 글을 우리 학교에서 가르치지 못했던 슬픈 우리 역사를 떠오르게 한다.

알자스 지방의 남쪽 탄(Thann)에서 북쪽 마를랭(Marlenheim)

까지의 180㎞ 도로를 사람들은 뱅거리 혹은 알자스 와인루트(Route des vins d'Alsace)라고 부른다. 보주산맥이 북서쪽에서 보호막 구실을 함으로써 해양성의 습기와 바람을 막아주고 있어서, 알자스 지방은 건조하고 따뜻한 대륙성 기후가 형성되어 포도 재배에 적합하기 때문에 이 길을 따라 마을이 발달되었고 15,000ha(약 4,600,000평)가 넘는 포도밭이 보주산맥을 따라 이어지고 있기 때문에 붙여진 이름이라고 한다.

필자는 2박 3일 동안 이 길을 따라 2천 년 이상 포도 재배와 함께 발달한 작은 도시들 게브빌러(Guebwiller), 콜마르(Colmar), 리크위르(Riquewihr), 리보빌레(Ribeauville) 그리고 카이저스베르크(Kaysersberg)까지 둘러보기로 하였다.

게브빌러(Guebwiller)에 있는 작은 마을 베르그홀츠(Bergholtz)

딜리어 까드 와이너리(Dirler—Cade Winery)

미리 방문 예약이 되어 있어서 우리가 도착하자 Jean Pierre Dirler 씨가 우리를 반갑게 맞아주었다. 다른 예약 손님이 없는 주중간의 오후 시간으로 예약한 덕분에 시음 전에 이 와이너리의 역사와 규모 그리고 포도의 재배 방법까지 차분하게 설명을 들을 수 있었다. 이 와이너리(Dirler—Cade)는 그의 4대 조부가 1871년에 설립하여 지금까지 145년 동안 그 후손들이 대를 이어 경영되어 오고 있다고 한다.

그러나 이제 자기도 은퇴할 때가 되어 그의 아들인 Jean Dirler와 며느리인 Ludivine에게 회사의 경영을 맡기고 자기는 시음장을 방문하는 손님들에게 제품 홍보를 하는 일을 하고 있다고 한다.

현재 딜리어 까드는 자기의 조상이 세운 딜리어 와인과 며느리의 친정아버지 Leon Hell—Cade가 세운 까드 와인을 합작하여 18헥타르

(약 5만 5천 평)의 넓은 포도밭을 경작하고 있다고 하며, 이 모든 포도밭은 각 토질에 맞는 포도를 재배하며, 친환경 방법으로 경작하고 있단다. 각각 석회암, 화강암, 편암, 점토질, 사암 등 토질이 다른 포도밭에서 수확하는 4가지 종류의 포도로 와인을 생산하는데, Grand Cru 와인은 Saering, Spiegel, Kessier 및 Kitterle의 포도밭에서 생산되는 포도로 생산한다고 설명한다.

이는 이 집 전체 포도밭의 거의 절반을 차지한다고 하며, 트랙터를 사용할 수 없는 경사진 밭에서는 지금도 말이 끄는 쟁기를 사용하며, 전체 포도밭에 제초제와 화학비료는 일절 사용하지 않는다는 점을 강조한다.

지금 이곳에서는 92% 이상 향긋한 맛을 내는 백포도주를 생산하고 있으며, 포도밭의 토질에 따라 각각 그 토질에 맞는 종류의 포도를 재배하여 포도주를 생산하지만, 같은 포도밭에서 생산하는 같은 종류의 포도라도 그해의 기후에 따라 맛이 다르기 때문에 포도주 병에 생산 년도를 꼭 밝힌다고 한다.

금년 자기가 생산한 와인과 과거 생산해서 지금 판매하고 있는 와인의 종류가 100가지가 넘지만, 오늘은 맛이 조금씩 다른 와인 몇 종류만을 시음하라며, 100개가 넘는 품목이 적혀 있는 주문서를 보여준다. 그리고 잔에 와인을 따르면서 와인의 특징을 설명한다. 필자가 15가지의 와인을 시음하면서 설명을 듣고 메모한 내용은 대강 다음과 같다.

1) 크레망 달자스 브뤼 2014년산(Cremant d'Alsace 2014)
   - 샴페인처럼 발포성 와인으로 상큼한 맛의 백포도주
2) 게뷔오스 트라미너 2013년산(Gewurz Traminer 2013)
   - 장미꽃 향이 나는 백포도주

3) 리즐링 2014년산(Riesling 2014 Grand Cru Saering)
- 단맛이 나는 백포도주
4) 뮈스캇 2014년산(Muscat 2014 Grand Cru Spiegel)
- 사향 냄새가 나는 백포도주
5) 리즐링 2011년산(Riesling 2011 Grand Cru Spiegel)
- 부드럽고 약간 단맛이 나는 백포도주
6) 리즐링 2014년산(Riesling 2014 Grand Cru Kessler)
- 가장 늦게 딴 농익은 포도로 만든 단맛이 나는 백포도주
7) 피노 그리스 2013년산(Pinot Gris 2013 Grand Cru Kessler)
- 약간 신맛이 나는 백포도주
8) 게뷔오스 트라미너 2011년산(Gewurz Traminer 2011 Grand Cru Saering) - 장미꽃 향이 나는 백포도주
9) 게뷔오스 트라미너 2011년산(Gewurz Traminer 2011 Grand Cru Kitterle) - 장미꽃 향이 나는 단맛의 백포도주
10) 게뷔오스 트라미너 2013년산(Gewurz Traminer 2013 Grand Cru Kessler) - 장미꽃 향, 당도가 높은 백포도주
11) 리즐링 2011년산(Riesling 2011 Grand Cru Saering)
- 부드럽고 당도가 높은 백포도주, 초콜릿과 함께 마신다
12) 피노 그리스 2009년산(Pinot Gris 2009 Grand Cru Kessler)
- 약간 신맛이 나며 당도가 높은 백포도주
13) 게뷔오스 트라미너 2012년산(Gewurz Traminer 2012 Grand Cru Kessler) - 장미꽃 향, 당도가 88도 백포도주
14) 리즐링 2012년산(Riesling 2012 Grand Cru Kessler)
- 가장 늦게 수확한 포도로 당도가 높은 백포도주
15) 게뷔오스 트라미너 2011년산(Gewurz Traminer 2011 Grand Cru Kessler) - 장미꽃 향, 당도 167도 고가의 백포도주, 금년이 와이너리서 판매하는 와인 중에서 세 번째로 비싼 와인이다.

장 피에르 딜리어 씨는 우리의 시음 테이블에 조그만 버킷을 가져다 놓는다. 자기가 따르는 와인의 양을 다 마시면 취하게 되니 맛만 음미하고 나머지는 버킷에 버리라는 것이다. 한 종류의 와인을 따르기 전에 나에게 준 리스트에 체크를 해주고 그 와인의 특성을 자세히 설명한다. 필자는 그 귀한 와인을 버리기가 아까워 15가지 종류의 와인을 다 마셨다. 기분 좋을 만큼의 취기가 느껴진다.

이 마을에 숙소를 정하고 저녁을 먹기 전에 마을을 돌아보았는데, 마을 청사 옆에 위령탑이 인상적이었다. 알자스의 작은 마을인 이곳에서도 제1차 세계대전 중에 많은 전사자가 있었다. 이 위령탑은 1914년부터 1918년까지의 전쟁에서 희생된 수많은 전사자들을 위하여 세워진 것이다. 전사자 미망인의 눈물이 보이는 것 같다. 독일과 프랑스는 1871년 이후에만도 전쟁을 통해 이 지역을 4번씩이나 빼앗고 빼앗기기를 반복하였다. 보불전쟁, 제1, 2차 세계대전을 겪으면서 145년 동안 독일과 프랑스는 수백만 명의 전상자를 내면서 싸웠지만, 진정한 사과와 화해를 통해 지금은 유럽연합으로 서로 돕는 사이가 되었다. 내일의 일정은 콜마르(Colmar)와 리크위르(Riquewihr) 그리고 리보빌레(Ribeauville)까지로 일정을 잡았다.

🌐 콜마르(Colmar)

우리가 들르기로 한 마을들이 벌써부터 크리스마스 시즌 축제로 관광객들이 많이 모이는 곳이라서 오늘 오후부터 붐비게 될 것을 대비하여 아침 일찍 출발했다. 콜마르(Colmar)는 인구 약 7만 명 정도의 작은 도시이지만, 알자스의 옛 모습이 가장 잘 보존된 도시 중 하나라고 한다.

라인강 좌안의 평야지대의 중심지로서 16세기가 가장 전성기였다고 하며, 시내 중심으로 흐르는 라인강 지류인 로슈(Lauch)강에 운하를 만들어서 포도주의 수송이 활발했기 때문에 작은 베니스라고 불리기도 한단다.

13세기에 지어진 생 마르탱 성당이 있고, 프랑스가 미국의 독립 100주년을 축하하기 위하여 기증한 자유의 여신상을 제작한 조각가 프레드릭 오귀스트 바르톨디(Frederic Auguste Bartholdi)의 고향이기도 하다. 시내에 축소된 자유의 여신상이 있는데, 바르톨디는 자기 어머니의 얼굴을 모델로 하여 이 여신상을 제작했다고 한다.

오전 10시쯤 도착했는데도 무료 주차장은 빈자리가 없어 유료 주차장을 찾아 겨우 주차를 하고 중심가로 들어가니 사람들의 물결이 밀린다. 점심때 식당마다 자리가 없을 것이라며 조금 이르게 식사를 해야 한다고 하여 11시 30분에 식당을 기웃거려 보았는데 큰 식당은 대부분 단체 예약이 되어 있어서 자리가 없단다. 세 번째로 찾은 운하 곁에 있는 아담한 식당에서 겨우 자리를 잡을 수 있었다.

돼지고기와 감자를 재료로 한 점심 식사를 마치고, 생 마르탱 성당 주변과 운하를 따라 지어진 오래된 건물들을 카메라에 담으면서 1시간쯤 더 관광을 마치고 리크위르(Riquewihr)로 향한다.

9세기부터 마을이 발달해온 오래된 곳으로 시내에 흐르는 라인강의 지류인 로슈(Lauch)강에 운하를 만들어 물자를 나르기 시작했다고 한다.

🌐 리크위르(Riquewihr)

이 도시는 알자스 와인루트에 있는 수많은 작은 도시 중에서 가장 예쁜 마을이라고 한다. 우량 포도를 많이 생산하여 부유한 마을이 되었으며, 중세 르네상스 시대의 콜롱바주(Colombages)라고 부르는 목조 건물들이 잘 보존되어 있다.

파리나 큰 도시의 오래된 건축물들은 대부분 석재로 지어진 것들이 많은데, 이곳 알자스 지방은 교회나 공공건물을 제외하면 거의가 목조 건축물들인데, 이 지방의 건축물들이 더욱 고풍스러운 건축미를 보여주고 있다. 아마도 보주산맥이 베풀어주는 풍부한 산림자원이 이러한 아름다운 주택문화를 갖도록 했지 않았을까 생각해 본다.

이곳 역시 주차장에 자리가 없어 마을 뒤편으로 난 길을 따라 올라가니 포도원 곁에 넓은 공간이 있어 그곳에 주차하고 다시 마을로 내려와 어두워지기 시작한 거리를 돌아보며, 예쁜 모습을 카메라에 담았다. 이곳 리크위르 역시 콜마르의 건축물들과 같은 것은 알자스의 와인 가도를 따라 형성된 마을들이 같은 시기에 발달하기 시작한 때문이 아닌가 생각되었다.

이곳의 겨울 날씨는 오후 4시가 넘으면 벌써 저녁인 듯 어두워지기 시작하기 때문에 오늘의 일정에 맞추어 리보빌레(Ribeauville)를 향해 발길을 재촉한다.

리보빌레(Ribeauville)

중세시대 알자스 지방의 대부분을 장악하고 있었던 리보피에르(Ribeaupierre) 영주들이 자주 머무르던 곳이었기 때문에 리보빌레(Ribeauville)라는 지명을 갖게 되었다고 한다. 마을 곳곳에는 영주들이 방어 목적을 위하여 만든 중세시대의 성벽과 탑, 성채의 일부가 곳곳에 남아 있다. 특히 산 위에 세워진 울리치 성(Chateau de Saint Ulrich)과 13세기 건축물 부쉐탑(Tour des Bouchers)이 유명하다는데 늦은 시간이어서 멀리서 바라보기만 하고 직접 들르지는 못했다.

마을 중심가에는 15세기와 18세기 사이에 지어진 화려한 목조 저택들이 가득 늘어서 있으며 외곽에는 포도밭이 넓게 펼쳐져 있다. 오후 늦게 도착한 이곳에서 채 한 시간도 관광하기 전에 벌써 날이 어두워지기 시작한다. 도착하자 곧 와이너리에 들렀는데 1시간 후에 시음을 할 수 있다고 하여 시내 구경을 하고 돌아오니 날은 이미 어두워졌고, 와이너리에는 우리 외에도 몇몇 관광객들이 와인 시음을 하고 있었다. 이 와이너리에서는 특히 알콜 도수가 45도인 독한 술을 제조한다고 하여 그 술을 시음해 보기도 했다.

이 마을도 역시 많은 와이너리가 있는데, 와이너리 입구에 디귀시타시옹(Dequstation—시음)이라는 표시를 부착한 곳에서는 누구나 와인 시음이 가능하다고 한다. 리슬링(Riesling)이라는 청포도를 원료로 만든 최고급 화이트 와인은 알자스 지방에서 약 1400년 전부터 제조하기 시작하였는데, 이 지역 와인의 대표 상품으로 세계 와인 애호가들의 사랑을 받고 있다고 한다. 와인 시음을 하고 어두워진 리보빌레를 뒤로하고 우리의 숙소가 있는 베르그홀츠(Bergholtz) 마을로 돌아와 저녁을 먹었다. 내일은 이곳에서 북쪽으로 더 올라가야 하는 슈바이처 박사의 고향 마을 알자스 와인 루트에 있는 여러 마을들 중에서도 관광객이 제일 많이 찾는 곳이라서 도로가 막힐 가능성이 있으니 아침 일찍 출발해야 한다고 한다.

🌐 카이제르스베르크(Kaysersberg)

알자스 지방 여행의 마지막 날, 아침 일찍 도착한 이곳은 아프리카의 성자로 불려진 슈바이처 박사(Albert Schweitzer, 1875년~1965년)의 고향 마을이다. 마을 입구에 그의 생가가 있는데, 바로 옆 건물에 슈바이처 박물관(Musee Albert Schweitzer)이 있다.

박물관에는 그의 업적과 관련된 사진, 개인 유품, 관련 문헌 등이 전시되어 있는데, 특히 그의 오르간이 가장 눈에 띄었다. 그는 의사였기 이전에 목사였고, 오르간 연주자로 활동하기도 했다. 아프리카에서 선교사업을 하기 위해 뒤늦게 의사가 되어 세기의 박애자로 우리가 기억하고 또한 존경한다.

집 밖 작은 공원에는 조그마한 그의 흉상이 세워져 있었다. 박물관은 1981년에 처음 문을 열었다고 한다.

독일어로 황제의 산이란 뜻에서 유래했다는 마을 이름처럼 중세 내내 독일과 프랑스의 중요한 군사기지 역할을 해왔다. 제2차 세계대전 이후 알자스와 로렌 지방이 프랑스에 반환되어 있지만, 지금도 독일의 문화와 언어가 남아 있기도 하다고 한다. 지금은 알자스 와인로드의 주요한 남쪽 관광지로 중세 교회, 성채, 알자스 전통 목조 가옥들이 잘 보존되어 있어서 리보빌레, 리크위르, 콜마르 등과 함께 많은 관광객들이 즐겨 찾는 곳이다. 특히 크리스마스 시즌에는 이곳의 크리스마스 시장이 주변의 다른 마을의 시장들보다 더 많은 관광객들을 끌어들이고 있다고 한다. 산으로 둘러싸인 마을 가운데에 계곡의 물이 흐르는데 자연을 그대로 살려두고 마을이 형성된 것으로 보인다.

천천히 마을을 한 바퀴 돌면서 구경을 하고 점심을 먹고 왔던 길을 되짚어 4시간 이상을 달려 돌아오니 저녁때가 되었다.

50년 늦게 떠난 중국 수학여행기

2012년 5월 7일~10일

2012년 5월 7일 새벽 4시 40분 출발하는 공항버스를 타기 위해 새벽 3시쯤 일어났다. 6시 15분쯤 공항에 도착하니 벌써 많은 친구들이 도착해 있었다. 42명이 정시에 도착하여 관광회사 직원의 출국 수속 안내를 받아 수화물을 위탁하고, 출국 심사대를 통과하여 8시 25분 이륙하는 대한항공 KE 809편에 탑승하였다.

이번 여행은 '졸업 50년 후에 가는 고등학교 수학여행' 이다. 일흔을 바라보는 나이에 고등학교 동창들과 수학여행을 떠난다는 설렘 또한 각별하다. 당시 학교 사정으로 수학여행이 취소되어 아쉽게도 가지 못하고 고등학교를 졸업한 것이 지금까지도 섭섭했던 동창 몇 명이 추진하여 42명이 3박 4일의 일정으로 정저우(鄭州), 뤄양(洛陽), 운태산(云台山) 등을 목적지로 하고 함께 출발하게 되었다.

9시쯤 기내에서 주는 조반을 마치고, 우롱차 한 잔을 마시니 슬며시 졸음이 밀려온다. 신문을 뒤적이며 졸기도 하다가 눈을 떠보니, 2시간 25분을 날아왔다. 정저우(鄭州) 국제공항의 시간은 9시 50분, 한국과 정확히 1시간의 시차다. 구태여 번거롭게 시곗바늘을 돌려 맞추지 않아도 될 성싶어 그대로 두었다. 공항 청사 밖으로 나와 버스를 타고 시내로 나오는데, 짙은 안개 때문에 주변에 이어지는 과수원의 수종이 무엇인지 분간할 수 없을 정도이다. 안내자에게 물으니 대추나무라고 한다. 대추는 이곳 정저우의 특산물이라고 설명한다.

우리의 여행에 안내를 맡은 젊고 재치 있는 안내인은 30대 초반의 김 이사라고 자기소개를 한다. 중국을 부정적으로 보는 시각 중의 하나가 흔히 가짜가 많다는 이야기를 하는데, 이 젊은 안내인도 화폐는 물론이고, 심지어 달걀, 간장까지도 가짜가 있다고 알려주면서 진위를 구별하는 방법까지 알려준다.

정동신구(鄭東新區)로 이동하여 유람선을 타고 시내까지 깊숙이 들어온 운하를 몇 분 동안 돌아본다. 이곳 정저우(鄭州)의 인구가 천만이라는데, 고도(古都)의 이미지와는 전혀 다르게 은행, 호텔 등 수많은 고층 건물이 숲을 이루는 신시가지가 계속 개발되고 있는 모양이다. 이곳은 원래 시내를 관통하는 강이 아니라, 새로운 시가 개발되면서 인공적으로 만든 폭이 그렇게 넓지 않은 운하인 듯싶다. 우리가 탄 유람선은 말이 유람선이지, 한강의 그것과는 비교할 수 없을 만큼 초라하다.

그러나 운하 옆에 세워진 정주시 문화예술회관이나, 지금 3년째 공사 중이며 2015년 완공예정이라는 동양 최대를 자랑할 '크라운 호텔'의 위용은 겉으로 보아서는 감히 얕잡아 볼 수 없을 만큼 웅장하다.

유람선을 내려서 식당으로 이동, 점심은 채소가 주가 되는 현지식으로 한다. 현지식에는 향신료를 너무 많이 넣어 우리 입맛에 맞지 않으리라고 생각하고, 안내자가 향신료를 적게 넣으라고 식당에 미리 당부했다고 한다. 덕분에 모두 거부감 없이 점심을 마친 것 같다.

점심 후, 1시간 정도 하남성 역사박물원을 관람하였다. 하남성(河南省)은 황하(黃河)의 남쪽에 있어서 붙여진 이름이다. 정저우(鄭州)는 허난성의 성도이며, 많은 은(殷, 商)나라의 유물들이 출토되어 고고학자들이 BC 1,600년경에 발달했던 은(殷)나라의 수도였던 것을 입증하고 있다. 중국 최초로 갑골문자를 사용했던 은(殷, 商)나라는 상업이 발달하기 시작했고, 청동기 문화가 중국에서 제일 먼저 발달했던 곳이다. 황허강이 나일강, 인더스강 그리고 유프라테스, 티그리스강과 함께 그 유역에 최초로 인류의 문명을 크게 발달시켜 왔다면, 이곳이 인류 문명의 발상지 중의 하나인 것은 의심의 여지가 없을 것 같다.

하남성(河南省)에는 고대 국가의 수도였던 곳이 많았는데, 정저우(鄭州)에서 서쪽으로 2시간 거리에 있는 뤄양(洛陽)과 동쪽으로 거의 같은 거리에는 우리에게도 익숙한 송대의 명판관 포청천의 활동무대였던 카이펑(開封)이 있다. 정저우(鄭州), 뤄양(洛陽), 카이펑(開封) 등이 여러 나라의 수도가 되었던 것은 모두 중국의 중심부에 있었고 황허강의 풍부한 수자원, 드넓은 평야에서 생산되는 식량, 기후조건 등이 인구의 집중을 가져왔기 때문일 것이다.

박물관과 박물원은 그 수장 유물의 숫자에 따라 달라진다고 한다. 전시할 유물이 적은 곳을 박물관이라 하고, 규모가 크고 수장 유물이 많은 곳을 박물원이라 한다고 안내원이 설명한다. 1층에서부터 3층까지의 전시실에 유물을 시대별, 분야별로 구분하여 전시하고 있었지만, 두루두루 세밀하게 살펴볼 시간이 없어 대강 몇 점의 유물을 카메라에 담고 지나쳤다. 몸체와 머리가 분리된 불상이나 인물상을 보면서, 짧은 시간이었지만 전시된 유물들이 말해주는 많은 국가들의 흥망성쇠를 함께 볼 수 있었다.

정저우(鄭州)의 역사박물원을 나와 뤄양(洛陽)으로 이동하기 위하여 약 2시간 거리의 고속도로를 달린다. 이 고속도로는 편도 2차선으로 우리나라의 국도 수준쯤으로 보였다. 주변의 넓고 낮은 평야에는 잘 자란 보리밭이 펼쳐져 있었는데, 아마도 수확 후 모내기를 하지 않을까 싶었다. 고속도로를 달리면서 우리의 젊은 안내원은 뤄양에 대한 많은 정보를 재미있게 전해주었다.

9개 나라의 수도였던 고도(古都)인 뤄양(洛陽) 역시 중국의 발전과 함께 동시(東市)와 서시(西市)로 나뉘어 현대적으로 확장 발전하고 있다고 한다. 주(周)나라 초기에 낙읍(洛邑, 뤄양의 옛 이름)은 오늘날의 서시 근처에 왕들의 주거지로 건설되었다고 한다. 이 도시가 뤄양이라는 이름을 갖게 된 것은 뤄수이강[洛水] 북쪽(중국에서 '陽'은 북쪽을 뜻하고 '陰'은 남쪽을 뜻함)에 있었기 때문이다. 우리의 서울을 한양(漢陽)으로 부른 것도 이러한 사상을 본받은 것이라 한다.

또 중국의 국화가 모란이지만, 특히 뤄양(洛陽) 사람들이 모란을 좋아하여 해마다 4월이면 모란축전이 열린다고 하는데, 옛날부터 내려오는 설화에 '당나라 측천무후가 수도 장안에서 잔치를 벌이는 도중에 자신의 강한 권력을 모두에게 보여주려고 "백화(百花)가 모두 함께 펴서 나를 모셔라"라고 명령하자 다른 모든 꽃은 순순히 측천무후의 명령대로 꽃을 피웠는데, 단 하나 모란만이 꽃을 피우지 않았다. 이에 측천무후는 크게 화를 내고 모란을 당장 작은 도시인 낙양으로 모두 내쫓았다. 그러자 신기하게도 모란이 낙양에 도착하자마자 꽃을 활짝 피웠다. 이를 안 측천무후는 더욱 화가 나서 참지 못하고 당장 모란을 불태우도록 명령했으나, 모란은 오히려 더욱 아름답게 피어날 뿐이었다.' 이 설화를 배경으로 모란은 권력에 굴하지 않는 절개를 상징하는 꽃으로도 사랑받게 되었다고 한다. 모란축전을 이용하여 관광산업을 활성화하기 위하여 만들어낸 설화일 테지만, 역사의 도시답게 설화마저도 역사적인 인물을 이용한 것이라는 생각이다.

모란 이야기를 하다 보니 생각나는 시가 있어 여기 옮겨본다.

飮酒看牡丹 모란을 보며 술을 마시다

今日花前飮 오늘은 꽃 앞에서 술을 마시다가
甘心醉數杯 책망도 달게 받을 양 몇 잔 술에 취했는데
但愁花有語 다만 걱정은 꽃이 말을 할 수 있다면
不爲老人開 늙은 그대 위해 핀 건 아니라 말할까

오후 5시쯤 목적지인 뤄양에 도착하여 낙양우의빈관(洛陽友誼賓館)이라는 호텔에 오수현 동문과 같은 방을 배정받아 짐을 풀고 나왔다. 여행 계획에는 셋째 날에 들어 있는 '발 마사지 체험'을 바꾸어 오늘 한다며, 저녁 식사 전에 들른 곳이 ―自然美容SPA 養生會所― 라는 발 마사지 소였다. 한 방에 3명씩 들어가 약 30분씩 마사지를 받고 나오니, 발이 편하고 몸의 피로도 풀리는 것 같다. 42명 전원 발 마사지를 받은 후, 저녁 식사를 위해 들어간 식당은 'Wangjiao Roasted Goose'라는 간판을 달았는데, 나오는 요리가 거위고기인지 아니면 오리고기인지는 분간할 수가 없었다. 관광객들을 상대로 하는 식당이어서인지 꽤 넓은 식당에는 공연 무대도 있어서 식사 도중에 공연도 있었다. 관광회사에서 제공한 52도짜리 중국 전통주를 식사 중 몇 잔씩 마시며 거나한 취기에 여행의 피로를 잊었다.

둘째 날, 아침 6시 Wake-up Call 이전에 일어나 샤워를 하고, 밖으로 나왔다. 약속한 것도 아닌데 많은 동문이 같은 생각으로 아침 산책을 나왔다. 우리가 묵은 호텔 바로 앞이 공원이었는데, 아침 운동을 하기 위한 시민이 모여들고 있었고, 군데군데에서 아침 체조를 하고 있어서 우리도 따라하면서 몸을 풀었다.

7시에 호텔 식당에서 뷔페식으로 조반을 마치고, 방으로 올라가 다시 가방을 챙겨 내려온다. 8시에 다시 버스를 타고 뤄양시에서 남쪽으로 13km쯤 떨어진 곳에 있는 용문석굴, 향산사, 백거이 묘를 찾아 나선다. 오전 9시 20분쯤 도착한 곳이 용문석굴이 있는 넓은 주차장이다.

둔황의 막고굴(莫高窟), 다이둥(大同)의 운강석굴(雲崗石窟)과 함께 중국 3대 석굴로 꼽히는 이곳 용문 석굴은 이하(伊河)의 흐름을 가운데 두고, 석굴이 있는 용문산과 향산사와 백거이의 묘가 있는 향산이 마주 보고 서 있다. 이하(伊河) 위에는 석굴이 시작되는 곳과 끝나는 곳에 두 개의 다리가 놓여 있고, 작은 배들이 맑게 흐르는 강 위에 한가롭게 떠 있었다.

이곳의 시작은 북위 효문제 때(北魏, 386년~536년)인 494년 지금의 산시성(山西省)의 다이둥(大同)에서 이곳 뤄양(洛陽)으로 천도했을 때부터 운강석굴을 계승하는 형식으로 처음 뚫어졌고, 그 작업이 동서 위, 북제, 북주, 수, 당, 송에 이르는 600년간 계속되었다고 한다. 현재는 2,345개의 석굴, 2,800개의 비문, 50개의 불탑, 10만 개 정도의 조각상이 남아 있다고 하지만, 단체관광은 이야기로 듣고, 몇 곳만 들러 사진을 찍고 지나는 것이니 자세한 역사는 추후 기록을 찾아 알아볼 일이다. 룽먼석굴(龍門石窟)의 최고 걸작은 당대 3년(672년~675년)에 걸쳐 조영된 펑셴사(奉先寺) 석굴이라고 하는데, 한쪽 면의 길이가 약 30m인 이 석굴의 뒤 벽면에는 약 10m 높이의 거대한 불상이 조각되어 있고, 양편으로 여러 불상 또는 보살상들이 조각되어 있다. 불상 조각은 온화하면서 우아한 미를 자랑하는데, 측천무후가 자기의 얼굴을 모델로 이 불상을 조각하라고 했다는데, 과연 그렇게 포악했던 측천무후의 얼굴에서 이렇게 온화한 모습이 그려질 수 있었을까? 불상의 얼굴 모양이 각각 다른 것은 황제들이 모델이 되었기 때문이다. 선정을 했든 폭정을 했든 모두 사후에는 부처가 되고 싶었나?

펑셴사(奉先寺)가 있었던 자리에 지금은 석굴로 올라가는 돌계단이 세워져 있다. 이 문화재 역시 문화대혁명 당시 피해를 입어 불상의 손 부분이 파괴되어 있었다.

용문석굴(龍門石窟)을 관광한 후, 이하(伊河) 위의 다리를 건너 전동차를 타고 향산사(香山寺)로 향한다. 용문석굴을 조성하던 북위(北魏) 시대에 세워진 이 절이 유명하게 된 것은, 측천무후를 위하여 펑셴사(奉先寺) 대불이 조영될 때 이곳에서 시를 짓는 대회를 열었기도 했지만, 그보다도 중국 사람들이 이백, 두보와 함께 중국 3대 시인으로 꼽는 백거이(白居易)가 만년을 이곳에서 보냈기 때문이 아닌가 한다. 그는 58세 때부터 낡은 이 절을 보수 복원하여, 이곳에서 유유자적하며 많은 시를 지었고, 스스로 향산거사(香山居士)라는 호를 지어 부르게 했다고 한다. 전동차에서 내려 가파른 계단을 올라가 절에 오르니, 첫눈에 들어온 것은 장송별장(蔣宋別莊)이라는 현판이 걸려 있는 크지도 호화스럽지도 않은 조그만 건물이다. 이 별장은 국민당 정부가 1933년 난징에서 뤄양으로 옮겨와 1936년에 지어, 장제스(蔣介石) 주석의 50세 생일잔치를 열었다고 한다.

모택동의 공산당 정부가 그러한 건물과 현판을 그대로 보전시키고 있었다는 것이 의외라는 생각으로 내부로 들어가 보니, 회의실과 응접실이 옛날 그대로 보존되어 있었고, 벽에는 몇 점의 액자와 장 주석의 사진 대신 쑨원(孫文)의 사진이 걸려 있었다. 원래 장제스(蔣介石) 주석이 별장으로 사용할 당시 걸어놓았던 것인지 아니면 장제스(蔣介石) 주석의 사진 대신 이 사진으로 교체하여 걸어놓은 것인지 궁금하였지만, 물어볼 수 있는 여유를 갖지 못하고 그냥 나온 것이 아쉬웠다.

국민당 정부가 대만으로 쫓겨갈 때 많은 국보급 유물을 싣고 갔기 때문에 공산당 정부의 포격을 면했다고 말하지만, 중국인들이 역사적 유물을 아끼는 정신은 정치적인 이념이나 사상을 초월하여 그 유물이나 지역의 역사적인 가치를 중요시한 지도자들의 판단이 아니었을까 생각되었다.

사진을 몇 장 찍고 향산사를 내려와 부근의 백거이의 묘가 있는 백원(白園)으로 갔다. 입구는 승용차 5, 6대가 주차할 수 있을 만큼 별로 넓지 않은 주차장이 있고, 담벼락 앞에 묘원(墓園)을 설명한 백원의 안내도가 부착되어 있다. 여느 서민들의 집 대문과 다를 것이 없는 작은 대문간에 백원이라는 자그마한 현판을 걸어놓은 입구를 지나니, 계곡에서 흐르는 물이 작은 소(沼)를 이루고 있다. 묘원은 향산의 한 부분을 차지하고 있을 만큼 넓지만, 그 입구에서부터 소박

하고 검소하게 살았던 그의 인품을 느끼게 했다.

작은 다리를 건너 등산로 같은 언덕 계단을 몇 발짝 오르니 먼저 온 관광객들이 야외 찻집에서 한가롭게 차를 마시고 있었다. 일정에 쫓기는 우리는 서둘러 백거이의 묘를 찾아 올라가는 데에 급급했다. 찻집 건너에 작은 집이 있어 들어가 보니, 한 칸으로 툭 터진 방 중앙에 하얀 대리석으로 조영한 백거이의 좌상이 있고, 사방 벽면에는 그의 시와 그림으로 장식되어 있었다. 나오면서 모르고 지나쳤으면 아쉬웠겠다 싶었다.

향산의 작은 봉우리에 우리나라의 왕릉보다도 더 크게 조영한 백거이의 묘 위에는 크고 작은 나무들이 자연스럽게 자라고 있으나, 묘 둘레에는 돌을 쌓아 올려 우리나라 왕릉의 병풍석 같은 형식을 취했다. 묘의 앞면에는 청나라의 강희제가 친필로 썼다는 백거이의 묘비가 세워져 있고, 주변에는 시인의 시비(詩碑)와 다녀간 많은 사람의 기념비가 있었으나 우리나라의 백씨 종친회에서 세운 것도 있어 눈길을 끌었다. 백거이는 그의 이름을 중용(中庸)의 "군자거이이사명(君子居易以俟命)" 즉, '군자는 편안한 곳에서 천명을 기다린다'에서 '居易'를, 그리고 그의 자(字) '樂天'은 주역의 "낙천지명고불우(樂天知命故不憂)" 즉, '천명을 알고 즐기면 걱정할 것이 없다'에서 가져다 썼으며, 그의 호(號) '향산거사(香山居士)'는 그의 노후 18년을 보낸 이곳 향산을 좋아했기 때문이라고 한다.

백거이의 묘를 둘러보고 내려와 다시 전동차를 타고 주차장까지 와서, 오후 1시 가까이 된 시각에 버스에 올랐다. 정저우 공항에서 서쪽 70㎞ 거리에 있는 등봉시(登封市)에 있는 소림사(少林寺)와 숭산(嵩山)을 찾아가기 위해서다. 오후 2시경 소림사 가까이에 있는 식당에서 점심을 마치고 소림사 주차장에 도착하니, 오후 3시부터 시작하는 소림사의 무술 쇼를 관람할 시간에 맞출 수가 있었다.

중국 제1의 선종 사찰이자 소림파 무술의 발원지인 소림사는 72개의 봉우리로 이루어진 숭산(嵩山)의 한 봉우리인 소실산(少室山) 자락에 자리 잡고 있으며, 북위 태화 19년(서기 495년) 효문제가 인도의 승려 발타대사를 위해 지었다고 한다. 그 후 달마대사가 9년 동안 면벽 수련을 마친 후 허약해진 건강을 회복하기 위한 신체수련에 들어갔는데, 이것이 소림파 무술의 효시가 되었다고 한다.

그러나 필자의 눈에 비친 소림사는 수도의 도장으로서의 사명은 버린 지 오래이고 모든 것들이 관광상품이 된 느낌뿐이다. 다만, 무술을 배우기 위하여 중국 전역에서 5세 때부터 몰려드는 수련생이 10만을 헤아린다니, 15년 이상 무술을 배우는 이들이야말로 소림사를 지탱해가는 주인공이 아닌가 하는 생각을 하게 된다.

무술 쇼를 관람하고 나와, 숭산(嵩山)에 오르는 케이블카를 타기 위해 올라가는 중간에 탑림이 있다. 1,500년의 세월이 흐르는 동안 이곳 소림사에서 수도하여 불교 발전에 공적이 많았던 수많은 고승들의 사리를 봉안한 탑들이 숲을 이루고 있어서 탑림이 된 것이라고 한다. 탑림을 보는 순간, 소림사가 관광객을 끌어모으는 상업주의에만 치우치지 말고 사찰 본연의 목적에 더 충실하여 이 탑에 유골이 봉안된 고승들보다 훌륭한 승려를 많이 배출해야 하지 않을까 하는 생각을 했다.

전국시대 이후 오행사상에 영향을 받아 뤄양(洛陽)을 중심으로 동쪽에 있는 산동성(山東省)의 태산(泰山, 1,524m)을 동악(東岳)이라 부르고, 서쪽의 섬서성(陝西省)의 화산(華山, 1,997m)을 서악(西岳), 남쪽의 호남성(湖南省)에 있는 형산(衡山, 1,290m)을 남악(南岳), 북쪽의 산서성(山西省)에 있는 항산(恒山, 2,017m)을 북악(北岳)이라 했으며, 중앙의 하남성(河南省)에 있는 숭산(嵩山, 1,512m)을 중악(中岳)이라 했다고 한다. 우리나라에서도 한양의 성곽에 사대문과 중앙에 보신각을 둔 것도 역시 이와 같은 이치에서다.

우리는 숭산의 8부 능선까지 연결된 케이블카를 타고 올라가서,

수직의 벼랑에 매달아 놓은 폭이 1.5m쯤 되는 좁은 길을 따라 중간 봉우리에 있는 사찰 쪽으로 얼마쯤 가다가 암봉을 올려다보면서 감탄만 하고 되돌아 내려왔다. 저녁 식사는 소림사 부근에 있는 영태사(永泰寺)라는 비구니들이 기거하는 절에서 웰빙식으로 한다. 웰빙식이란 특별 것이 아니고, 두부를 재료로 하는 식단이다. 아무튼 배부르게 먹고, 다시 정저우로 돌아와 시 외곽에 있는 정비(鄭飛)호텔에 여장을 풀었다.

밤 9시 반이 지나 샤워를 하고 쉬고 있는데, 로비로 내려오라는 호출이다. 룸메이트인 오수현 동문은 그냥 쉬겠다고 하여 간편한 복장으로 혼자 카메라를 들고 내려가니 17~18명의 동문들이 내려와서 함께 호텔 밖으로 나갔다. 양고기 꼬치 안주를 전문으로 하는 식당을 안내자가 소개하였으나, 손님이 많아 식당 안으로 들어갈 수가 없어서 식당 앞 길거리에 탁자와 의자를 놓고 술을 마셨는데 이국에서의 그런 정취도 나쁘지 않았다.

셋째 날, 호텔에서 조반을 마치고 아침 8시쯤 운태산(雲台山)을 향해 버스가 출발한다. 한 시간쯤 달려서 우리는 황하를 건너는 정주황하공로대교(鄭州黃河公路大橋)라는 다리를 지나게 된다. 말로만 듣던 황하강(黃河江)을 직접 볼 기회인데, 다리 밑으로 보이는 황하강은 안개에 가려 희미한 모습으로 천천히 우리에게 다가오고 있었다. 다리의 총길이가 7.8㎞라니 강폭이 좁은 곳을 택해서 다리를 건설하기도 했겠지만, 실제 물에 잠겨 있는 강폭은 1/3 정도나 될까? 양쪽 제방 쪽 강변에는 농작물이 자라고 있는 것을 볼 수 있었다. 황하(黃河)이니 바다같이 푸른 물이 넘실대는 모습까지야 기대하지 않았지만, 그래도 붉은 흙탕물이라도 도도히 흘러갈 것으로 기대했었는데, 지구의 물 부족 현상이 다가오고 있는 것은 아닐지 걱정이 된다.

황하를 건너 잠시 들른 휴게소 주변에 조성한 꽃길에 피어 있는 붉은색 클로버가 아름다웠다. 지나온 인생길을 되돌아보면 이런 아름다운 꽃길을 지날 때도 있었다. 그러나 가파른 오르막 산길에서 돌부리에 걸려 넘어지면서도 정상에 올라 희열을 맛보기도 했고, 가시덤불 우거진 험난한 길을 헤쳐 나오며 여기저기 생채기를 남기며 걸어 나온 길도 있었으리라. 그러나 지난날들은 모두가 아름다운 추억으로 남는다. 인생을 돌아보게 하는 길이었다.

10시 30분쯤 운태산(雲台山) 입구 주차장에 차를 세우고, 단체사진을 찍고, 입장 카드를 사서 개인별로 출입구 검색대에 카트를 올려놓고, 지문 인식기에 인지를 올려 지문을 찍어야 입장이 허용된다. 입장 후 인원을 점검하고, 다시 휘발유나 디젤을 사용하지 않고 식물성 기름만을 사용하는 친환경 자동차를 타고 10분쯤 달려 홍석협에 도착한다.

홍석협은 붉은 바위로 된 수십 길 협곡인데, 협곡을 건너는 다리 위에서 내려다보는 장관은 미국의 그랜드캐니언을 연상케 한다. 다리를 건너 숲이 우거진 사이로 난 협곡으로 내려가는 길을 따라가는 동안은 초어름의 더위를 느끼며 연신 이마의 땀을 닦아냈는데, 협곡 하단부에 이르니 시원할 정도로 기온 차이를 느끼게 한다.

협곡의 트레킹 코스는 과학과 예술을 종합한 작품이라는 생각이 들 정도로 잘 만들어 놓았다. 붉은 암벽의 한 부분을 사람의 키만큼 떼어내고, 1m 넓이 정도의 길을 만들고, 암벽과 길 사이에는 물이 흐르도록 폭이 약 40㎝가량의 도랑을 만들어 놓았다. 계곡의 맑은 물속에서는 물고기들이 노닐고, 수백 미터의 폭포수가 흰 물줄기를 쏟아 내리는가 하면, 중간중간 맞은편 암벽에는 푸른 이끼 위로 가는 물줄기가 계속 흘러내려 청량감과 함께 계곡의 물을 보태고 있으며, 눈을 들어 위를 쳐다보면 협곡 사이로는 구름 속에 윤곽을 희미하게 그려놓은 수려한 산수화가 펼쳐진다. 선경(仙景)이라는 말은 이런 곳을 두고 한 말일 듯싶다.

운태산(雲台山)을 찾는 사람들은 대부분 단체관광을 온 사람들이니, 특별히 등산을 목적으로 하고 온 사람들 말고는 저 구름 속에 가려진 바위 봉우리를 오르는 사람이 없을 듯하다. 홍석협(紅石峽)과 담폭협(潭瀑峽)을 트레킹하는 것만으로도 약 3시간 정도가 소요된다. 협곡과 폭포의 장관을 유유히 감상하면서(사람에 밀려 빨리 갈 수도 없다) 협곡 사이로 올려다보이는 아름다운 산수화 같은 수많은 바위 봉우리들을 다 볼 수 있으니, 운태산(雲台山) 정상 정복이 무에 대수겠나 싶었다.

홍석협을 빠져나와 주변에서 점심을 먹고 담폭협으로 간다. 입구에서 다시 입장 카드와 지문 확인의 절차를 거쳐야 한다. 이곳 역시 운태산(雲台山) 계곡의 한 부분인데 사방이 산으로 둘러싸인 분지를 이루고 있다. 계곡에 흐르는 물이 호수를 이루고 넓은 광장도 있고 관광상품을 파는 가게, 음식점들이 즐비하다.

오후 3시에 광장의 약속한 장소에서 집합하기로 하고, 1시간 남짓 자유 시간을 즐긴다. 오후 3시에 집합하여 다시 정저우로 돌아온다. 피로를 풀기 위하여 다시 발 마사지를 받고, 정저우에서의 마지막 만찬을 즐겼다. 내일 아침은 호텔에서 조반을 마치면 공항으로 이동하여 서울로 돌아간다. 3박 4일의 때늦은 수학여행을 위하여 애써준 동창회 임원들과 즐거운 여행을 함께해준 모든 벗들에게 감사한다.

불교의 나라 태국

2010년 1월 30일~2월 3일

방콕

2010년 1월 30일 아침 10시 50분 인천발 방콕행 비행기를 탔다. 이산가족(?) 상봉 장소를 방콕으로 정했기 때문이다. 일주일이 멀다 하고 전화로 안부를 묻고 지내기는 했지만, 호주에 있는 아들과 파리에 있는 딸을 함께 우리 부부가 만난 것이 벌써 2년 가까이 되었으니 오랜만에 이산가족 상봉이 이루어지는 셈이다.

서울에서 영하 10도까지 내려가던 한겨울의 추위를 벗어나 방콕에 오니, 낮 기온이 섭씨 30도를 기록하고 있어서 딴 세상에 온 기분이다. 방콕은 1992년 친구들과 부부 동반으로 단체관광을 한번 다녀갔던 낯설지 않은 곳이다.

1월 31일

오랜만에 네 식구가 함께 호텔에서 조반을 마치고 방콕 시내를 구경하기 위하여 호텔을 나섰다. 우선 호텔에서 가까운 곳에 있는 룸피니 공원으로 걸어 나갔다. 겨울의 추위에 움츠리던 서울을 떠나와 더운 나라의 복잡한 도시에서 가벼운 차림으로 비교적 한산한 녹색

공간을 가족이 함께 산책하는 것도 그동안 맛보지 못한 우리 가족만의 작은 행복이다.

공원은 상당히 넓고 작은 호수도 있어서 보트 놀이를 즐기는 사람들도 있고, 큰 도마뱀이 한가롭게 휴식을 취하고 있는 시민들 가까이 접근하기도 하고, 카메라를 들이대는 우리를 보고도 놀라지 않고 천천히 호수로 들어가는 것을 보면 자연 생태가 잘 보호되고 있는 듯하다. 공원 안에서는 외국 관광객들이 더러 눈에 띄는데, 나이 들어 보이는 이 나라 사람들이 하고 있는 건강체조를 따라하기도 하고, 검술을 흉내 내서 따라 하는 서양 관광객들도 더러 있었다.

공원을 한 바퀴 돌아 나오니, 공원 울타리 밖 시내의 대로변에 작은 시장이 서고 있었다. 옷 가게도 있고 식료품을 파는 가게도 있는데 살 만한 물건이 없어서 한 바퀴 돌며 구경만 하고 시내로 나왔다.

"방콕은 교통혼잡의 대명사이며, 교통혼잡이 없으면 방콕이 아니다" 이 말은 공항에서 우리를 태워다 준 택시 기사의 이야기다. 18년 전에 방콕에 왔을 때도 듣던 이야기지만, 그때 없던 지하철 대신 하늘을 나는 '스카이 트레인'이라는 전차가 개통된 지금도 방콕의 교통혼잡은 개선되지 않은 모양이다. 역시 불교의 나라답게 시내의 번화가에도 불상을 모셔놓고 꽃을 바치고, 향을 피우며 기원을 하는 사람들이 많다. 외국 관광객들도 그들처럼 꽃을 사서 바치고, 향을 피우며 무릎을 꿇고 앉아 무엇을 위한 기원인지 열심히 빌고 있었다.

우리는 사진만 몇 장 찍고, 백화점을 찾아 들어갔다. 냉방시설이 잘 되어 있는 백화점은 더위에 지친 관광객들이 아이쇼핑을 즐기면서 휴식을 취할 수 있는 최적의 장소다.

2월 1일

태국의 날씨는 3월부터 5월까지는 건기(乾期)로 평균기온이 34도, 6월부터 10월까지는 우기(雨期)이며 평균기온이 29도, 11월부터 2월까지는 이곳의 겨울철이지만 평균기온은 32도이나, 아침저녁으로는 20도 정도의 비교적 시원한 온도라고 한다. 지금이 계절상으로는 겨울인데도 낮 시간은 역시 덥다. 아침 8시 30분, 조반을 마치고 나오니 어젯밤 전화로 예약했던 택시가 호텔 로비에 미리 와서 기다리고 있었다.

오늘은 황금사원, 에메랄드사원, 그리고 왕궁(Grand Palace)과 왕족이 살았던 맨션 그리고 새벽사원까지 관광하기로 하고 호텔에서 출발한다. 왕의 나라답게 왕궁으로 가는 길에 왕과 왕비가 같이 찍은 사진은 물론 왕의 모친과 왕 부부가 함께 찍은 사진도 볼 수 있었다. 방콕이 태국의 수도가 된 것은 1782년 톤부리 왕조를 무너뜨리고 현재의 라마 왕조를 세운 차크리 왕 때라고 한다. 현재의 푸미폰 왕은 차크리 왕의 7대손인 라마 8세라고 한다. 왕궁과 사원 그리고 왕족이 살았던 맨션을 돌아보면서 이 나라의 국민들이 가장 존경하는 사람이 국왕이라는 이야기를 들었던 생각이 났지만, 외국 관광객들의 관람 복장의 제약이나 그에 대한 편의 제공을 보면서 이들의 자기 문화와 전통 그리고 자기들의 종교에 대한 대단한 자존심도 느낄 수 있었고, 세계적인 관광국답다는 생각도 들었다.

이 나라는 13세기 이후 몇 차례 바뀌기는 했지만 현재까지 왕국(물론 현재는 절대왕정이 아닌 입헌군주국이지만)으로 이어오고 있는 것도, 국민의 80%가 불교 신자이며, 각종 건축, 사원, 미술, 무용까지 모두가 불교 문화에 그 뿌리를 두고 발전해 있고, 불력(佛歷, 서기 543년)을 사용하는 전통적인 불교국가인 것도 모두가 이 나라 사람들의 긍지이며 자존심인 것 같다.

14세기에 이미 동양의 중국, 일본은 물론이거니와 유럽의 스페인, 포르투갈, 네덜란드, 프랑스 등과 통상을 통해 많은 국부를 축적해 왔다고 하는데, 이런 과정을 거치면서도 자기들의 전통과 문화가 조금도 훼손되지 않고 그대로 유지되어 왔으며, 또 19세기 유럽의 열강들이 다투어 이 지역에 식민지를 개척하고 있을 때도 주변 국가들은 많은 고통을 당하고 있었지만, 이들은 영국과 프랑스의 팽창 야욕의 완충지대라는 지정학적 이점을 이용하여 그들의 식민지가 되는 것을 면할 수가 있었다고 한다.

새벽사원(Wat Arunrathawararam — Temple of Dawn)은 새벽에 볼 때 가장 아름답다고 하여 붙여진 이름이라고 하는 왕실의 사원이다. 챠오파라야강(Chao Pharya River)이 내려다보이는 기슭에 있는 아름답고 거대한 탑들로 이루어져 있다. 탑의 크기도 놀랍지만 그 아름답고 섬세한 조각 장식이 놀랍다. 1992년에 왔을 때도 탑에 올라 챠오프라야강을 내려다보았지만, 강변이 지금처럼 정비되어 있지 않았었는데 그 후 많이 좋아졌다고 택시기사가 설명해주었다.

아유타야(Ayutthaya)

2월 2일 — 자전거 타고 유적지 탐방하기

방콕에서 약 76㎞ 북쪽에 위치한 고도(古都) 아유타야에 도착한 것은 오전 9시 50분쯤이다. 출근 시간의 복잡한 방콕 시내를 빠져나와 고속도로에 진입할 때 보니, 반대편 시 외곽에서 시내로 들어오는 도로는 도로라기보다는 주차장이라 해야 할 것 같다. 택시기사에게 방콕에 있는 기업체와 관공서가 시차제 출근을 실시하지 않느냐고 물으니, 관공서와 일반 기업체의 출근 시간이 1시간의 차를 두고 실시하고 있는데도 이 모양이라고 한다. 택시가 고속도로에 들어서자 시속 140㎞로 달렸는데도 1시간이나 걸린 것은 시내를 빠져나오면서 소요된 시간 때문이다. 이곳 고속도로에는 기동경찰이나 과속을 단속하는 무인 카메라도 설치되어 있지 않은 모양이다. 주차장에 내리니 대형 관광버스 한 대와 택시가 몇 대 있을 뿐, 관광객으로 붐비는 방콕 시내에 비하면 한산한 편이다.

가까운 파라 시 산펫 사원(Wat Phra Si Sanphet)의 입구에서 입장권을 사면서 유적지의 해설서도 한 권을 샀다. 해설서에 의하면 417년 동안 이 나라의 수도였던 이 역사공원은 1981년 12월 9일부터 13일까지 튜니지아의 카르타지(Cartage, Tunisia)에서 열린 제15차 유네스코 회의에서 세계문화유산으로 선포되어 유네스코의 세계문화유산으로 등재되었다.

아유타야 역사공원을 이해하기 위하여 태국의 역사를 간략하게 살펴보면 13세기 초 몬족과 크메르족이 쇠퇴하자 타이유안족을 중심으로 북부지역에 치앙마이를 수도로 한 랑나타이 왕국이 건설되어 19세기까지 유지했고, 시암족을 중심으로 수코타이를 수도로 한 수코타이 왕국(1257년~1350년)과 라오족을 중심으로 라오스와 동북 타이에 걸친 란산 왕국이 태국의 삼국시대를 펼치기도 했었다.

1350년 수코타이 왕조의 뒤를 이은 아유타야 왕조(1350년~1767년)가 크게 발전하여 417년간 유지하다가 1767년 미얀마의 공격으로 수도가 점령당하고 왕은 행방불명이 되자, 1767년 프라야 탁신 장군이 미얀마를 격파하고 톤부리 왕조를 건설하여 15년간 나라를 다스렸다. 1782년 차크리 장군이 방콕에서 톤부리 왕조를 무너뜨리고 차크리 왕조를 건설하여 오늘에 이르는 동안 1932년부터 입헌군주국으로 발전하고 있다.

이곳은 차오프라야강 하류의 삼각주 지대에 위치하고 있으며, 14세기 때부터 중국과 일본은 물론 유럽의 스페인, 포르투갈, 프랑스, 네델란드 등과 교역이 왕성하여 부국으로 발전하던 전성기에는 왕궁이 3곳, 사원이 375개, 요새 29개, 대문이 94개에 이르는 등 화려한 건축과 불교 문화를 꽃피웠던 곳이다.

그중에서도 제일 크고 화려했던 대표적인 유적이 파라 시 산펫 사원(Wat Phra Si Sanphet)이다. 1350년 왕국을 건설한 리마티보디 1세 왕(King U—Tong) 때부터 1448년 삼 파라야 왕의 제위 때까지

98년 동안 이곳에 왕궁이 있었는데, 1448년 왕위에 오른 보롬마트라일로카낫 왕이 자신과 왕족들의 수도원으로 사용하기 위하여 여기에 사원을 건설했다고 한다.

그래서인지 그 거대한 사원의 계단을 한참 올라가 안으로 들어가 보니 다시 지하실처럼 아래로 내려가는 계단이 있고, 그 끝에는 겨우 한 사람이 앉아서 수도할 만한 좁은 공간이 있을 뿐이었다. 600년 가까운 세월이 지나긴 했지만, 번영을 누리던 나라의 왕이 앉아서 수도했던 곳치고는 협소하고 검소하게 만들어졌던 것 같다. 마하탓 사원(Wat Mahathat)과 파라 시 산펫 사원(Wat Phra Si Sanpet)을 돌아 나오니, 기다리고 있던 택시 기사가 자전거를 빌려 타고 다른 유적지를 돌아야지, 너무 넓어서 걸어서 다 돌아다닐 수가 없다고 한다. 주민등록증을 맡기고 자전거 4대를 빌렸다. 하루 종일 자전거 사용료가 한 대당 우리 돈으로 약 2,000원 정도다.

1369년 유통왕이 부친의 유골을 안치하기 위하여 세웠다는 파라 람 사원(Wat Phra Ram), 그리고 몽콘보핏 궁(Phra Mongkhonbophit), 랏차부라나 사원(Wat Ratchaburana), 차이와타나람 사원(Wat Chaiwatthanaram), 로카야수타람 사원(Wat Lokaasutharam), 야이 차이 몽콜 사원(Wat Yai Chai—mongkol), 프라 차오 파난—총 사원(Wat Phra Chao Phanan—choeng) 등을 다 관광하려는 사람들에게는 자전거가 필수적이다.

자전거에 미리 준비해온 점심을 싣고 다른 유적지를 향해 떠난다. 넓은 유적지 내에는 자동차가 들어갈 수 없도록 하였고, 관광객들이 걸어 다닐 수 있는 길을 다듬어 놓았는데 그 길로 자전거가 다닐 수 있도록 했다. 세계문화유산으로 등재된 역사공원답게 도로는 물론, 호수와 수로, 유물들의 주변이 잘 관리되고 있었다.

여름 궁전

아유타야 유적지를 돌아보고 다시 대절한 택시를 타고 방콕 쪽으로 30분쯤 달려 찾아간 곳이 라마 왕조에서 여름 궁전으로 사용하던 곳이다. 동양과 서양의 아름다운 건축물들이 조화를 이루어 세워져 있고 특히 정원의 설계가 아름다움의 극치를 이루었다고 할 수 있는 곳이다. 오후 늦은 시간이어서인지 관광객이 많지 않아서 한가롭게 관람을 할 수가 있었다.

🌐 짐 탐슨 박물관(The Jim Thompson House Museum) 그리고 씨푸드 마켓(Seafood Market)

2월 3일

어제 아유타야 유적지와 여름 궁전을 돌아보면서 자전거를 타기도 하고 걷기도 많이 하여서 오늘은 가까운 방콕 시내에 있는 짐 탐슨 박물관을 차분하게 들렀다가, 저녁에는 씨푸드 마켓에서 태국 음식을 맛보기로 했다.

시내 지도를 보고 스카이 트레인이라고 하는 전철을 타고 찾아가는 것으로 결정했다. 1992년에 이곳에 왔을 때만 해도 이곳에 전철이 없었다. 방콕은 지대가 낮고 물이 많은 도시이기 때문에 지하철을 건설하지 않는다더니, 지상에 고가 철도를 건설하고 그 이름도 하늘을 달리는 기차라고 'Sky Train'이라 부른다. 요금은 서울의 지하철 요금보다 훨씬 비싼 편이다.

오전 11시쯤 짐 탐슨 박물관에 도착하니 관람자들이 많은지 입장권을 팔면서 30분을 대기하라고 알려주었다. 짐 탐슨은 1906년 미국의 델라웨어주 그린빌에서 태어나 2차 세계대전 이전에 건축가로 활약하다가 전쟁이 일어나자 자원입대하여 육군정보장교로 유럽에서 활약하다가 태국에 보내졌는데, 태국의 문화에 매료되어 전후 제대한 뒤 태국에 정착하여 태국의 실크산업에 손을 대 사업가로 크게 성공한 사람이지만 1967년 3월 26일 말레이시아에서 실종된 사람이다.

박물관에는 건축가였던 그가 여섯 채의 태국 전통 가옥을 사들여 연결시켜 지어 살던 집에 생전에 수집했던 수많은 중국과 태국을 비롯한 동양의 예술품들을 소장하고 있었고, 옆 건물에는 짐 톰슨 재단에서 운영하는 실크제품들을 전시 판매하고 있었다. 나중에 들으니 짐 톰슨 브랜드가 실크제품으로는 고급 브랜드에 속한다고 한다.

정원에는 각종 열대 식물들이 숲을 이루고 있고, 작은 연못에는 물고기가 한가롭게 노닐고 있으며 이름 모를 화초들이 형형색색의 꽃을 피우고 있다. 태국 문화에 심취했던 그는 소장품들이 불교 미술품들이 많고 또 정원에 불상을 모시는 제단도 세워두고 있었던 것을 보면 불교에도 관심이 깊었던 모양이다.

저녁에 씨푸드 마켓에 가서 바닷가재와 새우를 맛보기로 했다. 똠얌꿍이라는 음식의 독특한 맛을 어젯밤 호텔 주변 식당에서 시식해 보았지만, 오늘은 옛날 생각만 하고 방콕의 해산물을 싼값에 많이 먹을 생각을 했었는데, 생각과는 전혀 달랐다. 1992년에 왔을 때는 1인당 정해진 요금에 먹고 싶은 것을 마음대로 골라 먹었었는데, 지금은 각각 원하는 생선을 선택하여 그 무게대로 정해진 값을 지불하고 조리하는 요금을 따로 지불해야 한다. 그때보다 시설도 좋아지고 생선의 신선도나 서비스가 향상되기는 했다지만, 생각보다 비싸다는 생각이 들었다.

에스파냐(España) 탐색기

2015년 8월 3일~9일

에스파냐(España)

우리에게 에스파냐는 스페인으로 더 많이 통해왔다. 스페인은 영어식 표현이고, 이 나라 헌법에 명시된 공식 국명은 에스파냐(España)다. 외교 관계 등에서 사용하는 정식 국명은 에스파냐 왕국이다. 우리나라와 일본 등에서는 아직도 영어식 표현인 스페인으로 많이 불리고 있으나, 1980년대 이후 우리나라에서도 공공문서나 교과서에서는 에스파냐(España)로 표기하고 있지만, 아직도 정착되지 않은 실정이기 때문에 내게는 그렇게 스페인이 더 익숙했던 것이다.

이 나라에 대하여 알고 있던 것이라고는 이사벨 여왕이 콜럼버스를 지원하여 신대륙을 발견하게 했다거나, 콜럼버스의 새로운 항로 개척으로 아메리카를 비롯한 세계 곳곳에 많은 식민지를 만들어 해양 강국으로 군림하며, 해가 지지 않는 대제국을 건설하기도 했었다는 등 극히 상식적인 것에 불과했었다.

그리고 그 유명한 『돈키호테』를 쓴 세르반테스, 화가 고야, 미로, 피카소, 달리 등과 천재 건축가로 추앙받는 가우디 등이 태어난 나라라는 것. 헤밍웨이가 이 나라의 내전 당시 종군기자로 참전한 후 썼다는 『누구를 위하여 종은 울리나』를 소설과 영화로 감명 깊게 읽고 보았던 기억 등이다.

또한, 우리나라의 애국가를 작곡한 안익태 선생이 이 나라에서 살다 죽었으며, 세계 20여 개 국가가 에스파냐 언어를 모국어로 사용하고 있고(식민지배를 받았던 이유가 있기는 하지만), 이 언어가 유엔 공용어로 사용되는 6개 국어 중의 하나라는 등 극히 일반적인 것들, 포르투갈과 함께 이베리아반도를 차지하고 있는 유럽의 여러 나라 중 한 나라라는 것 외 별다르게 관심을 갖지는 않던 나라였다.

최근에는 1992년 제25회 올림픽 대회 마라톤 경기에서 황영조 선수가 바르셀로나의 몬주익 경기장에 1등으로 골인하면서 온 국민을 흥분과 감동으로 기쁘게 했던 기억과 2002년 서울에서 개최했던 월드컵 경기 때 우리나라와 이 나라의 경기를 관전하는 등, 이 나라와의 체육활동을 비롯한 경제교류가 전보다 활발해지면서 더 많은 관심을 갖게 되었다.

하지만 정작 이 나라를 직접 여행하겠다거나 여행하게 되리라고는 전혀 생각을 못 하고 있었는데, 갑자기 3개월 전에 유럽에 살고 있는 여식(女息)이 이 나라의 여행을 위하여 항공권과 숙박을 예약해놓고, 우리 부부를 초청하여 생각지 않던 에스파냐 여행을 떠나게 되었다.

'아는 만큼 보인다' 는 말은 관광 여행을 하는 사람들에게 하는 말이다. 전혀 계획하지 않았던 관광 여행을 하게 되어 이왕 떠나게 되었으니, 짧은 기간이지만 더 많은 것을 보기 위해서 기존의 부족한 관심과 상식으로는 여행할 사람의 기본이 아닐 것 같아, 출발 전에 평소 기억하고 있던 토막상식을 더듬어 지도와 백과사전 등 여러 자료를 통해 이 나라의 역사와 지리, 문화와 이번 여행에서 방문하게 될 도시의 유적들에 대하여 확인해보고, 중요한 부분은 메모하기도 하였다.

세계지도를 보면, 에스파냐는 유럽의 남부 지중해와 대서양을 가르는 이베리아반도의 대부분을 차지하고 있다. 동쪽에는 지중해, 반도의 서쪽에는 대서양 쪽으로 포르투갈과 국경을 이루며, 북쪽은 피레네산맥을 경계로 프랑스와 안도라공국과 접하고 있고, 남쪽은 영국령 지부롤터 해협을 사이로 아프리카의 모로코와 접해 있다.

국토는 유럽연합 중 프랑스 다음으로 넓으며, 세계에서 51번째로 우리 한반도 전체의 2.2배 정도인 50만㎢, 인구는 약 4,600만이다. 수도는 마드리드이며, 지방은 17개의 자치 지방과 2개의 자치시가 있고, 17개의 자치 지방은 50개 주로 다시 나뉜다. 그 50개 주 중에서 이번 여행 일정으로는 카탈루냐 지방에 있는 바르셀로나와 안달루시아 지방에 있는 그라나다와 세비아가 포함되어 있다.

역사를 간략하게 간추려 보자면, 선사시대부터 인류가 살기 시작한 이래 고대에는 이베리아족, 타르테시아족, 켈트족, 켈티베리아족, 페니키아족, 고대 그리스인, 고대 로마인, 서고트족 등이 저마다 다른 문화를 이루고 살았었다.

711년 우마이야 왕조(마호멧 사망 후 4명의 칼리프가 이슬람제국을 지배하고 있을 무렵인 661년 시리아 총독이던 우마이야가 세운 왕조. 칼리프=이슬람의 주권자)에 속한 베르베르족과 아랍인들로 이루어진 무어인 군대가 이베리아반도의 대부분을 차지하였다.

이들은 우마이야 왕조가 몰락한 후에도 각자 독립적인 타이파 국가(이슬람을 추종하는 소 군주국으로 이베리아반도에서 마지막까지 버틴 그라나다 이외에도 여러 타이파 국가들이 있었다)를 유지하였는데, 아랍세계에서는 무슬림이 지배하는 이베리아반도를 알안달루스로 불렀다.

한편 반도의 북단에는 레온 왕국, 카스티야 왕국, 아라곤 왕국 등 기독교 왕국들이 자리 잡았으며, 무슬림 타이파를 상대로 지속적 전쟁을 벌여 영토를 늘려 나갔다.

1492년 마지막 이슬람 타이파 국가였던 '그라나다' 왕국이 함락

되기까지 약 750년간 기독교 국가들과 이슬람 국가간의 전쟁은 계속되었다. 이 기독교 국가의 영토 확장 전쟁을 레콘키스타(재정복 혹은 국토 회복 운동)라고 한다.

반도 중앙의 대부분을 차지하고 있던 '카스티야' 왕국의 이사벨 공주와 동북부의 일부를 차지하고 있던 '아라곤' 왕국의 페르난도 왕자가 결혼하여 그들이 각각 왕위에 오른 후에는 연합하여 '그라나다'를 침공하여 함락시킴으로 에스파냐에서 이슬람 왕국을 완전히 소멸시키고 기독교 국가로 통일시켰다.

이때 이태리 출신인 콜럼버스는 이사벨 여왕을 찾아가 신대륙으로의 항해를 지원받게 된다. 레콘키스타가 마무리되자 로마 가톨릭으로 개종을 거부한 무슬림과 유대인들을 추방하는 종교 재판이 시작하였고, 아메리카를 비롯한 유럽의 여러 곳과 아시아까지 광대한 식민지를 만들어서 엄청난 부를 창출하여 150년간 해가 지지 않는 대제국으로 군림하게 되었다.

세계 곳곳의 식민지로부터 창출해낸 엄청난 부를 바탕으로 기존의 발달된 이슬람 문화의 바탕 위에, 건축과 문화 예술을 기독교 방식으로 새롭게 발전시켜 문화 발전의 전성기를 이루게 되었다.

그러나 17세기 중반 잦은 전쟁으로 경제 사정은 악화되기 시작하였고, 왕위 계승 전쟁으로 영향력은 시들기 시작하였다. 18세기 프랑스 부르봉 왕가의 새로운 왕조가 탄생하였고, 미국의 독립전쟁 때는 미국을 지원하면서 영국을 견제하기도 하였으나 프랑스 대혁명 후 나폴레옹과의 전쟁에서 패하게 되었다. 19세기 멕시코의 독립전쟁을 기점으로 식민지들이 독립하기 시작하였고, 미국과의 전쟁에서도 패하여 쿠바와 필리핀을 미국에 할양하였다. 국내에서도 왕당파와 공화파의 갈등이 심화되어 19세기 말 제1공화국이 세워져 왕정이 폐지되었으나 군부 쿠데타와 왕정복고가 연달아 일어나 심각한 내부 갈등이 끊이지 않았다. 20세기에 들어 인민 전선의 승리로 수립된 제2공화국은 프랑코의 반란으로 시작된 스페인 내전에서 패하였고 1939년 프랑코 정권이 수립되어 1975년까지 36년간 군부 독재가 지속되었다. 현 후안 카를로스 1세는 1975년부터 집권하자 입헌군주제를 표방하고 보통선거(국민투표)를 실시하여 현재의 민주화를 이룩하여 고도의 경제 성장과 사회적 안정을 이루었다. 우리나라와는 1950년부터 수교가 있었다.

바르셀로나(Barcelona)

람블라 거리, 까사 바트요, 구엘 공원, 성 가족 교회

오전 10시 30분에 제네바 공항을 이륙한 비행기는 1시간 10분 만에 바르셀로나의 엘 프랏 공항에 착륙하였다. 에스파냐에 첫발을 내딛는 나를 맞이한 것은 많은 사람들이 왕래하는 공항 청사 로비에 세워놓은 커다란 조형물로 말 모양을 한 아주 튼튼하게 생긴 놈이다. 사람들을 멀리까지 편안하게 태워다 줄 수 있는 이놈의 건강한 모습은 공항을 이용하는 사람들에게 믿음을 주게 하기 위한 것일까?

시울을 떠날 때 생각했던 것만큼 날씨는 덥지 않았지만, 예상치 않았던 작은 사건이 나를 훨씬 더 덥게 하였다. 공항과 연계된 기차를 타고 시내로 나오다, 바르셀로나 대학 근처 예약된 호텔에 가기 위해서 지하철로 갈아탔는데, 앉을 자리가 없어서 통로에 서 있었다. 다른 칸에서 두 명의 여자들이 내가 있는 칸으로 들어오기에 그냥 지나가려니 생각했는데, 차가 별로 흔들리지도 않는 상태에서 한 여자가 갑자기 내 가슴에 안기듯 넘어지는 것이었다.

무안하기도 하고 민망해서 어쩔 줄 몰랐는데, 바로 그 여자들을 뒤따라 들어온 건장한 남자가 그 여자의 손목을 붙잡으면서 내가 알아듣지 못하는 말로 그 여자에게 호통을 치는 것이다. 무슨 영문인지 몰라 어리둥절하고 있는데, 차가 멈추자마자 여자들은 황급히 도망치듯 내리고, 다른 승객이 내게 뭐라고 하여 그때야 눈치로 알아차리고 어깨에 멘 가방을 살펴보니 벌써 가방의 지퍼가 열려 있었다. 하지만 사라진 것은 없어 다행이었다. 사복경찰인 듯한 그 남자 덕분에 피해는 없었지만, 날씨보다 더 나를 덥게 한 작은 사건이었다.

호텔에 짐을 풀고 점심을 먹은 후 첫 관광코스로 구시가지에 있는 람블라 거리로 나갔다. 북쪽의 카탈류냐 광장에서 남쪽의 포트벨 항구까지 이어지는 1.2㎞의 거리는 바르셀로나를 찾는 관광객들이면 누구나 걸어보는 거리라고 한다.

지하철에서 내리니 바로 보케리아 시장 입구가 보여서 들러보았다. 전통시장으로 식료품을 주로 파는 곳이다. 서울을 찾는 외국 관광객이 남대문 시장이나 동대문 시장을 들르듯, 이 시장도 많은 관광객들이 붐빈다. 제일 눈에 띄는 것은 풍성한 과일가게와 하몬을 파는 가게이다. 하몬은 돼지 뒷다리를 소금에 오랫동안 숙성시킨 것인데 이 나라 사람들이 즐기는 음식 중 하나라고 한다.

서쪽과 북쪽은 산으로 둘러싸이고 동남쪽으로 지중해와 면해 있는 바르셀로나는 온화한 기후와 좋은 햇볕 덕택으로 모든 과일의 당도가 아주 높다고 한다. 저녁 식사는 식당에서 하몬을 먹어보기로 하고, 우선 먹음직스러운 복숭아와 자두 몇 개를 샀다. 저녁에 호텔에 돌아와서 먹어보니 듣던 대로 당도가 높았다. 특히 호떡처럼 납자하게 눌린 듯한 모양의 복숭아 맛이 좋았다. 가격도 우리나라 과일보다 저렴하였다.

보케리아 시장을 나와 거리를 걸으면서 이 넓은 거리가 보행자 중심으로 조성된 것을 알 수 있었다. 차도보다 훨씬 넓은 거리 양쪽으로 있는 차도는 각 2차선 일방로로 되어 있고, 그 곁에 인도가 여느 도로와 같이 조성되어 있지만, 한가운데 조성된 거리는 양쪽 2차선 차도를 합친 것보다 더 넓다.

차도와 거리 사이에 아름드리 가로수가 그늘을 만들어주어 걷는 사람들을 시원하게 한다. 중간중간에 간이 카페가 있어서 지나는 사람들에게 휴식처를 제공하기도 하고, 행위 예술가들이 관광객들을 즐겁게 해주기도 한다.

에스파냐의 동북쪽 지중해 연안에 있는 바르셀로나는 비옥한 해안 평야에 펼쳐져 있으며, 천연의 양항과 더불어 이 나라 제일의 산업도시로 가장 부유한 도시이기도 하다.

1992년 제25회 하계올림픽 마라톤 경기에서 황영조 선수가 몬주익 경기장에 제일 먼저 골인하던 장면이 지금도 기억에 남는 이 도시는 옛날 페니키아인들이 건설한 도시로 BC 3세기에 이곳을 지배한 카르타고인이 바르카 가문의 도시라는 뜻으로 Barino라고 부르게 되었으며, 8세기에는 무어인들이 점령하였다가 801년 카를 대제가 이를 해방하고 지배하기 시작했다.

12세기에 카탈루냐 백작과 아라곤 여왕의 결혼으로 아라곤 왕국이 되어 그 수도로서 번영하기 시작하였으며, 15세기에 아라곤과 카스티야의 통일로 지방도시가 되기도 했으나, 고유의 카탈루냐 언어를 가지고 있는 이곳 사람들은 자기의 카탈루냐 문화에 대한 긍지와 진보적 시민 자치의 전통, 강력한 상공업을 기반으로 한 번영으로 그들만의 독립을 요구하는 시위가 지금까지 종종 일어나고 있다고 한다.

콜럼버스가 1492년 신대륙을 발견하고 돌아왔을 때, 이사벨 여왕이 그를 접견한 곳이 고딕지구의 궁궐 뒤에 있는 왕의 광장이다. 람블라 거리의 남쪽 끝 포트벨 항구에 맞닿는 곳에 세워진 높이 60m의 콜럼버스 동상은 1888년 무역 박람회를 개최하면서 세웠다고 한다.

콜럼버스의 동상과 포트벨 항구를 지나 고딕지구로 향한다. 좁은 골목길을 이리저리 찾아 아라곤의 왕궁을 찾았지만, 딸내미가 반바지를 입어서 입장이 불가하다는 것이다.

전에 파리나 로마에서는 반바지나 짧은 소매의 윗옷을 입은 입장객들에게는 긴 바지나 짧은 윗옷 위에 걸치고 들어갈 수 있도록 준비된 옷을 주었던 기억이 나는데, 이곳은 그런 준비가 없이 그냥 표를 팔지 않는다고 한다.

바르셀로나 대성당, 산타마리아 델 마르 성당, 왕궁과 왕의 광장이 있는 구시가지의 고딕지구를 돌아다니다 보니 벌써 오후 8시가 가까워 다리도 아프고 배도 고파서 식당을 찾았다. 왕의 광장에서 멀지 않은 곳에 아담한 식당을 찾아 들어가니 아직 준비가 되지 않았다며 15분쯤 후에 오라는 것이다. 다시 왕의 광장 쪽으로 나와 돌의자에 앉아 쉬다가 다시 식당으로 들어갔다.

와인 한 병과 하몬, 파에야 그리고 구운 빵과 토마토를 시켰다. 처음 먹어보는 에스파냐의 전통 음식이지만, 입맛에 거슬리지 않았다. 하몬은 우리가 늘 먹는 돼지 뒷다리를 소금에 숙성시켜서 좀 짭짤한 차이뿐이지만 빵에 얹어 먹으니 괜찮았고, 파에야 역시 우리가 늘 먹던 새우, 홍합 등 각종 해산물을 원료로 했으니 전혀 거부감이 없었다. 그러나 모든 음식이 우리 입맛에 좀 짜다는 느낌이었다.

8월 4일

오늘은 세계문화유산에 등재된 가우디의 건축물들을 찾아보기로 했다. 카사 바트요, 카사 밀라, 구엘 공원 그리고 성 가족 교회(사그라다 파밀리아) 등을 찾기 위해 조반을 일찍 마치고 호텔을 나섰다.

안토니오 가우디는 1852년 에스파냐의 남서부 레우스라는 작은 도시에서 가업으로 이어져 내려온 주물 제조업자의 아들로 태어났다. 대학을 가기 위하여 16세에 바르셀로나로 옮겨와 1926년 74세에 전차에 치여 사망할 때까지 그의 생애 대부분을 바르셀로나에서 독신으로 살았다.

다섯 살의 어린 나이에 관절염을 심하게 앓아서 공부를 제대로 할 수 없었다고 한다. 바르셀로나대학교에 다닐 때도 잘 걷지를 못해서 주로 앉아서 관찰하는 것으로 시간을 보냈으며, 바르셀로나대학교 이공학부를 졸업한 후, 시립 건축 전문학교에 다녔다.

시립 건축 전문학교 재학 중 그의 혁신적이고 독특한 과제물은 많은 논란의 대상이 되었다고 한다. 심지어 그가 건축학교를 졸업할 때 교장은 "우리가 건축사 자격증을 천재에게 주는 것인지 미친놈에게 주는 것인지 잘 모르겠다"고 했을 정도로 당시 일반적인 생각을 갖고 있는 사람들로부터는 외면을 받았던 모양이다.

그러나 일찍이 그의 재능을 알아본 에우세비오 구엘이라는 평생의 후원자가 그를 세계적인 거장으로 만들었다. 부유한 은행가 집안의 사업가였던 구엘 남작은 1878년 가우디를 처음 만난 뒤 1918년 그가 죽을 때까지 40년 동안 적극적인 가우디의 후원자이자 친구로 모든 지원을 아끼지 않았다고 한다.

현대적 건축의 출발점이라고 일컫는 카사 밀라는 1906년에 시작하여 1910년에 완공한 공동주택으로 지금은 황금 광장의 명물이지만, 당시에는 그의 예술성을 이해하지 못하는 많은 사람들의 조롱을 받기도 했다고 한다. 돌을 깎아 만든 건물이지만, 마치 회반죽이나 시멘트로 만든 것처럼 부드러운 곡선을 바탕으로 강한 역동성과 리듬을 표현한 예술성이 높이 평가받고 있다.

카사 바트요는 타일 공장을 운영하는 바트요의 요구로 설계한 주택인데, 바트요의 공장에서 만든 타일을 많이 사용하여 외부 장식을 했다. 이 역시 곡선의 아름다움을 나타낸 건물이다. 실내의 계단을 수차례 직접 오르고 내리면서 사용하는 사람이 얼마나 편한가를 실험하며 설계를 마무리하였고, 여기저기 배치한 가구까지도 그의 섬세한 관심을 집중시켜 만들어진 것이라고 한다.

오전 10시 이전인데도 카사 바트요 내부를 관람하기 위한 사람들이 길게 줄을 서고 있어서 몇 분을 기다려 보았지만, 입장하는 인원을 제한하고 있기 때문에 시간이 얼마나 지체될지 알 수 없었다. 볼 것은 많고 시간은 짧으니 조바심이 우리를 기다리지 못하게 했다. 건물 외부만 둘러보고 사진을 찍고 구엘 공원을 찾아가기 위해 지하철을 타러 가면서 역시 카사 밀라의 외부만 보고 지나갔다.

1984년 유네스코는 카사 바트요, 카사 밀라, 구엘 공원과 성 가족 교회를 세계문화유산으로 정했으나, 2005년에는 그가 남긴 건축물 전체를 포함시켰다. 한 사람의 위대한 건축가가 오늘날 바르셀로나의 위상을 세계에 한층 높여준 결과를 낳게 했으며, 세계 여러 나라에서 수많은 관광객이 밀려들게 하기도 한다.

지하철에서 내려 구엘 공원으로 올라가는 길은 좁은 골목길 언덕으로 에스컬레이터를 설치해 놓았다. 바르셀로나 시내가 한눈에 들어오는 언덕 위에 만들어진 공원은 원래 구엘이 15만 평의 넓은 공간에 고급 주택 60채를 건설하여 부유층에 분양할 목적이었다.

1900년부터 1914년까지 진행된 공사는 많은 어려움에 봉착하게 된다. 분양이 순조롭지 못하여 오직 한 채의 주택만 분양되었고, 공사의 어려움에 자금난까지 겹쳤다. 결국 공사가 중단되었다. 1918년 구엘이 사망한 뒤에 그의 아들이 이 땅을 바르셀로나시에 기부하게 되고, 시가 공원으로 개발하여 오늘에 이르렀다고 한다. 그러나 공원의 설계는 역시 가우디가 한 것으로 그의 명성을 한층 높이게 되었으며, 지금은 많은 외국 관광객들이 모여드는 명소가 된 것이다.

공원에 올라가니 듣던 대로 바르셀로나 시내와 지중해가 한눈에 들어온다. 이 전망 좋은 곳을 시민들의 휴식 공간으로 조성했지만, 지금은 시민들보다 외국 관광객들이 훨씬 많이 찾는 것 같다. 가우디 특유의 형형색색의 모자이크로 장식된 건물들과 자연 동굴처럼 만들어진 인공 석굴 등, 휴식 공간과 언덕을 오르는 길까지 모두가 자연과 어우러진 산책하기 좋은 공간이다.

구엘이 살던 구엘 궁궐, 지금은 가우디 기념관으로 사용하고 있는 가우디의 집, 교회 등이 많은 사람들의 관람으로 붐비고 있었다. 가우디 공원을 내려와 다시 지하철을 타고 오후 6시 입장권을 예매한

성가족성당을 찾았다. 지하철에서 내려 지상으로 올라오니 바로 눈 앞에 사진으로 많이 보아왔던 사그라다 파밀리아(성가족성당)의 웅장한 모습이 나타났다.

입장 시간을 기다리는 동안 외부를 한 바퀴 돌면서 성서의 내용을 조각하여 빈틈없이 장식한 외벽에 놀라지 않을 수 없었다. 교회 외벽과 내벽에는 성서의 전체가 표현된 조각과 모자이크로 장식되어 있다고 한다. 1883년에 착공한 공사가 132년이 지난 지금까지도 완공을 하지 못하고 진행되고 있는 부분은 첨탑 부분인 듯 높은 타워크레인이 설치되어 있지만, 공사는 쉬고 있는지 일하는 사람은 보이지 않았다.

오후 6시에 입장하여 내부를 둘러보니 과연 초기 로마 교회의 화려함을 여기에서도 볼 수 있었다. 그러나 이 교회 건축을 필생의 사업으로 생각한 가우디는 자기의 전 재산을 이 교회 건축에 헌납하고, 스스로는 독신으로 아주 검소한 생활을 하였다고 한다. 그가 교통사고로 죽었을 때도 그의 허름한 옷차림 때문에 사람들이 거장 가우디를 알아보지 못하였다고 한다.

교회 지하에는 가우디의 무덤과 가우디 기념관이 있다. 로마 교황청은 성인이 아니면 교회에 무덤을 허용하지 않는 관습을 깨고, 이례적으로 그의 무덤을 허용했다고 한다. 그의 공로를 인정하여 특별히 배려한 것이다.

세계적으로 명성을 높인 거장 가우디는 허름한 침대 하나만 남기고 갑자기 교통사고로 죽었지만, 그가 남긴 작품과 명성은 오랫동안 많은 사람들의 기억에 남을 것이다.

그라나다(Granada)

대성당, 왕실 예배당, 알함브라 궁전 ▶ 8월 5일

오후에 그라나다행 항공권이 예약되어 있어서, 아침 일찍 호텔을 나왔다. 바르셀로나를 떠나기 전에 어제 다 돌아보지 못했던 카탈루냐 광장 부근을 더 돌아볼 생각이었다. 상업지구인 이곳은 은행, 보험회사, 백화점 등이 있고 고급 브랜드의 상품들을 팔고 있는 상점들이 늘어서 있는 곳이다. 서울의 삼성동이나 청담동에 해당되는 곳이다.

거리를 걸으면서 고풍스런 건물들에 눈을 팔다가 아내와 딸이 더위를 식히기 위하여 백화점에 들어가잔다. 한낮의 더위 중에 걷기만 하는 것도 무리일 것 같아 따라 들어가 아이쇼핑을 하면서 몸을 식힌 후 다시 카탈루냐 광장으로 나왔다.

카탈루냐 광장에서 공항으로 가는 고속버스를 탔다. 오후 3시 30분에 바르셀로나 공항을 떠난 비행기가 1시간 남짓 날아서 4시 40분쯤 그라나다 공항에 착륙한다. 바르셀로나보다 더 남쪽이어서일까? 비행기에서 내리니, 따가운 오후의 햇살이 이곳의 기온이 바르셀로나의 기온보다 훨씬 높다는 것을 느끼게 했다.

한적한 시골 풍경이 펼쳐지는 곳이다. 비행기가 착륙하기 전 저공비행을 할 때 창밖을 내려다보니 보이는 것은 온통 끝없이 펼쳐지는 올리브밭이다. 유럽 올리브 생산량의 2/3를 이 나라에서 수확하고 있다는 이야기를 실감하게 했다.

공항버스로 호텔까지 와서 체크인한 후, 내일로 예약된 알함브라궁전의 입장을 확인하기 위하여 전화를 하던 여식은 뭔가 착오가 있어 모레로 예약이 바뀌었다는 것이다. 내일 아침 일찍 시청 관광안내소에 가서 확인을 해야 한다는 것이다. 내일 일은 내일 걱정하면 되는 것이니 오늘은 시간을 아껴 호텔에서 가까운 곳에 있는 그라나다 대성당(Catedral)과 왕실예배당(Capilla Real)을 가기로 한다.

두 곳 모두 웅장하고 화려하다. 대성당은 촬영이 허용되지만, 이사벨 여왕과 페르디난도 국왕 그리고 그 가족들의 무덤이 있는 왕실예배당은 촬영이 금지되고 있었다. 중간중간에 경비 근무자들이 있어서 카메라를 손에 들고 들어가는 관람객들에게 촬영이 금지된 곳이라는 것을 주지시키고 있었다.

무덤은 예배당 입구에 이사벨 여왕과 페르디난도 국왕의 죽은 모습을 조각하여 1.5m 정도의 높은 단 위에 눕혀 놓고 실제 그들의 관은 지하에 가족들과 함께 보관하고 있었다.

지하 묘지에는 사람들이 볼 수 있도록 계단이 지하 묘지의 입구까지 설치되어 있다. 검은 색칠이 되어 있는 두 개의 큰 관이 이사벨 여왕과 페르디난도 국왕이고 그 좌우에 있는 작은 4개의 관은 가족들이라고 한다.

그라나다의 대성당과 왕실 예배당은 이들이 통치하던 시기에 알함브라 궁전을 비롯한 이슬람 건축의 수준을 능가하기 위하여 기독교 문화의 상징으로 이 두 건물을 더욱 웅장하고 호화롭게 건축한 것이라고 한다.

그러나 정작 그라나다를 찾는 관광객들의 대부분은 알함브라 궁전을 관광 목표로 하고 대성당과 왕실 예배당은 부차적으로 찾게 된다. 그라나다 시청의 관광과에서 발간한 홍보물에 실려 있는 다음과 같은 안내 홍보문이 이를 증명하기에 충분하다.

"세계에서 유일한 곳인 알함브라(Alhambra)에 첫발을 내디뎠을 때의 감동은 그 누구도 잊지 못할 것입니다. 술탄들이 그들의 환상들로 천국을 만들려고 애썼던 그라나다. 아라이네스 정원(Patio de los Arrayanes) 혹은 사자의 안뜰(Patio de los Leones)에서 눈을 지그시 감아 보십시오. 그러면 대리석과 석고 그리고 타일들과 함께 빛과 물 그리고 향기로 지어진 알함브라를 느끼실 수 있을 것입니다. 이 흥미진진한 산책은 헤네랄리페 정원(Generalife)에서 아름다운 식물들에 둘러싸여 상쾌한 기분으로 마무리됩니다."

대성당과 왕실 예배당을 돌아보고 호텔로 돌아와 저녁 식사를 마치고 피곤하여 샤워 후 쉬려고 하는데, 딸과 아내는 플라멩고 공연을 보러 가자고 한다. 나는 샤워하고 쉬고 싶은 마음뿐이어서 아내와 딸만 보내고 편히 쉬었다.

거리에서 행하는 플라멩고 공연은 일정한 요금을 받지 않고, 한 차례 공연이 끝나면 공연단원이 바구니를 들고 관광객들 앞을 한 바퀴 돌면, 관람한 관광객들이 적당한 돈을 내는 사람도 있고, 돈을 내지 않는 사람도 있는 것을 본 기억이 있다. 수익사업이 아닌, 관광 유치를 위하고 자기들 고유의 전통 민속 예술의 홍보를 위한 사명감을 갖은 사람들의 공연인 듯하다.

플라멩고는 중세 때부터 추기 시작한 춤으로 알려져 있으며 오늘날의 형태를 갖추게 된 것은 18세기부터라고 한다. 일반적으로 여성이 중심이 되어 추는 춤으로 여성 무용수를 '바일라오라', 남성 무용수를 '바일라오르' 라고 한다. 특별히 정해진 규칙이나 리듬은 없으며, 칸테(노래)의 경쾌한 리듬과 감정에 맞춰 즉흥적으로 변화시켜 가면서 추는 춤이다. 기타를 연주하는 악사와 칸테를 부르는 음악가가 팀을 이루어 연주하게 된다.

카르투하 수도원, 수녀원 및 시내 관광 ▶ 8월 6일

원래 그라나다는 아랍인들에 의해 세워진 고대 도시 일리베리스 근처에 세워진 도시인데 무하마드 이븐 나스르가 나스르 왕조를 열면서 번창하기 시작하였다. 그러나 이베리아반도에 아랍인들이 살기 시작한 것은 그보다 훨씬 이전인 7세기, 한 손에 코란과 다른 한 손에는 칼을 들고, 코란 아니면 칼을 받으라며 아프리카와 지중해 연안 그리고 이베리아반도를 휩쓸었던 사라센인들이 그 시초이다.

그러나 13세기의 이베리아반도는 이슬람 국가들보다 기독교 국가들의 힘이 강력했었다. 1232년 그라나다에 나스르 왕조를 연 무하마드 1세는 이슬람 왕조이면서도 모로코에 있던 이슬람 왕국과 사이가 좋지 않았다. 때문에 1246년 기독교 왕국인 카스티야 왕 페르난도 3세에게 해마다 조공을 바친다거나, 카스티야가 주변의 다른 이슬람 국가들과의 전쟁이 있을 때는 카스티야를 돕겠다는 등, 굴종적인 외교 협상을 통해 승인을 받았다. 1492년 카스티야의 이사벨 여왕과 아르곤의 페르디난도 국왕 부부 연합군에 함락됨으로 이베리아반도에 750년 동안 이어오던 이슬람 왕국의 역사를 마감하게 된다. 그러나 이베리아반도 내에서 기독교도들의 레콘키스타(국토 회복 운동)가 다른 이슬람 왕국들보다 200년을 더 버틴 것은 군사력으로가 아닌 굴종적이기는 하지만, 외교의 수완으로였다.

조반을 일찍 마치고 시청으로 갔다. 여식(女息)은 관광안내소의 직원을 만나 예약 잘못의 책임 소지를 떠나서 내일 오후로 되어 있는 예약을 오늘 오후로 바꿀 수 없는지 이야기했지만 바꾸어줄 수 없다는 대답뿐이다.

날짜와 시간별로 입장객 수를 제한하기 때문에 어쩔 수 없는 모양이다. 할 수 없이 그라나다의 관광 일정을 바꾸어 오늘은 수녀원과 수도원 등을 찾아 시내 관광을 하기로 하였다. 알함브라 궁전의 입장이 내일 오후로 되어 있으니 세비야행 고속버스는 내일 밤늦게 타야 한다.

시청을 나와 시내버스를 타고 시 외곽에 있는 1516년에 세워진 카르투하 수도원으로 갔다. 아침 일찍이어서인지 다른 관람객이 전혀 없다. 방문객이 없어서인지 조용하고 엄숙한 분위기가 다른 성당이나 예배당과는 다르다.

당시에 세워진 수도원이나 수녀원이나 성당들의 건축 양식은 대동소이하게 설계되었던 모양이다. 대성당이나 왕실 예배당과 화려함에서는 차이가 나지만 구조는 비슷하고, 건물 내부의 기둥, 벽면, 천정, 창문의 스테인드글라스까지 엇비슷하였다.

수도원과 수녀원 그리고 어제 들렀던 대성당과 왕실 예배당을 다시 들러보는 등 시내의 볼 만했던 곳들을 재확인하는 시간으로 보냈다.

이 나라의 수도원, 수녀원의 구조상 공통점은 사방으로 건물이 세워져 있고 그 가운데는 반드시 정사각형의 정원에 오렌지 과수원이 조성되어 있다. 주렁주렁 매달린 누런 오렌지가 풍요롭게 느껴졌다.

그라나다 — 알함브라 궁전 ▶ 8월 7일

호텔을 체크아웃한 후 가방은 로비에 맡겨 놓고 호텔을 나왔다. 알함브라 궁전의 입장 시간이 오후 3시이니, 오전에는 궁전의 외관을 멀리서 바라볼 수 있는 알바이신 지역으로 가기 위하여 아침 일찍 그쪽으로 가는 시내버스를 탔다.

이 지역은 알함브라 궁전을 건축했던 수많은 장인과 그 후손들이 살던 곳이며, 나스르 왕조가 멸망한 후에는 집시들의 집단 거주지였다고 한다.

절벽 위에 있는 알함브라 궁전의 뒷모습을 잘 보기 위해 계곡에서 궁전의 반대편 경사진 언덕 위까지 이어진 마을의 좁은 골목길을 따라 언덕 위까지 올라갔다. 꽤나 높은 언덕까지 올라갔지만, 해발 689m의 높은 산 위에 지어졌다는 건너편의 알함브라 궁전의 모습은 거대한 성곽으로 둘러싸인 요새처럼 올려다보일 뿐 상상했던 화려한 궁전의 모습은 아니었다.

오늘따라 유난히 더운 날씨에 땀을 흘리며 높은 언덕길을 올라가 궁전의 외관을 촬영했는데, 거기서도 궁전은 고개를 들고 올려다보아야 할 정도이니 실제 궁전이 있는 곳은 주위에서도 상당히 높은 위치의 산 정상에 세워졌음을 알 수 있다.

알함브라 궁전은 1333년 왕위에 오른 유수프 1세가 기존의 이슬람 성보 안에 세우기 시작하여 그 뒤에 왕이 된 아들 무하마드 5세 때 완성하였다. 궁전의 이름이 붉은색을 의미하는 아랍어에서 유래한 것이라 하는데, 성을 쌓을 때 사용한 점토의 색깔이 붉은색이었다.

1492년 카스티야의 이사벨 여왕과 아라곤의 페르디난도 국왕에게 패망한 후 이 궁전은 버려져 있어서 폐허가 되어 부랑자들의 소굴이 되기도 했었다. 그러한 알함브라 궁전이 오늘날 많은 관광객을 불러들이게 된 동기는 미국의 역사학자 워싱턴 어빙의 공이 크다.

워싱턴 어빙은 폐허가 된 이 궁궐에 머물면서 궁전에 관한 이야기를 썼다. 1832년 『알함브라 이야기』가 발간되자마자 엄청난 인기를 끌게 되었다.

이때부터 기독교 국가인 에스파냐가 아랍 유적지에 대한 중요성을 깨닫고 궁전을 복원하기 시작하여 오늘에 이르렀으며, 마침내 1984년 유네스코가 정한 세계문화유산에 등재되었다.

다시 시내로 나와 알함브라 궁전으로 가는 관광버스를 탔다. 이 버스는 일반 시내버스와 다르게 옆이 모두 트여서 시내를 달리면서도 시내의 양쪽을 두루 볼 수 있고, 기차처럼 두 칸이 연결되어 있다.

관광버스는 시내를 돌아 숲속의 언덕길을 올라 알함브라 궁전 앞에 도착하였지만, 아직 입장 시간인 오후 3시까지는 한참을 기다려야 한다. 정의의 문이 보이는 곳의 그늘에서 호텔에서 준비해간 점심을 먹는다.

궁전 최초의 문인 정의의 문(Puerta de Justicia)은 재판의 문이라고도 한다. 말굽 모양의 위쪽 아치에는 코란 5계명을 나타내는 다섯 개의 손가락이 조각되어 있다. 이 문을 들어서면 사람들이 '낙원의 초상화' 라고 하는 알함브라 궁전이 나타날 것이라는 부푼 기대를 안고 더워도 아랑곳하지 않고 들어섰다.

정의의 문을 지나면 알히베스 광장이 나오며 우측에 르네상스 양식의 카를 5세 궁전 정면에 왕궁의 입구가 있다. 이 아름다운 이슬람 궁전이 기독교인들에 의하여 2/3 정도가 파괴되었는데, 이곳을 방문한 신성로마제국의 카롤 5세가 알함브라 궁전의 아름다움에 반하여 파괴를 중단시켰다. 그리고 여기에 자기의 궁전과 기독교 예배당과 수도원까지 짓게 하였지만, 여기에 머문 적은 없다고 한다. 그는 이사벨 여왕과 페르디난도 국왕의 손자이다.

입장을 기다리는 줄이 늘어서 있어서 우리 차례인가 하고 가서 줄 선

사람들에게 물어보니 우리보다 30분 먼저 들어갈 사람들이다. 그 대기자들이 입장하기를 기다려 줄을 섰다가 오후 3시 정각에 입장을 한다.

'오직 한 분, 신만이 승리자이다' 라고 새겨져 있는 포도주의 문을 지나면 알카사바 요새의 입구가 나온다. 앞서 언급했듯이 알함브라 궁전은 옛날 무슬림 종족인 베르베르인들이 축성한 알카사바(Alcazaba)라는 요새가 서 있던 언덕 위에 궁전을 짓기 시작하였다. 폐허가 된 요새를 코란에서 묘사한 지상천국으로 바꾸어 놓겠다고 결심한 것이다.

토목 전문가로 하여금 시에라네바다산맥에서 흘러 내려오는 개울의 6km가 넘는 물줄기를 바꾸어 운하와 수조, 분수, 정원에 물을 댈 수 있도록 관계수로를 개발하게 했다. 특징은 연못을 비롯한 어느 곳에도 물이 고여 있지 않도록 새로운 물이 들어오고 나가도록 하였다는 것이다.

7세기 때부터 에스파냐 지역에서부터 아프리카 북부와 인도의 서부에 이르기까지 광활한 지역을 무대로 여러 이슬람 왕조가 등장했다 사라졌다. 기독교 세력과의 전쟁에서 패하여 14세기 말에는 대부분의 이슬람 국가들이 기독교 국가에 망하게 되었지만, 에스파냐에 마지막까지 남았던 이슬람 국가가 이 그라나다에 알함브라 궁전을 지키던 나스르 왕국이었다.

이 궁전에는 두 개의 커다란 정원이 있는데 그 주변에 많은 방이 배치되어 있다. 궁전에 들어서면 가장 먼저 만나게 되는 정원이 아라야네스 정원이다. 이 정원에 면한 방이 대사의 방이다. 이곳이 1492년 페르디난도가 그라나다에 침입했을 때 왕국을 양도하는 문제를 놓고 마지막 회의를 했던 곳이라고 한다.

입장할 때 가방을 등에 메고 들어가니 안내원이 가방을 앞으로 메라고 당부를 한다. 바르셀로나에서 시내로 들어오던 지하철에서의 일이 생각나 순순히 그들의 말을 들었다.

이사벨 여왕의 손자이며, 신성로마제국의 황제였던 카롤 5세에 의해 지어진 건물들은 현재 알함브라박물관과 시립미술관으로 사용되고 있는데, 이 건축물들을 알함브라 궁전과 비교하면 사라져 없어진 건물들에 대한 아쉬움을 더한다.

이슬람식 건축과 기독교식 건축물이 공존하고 있는 알함브라 궁전의 유적은 어찌 되었든 이 나라 에스파냐의 사람들의 조상들이 남긴 유산으로 그들의 자긍심이 되고 있다고 생각한다.

아리아네스 정원에서 왼쪽으로 가면 유명한 사자궁전이 나온다. 대리석 기둥 124개로 받친 아케이드로 사방이 둘러져 있는 이 궁전의 분수에는 수반이 있는데 여기 모인 물이 열두 마리 사자의 입을 통해 나온다. 이곳은 원래 하렘으로 왕 이외의 남성은 출입이 금지되어 있었고, 후궁들이 살았다.

번창했던 시기의 이 궁전에는 왕실 가족을 비롯하여 궁을 지키기 위한 병사들과 이들의 식사를 담당한 사람들과 하인들을 합하면 5천 명 정도의 인구가 상주하였다고 한다.

궁전에 이렇게 아름다운 정원을 만들어 꽃이 피고 새가 지저귀며, 맑은 물이 흐르게 하였으니 그들이 생각했던 '지상낙원' 을 완성했다고 할 수 있겠지만, 인간의 수명은 유한하고 이루어놓은 모든 것들 또한 영원하지는 않기에, 조상들의 유산을 잘 보존하는 것이 후손들이 할 도리다.

사자궁 양옆으로 아름다운 두 개의 방이 있는데, 하나는 바닥에 깐 두 개의 대리석 판에서 이름이 유래한 살라 데 라스 도스에 마리나스(두 자매의 방)이고 다른 하나는 살라 데 로스 아벤세라헤스이다.

두 방 모두 뛰어난 솜씨로 채색하고 유약을 바른 채색 타일로 벽을 마감했다. 특히 살라 데 로스 아벤세라헤스의 천장은 종유석이 5천 개의 벽감을 형성해 마치 벌집처럼 보인다.

종려나무를 연상케 하는 가는 기둥, 정원을 감싸고 있는 아늑한 회랑, 종유석 모양의 수많은 아치 등이 한데 어우러져 멋진 조화를 이룬다.

알함브라 궁전의 자재로는 목재, 벽돌, 석고, 갈색타일을 사용했다. 석각은 매우 드물게 사용했고 대리석은 포장, 기둥, 대접받침에만 사용했다. 벽, 천장, 바닥의 장식은 주로 나무, 타일, 석고로 되어 있다.

특히 아름다운 살라 데 로스 아벤세라헤스의 천장은 나무로 만들어졌는데 여러 가지 색채의 타일이 실내와 외관의 넓은 공간을 채워 빛의 반사에 의해 강렬한 색조감을 느끼게 한다.

팔각형의 돔을 벌집 모양의 수많은 장식이 꾸미고 있다. 천장의 장식은 코란에 나오는 이슬람의 천국을 표현한 것인데 해가 뜰 무렵 여덟 개의 창을 통해 들어오는 빛과 어우러지는 천장의 변화는 말로 표현할 수 없는 아름다움을 자아낸다고 한다.

특별한 조각이 없이 이들 재료만으로 화려함과 우아함을 표현한 기술은 마치 다른 세계로 들어온 것처럼 느끼게 할 정도인데 당대의 건축기술이 매우 발달했음을 보여준다.

그라나다의 무슬림 왕국은 '무혈인계'로 마감했다. 그라나다 왕국의 마지막 지도자였던 아브 압달라(Abu Abdallah)는 1492년 에스파냐의 기독교 왕국을 합병한 공동 통치 군주인 이사벨과 페르난도의 군대가 몰려오자 수십만 명이 넘는 무슬림들을 보호하기 위해 무조건 항복했다.

그는 그라나다 왕국의 종교와 재산권 그리고 상권을 유지시켜 달라는 조건을 제시했다. 왕으로서는 많은 무슬림들의 보호를 위한 최선의 선택이었겠지만 그것은 그의 생각일 뿐이었다.

아브 압달라의 판단은 잘못된 것이었다. 그라나다 왕국을 점령한 에스파냐 통치자는 아브 압달라의 기대와는 달리 무혈인계의 약속들을 겨우 7년 정도밖에 지키지 않았다.

그의 어머니는 전쟁 없이 무혈인계한 것에 대해 크게 노해 아들에게 "네가 남자답게 이 왕국을 지키지 못했으니 여자처럼 울어라"는 말을 남기고 궁전을 떠났다고 한다.

그 뒤 많은 무슬림들은 안달루시아 지역을 떠나 북아프리카로 대량 이민을 하거나 강제적으로 개종해야만 했다. 당시 고급 실크 생산지로 유명했던 그라나다는 대량 이민 때문에 가장 낙후한 지역으로 몰락했고 회복하는 데 거의 200년이란 세월이 흘러야 했다. 알함브라 궁전은 공식 관저였고 북쪽의 구릉 위에 왕족들이 쉬는 여름 별장용으로 지은 것이 헤네랄리페 궁전이다.

시골 별장을 닮은 이 궁전은 무하마드 2세(Muhammad II)가 지었는데 이슬람식 정원의 전형적 특징을 간직한 것으로 유명하다. 아쉽게도 이곳은 모두 파괴되어 두 개의 소궁전밖에 남아 있지 않지만 넓은 정원이 잘 정돈돼 있다. 이 안나트 알 아리프(우아한 천국의 정원)는 헤네랄리페 안에서 가장 아름다운 곳이다.

에스파냐 정복자들은 그라나다를 점령하자마자 이슬람의 잔재를 철저하게 파괴하기 시작했다. 그러나 그라나다를 방문한 카롤 5세는 알함브라 궁전의 아름다움에 놀라 파괴를 중지시켰다. 이미 2/3가 파괴된 후였지만 이후에는 가능한 한 원형을 보존시키도록 노력했다.

그라나다를 정복한 여왕 이사벨라의 손자인 신성로마제국 카를 5세(Karl V, 1500년~1558년)는 미켈란젤로의 제자인 페드로 데 마추카에게 알함브라 궁전 경내에 알함브라 궁전에 견줄 만한 르네상스식 궁전을 세우도록 명령했다.

이슬람 사원이 있던 자리에는 산타마리아 성당을 지었고 왕자의 궁전 위에는 산프란시스코 수도원을 건설해 알함브라 궁전의 분위기와 극명하게 대조를 이루게 했다.

하지만 카를 5세는 이 궁전에 머문 적도 없으며 그가 사망한 뒤에는 어떤 건물도 추가되지 않았다. 카를 5세에 의해 지어진 건축물은 현재 알함브라박물관과 시립미술관으로 사용되고 있는데 이 건축물들을 알람브라 궁전과 비교하면 사라진 2/3의 알함브라 궁전이 더욱 아쉽게 느껴진다고 한다.

도시의 남쪽은 행정과 상업지구이며, 서쪽은 근대적인 주택가이다. 스페인에서 관광객들이 가장 많이 찾는 관광지의 하나로 유명한 건축물과 예술품들이 많이 보존되어 있다. 이 도시는 대주교가 관할하는 교구이며 르네상스 양식과 바로크 양식 및 신고전주의 양식의 아름다운 교회와 수녀원 · 수도원 · 병원 · 궁전 · 대저택들이 곳곳에 흩어져 있다. 시내 중심에 있는 대성당은 벽옥과 색깔 있는 대리석으로 화려하게 장식되었고, 내부에는 알론소 카노의 훌륭한 그림들과 조각품이 많이 남아 있다고 한다.

카르투하 수도원(1516년)은 도시의 북쪽에 있다. 복원된 산헤로니모 수도원(1492년) 근처에 있는 그라나다대학교는 1531년에 인가를 받았고, 지금은 옛날의 예수회대학 건물을 사용하고 있다. 알함브라 궁전 이외에 무어인이 지은 오래된 건물로는 콰르토레알데 산토도밍고라고 부르는 13세기에 지은 저택과 14세기에 지은 무어인 왕비들의 궁전인 알카사르 헤닐이 있다. 그라나다에서는 농산물 거래가 활발하고 리큐어 주(酒), 비누, 종이, 올이 성긴 린네르와 모직물을 제조한다. 인구가 240,661명(2001년 기준)인 이 도시에서는 음악과 춤의 국제 페스티벌이 열린다.

그라나다 고속버스 터미널에서 오후 8시 30분에 출발하는 세비야행 고속버스를 탔다. 아직 어두워지지 않아서 고속도로 주변에 끝도 없이 펼쳐지는 올리브 농장을 보면서 과연 유럽 전체에서 생산하는 올리브의 2/3를 이 나라에서 수확한다는 말이 틀리지 않겠다는 생각을 했다. 3시간을 쉬지 않고 달려 밤 11시 20분쯤 세비야의 고속버스 터미널에 도착하여 호텔을 찾아 들어가니 자정이다.

세비야(Sevilla)

마리아루이사 공원, 고고학 박물관, 스페인 광장, 세비야 대성당

▶ 8월 8일

어제 그라나다를 출발하여 오늘 첫 새벽에야 도착한 세비야의 호텔에서 샤워 후 곧바로 잠들었는데도 아침 8시가 넘어서야 일어났다. 조반 후 근처의 마리아루이사 공원을 향해 호텔을 나선 것은 9시 반쯤이었다.

가는 길에 세비야대학교 앞을 지나 마리아루이사 공원에 들어서니, 제일 먼저 평화의 새 비둘기 떼가 우리를 맞이했다. 세비야 고고학 박물관 앞뜰에서 관광객들에게 가까이 날아와 모이를 찾으며 날갯짓을 하고, 우리를 환영한다는 듯 곁으로 걸어가도 놀라지 않는다.

처음 온 세비야가 내게 낯설지 않게 느껴진 것은 이곳에서 2009년 6월 27일에 열린 제33차 유네스코 세계유산위원회에서 조선 왕릉 40기가 당당히 세계문화유산(World Cultural Heritage)으로 등재할 것을 확정했기 때문이다. 우리 민족의 탁월한 전통 문화 유적이 그 우수성을 세계인들에게 당당하게 인정받은 곳이었기에 세비야라는 이름만 들어도 고맙고 반가운 생각이 들었었다.

세비야는 에스파냐의 남서부 안달루시아 자치 지방에 있는 주의 주도이다. 로마시대에는 카이자르에게 정복당하여 로마의 속주가 되었고, 711년에 이슬람의 베르베르인에게 정복되어 그들의 수도로 오랫동안 이슬람 문화의 중심지였다.

과달키비르강이 시내를 흐르고 있는데 강 이름이 아랍어(Wadi al Kebir)로 큰 강이라는 의미라니, 서울의 한강과 같은 의미를 가진 강이라는 생각이 들어서 이 또한 반가움의 대상이다. 플라멩고의 본고장이기도 하다. 마에스트란사 공연장에서 2년마다 플라멩고 예술 비엔날레가 열린다.

세비야 고고학 박물관은 마리아루이사 공원 내 아메리카 광장에 있는데, 이탈리아에서 출토된 로마시대의 유물, 석기시대부터 철기시대의 유물, 페니키아와 카르타고 유물 등으로 분류되어 전시하고 있다고 하는데, 들어가 보지는 못하고 밖에서만 보고 지나갔다.

마리아루이사 공원 근처에 있는 세비야 고고학 박물관, 스페인 광장, 그리고 현재 세비야대학교의 건물들이 모두 1929년 도시의 획기적인 발전과 경제적인 효과를 목적으로 주최한 이베리아메리카 무역 박람회를 위하여 건설하게 되었다고 한다.

세비야대학교 건물 앞 벽에 멕시코 또는 브라질의 국가 이름이 크게 부착되어 있어서 딸내미에게 그 이유를 물어보니 1929년 당시 박람회 때 그들 나라의 무역 전시관으로 사용했던 건물들을 그 후, 대학교가 사용하고 있기 때문이라고 한다.

1929년 당시 전 세계적으로 불어닥친 대공황 때문에 별 효과를 거두지 못했지만, 오늘날 세계 각국에서 수많은 관광객들이 그때 건설한 아름답고 고풍스러운 이 건물들과 공원을 찾고 있으니, 그때에 투자했던 것들을 지금 찾고 있는 것이 아닌가 하는 생각을 하게 되었다. 마치 중국의 만리장성을 쌓을 때 조상들이 바친 희생의 대가를 지금의 후손들이 유산을 받아 큰 관광자원으로 활용하고 있는 것처럼.

그런데 관광객들에게 낭만을 주기 위하여 공원 길, 스페인 광장과 시내를 운행하고 있는 말이 끄는 택시는 멋스럽기는 하지만, 옥에 티처럼 한 가지 흠을 남기고 있었다. 즉, 깨끗한 도로에서 고약한 냄새를 풍기고 있는 말의 배설물을 처리하지 못하기 때문이다.

광장 입구에 이 광장을 만든 건축가 아니발 곤잘레스의 동상이 세워져 있다. 중앙의 메인 건물은 현재 주청사로 사용되고 있다고 한다.

스페인 광장이라는 이름은 교황청 스페인 대사가 이곳에 본부를 두면서부터라고 한다. 영화 〈로마의 휴일〉에서 오드리 헵번이 아이스크림을 먹고 있는 장면이 이곳이었기 때문에 유명해지기 시작했으며, 이탈리아 사람들이 많이 찾는다고 한다.

광장의 중앙에 있는 바르카차 분수는 베르니니와 그의 아버지가 설계하였는데, 물에 반쯤 잠겨 있는 물이 새는 배는 베르니니가 만든 것으로 바르카치아는 '쓸모없는 오래된 배' 라는 의미라고 한다.

스페인 광장에서 많은 시간을 보내고 다시 마리아루이자 공원을 가로질러 세비아 대성당을 찾아 걷는다. 도중에 과달키비르강 선착장에서 황금의 탑을 찾았다. 1220년 이슬람교도가 이 지방을 지배하고 있을 때, 과달키비르강을 통과하는 배를 검문하기 위하여 세웠다고 한다.

강 건너에는 은의탑이 있었는데, 두 탑을 쇠사슬로 연결하여 세비야에 들어오는 배를 막았다고 한다. 이곳에서 마젤란이 세계일주 항해를 떠난 것과 관련하여 현재는 해양박물관이 자리 잡고 있다.

황금의 탑이라는 이름을 갖게 된 것은 처음 탑을 세울 때 외부를 금타일로 장식했기 때문이라는 설과, 16~17세기 신대륙에서 가져온 황금을 이곳에 두었기 때문이라는 설이 있다는데 후자의 설이 더 신빙성이 있는 것 같다.

황금의 탑을 지나 다시 세비야 대성당을 향하고 있는 중간에서 뜻하지 않게 모차르트를 만나게 된다. 모차르트의 오페라 〈피가로의 결혼〉, 〈돈 조반니〉의 배경이 세비야였기 때문에 그를 기리기 위해 세비야 사람들이 동상을 세운 것으로 생각된다. 로시니의 〈세비야의 이발사〉, 비제의 〈카르멘〉 등도 무대가 세비야이니 그들의 동상도 이 도시의 어느 곳엔가는 있을 법도 하다는 생각을 하면서 다시 세비야 대성당을 찾아간다.

이내 대성당의 첨탑이 가까이 보여서 좁은 길을 이리저리 돌아 드디어 대성당 안으로 들어갔다. 도시의 한가운데에 있는 에스파냐 최대의 성당이자 유럽의 3대 성당의 하나인 세비야 대성당이다.

이 성당은 15세기에 이슬람을 정복한 기독교도들이 8세기에 건설된 모스크 위에 지은 성당이다. 고딕 양식의 건물이지만 모스크였던 시절의 자취를 품고 있는데, 그중에서도 대표적인 것이 바로 히랄타 탑이다. 무슬림들의 기도시간을 알리는 미니레트에 28개의 종을 달고 고딕식 지붕을 얹었다.

성당 내부의 크고 화려함은 말로 다 할 수 없다. 바르셀로나에서나 그라나다에서 보았던 성당들의 모습과 그 규모 면에서는 차이가 있을지 모르지만, 화려한 내부의 꾸밈은 비슷비슷하다.

세비야 대성당의 내부를 둘러보고 나와서 밖으로 나오기 전에 성당이나 수도원 특유의 오렌지 과수원의 쉼터에 앉아 이슬람의 모스크 흔적이 남아 있는 성당 외부의 모습을 보면서 많은 생각이 오고 갔다.

대성당을 뒤로하고 시내 구경을 나섰다. 이미 해는 뉘엿뉘엿 오후 8시를 훨씬 넘기고 있었다. 도자기 가게와 유리그릇 가게를 들러 구경하면서 골목 상점들을 돌아보다가 불을 밝히기 시작할 즈음 낮에 보아두었던 식당을 찾아 느긋하게 저녁을 먹었다.

시가지의 야경과 특히 물 위에 반사된 그림자가 아름답다는 스페인 광장의 야경을 보기 위하여 다시 걸었다. 스페인 광장에 오니 낮에 보던 모습과는 완전히 다른 느낌을 준다. 사진을 몇 장 찍으며 거닐고 있으니, 꿈속인 듯한 착각에 사로잡힌다. 신혼부부로 보이는 젊은이들이 많다. 필자처럼 나이 든 사람들에게보다는 젊은이들에게 어울리는 곳이라는 생각이 들었다.

문학세계대표작가선 860

바람처럼 구름처럼

이휴재 수필집

인쇄 1판 1쇄　2018년 9월　7일
발행 1판 1쇄　2018년 9월 15일

지 은 이 : 이휴재
펴 낸 이 : 김천우
펴 낸 곳 : 도서출판 천우
등　　록 : 1992. 2. 15. 제1-1307호
주　　소 : 서울시 성동구 무학봉28길 6 금용빌딩 2F
전　　화 : 02)2298-7661
팩　　스 : 02)2298-7665
http://moonhak.wla.or.kr
E-mail : chunwo@hanmail.net

값 15,000원

ISBN 978-89-7954-729-0

이 도서의 국립중앙도서관 출판예정도서목록(CIP)은 서지정보유통지원시스템 홈페이지(http://seoji.nl.go.kr)와 국가자료공동목록시스템(http://www.nl.go.kr/kolisnet)에서 이용하실 수 있습니다. (CIP제어번호: CIP2018028554)